# 因诉之名

YIN SU ZHI MING

靳国忠 著

中国检察出版社

**图书在版编目（CIP）数据**

因诉之名 / 靳国忠著 . -- 北京：中国检察出版社，2024.7

ISBN 978-7-5102-3020-2

Ⅰ . ①因… Ⅱ . ①靳… Ⅲ . ①公诉—中国—通俗读物 Ⅳ . ① D925-49

中国国家版本馆 CIP 数据核字（2024）第 004697 号

**因诉之名**

靳国忠　著

---

**责任编辑：**李冬青
**技术编辑：**王英英
**封面设计：**天之赋

---

**出版发行：**中国检察出版社
**社　　址：**北京市石景山区香山南路 109 号（100144）
**网　　址：**中国检察出版社（www.zgjccbs.com）
**编辑电话：**（010）86423786
**发行电话：**（010）86423726　86423727　86423728
（010）86423730　86423732
**经　　销：**新华书店
**印　　刷：**望都天宇星书刊印刷有限公司
**开　　本：**710mm × 960mm　16 开
**印　　张：**28.75
**字　　数：**452 千字
**版　　次：**2024 年 7 月第一版　　2024 年 7 月第一次印刷
**书　　号：**ISBN 978-7-5102-3020-2
**定　　价：**68.00 元

---

在困境中坚守，人生因诉而精彩！

# 自　序

疫情三年，尽管“一阳二阳”都没躲过去，却依然坚持完成了这部小说的创作，直到把全稿交到出版社编辑手上才长出了一口气，自叹总算实现了一个内心久违的愿望，用一本书为自己的职业生涯画上一个圆满的句号。虽然这项计划也有试试水的意思，如果出版以后的效果还行，则可能激励我再写第二本、第三本……但是不管怎样，望着捧在手里的四十余万字书稿，有关毅力的肯定还是满满的，毕竟让干了一辈子检察的我突然改弦易调，玩起文学来，个中的艰辛只有自己知道。

可以说，我们这代检察人是乘着改革的春风一路走来的。追忆往昔，当年连做梦都没想到，自己从工人到检察官的身份转换竟然在一次社招考试中实现了。然后一干就是三十三年，连同在职学习和长期实践，终于由一名法律的门外汉，嬗变成为对本职有着切身感悟的司法者。在此期间，无论初心与梦想，挫折与担当，人生之旅始终就是这样风雨兼程地前行着，没有彩排，一切都是现场直播。

这部作品的题目叫“因诉之名”，顾名思义，就是以公诉的名义。因为“诉”几乎占据了我的职业全部，所以讲述与公诉有关的人和事、情与法，不仅贴近生活，更是我写作的动力和源泉。再有，从公诉的法律视角看，公安侦查，检察起诉，法院审判是相互独立、缺一不可的关系，因此“以诉代检”是刑事诉讼法语境中的应有之义。又因，代表国家指控犯罪，保障无辜者不蒙冤，既是检察官的天职，也是维护公平正义的使命。故而弘扬公诉精神，传播检诉文化，助推法治社会的正能量，正是这一主题的初衷。

立意明确以后，在构思时，我忽然被一种现象所提示，即大凡涉及刑事诉讼，通常为人知晓的是一审程序。对于当事人不服一审判决提出的上诉，以及检察机关认为一审判决确有错误提出的抗诉，由此引起的二审程序实操，特定的法律原则等，了解知悉者就不多了。针对这一近乎盲区的情形，我试图以检察二审为切入点，结合本轮司法责任制改革的时代背景，竭尽所能地将这一时期、这一阶段的检察官动态、履职风云，及其办案中的所思、所为、所感作一身临其境的描摹，据以形成本书主线。还由于，二审才是通往终点的刑诉列车，专业性加终局性，或将决定了它的诉进历程更艰难，情节更惊险，结果更耐人寻味……

回眸跃然纸上的长篇文字，时常情不自禁地自我代入，被其中莫名的真实和主人公不畏泥淖，执着坚守的职业精神所感动，并由衷地为有这样的人生而自豪和钦佩。甚至期盼此种场景在现实中能多一点，再多一点，从而展现出本应当拥有的价值和美好。也许，这就是检察官讲述检察官故事所带来的特质效应吧。然而，我也深知，键盘之下的真实并不代表身边的现实，个人理解之后的超然也不等于应然。但这并不妨碍我借助文学的翅膀放飞心扉，用高于生活的态度激励对生活的向往，在此视角上，仿佛真实与现实的纠结就都变得可以释然了。

尽管如此，为了避免被他人不必要的联想，我不得不按照相关惯例申明:《因诉之名》中的每一起案例均系虚构，人名、地名都是化名，如有雷同，纯属巧合，切勿对号入座。

写到这儿，我的任务已经完成了，接下来到了接受检验的时刻。就像一个交出考卷的学生，纵然忐忑，但仍满怀期待，期待着读者的真切评价。

2024年3月于北京

目录

二零一五年春天，几近知天命年龄的冀英又将迎来一次检察生涯的严峻挑战——参加全省统一部署的员额检察官入职资格笔试。只有考试成绩过线才能进入下一步考核程序，最终由院党组及考评委员会根据上述两项综合指标，作出是否任命为首批员额制检察官的决定。



对冀英来说这次额考是严峻的，因为一旦考砸了没过，按照相关规定，他就将丢掉已经从检二十多年的检察官办案权，从而成为一名其他入额检察官的“老检助”。假如出现这个结果，依他的执业尊严感受，恐怕就不是一个单纯的职称改变问题，而是已经涉及他的职业去留了。唉，都这把年纪了，还要面对这样的体制内抉择，搁谁不是一道坎儿呢?

关键这次笔考是玩真的，有资格报考人员是原有检察员和助检员，占省院机关总人数的百分之六十，而入额检察官的占比却只有百分之三十一，其他百分之二十九是检察官助理，外加百分之二十的书记员和百分之二十的司法行政人员。如此人员分配意味着将有一半报考人员被考试成绩的硬指标刷下来，可拼分数恰恰不是冀英的强项，无论在职学历基础和年龄记忆，与满机关都是大本、硕士、博士的年轻人没法比。

这还不算，最让冀英自感事态严重的，除了笔试难度高、通过率低以外，考核能不能过也是个未知数。虽然考试难，但毕竟是硬性的，主动权掌握在自己手里，只要拿出当年参加司法考试的劲头来，或许仍有一搏。可考核就不一样了，这是一项软指标，非常朦胧，考核你的人员说你行就行，说你不行就不行，完全没有自主权。尤其像他这种有过“前科”，曾被纪检监察部门调查处理过的情形，考核不通过弄不好是大概率事件……想到这儿，他整个人都仿佛颤栗了一下。

那是一段冀英不愿触及的往事，但生活还要继续，又不得不去面对……

# 一

# 误陷『滑铁卢』

# 01

五年前也是这个季节，省检察院公诉处的柳长鸣处长拟被提拔为副检察长，原有职位空缺在所在部门两个副处长中二选一，公开竞争上岗。

时年四十三岁的冀英在副处长位置已经干了六年。虽然只有在职研究生学历，但他办案悟性好，肯钻研，通常省里有影响的大要案办理基本离不开他的身影，是个典型的检察实务派代表。而他的竞争对手麻鹏举也不是一般人物，名牌大学的刑事诉讼法学博士，擅长理论研究，能说会写，每年都有论文在期刊发表，属于年轻有为的学者型干部，极具机关选人用人的风向标特征。因此，二人此番争夺在别人看来可谓棋逢对手，难分伯仲。

在这期间，省里发生了一件舆情关注案件，省人民医院财政科的副科长武富桂因贪污罪被一审判了死刑。

宣判那天，武富桂听到“死刑”两个字当场晕了过去，是法警架着他离开法庭的。蝼蚁尚且偷生，为人何不惜命。他怕死，这很正常，有谁在死亡面前不是渺小的呢。

之后，武富桂上诉了。

冀英在竞争处长的紧张之余照例接了这个二审案子。因为在他心里并没把晋升提拔的事看得太重，反而觉得当个副职办案挺好。正职就不一样了，主要精力在管理上，光开会就一天到晚忙得不可开交，久而久之业务都荒废了。

初审武富桂案卷，冀英认为这个人确实该判死刑。他身为医院财务科副科长，竟然利用职务之便，内外勾结，侵吞病患家属交来的救命钱，数额多达两千多万元，时间跨度两年之久，给病人救治、医院信誉以及社会稳定均带来了不可弥补的恶劣影响，当属“两特一极”的应杀案。

按照刑事诉讼法的规定，二审讯问被告人是必经程序。

由于冀英是部门的中层领导，没有配备专职书记员，所以他提审武富桂只能借用其他办案组的书记员给自己作个临时搭档，承担记录工作。

蓝翔是处里为数不多的男书记员，大学毕业后分到省院，因为司法考试几年没过，不具备转为助理检察员的资格，故而在这个岗位上干成了“资深”。他说如果今年司考再不过就辞职不干了，太丢人。

费通炫是蓝翔的师傅，也是个刑法学博士，而且和麻鹏举副处长是老乡。据说他到省院工作就是麻鹏举推荐来的。当初招他的政治部领导曾经许愿，两年期满后可以给他解决部门副职待遇，可谁知博士招多了，光一个公诉处就挤了四个，没办法都安排，为此费通炫颇为不满。

这天，冀英得知费通炫没有提讯任务，便向他借蓝翔跟自己去趟省看守所。费通炫自然同意。

到了省看守所，蓝翔办好了提讯手续。没多大会儿，民警就把武富桂从号里提到了带有隔离铁栏和固定座椅的审讯室。武富桂进来以后被锁在固定座椅上，除不能站起来离开，其他一切活动自如，在椅子的横板上看笔录、签字都没问题。冀英和蓝翔的讯问席设在隔离铁栏的外面，与武富桂之间形成了一道物理屏障。没有人身接触的可能也就限制了刑讯逼供的发生，这是审讯室设计的初衷。

双方坐定后，冀英先问了武富桂一些程序性问题，然后才渐入实质：

“你的上诉理由是什么？”

“罪不至死。”

“具体说？”

“我能从头说吗？就是整个事实过程。”

“可以，只要你认为必要，说什么都行。”

冀英说完这句话，武富桂感动得眼泪都快掉下来了，他说已经被判死刑了，就听他把话说完吧。冀英却说：“与你的生命相比，我的时间没那么重要，说吧。”

“我出生在一个西北边远山区的农民家庭……”

武富桂真就从头说了。冀英认真地听着。

“我十七岁参军走出了大山，在部队干了十五年。当时最大愿望就是复员到城里，再不想回到老家那个穷地方了。前五年当的是汽车兵，因为从未出过安全事故，被提拔为班长，还入了党。后来经组织推荐，给军区首长做了专职司机，一干就是十年。我跟着首长去了很多地方，最后落到了省城，直到首长退休。首长夫人念我给领导服务多年，大事小情的像一家人一样，于是动用关系把我的户口也留在了省城，并安排到省人民医院保卫科工作。从这以后，我总算为自己活一把了。我人不笨，肯吃苦，又有部队纪律约束，没两年就当上了保卫科长。在这期间，我娶妻生子，有了自己的小家，医院还给分了一套一居室，我非常感恩，也很满足。带着这样心情，我拼命努力工作，兢兢业业，把医院当成了家，一晃过了十年。在我四十二岁的时候，被院领导提拔为财务科科长；五十二岁升为副院长，掌管行政财务大权。这一年我儿子还考上了一所名牌大学，可以说家里外面一切都是顺风顺水的。也就从那个时候起，我开始飘飘然了，认为自己是人生赢家，结果就慢慢出事了。我说这些您不烦吧？”

“不烦，我真想听听你是怎么走上今天这步的，你接着说吧。”

“那我真得谢谢您。一审期间我一说这些，他们就说与本案无关，所以好多话没让我说，说了他们也不记。”

“还是那句话，我有的是时间，你敞开说。”

“好吧，我接着说。二零零七年，我五十五岁。我们医院的孙飞院长找我谈了一次话，让我情绪一落千丈。院长说为了加强领导班子年轻化、知识化，要从引进的几名医学博士中选一个进领导班子。经过省卫生局组织人事部门研究，考虑到现有三名副院长中只有我是非医学专业毕业的在职大专学历，而且已经到了可以选择性提前退休的工龄线，决定让我从医院发展大局着想退居二线，到财务科当个副科长，或者直接退休。我当时觉得医院这个决定对我不公平，怎么着也得让我当个科长，都这个年龄了还让我给别人当副职，我又没犯错误，凭什么呀！可我又不愿意这么早退休，只能选择财务科副科长了，去医院住院处窗口帮着做些收退费的杂事，反正副科长也是个闲差，总比没事干强。后来我之所以从医院弄钱是认为组织对我不公平，有一种报复心理……”

武富桂终于说到案情了。

他说他犯的事里有一半离不开一个叫简晓玲的女人。她是他当副院长期间为医院采购大型医疗设备对外招标时认识的。

当时简晓玲的身份是外省某医疗器械公司的销售代表，由她代表这家公司参加医院的采购竞标项目。别看这个简晓玲不到四十岁，却是个单身的女强人，不仅风情万种，还善于社会公关，居然通过省卫生局的廖满局长搭上了武富桂的关系，请托武富桂为其在项目竞标中帮忙。武富桂作为院方竞标项目的负责人，知道被竞标人请托意味着什么，他不想栽在这事上，所以一般关系都以各种理由回避不见。唯独顶头上司廖局长的面子不能不给，除非他不想进步了。为此，他曾与简晓玲吃过几次饭，但并没答应她什么，也没收受她给予的任何钱物，这让简晓玲觉得此人很不入流，不得不让人在标书制作上下功夫。可是结果却出乎简晓玲的意料，上亿元标的的采购大单竟然被她代表的公司中标了。之后，按照她和公司的约定，挣到了一笔二十多万元的提成费。为这事她一直想找机会报答一下武副院长，因为她知道他的作用是不可或缺的。





直到有一天，简晓玲从别人嘴里听说了武富桂的近况，于是她给他打了一个电话，约他出来坐坐。

武富桂在目前被贬的境遇下，能有人不忘“旧恩”想着他，自然很欣慰地答应赴约。

当晚参加聚餐的人除了他俩以外还有廖满局长。酒桌上，廖满向武富桂澄清了一个称谓，他现在已经退休不是局长了，可以叫他老廖。简晓玲却说：“今天请二位领导来，一是感谢对我以前工作的支持和帮助，二是也算给廖局荣休饯个行……”

经过几轮推杯换盏，三人都喝了不少，互相说了些“推心置腹”的话。廖满指着简晓玲对武富桂说：“看看人家那才叫生活呢，咱们混了一辈子，争来争去到头就是一场空，像我这样就是个退休老头，啥也没得到。”

武富桂说：“您比我强多了，有级别有名望。我呢，还没退就被撤了职，给人家当个副科长到窗口收费去了，活得太窝囊。”

简晓玲说：“我们也是没办法，要想活得有尊严就得有钱！挣钱挣的是什么？挣的是自由。有了钱就没人瞧不起你，也没人敢欺负你。武院长您也是堂堂军人出身，别受这份窝囊气了，干脆早点退休跟我干得了，保证比您现在挣得多得多。如果您再不为自己想想退路，过几年儿子大学毕业一回家，就您住的那套不到七十平方米的小两居，他连女朋友都没法往家带，更甭提买车买房结婚了。您说您这一辈子图的啥……”

虽然酒桌上说的是酒话，可句句都像戳中了武富桂的要害，再加上他心里的憋屈，越想越觉得他们说的话有理，仿佛改变了“三观”似的。他不明白，从小到大、到老，怎么就从来没为自己活过一把呢？有些他们说的事自己想都没想过，更别说干了，可那又怎样，人家还不照样找个理由把你给踢下去了，整个一个冤大头，当兵都当傻了……

那次聚会以后，很长一段时间，武富桂常常沉浸在一种自我拷问之中。

正当武富桂的窗口人生百无聊赖之际，院领导交给了他一项新任务。

此前，在武富桂任副院长时，曾经为医院新建住院楼争取到了一笔三亿元的财政专款，后因选址等问题项目搁置，使得这笔资金暂时派不上用场。院长办公会讨论认为，目前正值世界金融危机背景下的资金紧缺时期，这笔巨额款项放在银行利息太低，没有发挥应有的效益，不如投资基金理财收益高，息差部分可用于对医护人员的奖励，但前提是一定要确保本金安全，否则就会出现挪用资金的人事，弄不好被追究有关领导责任。因此，必须找一个信得过的人专门操办此事并直接对院长负责。会上有人提议让武富桂办，一来他曾经是分管财务的副院长对这块业务比较熟，现在又是财务科的副科长，属于正差；二是考虑武富桂的工作现状，交他办点院里委托的实事，凸显对他的尊重。这么一说，大家一致同意。

让武富桂给这笔巨额资金找“一个安全下蛋的窝”，这事他以前没办过。窝有的是，而且一听说都争着抢这只金鸡，可哪能安全呢？鉴于事关重大，他想到了神通广大的简晓玲。

两人面谈后，简晓玲爽快地答应尽快帮他联系一家国字头的金融证券公司。

没过几天，简晓玲来信儿了。她对武富桂说，经过对几家公司的考察，她认为只有这家总部设在北京的中海银证券公司最符合武富桂开出的条件，一是安全，二是高息。

随后，在简晓玲的引荐下，武富桂代表医院与中海银证券公司的财务总监尹尔东开谈。

经过讨价还价，双方约定：三亿元存入中海银证券公司，存期三年；

年息百分之七，高于国有银行基本利率三个百分点，院方每年净得收益两千一百万元；年终一次性汇入院方指定账号；三年期满后自动解约，本金如数返还。

武富桂将上述情况向院长汇报后，院长同意并委派院办主任与武富桂对中海银公司进行了一次实地考察，一切均无异议，经院务会讨论通过，合同签字生效，立即执行。

这件事武富桂办得挺漂亮。年底，医院财务如期收到了中海银公司转来的第一笔三亿元的投资收益两千一百万元。与此同时，武富桂还单独收到了简晓玲给他个人的一张存有三百万元的银行卡。简晓玲毫不隐讳地对他说：“这是医院三个亿投资收益外加的两个点，每年六百万元，咱俩一人一半。”

武富桂从未见过属于自己的这么多钱。一时间，他害怕、犹豫，心里一个劲儿地哆嗦，但在简晓玲的说服下，终归还是拿了。他暗暗对自己说，富贵险中求，再过几年就退休了，不捞白不捞，有权不用过期作废，就这么地吧。简晓玲看出了他的心思，笑道：“放心吧，你不说，没人知道。明年这个时候还有……”

有人说，生活中有两个悲剧，一个是你的欲望没有得到满足，另一个是你的欲望得到了满足。

此时的武富桂，虽然权欲没有得到满足，却意外收获了一笔不小的财欲，那么，这样的“收获”带给他的是幸事还是祸端呢？在他的内心虽然惶恐，但更多的则是侥幸……

## 02

武富桂自从拿了黑钱，忐忑了好一阵子，工作中也没那么多怨言了，仍旧在收费窗口干得有模有样，时间一长就像什么都没发生似的，一切都风平浪静。

这一年的暑期季，武富桂的家里相继发生了两件事。一件是儿子带着他大三的女朋友回家了，说是大学毕业后就准备结婚，一家人都非常高兴。另一件是老父亲从老家来省城治病，也住到了家里。幸亏没和儿子、准儿媳赶到一起，要不然他家那套小两居根本没法儿住。看来不论是父亲常住，还是儿子结婚，解决房子问题已然迫在眉睫了。

武富桂在这段时间除了工作和陪老父亲看病以外，其他时间都在到处看房。

毕喜荣是武富桂的妻子，原先是个街道工厂的工人，早在10年前就下岗退休了。她考虑供儿子上大学的花费和家里仅有几万元存款的实际情况，建议武富桂这次贷款买个小一点儿的二手房，这样还有能力慢慢还房贷。可武富桂有那张至今没敢对妻子说的银行卡垫底，心里底气十足，所以，钱的事，他让她别管了。

经过一番考察比较，武富桂看上了市中心新建的一个高品质小区里的三居室，建筑面积一百五十多平方米，单价每平方米四万多元，总共售价六百多万元。一听价格，吓得武富桂想打退堂鼓，还差一多半呢，自己上哪儿弄去呀。售楼小姐看武富桂犹豫，说这个户型的房只剩一套了，卖得非常快，再不下手就没了。如果付全款的话，她可以请示领导打几个点的折扣……

武富桂禁不住售楼小姐的热情促销，一拍大腿说要了，先付五万元定金，两个月以后再付全款。

有些事件的发展，看似机缘巧合的偶然是否隐藏着某种必然？当旁观者用审慎的目光去评判时，得出的答案或许是简单而肯定的。但作为当事人的武富桂，因欲望无节而迷失时，注定朝着一条不归路狂奔，可他本人却浑然不知。

为了凑够买房还差的三百万元，武富桂考虑再三给简晓玲打了个电话。他想先向她借，等到次年底再用他应得的那笔钱还给她。没想到简晓玲正在加拿大度假，归期不定，使他到嘴边的话又咽了回去，毕竟远隔重洋不太方便。

怎么办？情急之下，他突然想到了医院收缴的病人住院费押金。因为住院的病人多，这部分资金预留在财务科是一笔不小的数目，大约有一亿元，以确保住院病人的治疗支出和出院患者的剩余退费。如果他将部分经手的退费冒领出去，以后再随着新缴入的押金夹带还回来，只要操作周密应当不会出问题。想到这儿，武富桂咬了咬牙，决定冒险试一次。

他计划的实施方案是，利用在窗口值班的便利条件，先在《住院押金退款单》上填上虚假的病人信息及退款金额，并由他在经办人栏内签名盖章，然后找人冒充病患家属把退款领走。而这个窗口外面的接应人，他选中了医院保洁员米凤蓝。

米凤蓝是武富桂的老乡加远亲，几年前她从乡下来省城辗转找到了当副院长的武富桂，请他帮忙在医院做个临时工。武富桂听说她在老家刚死了丈夫，无儿无女的挺可怜，又见她四十多岁身体挺好，能干些力气活儿，就安排她在医院做了个保洁员，而且给她解决了住处。这次“接款”的事，他对米凤蓝说医院要建小金库，让她帮忙从窗口把钱取出来再转交给他，不要对任何人说出去。她二话没说，就答应了。

一切安排妥当，武富桂动手了。他把事前提出的现金及退款凭据在窗口择机交给了米凤蓝，由米凤蓝在病人家属栏内签上了病人的名字，然后把钱放在一个牛皮纸口袋里取走。

第一次冒领进行得非常顺利。武富桂下班后，从米凤蓝的住处取回了白天的“退款”三万元现金。

此后，每逢武富桂在窗口值班的时候，都时常能看到米凤蓝的影子。就这样一件看似危险的行动，武富桂每次做完感觉不过如此，以至于他的胆子越来越大，取出的现金数额也从最初的几万元，增加到了十几万元，甚至二十万元。

在短短一个多月的时间里，他以神不知鬼不觉的方式从住院处窗口取走了三百余万元，不仅如期缴够了买房的尾款，还把一部分装修的钱也备了出来。

当武富桂拿到那套心仪的大三居房门钥匙时，全然没有了当初接简晓玲给他三百万元银行卡的恐惧，反倒滋生出了一种成就感。对于犯罪的认知，他的内心是麻木的，仿佛潘多拉魔盒已经打开，在侥幸的驱使下，他只能一条道走下去，没有了回头路。

买房以后，武富桂仍然隔三差五地上演着“窗口冒领”的地下戏码，现金不间断地存放到简晓玲给他的那张银行卡里，加上隔年简晓玲转给他的第二笔提成款三百万元，他手里的钱已经超过了两千多万元。

这时的武富桂俨然成了一个名副其实的大款，他要用这些钱抓住还有两年就要退休的“青春小尾巴”，下班以后不仅与人花天酒地地高档消费，还利用节假日出国与简晓玲会合了几次，每次的浪漫之旅也都是挥金如土。简晓玲说他终于活明白了……

古希腊的希罗多德曾说：“上帝欲使之灭亡，必先使之疯狂。”

武富桂对奢靡生活的向往又增加了一个新目标。他去加拿大旅游时曾经去过简晓玲家的花园别墅做客，在参观欣赏的过程中，简晓玲暗示他那三笔钱到手后在国内消费要慎重，千万别出事。不如考虑在加拿大买一栋像她这样的房子，等他退休以后带着家人到国外来生活，那时就安全了。自此武富桂就动了这方面的想法，但实现的前提是还要弄更多的钱。直到一个消息的突然传来，才使他如梦初醒——医院的保洁员米凤蓝被公安人员带走了。

米凤蓝长达两年多的窗口异动引起了医院保卫处的注意。那天，米凤蓝像往常一样从住院处窗口取走一个装有五万元现金的牛皮纸口袋离开医院后，保卫处人员带着两个公安便衣悄悄地跟了上去……

紧接着，武富桂被抓。

再下来，一审判死刑。

冀英听完了武富桂的事实陈述，觉得故事情节虽然老套，但其中的因果性仍耐人寻味并发人深省。是什么让他走上了这条不归路，究其原因，不外乎一个“贪”字。这里边不仅包含物质层面，也包括权力和其他……人啊，怎么就不知道满足呢？或许这就是人性丑陋的部分，如果你对它全然不知，危险就迟早降临到你的头上。

“我说完了，谢谢您让我说了这么多！”武富桂的话打断了冀英的沉思。

“哦，你还有什么要补充的吗？”冀英问。

“暂时没有，还是您问吧，我一定积极配合。”武富桂见冀英不像一审检察官那么冷面无情，也就逐渐放开了。

“开始的时候，你说你犯的罪不至于判死刑，理由是什么？”

“事实不清，证据不足。”

“哪部分事实不清，说具体点儿？”

“判决书认定我贪污一共两千六百多万元，除去六百万元我收的回扣款，其余两千多万元是我从住院处窗口拿的钱，事儿确实有，但金额没查清。”

“我核对过，你通过米凤蓝取走的每一笔钱都有退款凭证记录。上面有你和米凤蓝的假签名，笔迹鉴定也做过，结论一致，整体金额都有依据，没问题呀！”

“这是我往外拿钱的金额和凭证，可是我还回去的钱数没算。如果把我还回去的钱数减去以后，我拿走的钱数就没那么多了。”

“还回去，这个情节以前和反贪局的办案人员说过吗？”

“说过。他们说查了，没发现有还钱的事实。”

“那到底有没有呢？”

“绝对有，没有我能说有吗。您想呀，这件事是通过米凤蓝取款时发现的，而不是财务检查发现的，原因就是我在每季度财务大检查之前把一部分钱还了回去，把账给作平了，所以检查组查不出来。”

“你还回去多少钱？”

“因为时间比较长了，我估摸着得五百万元左右。我没都还回去，只是还了少部分，有些在财务检查过后又被我拿了出来了，但也没有全拿出来，具体多少必须得查账才能清楚。”

“你是怎么还回去的？”

“往外拿是以退住院费押金的形式，往回退是以交住院费押金的票据夹带入账。”

“是现金吗？”

“是。有几次我让米凤蓝从窗口交的，多数是我值班的时候自己办的。”

“票据是怎么体现的，怎么确定是你退回去的钱，而不是真的病人家属交的住院费？”

“我在病人家属的缴款押金底联上有注明。比如，病人家属交的是五万元，我就在后面写上一个‘(+10)’，代表我退回去十万元。当天的现金账就能体现出来除了病人家属交钱的总金额，还多出一个十万元。由于财务账是我监管，所以只要总账能平就行了，上边财务检查就不会出问题。”

“你说的这些还钱的票据多吗，有关部门是否查过？”

“两年多时间，有几十笔，不挨着翻很难找出来，因为每天的票据得几百本呢，不熟悉财务的人查像大海捞针一样。我跟反贪局的人说过，他们说没查出来。”

“向一审公诉人说过吗？”

“没说。当时认为说了也没用，不是查不出来就是不相信。再说，费了半天劲就是查出点儿来，又能减少多少数额，对我的判决有多大影响呢？”

“对你的律师说过吗？”

“没说。我一审的律师是法院指定的，就是走走程序，根本不负责。”

“一审开庭时在法庭上说过吗？”

“说过。审判长让公诉人回应。公诉人说侦查阶段查了，没有证据支持。所以被驳回了，说查无实据。”

“那为什么二审还要坚持这个说法？”

“最后一搏呗，说不说都是个死，万一呢？再说案子落到您手里，号里的人都说有希望改。”

“为什么？”

“就冲您这么问我，就能感觉出来，您是一个非常负责的检察官，不草菅人命。”

“万一我也查不出来，你就不这么说了。”

“二审再查不出来我就认了，该杀头就杀头，我愿意捐献器官！”

“二审请律师了吗？这是你的权利。”

“简晓玲可能知道我被判了死刑，她通过国内的朋友给请了一个叫郝铎的律师，据说挺有名的，也不知道得花多少钱。”

“哦，见过吗？”

“见过一次，办了委托手续。这两天可能还来。”

“行，先谈到这吧。你说的情况，我们会查清楚的。”

“谢谢您！要不然我可以帮您查，只要把前两年的票据拿一部分到这里来，我就能查出来，哪怕查出一部分，也能证明我没说谎。”

“把票据拿到看守所让被告人自查，你还真敢想。这件事我回去考虑一下再说。另外，你还有什么揭发检举的吗？争取立功也是一条出路，不妨考虑考虑！”

通常，问到这儿就是讯问结束的标志了，接下来就是被告人看笔录签字按手印程序了。可是武富桂听到这句略显不经意的问话，仿佛并没有到此打住的意思，他反问：“揭发检举，听说或者猜测的能算吗？”

冀英说：“只要提供的线索最终查证属实的都算。”

“我想提供一个情况，您要不听听？”

“说吧。”冀英嘱咐蓝翔做好记录。

“我怀疑给我办三个亿投资基金的中海银财务总监尹尔东也拿钱了。他的身份也是国家工作人员，我推测他在办这件事的过程中比我和简晓玲拿得都多……”

武富桂回想起一年前他去加拿大旅游时与简晓玲见面的情景。那天两人在一个海滨浴场游完泳吃饭喝酒，面对蓝天白云，武富桂感叹人生不过如此！简晓玲也说只有看透了，才能超脱，不为一时一事的不顺心而烦恼。她举例说起了中海银的尹尔东，她说，尹总监才叫大格局呢，让他当公司副总裁都不去，表面上说是让贤，其实另有所图。就说你们医院这三个亿的基金投资吧，他一个人比咱俩拿得都多。武富桂问她是怎么知道的，她说，她背着拿四个点回扣的名义，实际上只拿了两个点，还是两人分，另外两个点都被尹总监拿走了。尹总监解释说都是他向公司争取的，他拿两个点也不是一个人……

“照你这么说，你们三人一共拿了四个点的回扣，再加上给医院的百分之七，中海银每年要支出三亿元投资的百分之十一高息，他们哪来那么大的利润，怎么支付得起呢？”冀英问。

“这个问题我问过简晓玲，她说金融危机对我国经济影响非常大，国家紧缩银根，现金为王，别说百分之十一了，就是百分之二十高息都有的是‘接盘侠’。”

“这个问题你向反贪局说过吗？”

“没有。我听说反贪局一直在抓简晓玲，所以简晓玲跑加拿大去了。如果抓不到简晓玲，没证据我说了不是也白说吗？要不是一审判我死刑，现在我也不会说的，牵出别人没意义。这不您做我的工作嘛，才让我想到了这件事，而且只是听说而已，但我认为简晓玲说的应当是真的。”

“从中海银公司的财务现金账反映，的确简晓玲额外拿走了四个点，减去给你的一个点，其余三个点一年就九百万，两年一千八百万都被她个人非法占有了。要不是你出事，她还得拿最后一笔九百万呢，所以公安机关对她发国际通缉令了，早晚得归案。不过今天听你这么一说，她跑的原因还不仅是为了自己，抓不到她，其他人也就相安无事了。”

“是这个意思。当时简晓玲说，她能在商海里打拼多年靠的就是信誉，没想到在三个亿投资中却落下了一个‘黑’名声。我猜她跟我说这些是想解释什么，担心我从中海银那边打听到她实际拿走的点数，说她‘黑’。”

“现在话说回来，另外三个点的事到底是她个人独占，还是与人分了，必须由她说清楚，或者看有没有其他证据，这才是事实的关键。你说的只是传来证据，不能作为定案根据。不过既然你提出了有人涉嫌重大职务犯罪的线索，我们一定会想办法查清楚，一是绝不能让一个“蛀虫”逍遥法外，二是也要给检举人一个交代。如果真能构成立功的话，按照法律规定就可以对你从轻或者减轻处罚。所以，我认为这个线索很重要。”

“您可得快点查呀！别等我被执行完死刑才有结果，那不就白瞎了吗？”武富桂祈求地说。

冀英带蓝翔离开看守所的路上，问他对今天讯问武富桂有什么想法。蓝翔说：“武富桂提出的两个问题都无解。第一退款问题反贪局查过，没证据；第二揭发检举问题，找不到关键当事人，跟没说一样。他现在是怕死乱投医，有关内容真假难辨，因此没什么实际价值。”“你对武富桂收取六百万元的行为性质怎么看？”冀英接着问。蓝翔想了想说：“武富桂的这个行为，可能同时具备受贿罪中的违规收回扣性质和贪污罪中的侵吞、骗取公共财物性质。一审判决认定他构成贪污罪，我认为主要考虑到这笔钱的公款性，因为本质上六百万元是三亿元公款的衍生品，具有明显的公款特征。武富桂把本应当给医院多挣的一个点的公款截留了，属于侵吞或者骗取行为，所以定贪污也没错。案中追缴的这笔钱可以上缴国库。而受贿罪中的贿赂款不一定是公款，并且本案行贿人的作用也不典型。再加上如果武富桂揭发的中海银负责人也一并参与犯罪的话，共同侵吞公款的性质就更明显了……”

冀英肯定了蓝翔对“六百万元”的定性分析，然后也谈了一下自己的看法，他说，从犯罪对象上分析符合贪污罪的构成，如果从犯罪手段上判断，更倾向于定受贿罪。当武富桂把本单位公款三亿元交由中海银公司托管并赚取高额收益时，双方就形成了一种经济往来关系。在这个过程中，武富桂在为本单位获得认可的收益额度以外，将其中一部分利益私下与对方约定归他个人占有，他的行为就是收取回扣的行为。正是由于这个行为有别于行、受贿罪的一般特征，而且容易与贪污公款行为相混淆，所以刑法使用了“以受贿论处”的法律语境。意思就是不要争议了，遇到这种情况就按受贿定。

“如果两罪都够，最高刑期相同，还有必要再分此罪彼罪吗？”

“既然法律有规定，就应当严格依法定，而不是主观认为够什么就定什么？”

“可是受贿与贪污的法定刑一样，没有改的价值呀？”

“法律规定虽然一样，但站在这起案件的全局考虑，两个行为累加定一罪与两个行为分别定两罪，对武富桂的死刑量刑可能产生微妙影响，这就是刑法这门科学的辩证性。”

“我在大学学刑法的时候，老师说原则上数罪并罚要比一罪累加量刑重啊？”

“一般情况是这样，但也有例外。比如武富桂案仅从数额上考量，一审判决认定他贪污两千六百万元，超出了刑法规定的三百万元数额特别巨大标准的八倍多，处死刑应当没有异议。如果减去其中六百万元定受贿，剩下的贪污两千万元还能判死刑吗？最起码数额少了一部分，可能会有松动。再如果他说的‘还回去’的事实被查出一部分，松动的可能就会更大。当然这只是有利于被告人的一种理论推演。”

“您听说过原国家食药监局局长郑某受贿一案吧，他受贿数额六百多万元，但犯罪情节特别严重，被判处死刑立即执行了。武富桂案犯罪数额特别巨大，同时也存在犯罪后果特别严重的情形，所以没有改的可能，您就别费劲了。”

“你说得有一定道理，但郑案是三年前的事，现在司法改革呼声很高，刑事政策也在与时俱进，我们能做的就是把事实查清楚，尽可能地使案件得到客观公正的处理。至于最后怎么量刑，还得法院说了算……”

# 03

几天以后，冀英对武富桂案作了两个决定。先是将武富桂揭发检举中海银公司财务总监尹尔东涉嫌贪污一事，以书面报告的形式提请处长柳长鸣及主管副检察长方庆阳批示同意，函建本院反贪局督促武案原侦查部门星州市院反贪局查证，结果速报省院公诉处。之后针对武富桂提出的“退款”事实，经与省卫生局纪检处周匡处长协商，抽出武富桂贪污公款时间段内的部分缴款票据，由冀英带到看守所，监督武富桂自查。关于周匡处长提出让武富桂经手票据的安全问题，冀英说，这部分待查票据是卷外没查过的新证据，因为武富桂接触不到卷内已查证据，所以不管他查的结果如何，都不会对原有证据状态构成影响。为此，冀英和周处长共同拟定了一个看守所查账计划：一是连续用时五个半天，视查账结果作出否定、认定或者退回补侦的决定；二是每次查账的票据由周处长早晨送到看守所，中午结束以后带回卫生局；三是由冀英带书记员蓝翔负责监督武富桂查账；四是根据情况随时分析处理。

二零一零年三月十九日八时许，冀英与周匡处长如约在省看守所门口见面。周处长把他抽取的十本装订成册的住院费缴费凭证交给冀英，说好中午十二点再到看守所门外将票据取回。冀英应承一切按计划进行，与书记员蓝翔一起进了看守所。办好相关提讯手续后，二人正式开始了第一次在看守所内让武富桂自查票据的证据收集、排查工作。

一上午时间很快结束了。

武富桂竟然在十本票据中，翻出了六页标有加号金额的记载。其中最少五万元，最多十万元，六张总计四十五万元。

冀英简直不敢相信自己的眼睛，难道还真有这事？

蓝翔把武富桂送回监室后，与冀英一起走出看守所。

周处长已在门外等候多时了。当他从蓝翔手里接过已查票据询问情况时，冀英指着有折页的六本票据说，“你看看吧，票据确有退回加款现象，不过要与当天对应的现金日记账核对才能说明问题”。周处长觉得事关重大，建议冀英和蓝翔一起返回省卫生局纪检组，在他们单位吃中饭并立刻核对现金账。冀英说了句出发，便驾车跟着他的车走了。

下午一点，翻出现金账一核对，果然从当天收款的总金额中多出了四十五万元。这说明在实缴住院费以外，确有额外款项入账，武富桂辩解的“夹带退款说”确有其事。

按照拟定计划，冀英还要对此项工作持续进行四个半天，目的是要以一定的规模再对查账结果作出相应判断，并提出审查处理意见。

第二天早晨，周匡处长把新抽出的十本票据再次交给在看守所门外等候的冀英。随后，接下来的工作如前一天的程序复制，通过武富桂一个上午的翻阅查找，又找出了四张记有圆珠笔迹手写带加号金额的缴款单据，总计三十万元。

中午，冀英带着蓝翔照例去了卫生局，经过周处长等纪检人员核对，结果仍与第一天无异，四笔带加号的缴款都有当天现金入账。

第三天又查出了五笔，总共退还金额二十万元。冀英匪夷所思地从看守所出来，刚好碰上了武富桂的二审律师郝铎。此人号称本省律师界的“死磕派”代表，属于为达目的啥事都敢干的人。虽然他俩过去经常在法院碰面，但私下并无任何交往。

郝铎主动与冀英握手说，接到看守所的通知，武富桂急着要见他，就赶来了。冀英应付了几句，边抬脚往外走边琢磨，怎么这个时候他来了？

通过前三天的看守所查账，冀英陷入了思考：虽然现有查出的“返还金额”不足一百万元，应当对武富桂案的死刑量刑没啥太大影响，但至少可以证明一点，一审认定的犯罪数额不准。甭管后两天查成什么样，还有没有金额添加变化，这个案子已经符合发回重审的条件了。

第四天，在冀英临去看守所之前发生了一个小插曲。

蓝翔面露难色地说，他师傅费通炫今天临时决定也要到看守所提讯，两个检察员共用一个书记员，他分身无术呀！冀英着实有些不高兴，明明事先都跟费通炫说好了借用蓝翔一周，现在又变卦了。可他这项工作是有连续性的，再说周处长那边已经带着票据出发了，他是不能取消不去的。蓝翔见到这种情况只能建议他俩都去，到了看守所以后，由他先把两个被告人提出来，然后给费通炫讯问做记录，反正武富桂查账没有记录任务，就是一个看管问题。

冀英用脑子稍微过了一下，觉得法律只规定不能一人讯问被告人，而看管武富桂查账不算讯问，再说共用一个书记员的事原来也有过，应当不存在程序违法。还有就是在冀英的潜意识里并不担心武富桂在经手的票据上做手脚，因为一旦票据金额造假就会在每天例行的现金账核对时发现，那样的话，不仅达不到武富桂试图减少犯罪数额认定的目的，还会因此弄巧成拙，把前几天查出的退还情节相抵消。这种止增笑耳的事相信他不会干，这是冀英答应蓝翔提议一人看管武富桂查账的真实想法。然而，就是这个简单的决定给他带来的却是一系列难以明辨的麻烦……

到了看守所，蓝翔按照事先安排，把冀英提审的武富桂和费通炫提审的汪洋分别带到了两间挨着的审讯室，以便有什么事可以随时照应。



冀英则照方抓药，将周处长带来的十本新票据交武富桂翻查，自己在一旁看起了卷宗。冀英内心存有不怕武富桂私改票据的想法，使得他的监管并不严密。其间，武富桂还与冀英聊了可不可以打电话做简晓玲工作，让她作证尹尔东拿钱的事。为这事，武富桂还把简晓玲的一个私人手机号写给了冀英。

一上午，武富桂的自查账行为结束了。

冀英从武富桂手里接过的折角票据居然多达十二张，累计金额达到了一百二十万元，这个数字着实让他大感意外。

出了看守所，冀英把情况向周处长通报后，两人的感觉差不多，认为必须马上回卫生局财务处进行核对。

经过财务人员与现金账核查比对，结果让在场人员吃惊不小：除去两张共二十万元的票据与现金账一致以外，其余十笔总计一百万元的缴款金额在当天的现金账中没有体现。就是说，武富桂折出的这十笔“返还”款项，医院并没有实际收到。

为什么会出现这种情况？冀英与周匡及纪检组人员进行了现场分析。大家得出的结论不外乎两个：一是医院会计记账错误；二是武富桂借查账之机自己添加的。记错，一两笔有可能，十笔都漏记不合规律。私下改票，在冀英的眼皮底下改，他的胆儿也忒大了，使用的圆珠笔又是从哪儿来的？冀英只让他翻账，没给过他笔呀。但是，武富桂明白，只有还回去的款额越大，认定他贪污的数额就会越小，不判死刑的概率就会增加，为了保命，他有什么不能做的呢？

为了证实或者排除这些分析，冀英决定让周处长带人加个班，把明天准备让武富桂经手的票据全部先自审一遍，如果发现同样有带加号金额的票据，就先抽出来与现金账核对。只把剩余没有带标记的票据拿到看守所让武富桂自查，并把待查票据用大头针插孔做上记号，证明在武富桂经手前是不带添加缴款金额的正常票据。假如武富桂再次利用查票之机秘密加改金额，就会一目了然地露原形了。

周匡处长说："事先把十本票据都看一遍费人费力，且大头针插孔标记不明显，不如将明天待查的票据全部复印出来，咱们拿复印件，原件给他看。他查出几笔，我们对照票据日期核对几笔，如果与复印件一致，没的说，继续核对现金账；如果不一致，证明武富桂票据造假，现金账也不用对了。"

冀英认为这个办法挺好，不就多浪费百十多张复印纸吗，实在不行由检察院报销就是了。最后大家达成一致，把待查票据复印以后再让武富桂经手自查。

第五天，为查获武富桂的票据掺假行为，冀英有意让蓝翔办理完提讯手续后，只在隔壁审讯室做些文字工作，自己仍旧一人看管武富桂查票，给他留下"可乘之机"。

应当说冀英这么做内心也是忐忑的，既怕查到武富桂改票的证据，那样的话，前几天的工作就有瑕疵了，又担心没查到武富桂改票的证据，那昨天的十张问题票据是怎么来的？而且这两天都是自己一人看管，无论他改或是不改，可能都有说不清的地方。他后悔昨天不该同意一个人来看守所工作，但世上是没有后悔药吃的……

冀英在左思右想中，终于看到手表上的时针指到了11点。只见武富桂早早查完了十本票据，竟然没有一张折出带加号金额的票据。真是见鬼了，之前四天的查票，不管真假多少，每天都有，可今天怎么突然什么都没有了？

针对这种情况，冀英立刻把蓝翔叫过来，给武富桂做了一次审讯笔录。讯问中，冀英并没有当面揭穿武富桂存在票据造假行为，因为在没做笔迹鉴定之前，武富桂否认篡改票据是可以预知的，对于没有把握的事问了也等于没问，所以冀英选择让武富桂在一张白纸上重复书写了多遍“( +1，2，3…… )”等添加金额的字样，以备回去对昨天那十张造假单据做笔迹鉴定使用。

最后，冀英与蓝翔一起还押武富桂。在监室门前，冀英通知民警对武富桂的人身进行了全面搜查，结果也是一无所获。

周匡处长在看守所外面焦急地等着冀英反馈情况，一看冀英和蓝翔从里面出来，赶紧迎上去询问怎么样?

“今天白干了，一笔也没有。”冀英无奈地说。

“没有，武富桂有什么说法吗？”周匡问。

“他只说这批票据的日期节点不对，应当在其他时间段还有还回去的钱。”

“还押时搜身了吗？”

“搜了，我和蓝翔都在现场，而且做了记录，没有任何发现……”

就这样，连续五天的看守所查账结束了。从结果看，有一部分原始票据确实记载着武富桂借他人缴纳住院费之机，夹带退还过部分款项。但从第四天起，这一事实夹杂了水分，有总计一百万元的款项没有计入当天的现金账，具体原因待查。但不管怎么说，武富桂退钱的辩解是有一定依据的，至于能不能从一审认定的数额中减除，以及这一情形还有多少，多出的那一百万元是怎么回事儿，都有待原侦查部门调查核实。根据目前情况，冀英向省高法出具了一纸《发回重审意见函》，连同讯问武富桂的笔录复印件，以及连续五天的看守所查账《工作说明》一并随案移送。

省高法承办法官接到省检察院公函后，仔细审查了包括“退钱说”在内的所有新证据，为慎重起见，经过合议庭成员仔细合议，于二零一一年五月作出裁定：对武富桂贪污案发回原审人民法院重新审理。

冀英在武富桂案发回重审期间续做了两项工作，先一项是用自己的办公室座机给简晓玲打了一个国际长途。电话里他向简晓玲做了自我介绍，说明了武富桂被判死刑情况，以及武富桂为了保命揭发尹尔东涉嫌犯罪的线索。然后说到打电话的目的是让她指证尹尔东犯罪，以证明武富桂揭发的事实存在，如果构成重大立功的话，检察院可以建议法院对武富桂从轻处罚，免于一死……简晓玲听后只是淡淡地说，手机里的话不可信，除非检察官到加拿大去面谈。后一项是冀英委托省院技术处对武富桂经手的十笔问题票据进行了笔迹及墨迹鉴定，结果不出所料与武富桂的书写笔迹一致，但有时间差。这足以证明票据上的“退缴”金额是武富桂利用在看守所查账之机私下添加的。两件事做后，冀英对武富桂其人恨怜相交，随后，他对这个案子按下了工作暂停键。

再说冀英竞争处长的事，经过几轮搏杀后，院领导综合年龄、资历、业绩等各方面因素考察，决定提拔冀英从副处长一职转正，并进入十天公示期。

正当有人见了冀英已经改称他处长之时，突然一个爆炸性消息在省检察院不胫而走：冀英被“双规”了。

据说有人匿名举报冀英利用办案的职务之便，在看守所与死刑犯内外勾结，采取篡改证据的方法，为被告人开脱罪责，是中华人民共和国成立以来最大一桩徇私枉法案……时间、地点、事实经过翔实，一看就是内部人员告发，推断应当确有其事。

一时间，大家一片哗然。

“这怎么可能呢？”“怎么不可能呢？”“知人知面不知心呀！”“一切为了钱呗！”“马上就要转正，这回全完了！”说什么的都有。

乐见于别人倒霉，通常是旁观者的一大快事。

冀英现在的处境就是这样，不管之前多优秀，到了这个份上，真心盼他不出事的人，除了他的家人，在单位恐怕没几个。

# 04

省纪委立即组成专案组对冀英一案展开了全面调查，包括查阅武富桂案的内外卷宗和冀英经手的二审材料，以及搜查冀英的办公室，调取他的手机、座机通信记录，询问书记员蓝翔等相关证人，等等。令省纪委感到“遗憾”的是，几天下来收效甚微，除了拿他两次一人“讯问”被告人违法说事以外，其他还都停留在怀疑层面并没有实质性突破。

不得已，专案组长顾雨明只能提前向冀英要“口供”了。

在省纪委会议室里，顾雨明与冀英分坐对面两席。有人给冀英倒了一杯机关招待用茶水。

顾雨明五十多岁，官阶正局。冀英四十三岁，现职副处。前者正值事业的巅峰，后者恰处人生爬坡期。两个男人之间的对话不加遮掩地上演了。

“据说你是省检察院的第一公诉人？”顾雨明话中带刺。

“第一不敢当，办案匠而已。”冀英回答得不温不火。

“还听说你已经公示正处了？”

“可惜没过公示期就摊上事了。”

“如果你配合，我们可以建议先保留这个岗位，等日后有机会再提拔。”

“从我被请到这儿接受调查那天起，就没再指望了。但是，配合没问题。”冀英以为这次倒霉大概率就栽在职务竞争上了，不然谁会盯着自己这件工作瑕疵的事不放呢？

“那你打算怎么配合呀？”

“实事求是，整个经过我都写在材料里了。”

“材料我看过了，我觉得你并没有实事求是，这样下去对你很不利！”顾雨明开始施压了。

“既然您不相信我，那就按证据定好了，甭管对我有利还是没利。”冀英自觉无私者无畏，不留余地地回绝了。

“其实你不说武富桂也是会说的。”

“他说什么我管不了，我只管我说什么。没做过的事我是一个字也不会说的。”冀英面对这样的戴帽审查实在觉得冤枉，话回得很冲。

前几轮“宏观”进攻无效，顾雨明改取“微观”。

“你给简晓玲打过电话吗？”

“打过。”

“为什么？”

“为了调查跟这个案子有关的其他人涉嫌重大犯罪问题。”

“我看不止这一个原因吧？所谓其他人犯罪问题是武富桂说的，所以你要查，甚至不惜通过国外查，目的是想救他不死吧！”

“从效果看，也不排除。”

“你承认不想让武富桂判死刑？”

“前提是他必须具备不被判死刑的条件，而且得法院说了算，跟我想不想没关系。”

“从你的立场看，我认为你不应当做检察官，应当改行当律师！”

“不管做什么，都要依法！”

“你还敢谈依法，你一人提讯是依法吗？”顾雨明找到一个硬气点了。

“我不仅敢谈依法，而且还敢谈严格依法。的确我有过一人在看守所监管武富桂查账的行为，由于监管不严出现了武富桂秘密改票的事。但是，监管行为不是法律意义的讯问，而法律只规定讯问被告人应当由二人以上进行。所以我的行为不一定被依法禁止。再说，出现一人办案的情况也是有前因的，书记员临时被他的检察员抽走使用，我的工作已经事先安排了，只能按计划进行。”

“这不是理由！第二天书记员没事，你为什么不让他进监室呢？”

“这个我在材料里已经写得很清楚了，目的就是查获武富桂改票的证据，如果两个人都在场他不改了，我们的计划就落空了，这点周匡处长是可以作证的。”

“你别提周匡那边的事，要不是他们把票据都复印了，第二天的情况还不知道会怎么样呢？”

“是他们提出的复印票据没错，可是也征得了我的同意呀！我们是相互配合的关系，不能因为是他们提出来的就代表我反对，进而否定我的事前准备工作。”

“不管怎么说，你两次一人讯问被告人是客观事实，这是不容狡辩的。”

顾雨明没想到连一人提讯的事冀英都不认，简直是不把他这个局长放在眼里，就冲这点也绝不能轻饶了他。

冀英一看说什么也没用，索性什么也别说了。

这人一旦没了瞻前顾后的羁绊，就没什么可怕的了。更何况冀英案的最坏结果就是脱衣服走人，坐牢是不可能的，毕竟现在是法治社会，这一点，他心里有底。

顾雨明又问：“刚才我们谈了你办案程序违法问题，现在再说说你的动机和结果。”

“您说动机和结果是指什么？”

“当然是让武富桂篡改证据了！”

“结果不是明摆着嘛，前三天我们查清了武富桂部分退还赃款的事，为此省高法已经将这个案子发回了。后两天我们同样查清了武富桂利用经手票据之机私改退款金额的问题，应当说有得有失。”

“你别把前后两件事混为一谈，合法的事是你应该做的，关键是后面违法的事，已经造成了严重后果！你是干检察的，这里的因果关系你应当清楚。”

“我当然清楚，整个查账行为是一件事，应当整体看，前后不能割裂。办案中部分出了问题不能全盘否定。还是那句话，我只负监管不力的责任，但是说我有意纵容或者配合被告人改证据，要有根据，要综合前因后果客观地下结论。您不是问我动机吗，我可以理直气壮地说就是想把这个案子办扎实，别杀错了。还有您说的后果问题，我认为武富桂私改票据一事对案件本身是没有负面后果的，事实都查清楚了对依法裁判应当是有利的，顶多对我个人有后果，但不至于上升到刑法层面吧。”

“我看你是把问题想得太简单了，造没造成案件后果可不是你说了算的！”

“的确不是我说了算，应当是事实和证据。武富桂有改账行为不假，但客观上不可能达到改了就能否定对他犯罪事实认定的目的，因为我们对他经手的每一笔票据，当天都要进行现金日记账的核对。前三天有对应的现金收入，可以认定他有还款的行为。第四天没有现金入账反映，就不能认定。他的造假行为不过是自欺欺人的把戏而已，对本案处理不构成任何影响。”

“不构成影响，这件事都惊动省委政法委了，这影响还小吗？！还有你说的没造成后果问题，要我看让一个死刑犯在看守所里篡改证据，这件事的后果很严重！”

“您怎么看都行，这是您的权利。我只想补充一点，武富桂篡改的是票据，而不是您说的证据。根据法律规定，证据是能够证明案件事实的材料。他改的这几笔票据，因为没有得到现金账的印证，所以不可能成为证明事实的证据。如果说它有证明性，只能证明他改票了。另外，您说的‘让死刑犯改证据’似乎是指我吧？既然说我有意让死刑犯改证据，那我还得自我辩护一下，这也是我的权利。”冀英停了一下，见顾雨明没有制止他，接着说，“刚才我已经说过了，我们每天都会核对现金账，单独私下改票是没用的。假如我有意要帮他减轻罪责，那么明知道没用的事，我怎么可能还去做呢？这不符合逻辑。再有，武富桂之所以在第四天改票，只能说明他并不知道我们每天下午核对现金账的事。如果我是他的同伙，我也不可能不通知他，让他不要去做。另外，退一万步说，即使我再利令智昏，非要帮助他做这样的蠢事，也不可能只有我一人在场的时候让他做吧，因为这种情况下会陷我于说不清的境地，我还不至于傻到这种程度吧。”

“你说的这些看似有理，但仍然有漏洞。你认为可以为自己择清楚，那为什么在第五天，你没有抓武富桂一个改票的现行呢？”顾雨明问话的态度有所放缓。

“我刚才说了，第五天查账我们是有备而来的。我支开书记员在隔壁，就是想我一个人在场好让武富桂放松警惕。只有放任他实施改票行为，我们才能抓他的现行，这些预先安排蓝翔是知道的呀。可是不知道为什么，那天武富桂什么也没干。而且我们在送他回监室的时候，还委托监狱民警对他的人身进行了搜查，结果也没搜到他改票用的笔。这件事确实有些蹊跷……”

“这也是我要问的。审讯室里只有你和武富桂，如果不是你串通他，他怎么突然停止了呢？”

“我刚才一再说明，如果是我串通他，我只能串通他别这么干，而不是干了以后再停止。”

“那你认为是谁帮武富桂干的这事？因为他一个人是不可能完成的，肯定有内应。”

“内应显然有，是谁只能靠直觉了，没有证据。”

“你的直觉是谁？不妨说说，我们会调查的。”

“好吧，这几天我在也想这个问题。您非要我说，我只能推测武富桂的二审律师郝铎有嫌疑。因为在武富桂改票的前一天，我在看守所碰见他了，他下午会见武富桂，结果转天就出事了。所以我认为他有串通武富桂改票的动机和时间。至于最后一天是谁通知武富桂停止的，我就不好瞎猜了。”

“最后一天你们复印票据做准备这件事都有谁知道？”

“检察院这边就我和蓝翔知道，卫生局纪检组那边周匡处长和参与配合的几个人知道。”

“行，我们知道了。但是甭管谁是内鬼，你的责任是推不掉的。还是那句老话，是真假不了，是假也真不了，我们一定会查清楚的。”

“那得谢谢您！我也会积极配合的。”

顾雨明询问冀英的谈话就这么收场了。表面上看这场交锋看似攻防相当，实则问方是不占优势的，不仅没达到事前的预判目的，而且所用招数也都没灵。说一千道一万，如果根儿上不是那么回事，你就是用尽浑身解数，也是巧妇难为无米之炊，不可能做出饭来。

随后，纪委讯问武富桂的人也传回了消息。武富桂承认他在查账的第四天，为使自己的贪污数额减少达到保命的目的，把写材料用的圆珠笔芯事前剪了一小段，偷偷别入毛衣袖内带进了审讯室，然后趁冀英看管不备之机，私下添加了还回押金款的数额。第五天查账前，他突然觉得改账的事可能有点画蛇添足，经不起与当天现金日记账的核对，所以没敢再继续“作案”。他坚决否认这件事是受人指使和有人帮助而为。当提到冀英时，他说是检察官对他的人格尊重才让他看到了生的希望，没想到自己弄巧成拙，反而连累了检察官……

自从顾雨明与冀英深度交流后，他对武富桂的这番供述并不感到意外。

倒是书记员蓝翔和检察员费通炫对调查人员作的证词，让他看了略感费解。

对于冀英涉嫌违法问题的调查，与他一起配合办案的书记员蓝翔无疑是最了解案情的人，纪检人员找他调查是必不可少的。

蓝翔讲述了冀英提审武富桂和在看守所查账的经过。唯独对查账进行到第四天，冀英为什么让他配合费通炫做记录，自己一人看管武富桂的事表示不能理解。他认为一人办案是明显违规的，可是冀英是副处长，他只能服从。

这个情节显然与冀英陈述的内容有出入。冀英说的是临时调整无奈同意，而蓝翔却说是领导决定使然。

对于最后一天他与冀英一起去看守所，为什么冀英让他在隔壁审讯室回避，蓝翔作证认为仍然不能理解。当纪检人员问他，是不是他提出兼顾两名检察员提讯的情节时，他坚持说是听冀英安排行事，他并不愿意一人同时配合两人办案。冀英单独看管武富桂查账连续两天，他只负责把人提出送进审讯室，之后就再也没有跨入半步。因此，他对武富桂改账的事全然不知。

检察员费通炫的证词好像跟蓝翔商量好了似的，如出一辙，一概是听从冀处安排工作的结果。尤其是第五天，他根本没再去看守所，也没有急需提讯被告人的情况。纪检人员征询他一人监管被告人查账行为，算不算违反一人提讯的规定时，他说，从严格执法的角度讲，一人办案就是违法，不能对法条中的‘讯问’作限缩性解释……

顾雨明从二人的证明材料中发现，蓝翔是生怕“粘包儿”，费通炫是不怕事儿大。

这些都可以理解，但有一点，在证明冀英“出事那天”是主动而为，还是确有其他客观因素方面，二人与冀英的说法存在明显差异，虽说不是什么大问题，可谁在说谎却值得推敲。

按照顾雨明对冀英的直观感觉，他认为冀英不像在起因这种细节上斤斤计较的人。事儿既然已经出了，不管后果多大，在小事上不说实情没必要。反观蓝翔和费通炫，如果是他们没讲真话，除非二人统一了口径，那原因是什么呢？

顾雨明还从费通炫的证词中看到这样一段对话。

问：“你对这次冀英竞争处长有什么看法？”

答：“我认为像冀英这种在职学历的所谓实务型人才综合法律素养太低，当个副职审批办案还可以，如果转成正职，不利于检察事业的高标准发展。”

问：“你认为另一个参加竞争的副处长麻鹏举怎么样？”

答：“我觉得他更适合担任公诉处处长，省检察院的主责不是办案，而应当是调研、管理和指导。”

问：“听说你与麻鹏举是校友兼老乡？”

答：“严格说我和他只是校友，而且不是一个专业，我是学实体法的，他是学程序法的。虽然我和麻鹏举是老乡，但我从大学读书的时候起就离开家乡了，以前不认识……”

顾雨明觉得他明明是在力挺麻鹏举，却又有意撇清两人之间的密切关系。

经过两个多月的调查取证，顾雨明局长带专案组成员向省纪委罗凯书记等人作了专门汇报。他在结论部分说，省检察院冀英在办理武富桂贪污案过程中，因一人违规单独办案并监管不力，造成武富桂在看守所内私自携带圆珠笔芯进入审讯室，然后，趁经手财务票据之机，秘密加改缴款凭证十张总金额一百万元，意图达到减少犯罪数额认定对其从轻处罚的目的。鉴于冀英与卫生局纪检人员对武富桂自查票据设有每次核对现金账目的备查措施，致使武富桂的私改票据行为对本案处理没有形成实质性影响。同时，在发现武富桂改票次日，他们复印了全部待查票据并对武富桂还押监室前搜身检查，以及事后对改票笔迹进行同一司法鉴定等，综合证明，冀英不具有帮助武富桂伪造证据的故意和行为，应属于玩忽职守性质……

罗书记听完汇报讲了几点个人意见。他首先肯定了专案组前一阶段的有效工作，然后指出：

“从目前看，冀英不构成犯罪既有事实逻辑，又有主要证据疑点排除，实事求是地判断‘死刑犯看守所改证据’的事实性质，他该负什么责任就负什么责任，这些都对。但是，对这样一起具有影响的大案，我总感觉还有些问题没有查清查透。比如，冀英为什么要救一个死刑贪污犯？又是让武富桂在看守所自我查账，又是积极作武富桂揭发检举争取立功的工作，甚至打国际长途作另一涉嫌跑路的知情人简晓玲的工作等，他的动机是什么？是不是真如他所说，二审和一审的职责不一样，重点是监督纠错，法律依据是什么？我是外行，下次你们再汇报的时候给我普普法。再比如，一人在看守所监管武富桂查账的事，到底是违法还是违规？可以再找刑诉法专家论一论，搞清楚，不要带着争议下结论。另外，即使冀英没有串通武富桂改账的行为，其他人是不是也没有？包括看守所内部的民警，或是和冀英一起办案的人。假如都没有，怎么那么巧一人在场的时候就把票据改了，事先做了准备他又不改了，连真的也不查了？他改账用的笔到底是哪来的，为什么没有搜出来？等等。这些问题还要往深了做一做，先不忙着结案。

“还有，不是说武富桂的二审律师能量很大吗？他在这案子当中有没有什么违法操作呢？所谓的能量问题，要我看没那么复杂，千条线一根针，就是一个‘钱’字在起作用。国外有人给他出了大价钱，他再用钱打通关系，不就这么回事吗？他们能用钱办事，我们就能顺着钱查线索，包括冀英和他的书记员、单位配合办案方面的人，以及武富桂的监室民警，不就这么几个人嘛，都把他们名下的银行卡查一查，看这段时间里有没有异常收入情况。该做的工作一定要做到位。

“最后一点，武富桂是在押犯，我建议可以请专家给他做一次测谎，这在程序上应当没有障碍。看看在他改票据这件事上到底有没有同伙，如果有，一定跑不出前面提到的几个公职人员，这样我们的工作就有成效了。怎么样，大家还有什么不同意见吗？”

“没有，就按书记的意见速办吧。”副书记带头表态，大家一致同意。

## 05

顾雨明根据罗凯书记的指示，首先派人对冀英的各银行存款进行了突击性排查，重点围绕办理武富桂案的时间段，看有没有大笔资金收入情况。结果一周过后，全部银行反馈证明，除了月工资收入以外，其他什么也没有。顾雨明手下人员对他说，不承想，还真查出一个廉洁干部来！

可是凡事都有例外，蓝翔就被这网给捞住了。

时间恰是看守所查账的第四天，蓝翔的银行卡显示有一笔十万元现金入账。

“是否涉案？把蓝翔请过来再说！”

顾雨明听到这条线索的第一反应是应当在汇报前做，现在多少有点儿被动。

原本对蓝翔这样的小鱼没必要顾局长这一级领导亲自上，可他生怕再有什么闪失，决定自己带人直审，一定要弄出个结果来，不然没法对领导交代。

很快蓝翔到案了，并且全盘招认。难怪有位纪委领导在谈查办腐败案件的体会时说，他有三个没想到：一是没想到腐败案件这么多，二是没想到数额这么大，三是没想到交代得这么快。

蓝翔虽然三十岁出头，但仍属于涉世未深的状态，尤其他从学校到机关的简单经历和精致利己的狭隘站位，在职业查办贪腐案件的顾雨明面前像个小儿科，从否认到供认，前后用了不到半个小时，就如实交代了收受郝铎律师给他十万元现金的事实经过。他说是在配合冀英承办武富桂一案时认识郝铎的，他们初次见面是郝铎通过他的一个大学同学联系的，以后两人开始单独交往。他知道郝铎是为武富桂的事才找的他，而他也仰慕郝铎律师的名气，想为将来辞职做律师铺路。有一次郝铎请他吃饭，他把冀英认为武富桂案中的六百万元部分可能定性不准的消息透露给郝铎，饭后郝铎给了他五万元现金。还有一次是他跟郝铎说了冀英要安排武富桂在看守所查账的事，饭后又收了五万元现金，两次共十万元，一起存银行了……

“除了你和郝铎吃饭时对他透露案情以外，他还要你帮他做什么吗？”顾雨明问。

“好像也没有什么具体让我做的事，因为我只是个书记员，也帮不了他什么。”蓝翔回答。

“你再好好想想，不要遗漏所有细节？”

“主要就是聊案件的事。我跟他说了前三天武富桂查出了一部分返还医院资金的事，但加起来也就一百万元左右，对全案整体量刑影响不大。但接下来还有多少不好说，应当够发回重审的了。”

“接着说！”

“第四天我把我们发现武富桂改账的事也告诉郝铎了。”

“怎么说的？”

“我晚上打他手机说，今天武富桂翻出的十张写有还款标记的单据与医院的现金账对不上，金额大约有一百万元。冀英他们认为可能是武富桂私下在看守所添加的。我还说，明天让武富桂查的账单都已经提前复印了。”

“郝铎是怎么说的？”

“他没说什么，好像说他还有事就把电话挂了。”

“以前你对郝铎说过每次武富桂查账以后，你们还要到他们单位核对现金账的事吗？”

“没说过。我现在明白了，武富桂在最后一天什么都没做和搜不到改账用的笔，是因为有人提前告诉他不能改了，改了也没用。”

“你认为是谁通知武富桂的呢？”

“我认为肯定是郝铎从我这得到的消息，可是他晚上和第二天一早又没有进看守所的时间，只有一种可能，就是郝铎通过看守所的内部人员通知武富桂的。”

“这件事你还有什么补充的吗？”

“我想知道我被调查是不是郝铎揭发的？”

“你收钱的事没其他人知道，你说会是谁呢？”顾雨明故弄玄虚地说。

“这个世界简直就没有可以信任的人了。我这么年轻就被他给毁了，呜呜……”蓝翔哭得很无辜似的。

“我再问你两件小事。”顾雨明打断蓝翔的哭声，“你上次对调查人员说冀英一人看管武富桂查账是他主动决定的，是这样吗？”顾雨明想再核对一下冀英陈述的真实性。

“不是这样。以前我之所以那么说，是因为费通炫找我说冀英犯大事了，咱们可别受他牵连。还说尤其是我作为冀英的书记员，别有说不清的地方。于是我们就统一口径，说第四天去看守所是领导自己决定的，我们才临时安排了提讯。”

“这个情节照实说也没什么呀，为什么费通炫要你这么说呢？”

“关于冀英一人监管武富桂查账的事，确实是我向他提议的，还说监管查账不属于提讯不违法，我两边兼顾一下。后来出了事我怕担嫌疑，这是一个原因。另外也有费通炫挑拨的结果，我知道他对冀英当领导一直不服，他和麻鹏举副处长的关系挺好，我分析冀英一出事肯定就是麻鹏举当处长了，我就想往他们那边靠，顺着这个意思说了。”

“我再问你，关于武富桂改账这件事，除了你向郝铎说过以外，还向其他人说过吗？”

“其他人？外面的人我只向郝铎说过，再没向其他人说过。我知道这是违反纪律的事。”

“你向本院的人说过吗？”

“本院？我想起来了，我还向麻鹏举副处长说过。我知道他和我师傅费通炫是老乡关系，这次他和冀英竞争处长，我希望他能扶正，这样可能对我今后进步有好处。那段时间我请麻处吃过一次饭，其中就聊到了武富桂在看守所造假账被发现的事。当时也没多想，觉得都是一个处的领导不算泄露案情。现在看可能是说者无心，听者有意……”

“麻鹏举当时有什么反应？”顾雨明追问这一情节的目的是想知道冀英案的举报人是谁。

“麻处没说什么，只是问我这件事有没有向处长或主管检察长汇报。我说没有。”蓝翔对顾雨明问这个问题有点儿蒙。

“好吧。今天就谈到这儿。看笔录签字。”

顾雨明波澜不惊地斩获蓝翔并没觉得值得庆贺，依他多年的反腐经验，只有拿下郝铎大律师这个硬茬子，那才算案成有绩，否则之前的工作很可能就是竹篮打水一场空。

速传郝铎，这是套路。知会律协，这是程序。

为一石二鸟地办下这起行、受贿关联案，顾雨明局长不仅要求专案组人员备足各项预案，还特邀了省检察院反贪局人员提前介入调查，既增派专业办案力量，又有利于纪检案后移交。

但是，如顾局所料，案情进展不遂人愿。无论专案组和反贪人员怎么对郝铎施展车轮战，郝铎的口供依旧是零。

郝铎说："的确，我的行事风格是为捍卫当事人的利益豁得出去，那是我对得起人家付给我的钱，也对得起我的职业名声。但是，违法的事我从来不做。说我为武富桂案给冀英的书记员蓝翔送钱，事实逻辑就不对，要送我也应当给冀英送，而不是给他的书记员，既没权力，也没能力。我没有给蓝翔送钱的理由。

"从证据上说，他说我给了，我说没有，他手里的钱又不能证明出自我手，你们凭什么确定他说的就是真的，我还说这是他在转移你们的调查视线呢？我承认我是跟蓝翔吃过两次饭，人情社会这也不违法吧。更何况是他提出有意加盟我们律所，既然是有求于我，我凭什么要给他送钱呢？

"再从送钱的价值上说，就因为蓝翔跟我说过他们发现了武富桂在看守所私改账单的事吗？在此我想郑重地澄清一下，对这种雕虫小技的事，我是绝对不可能染指的，既没有条件，也没有意愿。原因很简单，太愚蠢！"

郝铎不愧是辩护高手，话不多，层层递进，有条不紊地为自己行贿蓝翔的指证说"不"！

实践中，行贿人指证受贿人收钱而受贿人拒不认账的事常见。可受贿人承认收钱，行贿人却矢口否认的情形并不多。显然，蓝翔、郝铎一案属于后者。

由于郝铎的职业身份及专业特长，在缺乏其他证据佐证的情况下，拿不下他的口供应在情理之中。顾雨明专案组和反贪局人员退而求其次，把最后一招寄托在武富桂的供词上。如果他能指证郝铎是"改账"事件的始作俑者，或是帮助犯，那么郝铎将会面临其他被刑事追究的可能，在此情形下，连带供出行贿事实，或者依法认定，仍是可行的选项。

之前，武富桂对看守所改账一事，自称与任何人无关，今天面对专案组人员给他上测谎仪，他仍然表现淡定，愿意配合。

于是，测谎进行得很顺利。测谎专家根据案情预设的每一个问题，武富桂只需要回答“是”或者“不是”。

测谎专家问：“你在原始票据上添加返还金额是冀英指使的吗？”

武富桂回答：“不是。”

“是郝铎指使的吗？”

“不是。”

“是冀英给你提供的改票用笔吗？”

“不是。”

“你是事先知道改票的那天就冀英一人监管吗？”

“不是。”

“第二天是有人通知你改票的事已经被发现，你才没有再改吗？”

“不是。”测谎仪显示波动异常。

“往票据上添加金额的事是你一人决定的吗？”

“是。”

“是有人帮你完成的吗？”

“不是。”

……

根据武富桂被测谎只有个别问题不过的结论，顾雨明与办案团队研判认为，已经没有对冀英、郝铎两条线追查的必要，中止是目前唯一的选择。因此顾雨明决定，第一，冀英案移交省检察院纪检处继续调查处理；第二，蓝翔案以涉嫌受贿罪移送反贪局继续侦查移送起诉；第三，对郝铎解除留置，放人。

然后，他与专案组人员撤出了驻省检察院办案点，收拾材料，打道回府了。

冀英本以为专案组人员撤了，他的案子就该结了，等待下一步处理就是了。没想到纪检来人通知他，人可以回家，仍将接受调查。

省检察院纪检处处长那联全的年龄比冀英稍长，铁面冷漠是他的工作标签。对于冀英“捞死刑犯”这么大的事竟然被省纪委查“黄”了，他想不通，也不甘心。尤其看冀英满不在乎的眼神，简直令他无法忍受。

这天一上班，那联全就打电话把冀英叫到了纪检处小会议室，冷冷地说：“你的事还没完，还要继续停职调查。”

冀英一见这种装腔作势的人就来气，随口回答道：“没关系，查多久是你们的权力，反正我是无私者无畏。”

“我看你是无知者无畏！”那联全听了火儿往上撞。

“不管是无私还是无知，能无畏就行！”冀英实在不想再忍让了，心里说，“都是一个单位的同事，低头不见抬头见的，你他妈至于吗？”

“你还别不服气，你的事最终是什么性质现在还没定呢！”

“没定好啊，我等着你给我定呢！最好把我抓起来，就怕没那么大本事！”冀英一股脑儿地把这些天受到的憋屈都发泄了出来，至于什么后果，他已经顾不得细想了。

“啪！”那联全猛地一拍桌子，从椅子上站了起来。他想骂人，但终究没骂出口。

这时，纪检处的其他几个老同志听到这边的动静有点大，赶紧推门进来把那处长劝坐下，之后又把冀英叫了出来，一场冲突才算暂停。

俗话说“阎王好见，小鬼难挡”，意思是和阎王比较好打交道，与阎王手下的小鬼却很难沟通。在冀英眼里，那联全就和小鬼差不多，比顾雨明难打交道多了，就算案子交由纪检处办理，也犯不着摆出这副架势，吓唬谁呢？

在那联全眼里，体制内一向存在业务人员与非业务人员“不和”之说。日常，业务人员风风光光，显山露水地打着机关对外的旗帜，而非业务人员也是整天忙前顾后的，却是内部监督服务的职责定位。这种情绪一旦带到工作中，刚才出现的一幕就足以想见了。更何况像冀英这种业务尖子级人物，平时不愿意与其他部门人员走动，现在落到那处长手里不把他整个底儿掉才怪呢。

那联全安排所有纪检处人员停下手里工作，全力深入调查冀英涉嫌徇私枉法一案。而且明确定调，不受先前调查的范围限制，一切从头再来，不怕重复。不仅对冀英本人名下的财产要查，对他家人名下的财产也要查；不仅对银行存款、股票、基金等资金情况要查，对房产来源也要查；不仅对与冀英电信往来密切的相关人员要查，对偶尔通话但认为可疑的人员也要查；不仅对涉及武富桂案有关的事项要查，对可能涉及男女关系方面的问题也要查。总之，应查尽查，决不姑息。那联全甚至说：

"像冀英这种常年办案并有一定影响力的人，请托他为案说情的人肯定不少，受贿徇私的事未必没有，就看咱们能不能查出来。我就不信他常在河边走就是不湿鞋？经常赶夜路，还能不撞上鬼？"

一位新到岗的大学生对那处长的最后一句话有些不解，私下问旁边的同事："撞上鬼是指谁？"

那位同事不知深浅地开玩笑说："我猜那处的意思是撞上咱们，他就逃不掉了。"

"别瞎解释了，都干活去吧！"那联全听后很不高兴，自觉说的这句"撞鬼"的话有点毛病。

按理说，在目前的环境背景下，照那联全布置的查法，被调查人"湿鞋"难保，应当是大概率事件。可让那联全没想到的是，各路调查组人员返回的信息依旧和之前省纪委调查的结果一样，纪检处一个多月的全员工作白瞎了。

无奈之下，那联全只好让人在撰写《对冀英同志违法办案调查处理报告》上做文章，多次使用"一人违法提讯，疏于值守，致使死刑犯在看守所私改证据。单独违规与境外涉案关系人电话联系，意图为死刑犯开脱罪责减轻处罚创造条件，造成案件被发回重审的严重后果，给检察机关的执法公信力带来极坏影响"等文字表述，并提出建议："鉴于本案性质恶劣，后果严重，影响极坏，以及冀英同志拒不悔过的态度，建议必须严肃处理……"

省检察院党组召开扩大会，把对冀英一案的处理列上了议事日程。

那联全代表纪检处作调查汇报，其间脱稿说了一段耐人寻味的话：

"虽然认定冀英徇私枉法证据不足，但他两次单独提讯，致使死刑犯在看守所篡改证据的动机费解，行为存疑……"

田隽检察长问已被提升为副检察长的柳长鸣有什么意见。

柳长鸣听了那组长的汇报，明显感到有些评价不妥，可碍于省纪委和本院纪检组的处理态度，还有刚进班子不便与其他主管领导唱反调等综合考量，权衡利弊，作出了同意调查报告结论的表态。

其他委员见主管公诉的副检察长都没意见，他们即使有意见又何必多此一举呢，于是分别表态同意了事。只有一位即将退休的副检察长提了一条不同看法，他说“证据不足存疑”的结论容易引起歧义，也不符合当今法治建设理念。证据不足就是事实不成立，不应当再存疑了，这到底是有结论还是没结论呢？……

最后，田检又提出了冀英的动机和为什么一个人提讯的问题。一位专职委员分析说可能是冀英为了在竞争处长中加分而逞个人英雄，非要查出点儿案子存在的问题来。另一位列席的资深处长说，冀英确实查出了一部分一审认定数额不准的问题，而且在最后一次查账中，他和配合单位复印了待查票据是有准备的抓获行为，事后还对被告人进行了搜身，以及笔迹鉴定等，这些都不符合徇私枉法特征，怎么还能存疑呢？

眼见话题越扯越远，主管纪检的郭凯副检察长打断说，这个案子省纪委留下了必须严肃处理的意见……会场顿时安静了下来。接下来就是纪检报告被通过，对冀英作出了三项处分决定：第一，晋升处长职务无效；第二，免去原副处长职务；第三，给予党内严重警告处分。

人们常说，谁也不知道人生的下一秒会发生什么。冀英对这样的处理虽然已经做足了心理准备，但仍然一时拗不过劲儿来。起初，他把这件事的调查后果想得过于简单，认为既然自己问心无愧出于公心办案，就算有些工作失误，没有造成严重后果，顶多给个竞争处长无效的处分，没想到竟落了这么个结局，恰好似“白茫茫一片大地真干净！”

四十三岁的冀英还能在检察院干下去吗？

就在冀英去意已决的时候，两个女同事的出现让他极度低落的情绪悄然发生了改变。一个是他原来的书记员远纺，另一个是同室对桌的舒唯艺。两人虽然比冀英年轻不少，却都是法律科班出身的精英，不仅知性美丽，还是公诉处的办案主力。对于冀英被查事件，她们详情了解得不多，但对冀英的人品始终没有怀疑过。

这不，院里刚宣布对冀英的处分没两天，她俩就把冀英约了出来。

三人在一个不起眼的饭馆聚齐后，远纺看着冀英俊朗并略带疲惫的面容说：“你瘦了？”

“还行，不是还站着嘛。”冀英叹道。

“我倒看您越瘦越精神，还是这么帅！”舒唯艺笑着说。

“这就叫颜值担当！”远纺接着搭腔，“冀老师的本色，谁也整不垮！哈哈……”

“整不垮也差不多了，今天正想跟你们说呢，我打算辞职做律师去……”

“啊？边吃边说吧。”舒唯艺把服务员端上来的菜往冀英的盘子里布了些，说，“不着急，想好了再定。”

“想好了，已经没退路了。”冀英说着，向服务员要了瓶啤酒。

“我支持！”远纺是个辣妹子，心直口快，“这叫什么事呀？不管前，不看后，抓住中间一个瑕疵问题，下狠手处理，太让人心寒了！”

“嘿，这丫头！”舒唯艺是北京人，文静中透着稳重，她轻轻地说，“咱们先别忙着下结论，帮着分析分析再说。”

“这不明摆着吗，冀老师该当处长没当上，还把副处长给撸了，再背一个党内处分，人过中年还能从头再来吗，不走怎么办？”

“我是这么想的。”舒唯艺对冀英说，“走容易，交一份辞职报告就行了。而且您有律师本，虽说人过中年，但依您的能力水平和业界影响力辞职发展不成问题。关键看干律师适不适合您，还有没有留下来的价值和余地？这件事必须想清楚了再决定。路遥在他的小说《人生》扉页上不是有这样一句话嘛：‘人生的道路虽然漫长，但紧要处常常只有几步。’眼下您所处的就是紧要处，怎么选择一定要慎重，因为关系到您的下半生呢！”

冀英说：“做律师适不适合我，只有试了才知道。至于留下来的余地或价值，你们认为我还有吗？”

“有啊！”远纺似乎又有了新想法，“走有走的原因，留有留的道理。别忘了，您还是咱们省院公诉系统的业务专家呢！我一直以为办大案的成就感并不比当官差，作为一名检察官，原本的价值就应当体现在办案上，道理很简单，只有办案才能实现司法正义！而当官，尤其当不办案的官儿，在这一点上是做不到的。”

“所以，据说下一步司法改革的重点就是去行政化，实现业务、行政两条路发展，而不是现在千军万马地奔当官去，没有行政职务等于没价值，这是不符合司法规律的。”舒唯艺接过话说，“更何况您又不是没当过官儿，这次要不是您竞争处长可能还没这一劫呢！您想想有没有这样的因素？”

“这个，还真没想过。”冀英若有所思道。

“你就是太实在了，整天跟人家拼业务、拼办案，不符合官场实际。再说做律师吧，以我对你这么多年的了解，就凭你这脾气秉性，干了大半辈子检察现在让你为了当事人的利益求人去，受得了吗？”远纺笑着说。

“还有您的检察情怀，割舍不易呀！”舒唯艺道。

两人你一言我一语，句句说到了冀英的心理痛点上。

舒唯艺说：“我建议您留下来有两个意义：第一，走出一条心无旁骛的业务发展路径来；第二，证明自己，不是有人不想让您待下去吗，您就偏不走，让他们看看，不当官照样行。”

“我同意艺姐的建议！到时候我还给你做助手。有我陪着你，你还怕什么？”远纺说完这句觉得有点儿不妥，马上又找补了一句，“有首歌词就是这么写的。”

“甭解释了，有咱们远纺妹妹陪着您，您还寂寞吗？”舒唯艺把远纺的脸都说红了。

冀英感到一股从未有过的温暖，尤其在这个冰冷时刻有人向你抱薪，扶你一把，哪怕说句宽慰的话，都显得那么弥足珍贵，让人一辈子都不会忘记。

“我，我一定考虑两位的建议！”冀英略带颤抖地说。

“这就对了！服务员再加一瓶啤酒，我陪冀老师喝一杯。”

“还有我。”

舒唯艺给远纺和自己各倒了一杯啤酒，道：

“冀老师，来，不管酸甜苦辣，人生都要经历，还要痛快地饮下！”

“说得好，让我们痛饮生活的满杯！”

冀英端起酒杯与她俩碰了一下，然后一饮而尽。

# 06

远纺今年三十四岁，已经到了剩女年龄却至今孑然一身。对于未嫁的原因，她对外人的说法是缘分未到，可身边了解的人都知道，她的初恋男友是大学同学，八年前因与家人到台湾旅游突遭车祸成了植物人。在医院她看护了他三年，终究没能等到奇迹发生，他还是去世了。这件事对她的感情打击很大，很长一段时间都缓不过来，以至于凡是有人给她介绍对象一律遭到了拒绝。

随着岁月流逝，远纺的心灵创伤才逐渐愈合，待她准备重新考虑未来的时候，已经过了而立之年。当初窈窕淑女的她总是好逑者不断，现在突然觉得“贼”没了，就连单位里热心给她牵线搭桥的人似乎也都过了保鲜期，没人再提此事，只有她的父母催婚催得越来越紧。

在这期间，远纺曾经给冀英做过两年多书记员，一直到冀英被提升为副处长，她被任命为代理检察员，二人才从一个办案组分开。尽管以后的岗位职责不同，可并没影响他们的师徒关系，处里的大事小情仍然配合得相当默契，表面上看都是工作关系，实际上有没有个人感情因素，只有他俩心里知道。

虽然远纺和冀英的年龄相差九岁，但多年的工作接触和了解，使他们之间的断代感并不明显，尤其在远纺奔三以后，反而觉得相互间的交流越发顺畅了。所以在面对新生活的选择时，她的内心时常会出现他的身影。从形象上看，她认为他蛮配得上自己的，高挑偏瘦的身材儒雅而不失敏捷，一双慧眼中闪烁着睿智与坚毅。在事业方面，他执着有正义感，勤奋并善于钻研，是全省公诉系统教官级的存在，职业声望得到了普遍认可。还有关于他这次被调查的事，结论证明完全是为了工作，绝没有贪赃枉法之嫌，让人信得过。至于他的辞职问题，她根本就不在乎，包括有钱没钱，房、车什么的，无所谓，只要有未来就行。可唯独有个坎儿让她一时迈不过去，就是冀英早年离异后身边带着一个十多岁的女儿。她总觉得自己还没完全长大，如果和冀英结了婚就得面对这么大一个姑娘，将来可怎么处，自己还要不要孩子？每当想到这些，她就纠结得整宿整宿地睡不着觉，不知如何决断才好……无奈之下，她准备向舒唯艺倾诉倾诉，毕竟她是过来人，看她怎么说。

舒唯艺是远纺同一所大学的师姐，现又在同一个单位任职，属于无话不说的好闺蜜。这天中饭后，远纺拉着舒唯艺去了省检察院旁边的一个咖啡店，趁着午休时间她要和她谈谈。

两人各要了一杯拿铁，闲叙片刻便进入了正题。

“什么事呀，这么着急？”舒唯艺明知故问。

“心事。”远纺也不藏着掖着。

“哎哟，这可是大事，对方是何方神圣能让我们大美女这么动心？”

“远在天边，近在眼前。”

“哦，明白了，终于提上议事日程啦？”

“正纠结着呢。”

“说说听听，症结在哪？”

“当着真人不说假话，我可能喜欢上他了，尤其他被调查的那段日子，我整天为他牵肠挂肚的，这是不是……”

“是不是爱？肯定是呀！而且不是风花雪月中的爱，更能经得起风浪的考验。”

“可是我还没确定呢！”

“这不要紧，因为爱是前提，只要有了这个前提，其他就都不是什么大问题了。”

“关键就卡在‘其他’那儿了。”

“我能替你猜猜卡哪儿了吗？”

“你说。”

“冀英的宝贝女儿？”

“看来这是个单选题，谁都会答对。”

“这不明摆着嘛，你还是个大姑娘，这一结婚就给另一个大姑娘当妈，搁谁不得掂量掂量。”

"就是嘛，找你说的就是这事。我该怎么办呢？"

"怎么办？"舒唯艺很认真地说，"第一，你能在冀英最难的时候想这件事，本身就让我非常敬重，敬你是个多情多义的人，能有你这样的闺蜜我自豪。第二，真金不怕火炼，而他也确实是块金子。不说别的，就说他能为一个死刑犯做那么多，不就是尽责吗，最后还把自己的前途搭里了。当今这种人太难能可贵了，换别人，爱杀不杀，把官儿当稳就 OK 了，相比之下，他的人品与担当一目了然。第三，从对待感情上，你俩也有一拼。依他的条件找什么样的都不难，包括现在。可他为什么不找，硬是一个人又当爹又当妈地把孩子拉扯大，这才叫真汉子，是个值得托付的人。第四，凡事不可求全，人生需要留白。他的闺女是大了，那有什么难处的，又不用你带。今年人家就考大学走了，将来去美国找她妈去，与你有啥关系呀，到时候生一个自己的娃不都搞定了吗。"

"让你这儿上法庭呢，还一二三四层层递进的。"

"说清楚了吗？再补充一点，"舒唯艺环顾一下四周悄悄地说，"他有娃咋啦，说明他有生育能力。据医学专家说现在百分之二十多的适龄青年都缺少这方面的能力，要不然离婚率怎么持续攀升呢。"

"得得得，你还真是过来人，考虑得太具体了哈！"

"那这件事就这么定啦？"

"啥就定了，还没问问人家呢！"

"放心吧，他那边的事包我身上了……"

其实舒唯艺曾在私底下问过冀英对远纺是否有意思，当时冀英的说法是，他很喜欢远纺，但以他们之间的年龄差距和自己没钱没车的状态，担心给不了她幸福。再加上考虑女儿能不能接受的因素，最终选择了不提为好，免得大家在一起工作不好见面。现在情况发生了变化，是人家远纺主动提出来的，而且是在冀英的至暗时刻。对于雪中送炭的美女，他能不投桃报李吗？所以舒唯艺答应远纺是心里有底儿的。

自从冀英被撤职以后，去留问题困扰得他彻夜不眠，连眼窝都塌陷了。关键是这样的处理还不算完，似乎仍然延续着一种不被信任的感觉，这是让他最受不了的。可他又无法解释，跟谁都没法说，说了只能是越描越黑……

那段时间他的人生简直就是一种煎熬，尤其回到家里，还不能让老妈和女儿看出来，免得她们担心。为此冀英经常下班晚归，等家人都睡了他才蹑手蹑脚地回自己屋。第二天上班一忙碌还显得稍微好过一些。

要说人在最困难的时候需要什么？那一定是朋友的理解和支持。冀英之所以能顺利地度过疗伤期，就与朋友的陪伴和倾诉是分不开的。其中最重要的一个人就是他的发小哥们儿乐伟。

乐伟比冀英大两岁，两人在高中之前的履历是一样的，直到乐伟当兵，他去农村插队，以后的人生轨迹才有了明显差别。在那个年代，能当上兵的人或许就拥有了未来。相比之下，插队返城知青脚下的路就比较羊肠了。冀英的情况前面已经介绍过，属于少数从工厂考出来的，正因为如此，他才对眼下这份拼搏得来的职业难说再见。而乐伟复员转业后分到了区法院，经过几年的历练已经升任民庭庭长职务，眼见即将向副院长位置冲刺的时候，一场非本人决定的因素导致他意外受挫，此后便毅然决然地选择了辞职，改行个人建所当了律师。乐伟是个能力超强、乐观、自信的人，好像在他面前从来就没有“困难”两个字，不到十年工夫把律所做到了几百人的规模，他本人也成了省城知名的主任大律师。

这些日子，乐伟得知了冀英的“遭遇”，感同身受的他非常理解冀英此时的心情。为了帮助冀英渡过这一关，他几乎推掉了所有业余时间的应酬，每天派司机把下班以后的冀英接到律所，陪他吃饭、喝酒、聊天，有时甚至能谈到深夜。直到一个多月以后，乐伟见冀英已经逐步释怀，脸上也露出了久违的笑容，这才慢慢放手，回归正常。在这段时间里，乐伟还把一本叫《国画》的小说送给冀英，让他通过阅读从书中主人公官场起落、权欲得失中，体会对人生真谛的思考……乐伟对他说，人这一生值得做的事还多着呢，这点小坎坷算个啥呀？只要能“放下”，依然是一名优秀的检察官。再不然换个活法，只要咱们努力，做律师照样能闯出属于自己的一片天来……

冀英听得很明白，就目前的体制机制和用人原则，像他这种情况和年龄，想要咸鱼翻身是根本没可能的。一旦选择留下来，就必须专注地走一条业务发展路径，可他真能做得到吗？

恰在这时，远纺和舒唯艺也找他聊了一次。两人如沐春风的话语从另一个侧面再次帮他打开了心结。最终，经过几天的深思熟虑，他下定决心不走了，留下来继续当检察官，他要重整旗鼓再出发……

舒唯艺听完远纺心事的第二天就对冀英和盘托出了，问他到底怎么考虑？冀英并不感到太过意外，因为那天他们三人喝酒的时候，远纺一句“有我陪着你”似已有所流露，他作为一个大老爷们还能有啥说的：

“她敢嫁，我就敢娶，一定让她幸福，就这么回复吧！”

一句话干脆利落，让舒唯艺半天没缓过神来。等她再想说什么，冀英转身走了。

“嗨！这回他倒答应得痛快，真是此一时彼一时呀！”舒唯艺心里高兴。





俗话说，上帝给你关上一道门，也会为你打开一扇窗。假如有一天，你的茅屋起火，说不定是在发信号烟召唤着上帝的恩典。

冀英就属于“茅屋起火”的情形。

下半年全国高考结束了，冀英的女儿冀菲菲如愿考上了北京一所“双一流”大学。拿到录取通知书那天，冀家人欢聚一堂举行了一个隆重的庆祝午宴。菲菲在说高考感言时特别提到了感谢爸爸十多年来的含辛茹苦，并祝福爸爸早日结束单身生活……冀英一听是个好时机，随即公布了他和同事远纺的关系。一家人闻讯都说是个大好事，冀家双喜临门了！于是大人们能喝不能喝的都端起酒杯豪饮起来。

一个月以后，冀英和远纺登记结婚了。

可能消息太过于集中的缘故，省检察院里的人口口相传，一时有些回不过味来。

“这小子前半年还在被查，怎么后半年就传喜报了？竟然把要长相有长相、要学识有学识的未婚大美人远纺娶到手了，简直是交到狗屎运了……”云云，瞬间又成了一个不大不小的谈资。

有句戏剧台词说得好：“没有人的人生是完美的，但人生的每一刻都是美丽的！”的确，只有在这样的诠释与感悟中，生活才无处不充满力量，特别在逆境与挫折的考验下，仍旧可以看到阳光和美好！

又过了两个月，冀英和远纺休了婚假，在小范围内办了几桌酒席，然后二人就远飞加拿大开启了他们的蜜月之旅。

从中国乘飞机到加拿大需要九个多小时的漫长飞行。机舱里，远纺靠着冀英睡不着觉，想听他讲讲过去的事情，毕竟一代人有一代人的岁月。

冀英拉着她的手说，没问题呀，就当是睡前故事吧，慢慢听……

# 二

# 岁月如歌

# 07

二十世纪八十年代，在党的十一届三中全会确立以经济建设为中心、实行改革开放的重大历史转折背景下，一句“把耽误的时间补回来”的口号激励着一大批不甘现状的人。对于要把什么“补回来”，大多数人的选择是对知识的渴求，因为没有科学文化知识就会被开除“球籍”的理念已经被世界发展大势所遵从。所以，为弥补这段缺失，国家采取了包括恢复高考和成人自考、在职函授、电大夜大在内的多种教育途径，供所有怀揣成才梦想的有志之士自辟蹊径，找到一条适合自己的求学奋斗之路。

冀英就是那个时代无数追梦人中的沧海一粟。

那年，他二十一岁，风华正茂，英俊潇洒。由于长得眉清目秀和一副永远晒不黑的白面孔，故而人送外号小白脸儿。

这是他下乡返城当工人的第一次人生转折，被分配到了一家街道集体所有制的羊毛衫厂。尽管当时是一岗定终身的用工模式，但在改革开放的浪潮下，这项制度已经被冲刷得摇摇欲坠。有些在职人员当初还在为找一份好工作而托关系、走后门，后来干脆辞职下海到南方干个体户去了。在这样的时代背景下，冀英虽然对现状多有不甘，可他理智地认为每个人的“三观”不同，改变命运的目标和方式因人而异，自砸饭碗跟风下海并不适合他。所以在新来的这批二百多知青学徒工中，他是工作比较踏实的一个。

开始，冀英在羊毛衫厂的工种是保全工，就是挡车工人在机织毛衣的过程中，哪里出现了机械故障就跟着师傅到哪里维修排除。这个工作有一定的技术含量，日常工作量不算大，但“一个萝卜一个坑儿”，有时上趟厕所的工夫都会有人找，并且每周一次的三班倒也很熬人。不过他是下过乡吃过苦的人，又年轻好学，对这样的工作适应很快。一晃两年多过去了，他也从学徒工转成了正式工，可就在这时，冀英突然向厂领导提出申请调换工种去烧锅炉。

大凡在工厂做过活的人都知道，金车工，银钳工，又脏又累锅炉工。烧锅炉这活儿是一般年轻人不愿意干的工种，主要原因就是一个字“脏”，而且没技术、提级慢、工资待遇不高。因为干这活儿整天和煤打交道，不是拉煤卸煤，就是烧煤运煤，无论你怎么注意都会整得跟个下井挖煤似的，一天下来浑身上下哪儿都是煤沫子，时间长了人的脸都跟着变黑了。还有一点，这个工作多为一人一班，长期与集体相脱离，年轻人要没点儿耐得住寂寞的个性还真干不了。有些未婚女青年一听说给她介绍的对象是烧锅炉的，二话不说扭头就走，吹了。

好在冀英一年前刚结的婚，爱人是他的高中同学，和他一起在省郊区插过队，现又一起返城在省机场做了一名空乘人员。一个月前，她给他生了一个可爱的女儿，这使他们的二人世界又添了一个幸福点。

厂领导负责人事的女副厂长姓藏，四十多岁，人很好，也很开通。她对冀英申请换工作的事认真听了听他的理由。冀英的意思是，夜班烧锅炉的剪师傅说已经过了六十岁退休年龄，可厂里招不上来顶替的人，只好继续坚持上班。冀英经过慎重考虑，认为他可以顶替剪师傅上夜班烧锅炉，这样既可以解决厂里的用工问题，又能让他白天有时间照顾老婆、孩子，一举两得。藏副厂长问他和爱人商量过没有。冀英说，这个决定就是他们两口子定的，没问题。藏副厂长一时无语只对冀英提出了一个条件，说如果厂里同意他调到锅炉房工作，他必须在两年内不撂挑子不跳槽，否则这件事等于没说。没想到冀英满口答应了。

这件事在不大的羊毛衫厂瞬间成了人们茶余饭后的小新闻。有人说，让冀英这么干净帅气的小伙子去烧锅炉有点可惜了；还有人说，这是他自己要求去的，活该！一时间，沸沸扬扬。

有些话传到冀英耳朵里，他还没法儿过多解释廓清了，只好说点儿别的话岔过去。对于个别挖苦他“缺心眼儿”的人，他只能暗暗发狠地说：“燕雀安知鸿鹄之志！”

一个人做事的动机，有句话说得很在理，叫作“说出来的理由不一定是真的”。

其实，冀英对厂领导说的请调烧锅炉的理由就不全是真的，真实的原因是他参加全国成人高考的时间不够用。可这个想法又不能拿到台面上公开说，只能拿一个既现实又好解释的理由当挡箭牌。更何况他是在自身利益作出让渡的情况下提出的，实属无奈之举。

关于冀英利用业余时间参加成人高考这事，在羊毛衫厂早已是不公开的秘密。之前，他在做保全工学徒期间因为有师傅带着干活儿，平时上班看书基本上不影响工作。他师傅不仅不管他，还被他给拉下了水，一块儿跟他报了个高中语文、数学补习班，最后竟然也拿到了高中文凭。

冀英的师傅叫李东，不到三十岁，是个高大魁梧、为人耿直的汉子。别看李师傅年龄不大，可工龄已经十来年，初中毕业就被分到这家街道办的小工厂，文化上与冀英一样都是被耽误的一代。由于李师傅多年的工作磨炼和悟性，使他在维修毛织机器方面成了厂里响当当的技术骨干。原来李东一个人顶班，自从来了个爱学习的徒弟，在干活儿上他也不指着，有些脏活累活仍然都是自己抢着干，这多少让冀英有些难为情。客观上说，他这个徒弟聪明好学，一点就透，技术上进步很快，排除一般性机械故障完全能胜任，只是因为他爱干净，工作服上油泥少，所以常常给人以不能干或干不好的感觉。每当有人在他面前善意地说冀英不是干这个的料儿时，李师傅却说："长山赵子龙外表上看是白衣白马素罗袍的小白脸儿，可手中一杆亮银枪天下无敌。看人不能光凭印象，要看实际。"说得别人哈哈大笑地走开了。有人说他太护徒弟，实际上佩服他爱屋及乌与徒弟一块儿学习的劲儿。

起初，李师傅对冀英也有些看不惯，当工人不干什么吆喝什么，整天上班举着本法律书算什么呢？可人就怕了解，时间长了，李师傅竟然被徒弟的执着精神给感染了，从看不惯到看习惯和跟着走了。冀英曾对李师傅说过这样一句话："对年轻人来说，如果没有知识就等于没有未来。"这让李师傅沉思良久并悟出了些许道理。他想，自己比冀英大几岁，应当算是一代人，可从看待事物的心气儿上，表现出来的却是两代人的节奏，一个是拼搏进取，另一个却老气横秋。无论时代怎么进步，安心本职工作没错，但安于现状就不是那么回事了，不仅没有未来还可能被淘汰。从那以后，李师傅便和他的徒弟有了亦师亦友的关系和下班一起奔夜校补习的经历。

再说冀英要求烧锅炉这件事，除了上面说的自考学习时间不够以外，还有一个促使他下决心离开保全室的原因。有一次，上夜班的后半夜，几个机织女工在一起聊天议论他，被他在隔壁的保全室听到了。其中一个女工说："小冀可真行，他不修我这台机器还能凑合用，他一修反倒没法儿干活了。"另一位女工搭茬说："我这台机器也找他修过好几次了，现在还没修好。一进他们保全室就看他在看书，我撩了一眼，人家看的是什么《国际法》。好家伙，咱哪儿还敢再找他修机器呀！"还有一个女工在旁边插话道："小冀人还是挺好的，我找他修机器是想跟他多聊会天，可人家每次到我那儿修几下就走，跟我多一句话都没有，太让我伤心了……"最后还是善良的女车间主任把她们的话给打住了，说："嗨嗨，别越说越没谱儿啦，大家还是多体谅着点儿。小冀孩子小，白天照顾家，晚上边上班还要边自学，也是真不容易，我看他在咱们厂也待不长。你们呢，机器出了小毛病，能让他修就让他修，修不了就等明天白班找他师傅修，反正现在也是后半夜了，大家都找地儿休息去吧。"

冀英听了主任的话，眼泪都快掉下来了。心想，都这样了，自己还怎么在挡车工车间混下去呀？

还有一件事也让冀英很头痛，法律专业成考，他一年只通过了两门，还有二十多门必考科没完成，按这个进度等他拿到文凭恐怕得三十了，这与他给自己规划的目标差距着实有点儿大。究其原因，他认为有生活、工作压力方面的因素，也有文化底子薄、基础差的掣肘。他们这批人小学赶上了停课闹革命，中学又赶上了学工学农和上山下乡，再加上受"读书无用论"的影响，学业基本上属于半荒废状态。好不容易赶上了恢复高考，可是生不逢时，大多数人当时还都在农村插队种地，一没条件，二没资料，突然放下锄头参加"第一考"，能被录取的人寥寥无几。

冀英参加过两次高考，态度可嘉，但仍然没过。随着时间推移高考越来越难，再加上返城当工人的角色转换，让他逐步放弃了高考的念头。幸好国家考虑到这代人的具体情况，开辟了多种自学成才的途径，这才让冀英的读书欲又死灰复燃，走上了这条适合他的追梦路。

根据成人高考的特点，文科是一般人的选择。冀英在中文、哲学和法律三个专业中，没有任何理由地选择了法律。可他本人是个工人，父母和家人中也没有学法律和干法律的，都是一般工人，因此有人说他学这个没有用。可是他却认为，学什么不重要，重要的是学。而且，他始终相信"知识改变命运”的道理，甚至幻想着有一天，当他拿到大学法律文凭的时候，厂领导兴许能让他当个保卫科科长或组宣科科长，即使原封不动做一个有知识的工人也是不一样的，最起码对得起这个时代……想到这，他自己差点儿没乐出声来，这才哪儿到哪儿呀，还是先解决现实问题吧。

现在最现实的问题就是干保全工每周三倒班，无法保证每天晚上的夜校辅导班时间。之前冀英带着李师傅一起补习高中课程，程度低靠自学能应对，可法律是一门全新的知识，自己从来没接触过，光靠自学啃书本对法条、法理很难理解，有时还会误入歧途。因此当务之急是必须跟班走，在老师讲解划重点的前提下提高考试通过率，否则就有可能半途而废。据说参加成人自考的人一半多都没能坚持到最后，原因就是太难了。正因为这样，成人自考才成了国家认可的仅次于普通高考的文凭，其中的含金量可见一斑。

冀英渴望拿到这张文凭，可眼下必须先解决不上三班倒这关。于是，他想起了两天前锅炉房剪师傅对他说的话。再于是，他瞒着爱人向厂领导提出了调岗请求。

有时候，作为一个普通人，即使是最低层次的愿望实现起来都会变成奢求。没办法，谁叫你普通呢？

有位诗人曾说：“你不歇斯底里地筋疲力尽，怎么才能破茧成蝶涅槃重生！”

冀英对比自己的处境，苦笑着自言道：“不至于吧，你这么年轻，还远没到那一步呢！”

# 08

冀英的请调被批准了。

那是个风吹雪花飘满天的日子，冀英在李东师傅的帮忙下，带齐自己的衣物，从车间保全室搬到了锅炉房，开始了他自愿选择的炉台生活。

并不像有些人想象的那样，他被“发配”到厂锅炉房一定是消极和颓废的。

冀英在老锅炉工剪师傅的陪练下一个月就能独立上班了。他反思了自己一段时间以来文不成、武不就的表现，认为自己当保全工是不称职的。尽管其中有一定的客观原因，但那都不是理由。现在，既然眼下这条道是自己选的，不管前面是坑是坎，一定要义无反顾地走下去，决不能有半点儿退缩与惰性，否则，即使将来学业完成了，那也是他人生中的不完美。

于是冀英给自己定了一张工作、学习、生活作息表：晚10点至早6点工作；6点至7点交班、洗漱下班；7点至9点回家做早饭、看孩子、洗衣服、换煤气等；9点至11点去省图书馆自学备考；11点至下午2点回家做午饭，看孩子，做家务，睡午觉；下午2点至下午5点去省图书馆自学备考；下午5点至晚7点回家做晚饭，看孩子，做家务；晚7点至晚9点上夜大辅导班；晚9点30分到单位接班，晚10点上班。备注：周日休息，工作期间不看书。为了时刻提醒自己照表执行，冀英把作息时间表贴在了锅炉房靠床的墙上。

厂锅炉房坐落在毛织车间对面的东北角，距离车间保全室只有不到30米。李东师傅担心冀英一个人夜里烧锅炉寂寞，每逢他上夜班的时候就去锅炉房找他聊天，而且他们之间还总有得聊。有些挡车工的机器坏了，到保全室找不着人就去锅炉房准能找着，俨然这儿成了李师傅的第二保全室。当他看到冀英贴在墙上的作息表时感慨道：“好一张奋斗的作息表，虽然是生活、工作、学习三不误了，可是从表上看你白天休息的时间是不是太少了？”冀英解释说：“少是少了点儿，但对我完全够用了。剪师傅说他夜班烧锅炉白天从来没睡过觉，因为车间与锅炉房的距离很近，只要在凌晨 1 点之前烧够 3 小时就可以达到需要的温度，下半夜只管封火、加水、保温就行了。这样后半夜有时间睡觉，白天就可以该干什么干什么了。”

“哦，我说呢，原来你早就打听好了。”

“这就叫不打无准备之仗，哈哈哈！”

“还有一点‘工作期间不看书’这条为什么？”

“您想呀，我现在白天总共有六小时的学习时间，夜里再学还不得吐了。再说还有一个生产安全问题，所以我给自己定了这条……”

看得出，冀英对他的锅炉人生还是满意的，这倒不是说他偏好孤独与寂寞，而是在他的内心深处藏着一处远方，朦胧的灯塔似的远方，指引着他将现实中的不如意变得积极起来。



冀英爱干净的习惯并没有因为烧锅炉而改变，可锅炉房里的腌臜环境简直让他受不了。很多地方从建立到现在就没有人打扫过，有些角落甚至布满了蜘蛛网，蟑螂在夜深人静的时候到处乱窜，于是乎，他别出心裁地要把这儿变一下。

这是一个冬日暖阳的早晨。冀英召集了四个和他一起插过队的哥们儿，蹬着一辆三轮车拉着自己花钱买的十桶白色墙漆，来到了他的工作地羊毛衫厂锅炉房，他们要趁星期天厂休日把锅炉房内部粉刷一遍。

李东师傅几天前就听冀英说了这事儿，本想劝他打住，可拗不过徒弟执意要干，没办法只好支持。今天他也带着新收的徒弟小刘来了，人多好干活嘛。

李师傅在这些人里年龄最大，又干过刷墙的活儿，就临时当起了工程召集人。他先派冀英带两个人到厂基建科搬两个长梯过来，用于粉刷锅炉房的高处。又安排另两个同学勾兑墙漆备用，自己带着小刘用长竹竿绑好的鸡毛掸子先把锅炉房墙壁掸一遍，要不然刷出来的墙都花了。

人常说，土木之工不可擅动。虽然粉刷几百平方米的墙面不算什么大工程，可一旦干起来也不像想象的那么简单，而且临近玻璃的一侧只能用排笔一点一点地抹，其他面积大的墙面才能用漆滚刷，结果七个人干了一上午才完成了第一遍底漆。中午大家吃过盒饭，休息了一会儿又接着刷第二遍。

就在他们下午紧张忙碌的时候，锅炉房外传来了几个年轻女性的说笑声。团支部书记肖亚萍带着三名车间的女团员来了，她们先看了看工程进度，然后七嘴八舌地说："嘿，干得真不错呀！"

"哎哟，你们怎么来了？"李师傅招呼大家停下手里的活儿，把来的几个人向冀英的几个同学作了介绍。

肖亚萍说："前两天听李师傅说冀英要在今天刷锅炉房，但是还没最后确定。我这儿还等消息呢，没想到今天就干上了！"

李师傅说："本来我认为这是厂里的事，不应该我们个人做，可是冀英说甭管谁的事，只要是好事，有人做就行了。我一想也是，要是等厂里干，还不知得等到哪个驴年马月呢，这不就跟着一起来了。"

"你就偏向你徒弟，要是别人的事你怎么不管呀？行了，虽然我们来晚了点儿，也算是后加入吧。"肖亚萍笑着说。

李东见肖亚萍她们都穿着工作服有备而来，就安排她们找抹布和废报纸擦锅炉房一侧到顶的玻璃。这活儿四个人干也不轻松呢，一是玻璃窗多，上边高不好擦；二是多年附着的煤尘厚，很难擦净。

肖亚萍和她的姐妹们平时都是车间劳动能手，对干活儿的事不发怵。她们二话不说，连找工具带打水，动作麻利地干了起来。

正应了那句话"男女搭配干活儿不累"。自打肖亚萍她们来了以后，大伙儿有说有笑，不仅干活儿不累，而且还提高了效率，不到下午 5 点就大功告成了。最后他们把地面打扫干净，站在一起欣赏着自己的劳动成果。

李师傅先说："活儿就怕干，你们看，比原来宽敞明亮多了！"

肖亚萍接着道："这就得感谢冀英了，要不是他把公事当成私事做，谁能想到多年不打扫的锅炉房能变成这样！"

冀英也兴奋地边唱边说："这就叫'誓把河山重安排'！"

"得得得，小冀同志，别唱了，你还是先把我们大家的晚饭安排安排得了！"冀英的一个同学打趣道。

"对对对，我插队都没干过这么累的活儿，得好好宰他一顿，给我们大家补偿补偿！"另一个同学也跟着起哄。

李师傅赶忙说:“今天这顿饭一定由我来请，一是我是小冀的师傅；二是这里我挣钱最多，谁都别跟我争了！”

肖亚萍接过来说:“就这么定了，李师傅花钱请客，我们团支部报销，这就叫公事公办。不过我建议你们吃饭前最好让冀英先把锅炉里的水烧热了，大家先洗个澡，换换衣服再去。要不然饭馆里服务员以为是一伙难民呢，哈哈哈！”

这时大家才注意每个人身上都跟土猴儿似的，外加脸上溅上的白漆，要多邋遢有多邋遢。再一看表刚过下午五点，离吃晚饭的时间还早，于是李师傅就说让冀英先请大家洗澡，然后再请吃烤鸭。

李东邀请肖亚萍她们一块儿去吃饭。肖亚萍和三个女伴儿商量了一下，表示同意，说好先回家收拾收拾，过会儿烤鸭店见。

晚上，他们在一起吃的这顿饭热闹而有意义。不单单为了一天的付出和辛劳，还意外收获了一份惊喜，冀英的一位男同学与肖亚萍带去的一个女伴一见钟情，日后谈上了恋爱，后来还结了婚。

# 09

冀英主导的锅炉房革命继他成为锅炉工以后，再次成了羊毛衫厂人热议的话题。很多人想不明白，那么大的公家锅炉房，一个刚出徒的锅炉工自掏腰包请人来厂帮着刷墙，这事除了神经病谁也干不出来。也有少数积极的说法是：“看得出，小冀是一个感性和追求完美的人。”

厂团委简报以最快的速度刊登了一篇主标题为《誓把“河山”重安排》，副标题是《青年锅炉工爱岗敬业，自费粉刷锅炉房》的文章，翔实记述了冀英、李东、肖亚萍等人利用休息日粉刷厂锅炉房的相关事迹，经过一番文字加工和精神提炼，一夜之间，这几个人被宣传成了青年先进典型。

一片鼓噪声过后，冀英对治理锅炉房环境并没有止步于粉刷墙壁的治标，而是把目标盯在了根治煤尘源头上。明眼人都知道，锅炉房内外环境脏差的根本原因，是东墙外堆积如山的煤堆和每天拉煤撒落的煤沫儿。尤其把煤添进灶口燃烧时，在鼓风机的作用下，煤末粉尘被强风吹起无孔不入，即便锅炉工戴着口罩，一天下来，两个鼻孔和耳朵眼儿都是黑的，更甭提室内其他地方了。冀英觉得这事儿往小了说是锅炉房环境问题，往大了说是涉及锅炉工健康的问题。为此，他在去图书馆自学的时候顺带查阅了一下有关资料。有位专家对锅炉房粉尘治理的论文是这样表述的：“从物理角度分析，燃煤经过适当掺水后，不仅会有效降低飞灰量，而且在燃烧过程中，由于水的作用使碎煤之间形成黏结，当水分蒸发后，碎煤形成的框架更有利于通风，而不会形成‘火口’，从而构建起良好的燃烧环境。”通俗地讲，就是把煤加湿后再烧，既节能又环保。此法简便易行，冀英说干就干。

经过几天的试验，眼见为实，立竿见影。冀英戴的白口罩上几乎不见了煤尘黑色，可炉中火却比以前烧得更旺了。

为了便于操作，冀英在李东师傅的帮助下，从锅炉房里向东墙外的煤堆上方接出两根水管，每根水管加装了三个高压雾状喷头，用于对整个煤堆进行喷淋湿水渗透，达到了使碎煤保持适当水分的效果。这样一来，不管运煤还是烧煤，都大大降低了粉尘飞出，锅炉房的室内外环境得到了明显改善。

冀英在自己的夜班岗适用湿煤燃烧法成功后，又对白班的两位师傅进行了操作讲解。其中50多岁的于师傅开始并不太接受把煤加湿了再烧的方法，他说干了快一辈子，没听说过用湿煤烧锅炉的。冀英没办法，只能用烧干煤粉尘多，长期吸入可能会得尘肺病来吓唬他，没两天，他也习惯用湿煤了。

肖亚萍对冀英的锅炉房革新始终保持着密切关注。当她得知锅炉房三班都实施了湿煤燃烧法环评效果明显提升以后，再次撰写了《青年锅炉工革新湿煤燃烧法，再创节能环保新成果》的文章，在厂团简报上进行了充分报道，起到了“事不大，但很亮眼”的宣传功效。

果然，这一期团简报引起了厂领导的注意。藏副厂长召集主管锅炉房的后勤科长和各车间主任要实地到锅炉房看看。冀英与白班的两位师傅被通知在锅炉房等候领导检查。李东和肖亚萍也应邀一起到现场“迎驾”。

藏副厂长一行来到锅炉房，先看了看锅炉房内被粉刷一新的墙壁，然后到外边查验了一下煤堆上方的喷淋设备，接着让冀英把加湿推煤和添炉燃烧的过程演示了一遍，并问了几个关于湿煤燃烧与干煤燃烧区别的问题。冀英从湿煤的水分比例到浸透碎煤的时间长度，结合查阅的资料和现场操作情况，向各位领导做了简明扼要的说明，重点强调了取得的节能降尘效果。在场的人一致对这项革新表示认同和赞赏。

原本藏副厂长此番来锅炉房查看还有一番隐意。一个月前她在家和女儿聊天时，无意中提到了调本厂青工去烧锅炉的事，结果遭到了女儿批评。女儿指责说：“如果这是您儿子，您能舍得让他去烧锅炉吗？”她当时解释道：“是这个青工自己提出来的。”女儿反驳她：“如果这个青工提出到厂部当干部，您能考虑吗？”说得她一时无言以对。因此，她想借这次来锅炉房给冀英站站台，也暗地里疗补一下自己的恻隐之心。可让她没想到的是，眼前这个干净利索的年轻人，不仅干工作有想法而且相当自信，说出话来头头是道，条理清晰，眉宇间透着一股青春的英气。看到这儿，反而使她觉得来时有些想法是多余的，现在的冀英根本不需要同情与安慰，需要的恰恰是领导的支持和肯定。于是，她毫不吝啬地表扬道：“冀英的湿煤燃烧法是有科学依据的，效果有目共睹，我代表厂部支持并感谢他，同时号召全厂职工向他学习！”

临走，藏副厂长还当众封了冀英一个只管两个人的官儿，锅炉工班长。

自从冀英入主锅炉房以来，一个闲人免进且请都不愿意去的地方，鲜有不同地聚来了人气与生机。每逢他上夜班的时候，李东师傅必是这里的常客，一是师徒情有得聊，二是请教学习问题。除此之外，团支部书记肖亚萍把每周一换的黑板报也不时地搬进了锅炉房，让冀英帮着抄写板书和讨论些版面设计问题。

这一天的上半夜，肖亚萍和另一名团支委张晓慧又在锅炉房出板报。冀英抄完了板书内容，见版面还有一处空角，问肖亚萍怎么办。肖亚萍让冀英看着往上写点儿什么。李东师傅恰好也在，他出主意说，不如抄一段唐诗宋词让职工鉴赏。肖亚萍说这样也好，给咱们车间提点儿雅兴。至于选哪首诗词，李师傅和肖亚萍都说这里数冀英学问大，让冀英定。冀英推脱不过，想了想，就把他喜欢的一首出自魏晋左思的《咏史》写在了上面。诗的全文是：

郁郁涧底松，离离山上苗。
以彼径寸茎，荫此百尺条。
世胄蹑高位，英俊沉下僚。
地势使之然，由来非一朝。
金张藉旧业，七叶珥汉貂。
冯公岂不伟，白首不见招。

冀英看着黑板问在场的三人有谁读过这首诗。李师傅等人摇头说这首诗比较生僻，让冀英给大家释义一遍。冀英也不推辞，先念了一遍全诗，然后根据自己的理解解读了一下诗中含义。他说：“这是一首类似批判现实主义的诗。古人对封建社会中盛行的任人唯亲和裙带关系现象用诗的形式进行了有力抨击。诗中把有志英才比喻为‘涧底松’，把靠关系谋上位的小人比喻为‘山上苗’。涧底松虽然丈高百尺，却因身处山涧底部而被位居山上的一寸苗草所遮蔽。‘世胄蹑高位’中的‘胄’当后代子孙讲，‘蹑’作登意。是说，有关系有背景的人可以世代登上权位做官，而出身贫寒没有关系的普通百姓即使是英雄才俊，也得不到提拔和重用，只能‘沉下僚’。诗人说，这种不公平的事由来已久，都是因为任人唯亲、裙带关系等腐败现象和制度造成的。诗的后两句是举了两个实例，进一步说明了这种现象的普遍性。”

“这首诗真好，揭示的问题太深刻了。”李师傅深以为然地说，“这是迄今为止，我读过的最让我有共鸣和思考的一首古诗！我得找笔把它抄下来。”

“您别找了，我抄一式两份吧。我也很喜欢小冀给咱们推荐的这首《咏史》。”肖亚萍说着从工作服兜里掏出一个小本，用圆珠笔抄了起来。

冀英接着刚才的话说：“这首诗的深刻之处在于古人批评的这种社会现象至今仍然存在。远的不说，就拿前几天跟藏副厂长一起来锅炉房考察的那个后勤科郭科长来说，他和我是同一个学校的同学，我们一块儿插的队，都没考上大学。可到了返城分配工作的时候，人家老爹是纺织工业部的领导，招工的人带着指标点名要他，结果他就被分到了省纺织工业局，直接在机关当干部了。这不刚两年多，为了提拔的需要，人家又下沉到咱们厂挂职锻炼，用不了多长时间一回去他就成了郭处长了。再看看我，一没老爹做靠山，二没有权有势的亲戚关系，一辈一辈地只能当工人，而且是最底层的锅炉工，跟人家怎么比呀！”

“是啊，正像诗中说的那样‘地势使之然，由来非一朝’，不公平的事由来已久！”李师傅附和道。

“但是也用不着过分悲观，”肖亚萍插话道，“毕竟时代不一样了，国家现在要加大力度搞现代化，缺的是像青松一样的有用之才，而不是靠关系谋上位的庸庸小草。”

“这话我赞成。所以我们要趁年轻积蓄力量，使我们自身变得强大，一旦将来有机会，‘是金子就总能发光的’。”冀英说。

“怎么积蓄力量？像你一样参加成人高考吗？”一直没说话的张晓慧突然问道。

“我认为什么方式并不重要，重要的是去做。你到咱们省图书馆去看一下就会感受到，不管是参加成考的还是业大的，都在拼命和时间赛跑。其中有几个我认识的人，他们为了争取到学习时间，都把自己单位的锅炉房给包了。这下明白我为什么哭着喊着来锅炉房了吧，就是受了他们的影响。对了，别外传啊！”冀英诡秘地笑道，“这些人也许不知道终点在哪里，但他们知道起点就在自己的脚下。我现在每天一到省图那块被我们占据的'成考角'，就会被那里的气氛所感染，应当是积极的渴望的气氛。在这种氛围中你似乎被一股力量推着走，无暇顾及其他了，学习效率也明显提高了不少。"

"所以你就开始感染我们了？"肖亚萍说。

"对呀，这就叫传导正能量。我曾经琢磨过，这个社会是惩罚不读书的人。我们刚才还在抱怨某种不公平，其实国家给过我们公平竞争的机会，比如高考。可是咱没考上，能力不行怪得了别人吗？但是不能放弃，因为时代再次给我们或者给每一个不甘平凡的人机会，这个机会的背景就是改革开放和以经济建设为中心的国家政策，如果我们再不抓住并有所作为，那真就有违这个时代了，而且迟早会被社会所淘汰。"冀英说。

"可是我和亚萍姐就是一名挡车工，本来就是平凡的人，不甘平凡，读书有用吗，哈哈哈！我这是瞎说。"张晓慧的脸被炉火照得通红。

"有位作家说过'即使最平凡的人，也要为他生活的那个世界而奋斗'。我和李师傅，咱们都是最平凡不过的人，但我们不甘平凡，是说我们要为更好的生活去奋斗，而不是安于现状没有梦想。因为咱们都很年轻，没有梦想的年轻人是不符合这个时代特征的！"冀英往炉灶里加几铁锹煤后，接着说，"我始终相信多读书不一定能改变什么，但不读书一定什么都改变不了。就拿李师傅来说，他如果不读书，凭他的技能将来当个高级技工应该没问题，可是如果再有什么其他想法，比如竞争个车间主任或者副厂长，甚至厂长什么的，不读书可就没戏了。前两年，我拉着李师傅跟我一起上夜校补习班，结果我们都拿到了高中文凭。现在看是没改变什么，但是，往远了看，我们都增加了竞争的基础，这不就是一个力量积蓄的过程吗？虽然到最后可能什么也没竞争上，但这个过程我们还是丰富了自己，而且曾经奋斗过，也就没什么可遗憾的了。你们说对不对？"

李师傅说："没错，'丰富了自己'这点我是深有体会的。最起码比那些下了班满世界找舞会的人过得充实。"

冀英接着说："再看看咱们厂，整个一个作坊式企业。厂房是占用民宅的一部分，年久失修，还扰民。设备是老掉牙的半手工机器，早就该更新换代了。人员呢，多半只会看工艺，不懂设计和原理，出了问题就会找保全工修，其实是操作不当造成的。这种状态怎么能与现代化程度高的大企业竞争呢？咱们厂的出口订单只能吃大企业剩下的散单，利润不高还经常因质量问题被退货。这能为国家创外汇吗？不亏损就不错了。”

“行呀，小冀，别看你整天烧锅炉，对厂里的情况简直了如指掌，比我这个不脱产的支部书记都强，佩服佩服！”肖亚萍夸赞道。

“所以，我们不能没有危机感。国家要发展，企业也要发展，可发展靠什么呢？硬件是一方面，最关键的还是人，是高素质的人才。这就又回到刚才的话题上了，成才不是别人的事，必须从我做起。”

“怎么从我做起呀，我都很长时间没拿书本了，要不你给划划道？”张晓慧净说实用的。

“这要先有决心，学习可不是一件容易的事，如果定了就必须坚持，不达目的绝不放弃。至于方法和内容问题，可以根据自己的兴趣爱好和条件，适合就行。”冀英说。

“我看这样吧，小冀自学也有一段时间了，而且挺有心得，不如就让他给咱们出出主意，看怎么学合适，包括学什么。反正已经被感染了，就照着他的路子走呗，绝不半途而废！”肖亚萍对着张晓慧和李帅傅说。

李东见肖亚萍和张晓慧都这么说了，也跟着表态似的说：“我看行。这下也提醒我了，学习的事必须坚持下去，不然一放又荒废了。小冀你就给我们规划规划，咱们抱团儿学，谁也别落下。”

“对对，‘一花独放不是春，万紫千红春满园’嘛！咱们就算成立一个学习互助小组了，小冀就是当仁不让的组长，想推也推不掉了，哈哈哈！”肖亚萍说着，拿过旁边的铁锹要帮冀英往锅炉里加煤。

冀英赶紧抢过铁锹，笑着说：“这活儿可不敢让咱们书记干。不过学习的事我倒是义不容辞，组长就算了，但是绝对有求必应，为各位服好务。关于你们提出让我给划划道的事，我是这么想的，必须学以致用，别像我似的，人在工厂却直接奔着法律去了，有点儿天马行空的感觉，不接地气。你们呢，根据我进厂两年多的了解，我认为有这样几个学科比较适合各位，一个是企业管理，一个是服装设计，再一个就是外语，这几个专业都与咱们厂的未来发展有关。如果报个大专班，不出三年就可以攻读毕业，拿到文凭，到时候一准能和厂里的各项革新变化合上拍。三位的具体目标也是现实可期的，包括副处长、车间主任、技术科，以及外贸洽谈室等岗位，均可任由竞选，而绝不是水中探花。我还是那句话，即使到头来一无所有，我们还有青春拼搏过的风景，有知识和技能在，还怕没有未来吗？”

“小冀说得太好了！从眼下到远方，看来，我不仅是被感染了，而且还被感动了。谢谢你，小冀！你比我和亚萍姐还小两岁，怎么看的、想的都比我们要远很多，成熟很多呢？”张晓慧说得很动情。

“这个问题要我替小冀回答，就是他比我们读的书多很多！所以别人不敢想的他敢想，别人不敢做的他敢做，这就叫超前意识。”李师傅“越组代庖”地说。

“既然咱们又被感染，又被感动的，那还等什么，明天就去报名呗！”肖亚萍有些迫不及待了。

“你们还没说谁报什么专业呢，我这只是个建议和参考。”冀英说。

“得了吧！你早把我们三个的情况摸透了。”肖亚萍抢着说，“李师傅有技术，又是多年的厂工会代表，他将来肯定是技术副处长的竞争人选，所以，李师傅学企业管理是情理之中的事；我嘛，平常喜欢点儿美术和文学，这从咱们车间每期出的板报绘画和支部简报多少能看出点儿来。但是学文学就像小冀说的，不太接咱们厂的地气，再说我也不想改行。我觉得学服装设计可行，咱就奔着厂技术科去了，哈哈哈！最后还用说吗，晓慧学英语是非常有基础的。去年咱们厂出口美国的一批毛衫订单被退回来，退单上的英文连同退货下到车间时，技术科还没来得及翻译，晓慧就已经给翻得差不多了。这些小冀都知道，他提出的学科建议绝不是无的放矢的，你们说对不对？”

李东师傅和张晓慧连称肖亚萍分析得对，就按冀英给规划的方案办。冀英随即答应明天先帮大家把报名表领回来，看看课程安排和相关注意事项，让他们准备好各自的照片、简历和学费。

就这样，一个极其普通却带着时代印记的自学成才计划，在冀英工作的锅炉房里敲定了。

# 10

这一天，锅炉房四人自学组在冀英的带领下去了趟省图书馆。

张晓慧一进馆园，就在冀英的指引下扎进了一个名为英语会话角的地方，与那里的“同行”们交流口语去了。李东和肖亚萍则跟着冀英先去办理了借书证，然后来到图书馆里，按照冀英说的熟人之间分散落座的免扰规矩，各自找地儿埋头看起了学习资料。

省图的环境真好。五十年代的高大仿古建筑，冬暖夏凉。实木宽大的阅览桌上摆着一排排巨型圆柱体台灯，黄色并略显昏暗的灯光下，映照着一张张如饥似渴的阅读人的脸庞。这些人因志同道合而聚到这里，占据了很大一片被人称为“高考角”的阅览部分。他们中的每个人都跟上了考场一样，没有任何交头接耳的闲暇，只有书页被轻轻地翻动，笔尖在沙沙地流淌。一切宁静的背后，凝聚着的是他们对梦想的追逐与渴望。

中午时分，冀英与李东、肖亚萍和张晓慧才又重新聚齐。他们在图书馆的小卖部各买了一份盒饭，一边吃一边畅谈着一上午的图书馆体验。

李东感慨道：“过去这么多年，我经常从省图路过却一次都没进来过，总觉得这不是我一个工人该去的地方。今天算是开了眼，这儿有这么多跟咱们一样的人聚在这里，那么专注，甚至是抛家舍业地在干一件事，学习和备考。这应当就是现今这个时代的力量，是一种发自内心的求变动力。”

“李师傅说得没错，求变是这个时代的主题。正所谓不进则退，无论国家还是个人，概莫能外。”冀英顺着李师傅的话说。

“我也是第一次来省图，”肖亚萍说，“以前冀英说来这里的人都会被感染，我是体会到了。想分分神，找个说话的人都没有，而且还遭白眼，索性自己也被专一了，这一上午比我平时一天看的书还多呢。”

“这点我更有同感。今年我能自考通过五门，在图书馆自学效率高是一个重要因素，其他真没什么捷径可言。我建议大家一旦有时间就来这儿看书吧。”冀英附和着肖亚萍。

“好好，我同意。”张晓慧说，“学语言，环境非常重要。平常没有交流环境都是哑巴英语，发音错了也不知道，而且单词量也不够。看来省图的英语角还真名不虚传，来这儿的人基础都不错。”

“这么积极不是还有其他原因吧？”肖亚萍说，“这儿有利于学习，也有利于交友呀！争取咱们晓慧能把个人问题一并解决了，那才叫双丰收呢，你们说对不对呀？哈哈哈！”

“得了吧，除非能有像小冀这么优秀的，否则免谈！”张晓慧自知说漏了嘴，一张美丽的鹅蛋脸羞得通红。

冀英欲言又止，看着张晓慧并非玩笑的样子，不敢再往下接话了。





两年以后，冀英和他的伙伴们自学进展得非常顺利，尤其是他本人自考通过率大增，即将看到了毕业曙光。可恰逢这时，发生了两件令人意想不到的事。

一件是上半年，张晓慧突然宣布结婚，嫁给了她们外语大专班的美籍代课老师卡莱·米修斯。据说卡莱比晓慧大二十来岁，答应婚后带晓慧一起去美国生活。临走的那天，晓慧和卡莱请锅炉房学习组的四人一起吃了顿饭。大家见到的卡莱是个高大威猛的壮年汉子，带着西方人特有的奔放和热情。席间肖亚萍、李东和冀英每人都频频举杯，为晓慧和卡莱的中西合璧发表了祝福感言，也都分别单独对晓慧说了些依依不舍的话。轮到冀英拿着酒杯走到晓慧跟前时，恰逢卡莱去了卫生间。晓慧先是起身与冀英碰杯干了，然后放下酒杯，突然紧紧地抱住冀英，一行热泪夺眶而出。她用嘴角紧贴着冀英的耳朵，低低地说出了三个字：“我爱你！”

冀英显然被这突如其来的举动惊着了，但旋即又像触电般地被一股暖流涌入胸膛。他甚至感受到了对方丰乳起伏下的心跳，刹那间在青春荷尔蒙的作用下，竟也不顾一切地回抱住晓慧……

肖亚萍是结了婚的女人，特殊的敏感性让她赶紧走过来，站在了晓慧和冀英身边。当她看到卡莱从远处向他们这桌走过来的时候，迅速用身体把他们给隔开了，自己抱住了晓慧。

从那以后，晓慧去了美国。

如果把上半年这件事比作一杯苦涩的咖啡，那下半年这件事对冀英来说就是一瓶浓烈的苦酒了。

因为，下半年冀英离婚了。

起因源自冀英带爱人参加的一次同学聚会。

冀英的爱人叫葛淑娴，原本他们就是一个学校的高中同学。两人在农村插队时从抱团取暖到相知相爱，是少有回城不散的同学婚。因为冀英风度潇洒，葛淑娴漂亮苗条，所以他们的幸福结合常遭同学圈中一些别有用心人的妒忌。

这次聚会的下半段，大家酒过三巡，话开始多了起来。坐在冀英对面的一个小个子男同学花小果，他在大赞了一通葛淑娴还是那么漂亮以后，突然话锋一转，对着冀英说了句："你这个铁锅炉烧到什么时候算一站呀，不怕带回家的煤沫子把人家葛淑娴同学的美肤给弄黑了？哈哈哈！"

冀英听完这句敏感的玩笑话，顿时气得血往上撞，抄起一大扎啤酒对着这个花姓同学的脸上猛泼了过去。花小果也不甘示弱，随手拿起一个酒瓶要向冀英报被酒泼之仇。要不是身边几位男同学极力把二人劝开，还不知要闹出什么乱子来。一场同学聚会就这么不欢而散了。

然而，这场闹剧的后果还在延续。

葛淑娴一路上没理冀英。到家后，葛淑娴让冀英作出解释。冀英的酒劲儿还没过，说没什么可解释的，衣服也不脱一头倒在了床上。葛淑娴把他拽了起来，非要让他说清楚"铁锅炉"是怎么回事？

冀英见实在扛不住了，只好把两年前他是怎么为了争取自学时间和回家照顾孩子，主动向厂领导提出调换工种烧锅炉的事说了。

葛淑娴也是在刚刚冀英和同学打架的气头上，说出话来句句像刀子似的扎在冀英的心上。她说："既然你就是个烧锅炉的为什么还怕别人说呢？你这样做考虑到我的感受吗，考虑到孩子马上就要上幼儿园对她的影响吗？我好歹是个空姐，还没到嫁一个臭锅炉工的份上……"

"请你说话留点儿口德！"现在冀英已经清醒了许多，他说："我是个锅炉工，但不是什么'臭锅炉工'。难道锅炉工就让你这么讨厌吗？你嫁的是我这个人还是我的工作？再说了，我这不是以退为进，为了将来更好地发展吗？"

“得了吧，别再画饼充饥了！什么成人高考，谁认呢？自欺欺人而已。今天就跟你说清楚了，如果你工作的事不解决，咱们就离婚！”

听了这句话，冀英的脑子“嗡！”的一声，像是炸裂了一样。他猛地从床上蹦了起来，大喊了一句：“离就离！不离是孙子！”

冀英的婚就这么稀里糊涂地离了。让他百思不得其解的是，他和葛淑娴从同学到插队再到返城结婚有了孩子，难道没有爱情吗？虽然葛淑娴出身干部家庭，人又长得漂亮，可她从来没看不上他这个工人出身的穷小子呀。他们在一起经历过农村的苦难和女方家人反对的考验，以一间十二平方米的小屋毅然构筑起了属于自己的爱巢，风风雨雨走过了甜蜜而温馨的时光，尤其在他们的宝贝女儿出生后，日子过得更是其乐融融。然而，这一切尚未老去的幸福竟是那么易碎，只因为他的一个工作变动而瞬息崩塌了。没有任何拖泥带水，孩子被她接回了姥姥家，留给他的仍旧是婚前自己独住的这间小平房，仿佛生活又回到了原点。




睹物思人，他爱她，更离不开孩子。眼前的一切使他陷入了极度的迷茫与痛苦中。难道真像传说的那样“婚姻是爱情的坟墓”吗？

冀英病倒了，急性肝炎。因为传染性，医院给他先开了一个月的病假，视后期治疗情况再续，预计痊愈怎么也得三个月到半年。这下，婚也离了，班也上不了了，真好似屋漏恰逢连阴雨，不到三个月的时间，冀英的体重从原来一百四十多斤暴瘦到了不到一百二十斤，整个人都脱了相，让人看了心疼。

李东和肖亚萍担心冀英一时想不开出事，在他病情最严重的时候，冒着被传染的危险，每天轮换着过来看一次，一是帮他做做饭，二是陪他聊聊天。其他人想来都被他们给挡了，主要是现在这样，冀英谁都不想见。

其实冀英得这病没那么可怕，只要不直接唾液或血液接触，传染性并不大，而且按时吃药各项指标转阴只是时间问题。关键是他的心病，经常以泪洗面、不思茶饭，总想着要见孩子。而且他的犟劲一上来谁的话也不听，弄得冀英的母亲也常跟着掉眼泪，不知道怎么办好。

要说关键的时候还得看关键的人。李东虽然不像冀英有过农村插队的经历，但自从十六岁接父亲的班到工厂工作至今，十多年工龄的人生历练和社会经验，让他在处理某些生活棘手问题时比冀英要想得多、看得远。这天，他到冀英家里与冀英进行了一次非常严肃的谈话。

“如果你还认我这个师傅，你就必须听我的，否则我二话不说现在就走！”说完，李东就要拿衣服走人。

“别，别，李师傅您别走，我听您的。”冀英喃喃地说。

“我知道你现在想的是什么，你是不是对葛淑娴还抱有幻想，和她离婚后悔了？”李东看着冀英的眼睛说道，“我倒认为你与她离婚是对的，这种崇洋媚外的人时间长了早晚得离，长痛不如短痛，不值得你留恋！”

冀英瞪大了疑惑的眼睛，不知道李东为什么这么说，好像往他伤口撒盐似的。

“你用不着这么看着我，我说这话是有根据的。”李东接着说，“一个星期以前，我托机场的一个朋友帮忙联系一下葛淑娴，想让她带孩子回来一趟看看你。我这个朋友说她和葛淑娴就是同一个机组的同事，现在葛淑娴正与一个叫大卫的英国人打得火热，据说下个月就要和这个英国人一起出国了，现在正在忙着办各种手续呢。”

“啊？”

“我朋友说这个大卫是咱们省某外商企业的代表，经常乘坐她们这趟航班，所以乘务组人员跟他都挺熟。其间曾有好几个空姐都想搭他的关系办出国，可大卫都没管。结果葛淑娴刚离婚大卫就向她求婚了，没想到葛淑娴这么快就答应了。嗐！这个世界怎么了，国外真那么好吗？”

“这么说她早就有跟我离婚的想法了？”

“那倒不一定。我朋友说没发现葛淑娴离婚前与大卫有什么不正常关系，但是出国的想法应当早就有，只不过没有契机而已。你们这么痛快就离了，可不正称了她的意吗？”

“她出国可以，孩子不能带走，必须给我留下！呜呜呜……”冀英放声大哭了起来。

李东也不说安慰的话，只管让他哭出来。大约半个小时以后，李东给冀英倒了一杯水，让他喝下去，才又接着说：“你现在骂她什么都晚了，造成现在这个局面难道你就没责任吗？”

“我有责任？”

“对，我必须说你这一点，否则你将来还会吃亏的。你想一想，葛淑娴不顾家人的反对和你结婚，并且有了孩子，能说不爱你吗？但是，爱情是需要呵护的，而不是放任不管。可你是怎么做的呢？葛淑娴刚生完孩子没多久，你就瞒着她调动了长期上夜班的工作，让一个年轻的女人每夜独守空房，时间长了她能受得了这种煎熬吗？”

“可我……”

“你的理由我知道，但怪就怪你没有得到她的理解和支持。沟通不够，误解肯定是难免的。”

“那您说我该怎么办？”

“怎么办？凉拌！正视现实，接受现实，挺起腰杆儿，从头再来！”

“可我现在就是转不过弯儿来。”

“转不过来，咬碎牙也要转，不为别的，就因为咱们是男人！是男人就要顶天立地，赢得起也要输得起，不就是离个婚吗？更何况你这么年轻，好日子还长着呢！”

“……”

“话又说回来，如果你现在心里还有她，那你就应当祝她幸福，祝她过上她想要的生活，这才叫真爱，真爷们儿！但是，‘无情未必真豪杰’。你现在一时放不下她和孩子谁都可以理解，也说明你是一个有情有义的人，可如果老是这种状态不能自拔，就不应该了，那是懦夫的表现！”

“……”

“你不是想要孩子吗，在葛淑娴出国前我争取做通她的工作，把孩子留下来对你对她都好。你这边有你妈帮着带，孩子一上幼儿园就没问题了。你呢，该上班上班，接着烧你的锅炉去，其他什么都别想了，一切向前看。再有，咱们学习的事也必须抓紧，不能耽搁了，拼命也要争取在明年把文凭拿下来，否则再拖可能就赶不上咱们厂搬迁了。”

“咱们厂要搬迁？”

“对呀，就在你离婚和闹病的这段时间，厂里宣布了一件大事。”李东见冀英的情绪平稳了许多，就把话题转向了厂里搬迁的事上，他说，“咱们厂的新址选在了离省城三十多公里的三槐堂县，预计建好启用得两年多。厂里给职工三个选择，第一，跟着工厂走，继续工作；第二，提前退休，到点儿领取退休费；第三，一次性买断工龄，自谋职业。厂里现在说这事是给每个职工留足选择的时间。”

“那您是怎么考虑的？”

“前几天藏副厂长跟我谈了，说如果我的大专文凭能拿下来，厂里就任命我为主管技术的副厂长，继续为新的羊毛衫厂工作。我同意了。因为这个厂就像是我的家，我父亲那辈儿就把它当家，我也是，割舍不断。甭管它迁到哪儿，我都会跟着，除非工厂开除我。”

“看来，当初我的预判是对的。”

“要不亚萍说你小子有远见，是个战略家的料呢，哈哈哈！”

“得了吧，有像我这么失败的战略家吗？”冀英的脸上露出了久违的笑容，他关心地问道，“亚萍是怎么决定的？”

“这还用问吗，和我一样跟着工厂走。她不是学服装设计吗？到时候争取让她负责厂技术科这块儿，如果我没问题了，她就肯定没问题。不过没到时候，这些都只是预想，谁知道会有什么变化呢。”李东说完突然想起了什么，问冀英道，“对了，你是怎么考虑的？”

“我嘛，可能注定不属于咱们厂了。从我学法律的时候起，这个问题我就已经想好了。最大的可能是拿下法律大学文凭后去当律师，一个法律自由职业者。虽然中华全国律师协会已经成立，但现在我们国家的律师行业基本上还是空白，我认为应当是大有可为的，也符合国家法治化的发展趋势。李师傅您放心，我应当是饿不着的。”

李东看到冀英说这话时，目光中重又闪烁出了自信与坚定，与刚进门时见到的那个沮丧无助的冀英判若两人，他甭提多高兴了。

“这就对了，不管到任何时候，自信才是我徒弟的本色！我今天要在你这儿喝两杯。你看我都忘了，你师母给咱们带的饭菜，咱俩一块儿吃完晚饭，我直接去单位上夜班。”李东说着起身忙乎起了热晚饭。

“李师傅，您不怕我传染您？”

“哈哈，你小子蒙不了我。你的病已经快三个月了，刚进门时我就在桌上看了你的化验单，三项肝功指标都正常了，还装什么装？下周赶紧上班去，咱们还有好多事要办呢。”

"行，我都听您的！我能陪您喝点儿吗？"

"这可不行，你刚好，喝酒有的是时间。今天我喝，你吃……"

俗话说，话是开心的锁，时间是疗伤的药。冀英经过这次李东师傅的耐心开导和深谈以后，终于在精神上迈过了因婚变致伤的这道坎儿，上班了。

肖亚萍是第一个到锅炉房看望冀英的。当她见到三个月前那个阳光、自信的大男孩又回来的时候，禁不住开玩笑地说："一切都过去了，可惜晓慧要是不出国该多好呀！"

"快别逗我了，就是晓慧不出国，看到我现在这个熊样能瞧得上我？还是李师傅说得对，现在咱们自考的事已经到了冲刺阶段，首要任务就是明年拿到毕业文凭，其他什么都不想了。"

"看到你这样太好了，那咱们从现在起就开始冲刺啦？"

"对，全力以赴地冲刺！"

打这儿开始，冀英给他的作息时间表进行了微调，把原来的单位、家、图书馆及自考培训班，改成了单位、图书馆、培训班三点一线。因为，他没有家了。

所谓皇天不负苦心人。冀英、李东和肖亚萍经过不懈的工学奋斗，终于在羊毛衫厂搬迁新址之前有了结果。

冀英比他俩提前参加自考两年，总共用时五年的苦读，如期获得了法律大学本科学历。教育部考试司为了表彰全国首批自考生的拼搏精神，在北京人民大会堂举行了隆重的毕业典礼。他有幸被选为自考生出席大会堂现场活动的代表之一，全程感受了上台接受国家领导人颁发大学毕业证书的历史性时刻。当他站在台上接过烫金的大学文凭时，内心百感交集，"不经历风雨，哪能见彩虹"，曾经的一切付出总算没有白费，值了！

李东和肖亚萍分别读的是三年电大专科，相比全国成人高考容易一些，只要就读期间不缺课，毕业考试由学校出题一般都能过，所以二人也都顺利领到了国家颁发的大专学历证书。

从那时起，他们如同张开了羽翼丰满的青春臂膀，振翅向着各自的人生远方砥砺翱翔。

先说冀英，在拿到法律文凭以后，紧接着参加了国家面向社会招收录用公务员的统一考试。有几个单位可选，冀英考虑到自己的专业，顺理成章地报考了省检察院，结果不出意外地被录用了。自此，他从一名街道工厂的工人华丽转身为一名人民检察官，乘着改革的时代春风，踏上了从未有过的新征程。这一年，他二十五岁。

再说李东和肖亚萍，二人凭借年轻有为的能力和自学成才的事迹，毫无争议地双双进入了新厂领导班子，被纺织局一并聘任为新晋副厂长。李东时年三十三岁，主管全厂生产及机械设备。肖亚萍二十七岁，主管产品设计及工会后勤。他们在只有八十六名老职工随厂迁移的情况下，带头义举视厂为家的旗号，在当地重新“招兵买马”，购置设备，改进工艺，为老羊毛衫厂重获新生及壮大发展，继续奉献着他们的青春和汗水。

冀英到检察院上班以后，曾回来请李东师傅和肖亚萍小聚过一次。饭桌上，他们在回顾共同走过的那段人生旅途时，不约而同地想到了一句话：

“誓把河山重安排！”

# 11

“亲爱的旅客朋友们，飞机一小时后即将降落在加拿大温哥华国际机场，请您系好安全带，收起小桌板……”

一阵亲切温馨的航空提示语把冀英从十八年前的回忆中拽了回来，使他忽然意识到天都亮了。

远纺揉了揉眼睛，仍然依靠着冀英的肩膀说：“没想到听了一宿你讲的睡前故事也没睡着，真的好感人！虽然不是童话，但也绝非寓言，记述着一代人不畏困苦的奋斗往事，满满的时代印迹。”

“如果按十年一代的话，你们这代人已经很幸福了。从小学到大学，毕业直接进机关，一路坦途。尽管也离不开竞争和拼搏，不同的是我们可能更加主动些、更有紧迫感，而你们被动的层面多点儿，更懂生活和享受。”

“总结得很到位呀，不同时期有不同的活法，反正都挺累的。咱先不说这个了，我对你‘创业史’中提到一个叫张晓慧的挺感兴趣。她不是跟老外去了美国吗？这么多年她生活得怎么样，要不要咱们这次再增加一个行程，到美国去看看她？”

“嗨，到美国旅游行，但想看她只能下辈子了。前不久和我师傅聚会的时候，他听肖亚萍说张晓慧在美国因病去世了。太可惜了，才不到四十岁就梦断异乡了。”

“啊！什么病呀？”

“具体情况不知道，自从她远渡重洋只见过一次，说在国外生活已经习惯了，回国反而不适应，空气都是脏的。我当时就想，她这辈子是不会回来了。”

“不过这也算是圆梦了吧？每个人都有选择自己生活的权利，作为旁观者只能尊重就是。对了，你前妻怎么样啊？”

“她还行。听女儿说，她在英国又生了一个孩子，大别墅住着，过得挺滋润，也属于不愿意回国的那种人。”

“这也没错，哪儿有孩子哪儿就是家，时间一长就都适应了，无可厚非。”

“对，对。”

“对什么呀，咱干吗光说别人，说说咱们自己吧，我还有件秘密没告诉你呢？”

“好事还是坏事呀？要是坏事就让它永远成为秘密吧。”

“当然是好事了，告诉你，”远纺压低了声音道，“我怀孕了。”

“真的吗，我怎么不知道呀？！”冀英差点儿没从座椅上蹦起来，多亏有安全带勒着。

“我也是出发前到医院做了一个检查才知道的，快两个月了。没马上告诉你是想旅游的时候给你一个惊喜。”

“这个惊喜太大啦！大女儿刚去北京，这老二就来了，上天简直太眷顾我了，谢谢，谢谢！”冀英双手合十祷告了起来。

“光谢上天有啥用呀？”远纺把他的手扒了下来。

“噢，得谢夫人才对！”然后冀英咬着远纺的耳朵说，“夫人这地太肥沃了，一下种就长庄稼，哈哈哈！”

“还是艺姐说得好，你这种子管用……”

“什么？”

“算了算了，这是我们闺密之间的悄悄话，你就别瞎打听了。”

飞机落地了。

冀英左右开弓地拉着两只大号旅行箱下机，不让远纺拿任何重物。远纺说她没那么娇气，该干什么干什么，蜜月期不受任何影响。冀英可不敢大意，说从现在起得像保护大熊猫似的保护她，让她一切行动听指挥。既然是甜蜜的命令，远纺就只管服从了，接着他们开启了长达十五天的加拿大自由行。

加拿大的秋天是最好的季节，万山红遍，层林尽染，从城市到乡村，到处是一派自然秀美的风光。每一处房舍、花草、树木……都堪称一幅完美的绘画艺术品。一道道门、一扇扇窗、一片片绿，犹如少女的眼神，脉脉含情，让人流连忘返。

冀英与远纺玩得很嗨，完全被眼前的异国景色陶醉了，不仅每天出游乐不拢嘴，晚上回来更是乐在心里，憧憬着未来三人世界的日子。

一转眼半个多月过去了，他们的足迹遍布了温哥华、渥太华和多伦多等主要城市及乡村。在记录美好瞬间的同时，归程也进入了倒计时。

这天他们回到酒店准备休整一下。冀英给远纺倒了杯热水，说出去办点事，见个人。远纺问他见什么人？当冀英说出这个人的名字时，远纺非常不理解。

冀英耐心地解释道："简晓玲是武富桂揭发他人犯罪的关键证人，如果这个人能作证，就能查实他揭发检举的内容，构成立功，说不好就能改判死缓……"

"他害你害得还不够吗，你现在还想着要救他？别忘了咱们可是因私旅游，你在国外找证人谈公事，别再说不清楚给自己搭进去！"

"夫人别着急呀，"冀英一边给远纺捏着胳膊一边笑着说，"程序上的事我都想了，只是找她做做工作，又不记录，能成更好，不行就算了。这不是她有言在先嘛，说我来加拿大她就作证。现在我来了，不去试试这件事就前功尽弃了，有点不甘心。不管怎么说，咱不是法律人吗，扶危济困，帮助查获犯罪分子，总不是件坏事吧，无论初衷还是结果都不违法，而恰恰是为了正义。既然是正义的事，你丈夫就应当去做，不会有其他后果的，放心吧。"

"可我不明白，你这是图什么呀？！"

"图什么？还记得我在飞机上讲的故事吧，来时的路告诉我，任何'正义'都需要用执着和行动去守候，有些时候需要牺牲利益……"

远纺见丈夫说这话时一脸严肃的神情，也就不好再争执什么了。她非常聪明地认为，对于男人要做的事，只要不是坏事当妻子的就不要硬拦着，否则伤感情不说，可能也拦不住，还不如因势利导地支持。再说旅游这些日子，冀英对自己百般呵护，干吗招他不高兴呢。于是她决定陪他一块儿去，亲眼见见这个拖别人下水的女人长什么样。

冀英着实被远纺这个举动感动了，从心里觉得妻子知书达理，做事大气，不斤斤计较。他搂着她说："你去太好了，还能给我把把关，免得让我犯类似的错误，哈哈哈！"

远纺说为了防止其他情况，她会用手机做一个私下全程录音……

简晓玲这个人客观上说不能用好与坏去做硬性评价。她也是苦出身，为了生活打拼于商场，游走在各项潜规则之中不能自拔。就说武富桂让她帮着找三亿元资金托管这事，她认为拿高息、吃回扣是社会流行的普遍现象，作为中间人为资金方和托管方的两头负责人获取额外利益是天经地义的事，不然人家凭什么找你呀？只要双方单位没吃亏都认可，这事办得就算漂亮。至于自己得利这块，那在国外叫佣金，是合法收入，没什么见不得人的。让她万万没想到赶上武富桂这么个大傻蛋，因为别的事进去就都撂了，结果犯罪数额越加越大，被判了死刑。虽说这是武富桂自己的事，她到国外以后完全可以当什么事都没发生过，继续过她的奢华生活，可她却做不到，不仅一直关注案件的进展，还在二审期间托朋友为他请了有名的律师……

正因为简晓玲还不属于极端自私冷血的那种人，才让冀英感到有做通她工作为武富桂赢得一线生机的可能。所以，冀英在来加拿大之前曾经给简晓玲打过一个电话，她仍然没有封口，只是说让她想想，见面谈。



冀英给简晓玲打通了电话，问她见面的地点。简晓玲却反问他住哪家酒店，她要登门拜访。冀英也不回避，直接告诉了她酒店名称，并约好大堂见。

半小时以后，一个风韵犹存的中年女人和一个穿西装的男性长者出现在酒店大堂，正拿出手机打电话。冀英接到电话，随即带着远纺迎上去打招呼：“简晓玲女士您好，我叫冀英，这是我夫人远纺。”

“哦，您好、您好！没想到检察官的夫人这么年轻、漂亮！”

“谢谢！”远纺礼貌地与简晓玲握了握手。

“这是我的朋友著名华人律师宋金亮。”简晓玲把她身边的男人介绍给冀英。

“那好，您看咱们在哪儿谈，要不要上楼？”

“不用了，就在一楼西餐厅找个单间吧，这家酒店我常来。”

四人在服务员的引领下进了这家西餐厅的雅间，双方落座每人点了一杯水，随后进入了实质性谈话环节。

冀英问简晓玲考虑得怎么样？简晓玲说想先弄明白几个问题，再考虑怎么决定。冀英说可以。

“现在武富桂是什么情况？”简晓玲问。

“他一审因犯贪污罪被判了死刑，二审由我办理，其间发生的事想必你都知道了，律师还是你帮他请的呢。后来案子发回重审，又被判了死刑，二审换人审理维持原判。现在最高人民法院死刑复核阶段。”

“这个老武真糊涂，要不是他自作聪明做小动作，也许事情还不会弄得这么糟糕，结果让您也跟着受牵连了。”

“现在怪他也没用了，人之将死，想拉根救命稻草可以理解。”

“那我们现在要做的还有用吗？”

“我认为有用，只要能证明武富桂揭发的中海银财务总监尹尔东犯罪事实成立，他就能构成重大立功，按照法律规定是应当有改判死缓可能的，关键看时间是不是来得及。这点宋大律师是有发言权的。”

宋金亮六十多岁，依然气宇轩昂，一派精气神完全看不出实际年龄来。他见冀英点了名，便说：“我同意有必要性可试，但是救他的前提是把另一位朋友送进去，这让简小姐很难做。”

“法网恢恢，疏而不漏。”冀英说。

“我想问，如果尹尔东进去了，会不会也被判死刑？”简晓玲关切道。

“我分析，不会。假如真像武富桂所说的尹尔东拿了一千多万元，不管定贪污还是受贿，都不会判他死刑立即执行。因为贪腐案与抢劫、杀人等恶性案件的社会危害性有区别。武富桂案之所以被判死刑，有它的特殊性，犯罪数额是一方面，最主要他贪污侵吞的是病人家属交来的救命钱，性质太恶劣，所以和尹案没有可比性。”

“我是经商的，俗话说无利不起早，你这么想救武富桂为了什么？虽然这话问得唐突，但我非常想知道。”

“这个问题在你没来之前我也问过他。”远纺插话道。

“的确，这是一般人都会问的问题。当着我夫人的面，我实话实说，找你办这件事对我没有任何实质性利益，相反可能还会有一定风险或误解。就像前期我被调查一样，被人怀疑一定是收了对方的好处才肯为一个死刑犯做看守所查账的傻事，可事实上就是什么都没有。但是，如果说我什么都不图也不对，一个人做事总是要有动机的，而我的动机可能有些虚却也实实在在，一是正义，二是尊重。”

“正义和尊重？”宋金亮有些不解。

“把涉嫌犯罪的人绳之以法，让罪不至死的人生命得到尊重，这或许就是法律人的使命吧，不然也就没有存在的价值了。”冀英解释说。

“检察官这么说可以理解，你有你的使命。可我不一样啊，我是一个商人，一个被人怀疑的在逃犯，力所能及做点好事还行，可让我出卖朋友，做害人的事以后怎么在这圈里混呀？”

“这我就得多说两句了。”冀英看着简晓玲说，“首先你证明犯罪不是害人行为。任何公民都有如实作证的义务，拒不作证是违法的。其次你站出来指证他，既是为了武富桂，也是为了你自己。你想呀，尹尔东向司法机关说他一分钱也没拿，钱都给了你，所以你才被通缉的。事实上，如果像武富桂所说的一千二百万元的大头都被尹尔东拿走了，你不就替他背了黑锅吗？要想不背锅，就得把事实说出来，让司法还给你公正，没准你的通缉就被撤销了呢。尹尔东是不是你朋友我不知道，我知道你对武富桂是有感情的，现在他命悬一线，孰轻孰重，你应当做出关键的选择！”

“其实尹尔东也算不上朋友，就是为了那笔三亿元资金的事，我才通过廖满认识的他。”

“省卫生局的廖满局长？这次我们出来前听说他被‘双规’了。”远纺说。

“是吗？原来我还考虑廖局的面子，要是这样，我就没什么顾虑了，我同意作证。冀检察官说得对，既是为武富桂，也是为我自己。”

“既然简小姐这么决定，我也同意。”宋金亮说。

“这样太好了！”冀英高兴地说，“在具体操作上，你可以把尹尔东拿钱的事写成材料，越详细越好，留下你的联系方式以备核实。材料写好以后，先去趟咱们国家的大使馆，把材料做上见证铅封，然后由我带回国，交给最高人民法院死刑复核庭，我们的工作就完成了。”

“我这儿还有尹尔东每次拿钱的录音，当时就怕说不清楚，就留了一手。”

“这一手太重要了！视听资料是直接证据，足以证明事实成立，可以一并交给大使馆验证铅封。”

“成，我回去抓紧让宋律师帮我写好材料，争取明天咱们汇合一块儿去大使馆办证据铅封……”

冀英与远纺结束了加拿大的蜜月之旅，不仅收获了幸福与快乐，而且忙里偷闲办了件公事，可谓圆满中的圆满了。

回国后，冀英不等上班，先把简晓玲转交的证据送到了最高人民法院，并对复核庭承办武富桂案的赵明法官说明了证据来源。

赵明法官接武富桂死刑复核案已有两个多月了。经过全案证据审查并讯问武富桂，正准备结案汇报，拿出核准死刑的意见，没想到这时又出现了新证据。他不敢怠慢，立即着手对新证据的真实性，以及涉武富桂揭发的事实进行重点审查。通过技术部门验证，证人简晓玲提供的视听资料确系原声，未经剪接处理，可以作为证据使用。鉴于此证及简晓玲的文字材料，可能涉及追诉漏犯和武富桂的死刑量刑，为此，赵法官修改报告，建议将本案发回省高法重审，得到了领导的批准。

省检察院反贪局根据省高法转来的两项关键证据，迅速抓捕了犯罪嫌疑人尹尔东。经突审，尹尔东所供事实与简晓玲指证内容基本一致。同时，在尹尔东的住所查获了涉案赃款一千余万元。人赃俱获，足以证实尹尔东犯贪污罪，事实清楚，证据确实、充分。一审法院以尹尔东犯贪污罪数额特别巨大、情节特别严重为由，判处无期徒刑，没收全部犯罪所得上缴国库。

随后，省检察院以该判决书为据，向省高法出具了被告人武富桂构成重大立功，建议可以从轻处罚的《检察意见函》。省高法经书面再审，综合评判，将被告人武富桂原判决死刑，改为死刑，缓期二年执行。

至此，全案落幕。正印证了一句司法名言：你办的不是案子，而是别人的人生。

冀英感叹：“这句话只说对了一半，其实又何尝不包括办案人的人生呢？！”

时光飞逝，日月穿梭。

当岁月的年轮再切回到五年以后的今天，省城检、法系统的司法责任制改革已经如火如荼了。司法官办案终身责任制，让审理者裁判、让裁判者负责，去行政化，突出司法官主体地位等，一项项前所未有的重大举措，犹如当年小岗村的联产承包责任制，让身在其中的广大干警对未来发展充满了新的期待与憧憬。

员额检察官笔试那天，全省三千多名具备资格的人员集中到了某所中学，由外聘老师统一出题闭卷监考。除了省检察院一把手以外，各级副检察长及中层领导也都一律走进教室应试，省报记者及电视台现场采访直播，做足了见证这一历史性时刻的仪式感。

冀英依仗参加过全国司法考试的功底，考后自估应在八十分以上，但究竟考成什么样谁也不知道，因为压根儿就没公布考试成绩。

到了考核这块，一半儿人员被拿下，各种理由都有。总之划定的百分之三十一员额指标就那么多，光领导干部就占据了一定比例，再加上原有检察员职称人员就差不多占满了。可是考试的范围中包含助理检察员，这部分群体中有相当一部分是年轻有为的办案主力，而且他们笔试普遍占优，不给一定的入额比例，不仅不符合司改预期目标，更有可能影响队伍稳定。针对这种情况，评委会人员想尽了平衡办法，多一个也不行，上级司改办不批，只能往少了整。最后还有一批“待定人员”不好确定，拟提请院领导研究。

改革涉及每一个人，是关乎检察事业健康发展的大事，为此省院领导班子专门召开了一次首批入额检察官确认评审会。会上对没问题人员宣读名单而过，重点是十名待定人选需要现场拍板。

在这十人名单中老检察员居多，主要原因是笔试成绩没过分数线，如果不照顾首批入额，可能等到他们退休也入不了，因为第二批员额考试不知要什么时候，而且受指标退出所限，以后只会越来越难。

经过集体讨论，对这部分情况的总体意见是不照顾，考得不好是自身原因，只能下批努力，但必须做好下面的思想工作，绝不能出现任何问题。

在轮到讨论冀英时，介绍的主因是纪检审查不过。原纪检处处长、现任政治部副主任那联全措辞激烈地说，像冀英这样的人一旦成为员额检察官，在不受办案审批的条件下极易个人操控，擅权独断，具有徇私违法隐患……还有成员说，冀英不思悔改，竟然利用休假之机在国外与在逃犯罪涉嫌人见面，为死刑犯作证，致使该案被最高法发回，改判死缓……

柳长鸣经过五年省检察院副职的历练，已从班子排名第七跻身到第四的位置，行政级别更是调成了正局，这对不到五十岁的他用仕途风生水起来形容并不为过。尤其最近省高级法院穆飞院长与省检察院田隽检察长互调以后，穆检对他主管的公诉业务非常依仗，这样一来，柳长鸣在院党组中的说话也越发显得有分量了。对于今天讨论的问题，他事先看了材料，其他人他不想多说什么，唯独对冀英，于公于私他都不能再沉默了，甚至想到这些人质疑冀英的理由好像并不单纯。在听完上述发言后，柳长鸣直接把话接了过去：

“冀英是我分管部门的干部，也和我做处长的时候搭档过多年，应当说我对他是比较了解的，包括当初他被撤职处分的事。但是过去的事不提了，单说入额这事，我的意见很明确，同意冀英计入首批员额检察官。简要说几点理由吧：第一点，冀英笔试的成绩是省院前十，依他这个年龄，恐怕全省找不出几个，这不仅说明他的理论功底在那儿摆着，更表明了他对这次员额考试的珍惜和努力。他现在只剩下办案了，如果连这项最基本权利都不给他，我想他只能选择辞职了。可这样的效果并不符合检察院的用人生态，也与咱们自己定的‘三年内处分没被解除的不准入额’的规定相悖。第二点，上次对冀英的处分已经过去五年了，这几年来，他作为一线办案检察官，每逢省内大案必有他的身影，诉讼监督成效非常显著，曾经立过两次个人二等功，是公诉系统颇具影响力的检察业务专家，这样的人才如果被拒之首批员额检察官以外，我这个主管副检察长没法向广大干警解释。第三点，我不能保证他将来不犯错误，甚至不能保证自己不犯任何错误。但是用一个人的部分过去来衡量推断他的未来，至少不符合辩证唯物主义的认识论。而且凡事要讲证据，就拿刚才提到的‘在逃犯’一事，判决书表明，被她指证的人才是真正的遗漏犯，而她本人的拿钱行为，是共同贪污还是中介费、佣金性质，在没经过到案审查和法庭审判的情形下，使用‘在逃犯’一词缺乏根据……”

“我说两句吧，”专家评委席的一位代表迫不及待地说，“我同意柳检的意见，冀英具备入额检察官的各项条件。重复的不说了，我只强调一点理念层面的立场。在保障人权入宪的今天，我们还有同志秉持死刑犯的人权可以排除在外的观点，想想让人不寒而栗。冀英的材料我们事先都看了，特别关于他做通关键证人工作，致使另一重大犯罪嫌疑人落网判刑，原来的死刑犯被刀下留人的经过，我们专家组一致认为，这样的检察官办案理念值得褒奖和弘扬，而不是被质疑和非议……”

穆飞检察长最后说：“刚才提到的这个案子，还是我在省高级法院当院长的时候处理的，当时印象很深，无论是第一次证据变化发回重审，还是再上来以后维持原判死刑，再到最高人民法院发回来改判死缓，应当说每一步都对。前后经历了大概四年，刑事政策也在变化，按现在的标准就是被告人没有立功情节，两千多万元贪污判死刑立即执行也不太可能了。所以说，用发展的眼光看人看事才能方法对、效果好，就按长鸣的意见定吧。”

冀英涉险入额检察官，既意外，又合情合理。

事后，他私下听说了流出来的争议过程，天花乱坠、添油加醋的各种版本俱全。但他相信一点，没有柳长鸣副检察长的鼎力相助这次恐怕是过不了关的。再说五年前被查的事，即使当初有柳长鸣为自己说话，或许也是孤掌难鸣、爱莫能助，对明知办不成的事选择不办或自保，也不失为一种明智之举。现在是此一时彼一时也，人家对你的好，甭管因为什么，别忘了，永远是做人的道理……

# 三

# 再审焦尸案

## 12

这是冀英被任命为首批员额检察官接的第一个案子，也是他曾经办过的一件无罪二审抗诉案。上一次这个案子经过省检察院支持抗诉，被省高法裁定发回重审了。没想到时隔两年，一审法院再次对被告人判了无罪，原审检察院依旧坚持有罪指控，按原方抓药，第二次将本案抗到了省级检、法两院二审。

由于这起案件的杀妻情节和各项证据没被一审法庭采纳，加上法院一审判决无罪的处理结果，形式上与美国的辛普森杀妻案存在一定类似之处，因而被某些网络媒体炒作为中国版的辛普森案。

那么，这到底是怎样一起案件呢？

欲知详情，还得把时间回溯到四年以前，从发生在世纪经科大学教工宿舍楼的那场深夜大火说起……

二零一一年三月一日凌晨四时许，那天晚上风刮得邪乎，据天气预报说瞬间风力达到了八级以上。就在这时，一场突如其来的大火凭借风势，从世纪经科大学教工宿舍楼一单元的半地下杂物间向上蹿燃，楼道里充满了燃烧生成的浓烟，夹杂着电线皮等燃烧物被烧焦的刺鼻气味，把一层至五层的十多户居民从梦中呛醒。一层的两家住户距火源最近，也是最先被烟雾熏醒的。家住 101 室的刘老师年轻反应快，趁火势还没烧到一层，顶着一床浇湿的棉被第一个冲出了楼门。然后从楼外面帮助接应 102 室的张教授两口顺着阳台窗户爬了出来。三人脱险后同时向楼内其他住户大声呼喊：“着火啦！着火啦！”

楼上有人从窗户探出半个身子，边躲避室内烟雾的熏烤，边大声回应说：“赶快帮忙报警呀！”刘老师听罢立刻奔向家属楼传达室，用座机拨打了 119、110。

此刻，一单元二层以上的其他住户再想向楼下逃生已经来不及了。明火苗从半地下蹿上了一层正好堵住了单元门，七八级的大风一个劲地往楼里灌，满楼筒子的烟雾越聚越浓，令人窒息的恐怖和可能融化一切的高温把所有想往楼下逃生的人都顶了回去。他们中有人冲火不成受了伤，没办法，只能摸回自家紧闭房门等待救援；也有人反向楼上跑，敲开五楼顶层的邻居家房门试图远火求生；还有人砸碎了四层到五层中间的公用楼道窗，骑在上面暂时得以呼吸外面的空气；另有一人耐呛不过从自家三层破窗跳了下去，恰巧砸在了停在楼下的轿车车顶……

凌晨四时三十分左右，星州市武警消防中队的消防车与市公安局、省公安厅的警车先后鸣着一长一短的警笛疾驰赶到了事发现场。消防队员先用救火钩连枪将着火的单元楼门向外钩开，一股烈焰裹挟着浓烟立刻从楼里喷了出来。随后，四五支消防高压水枪同时对准单元门内一起猛射。由于火源中心来自一层半地下一间不到九平方米的公用杂物间，所以消防队员只需在一层楼外对门内平射，喷出的灭火水柱自然就涌进了地势低半层的火源点，不到二十分钟的工夫明火已被扑火。

紧接着，消防队员陆续冲进了楼里，一部分人员进入半地下火灾中心现场进行清理排查，另一部分人员上楼解救被困群众和伤者。

这时，从半地下火源点传来一个消防队员的喊声："都别动！这里发现了一具尸体！"

其他消防员立刻停止了现场翻动，顺着声音一同将头顶上的射灯照了过去，借助烟雾散开的瞬间发现在火源地中心地面平躺着一具被烧焦的尸体。

消防中队长杨沫是一名火灾救援专家，听说在火源地中心发现了尸体，立即带领两名消防技术人员对尸体状况及周边火情进行现场勘查。只见该尸体四肢平展已高度炭化，面部朝上但已不能识别五官，尸体下方较其他过火区域的已燃杂物明显量少……之后初步得出的结论是：不排除人为放火嫌疑。

根据这一情况，杨队命人把在现场外围出警的公安部门负责人请了过来。

省公安厅刑警队长葛海洋闻听消防队长有请，赶忙在消防员的指引下来到一单元半地下的火源地与杨队见面。二人经过简单寒暄后，杨队把救火情况、发现尸体和火灾原因等初步判断结论作了简要介绍和说明，并就下一步火案与命案合并侦破进行了现场交接。

葛海洋接手后，立刻指派警员通知省厅技术队速来现场勘查，相关调查取证、确认死者身份，死因鉴定等一系列侦查程序旋即展开。

八时三十分，距火灾发生不到五小时。葛海洋带人去医院，对既是被害人又是目击者的三名火灾伤员进行切入性调查。

一开始，对前两名伤者了解情况很不顺利。也许是刚做完手术的原因，伤痛使他们都不愿意多说话，问一句，蹦一句，两人加起来问了不到一小时，笔录各记了一页纸，说的内容对破案没啥直接有用的价值。只有问到第三名患者时才出现了些许转机，此人的谈话内容总算和案情靠上了边儿。

这名男性伤者的名字叫王立弓，笔录上记载的自然情况是，四十五岁，世纪经科大学教授，博士生导师，家住这所大学教工宿舍一单元301室。他的伤情在三位伤者中是最重的，双眼及颈部都缠满了绷带，一条大腿严重烧伤外加坠落骨折已经打上了夹板器具。由于吸入性灼伤使他的咽部发声困难，只能以微弱的声音叙说着当晚发生的事情。但是看得出他是有意愿想同警方表达什么：

“今天凌晨四点多，我在家睡觉时被一种烧焦了的煳味熏醒了，我立即起身下床查看发现味道不在室内，随手打开房门一看，一股浓烟热浪迎面涌了进来，我当时下意识地感觉是楼内着火了。于是我赶紧把门关上，冲进了我妻子江延清的房间，对她大喊：‘着火了！着火了！’江延清赶紧坐了起来，穿上衣服问我：‘哪儿着火了？’我说：‘别问了，赶紧跟着我往外跑！’我们冲出房间，我在前，江延清在后，一起从我家的三层向下跑。当我们跑到二层和一层拐弯平台的位置时，被楼下剧烈的热浪给顶了回来，我的眼睛被浓烟刺得生痛，只能半眯着一条缝看着脚下折返往楼上跑。在跑到我们家门口时，我用力打开房门进到了屋里，可是没见江延清跟进来。这时我再想开门出去找她，又被一股高热夹杂的浓烟给熏了回来，感觉火已经到了家门口出不去了，所以我只能退回屋里。就这样我在屋里待了有二十多分钟，室内的空气越来越稀薄，憋得我实在喘不过气来，在万不得已的情况下，我只能选择从窗外逃生。我先打开窗户钻出去，然后用手扒着雨水管慢慢向下滑，结果没滑到二层就掉了下去，幸好摔到了一辆小轿车的顶上。我当时就昏了过去，醒来的时候就已经被救到了医院……”

“你妻子江延清与你是从哪儿跑散的？”葛海洋问。

“下到二楼往回跑的时候。当时楼道里灌满了浓烟，人和人之间都看不见脸，我跑回屋她就不见了。”王立弓答。

“你喊她了吗？”

“没有，因为喉咙已经被呛得没法发声了，出又出不去，只能听天由命了。”

“你估计她去了哪里？”

“我估摸她也被烟雾熏晕了，没有找到回家的门就继续往楼上跑了。”

“她现在在哪里？”

“不知道呀！我受伤以后就被送到这儿抢救了，也不知道我爱人的情况怎么样了？”

“噢，”葛海洋想了一下又问，“你和你爱人昨天晚上几点睡的觉？”

“我是晚上十一点回的家，江延清在我回家后没一会儿就去北屋睡了。我在南屋看电视，凌晨一点钟睡的。我和我爱人关系不太好，已经分开睡两年多了……”王立弓回答。

从与王立弓的谈话中葛海洋似乎得到这样一个信息：王立弓的妻子江延清在今天凌晨的那场大火中失踪了。这是否与现场焦尸有关呢？他必须马上派人去江家查看一下，如果没有，就得等尸检报告出来才能确认。

在医院询问完王立弓以后，几个侦查员又分别对看护王立弓的另外三人进行了例行调查了解。这三人中，一人是王立弓单位的书记，一人是他的小姨子，还有一个自称是他朋友的女记者。三人反映的火灾情况与王立弓所讲的内容基本一致，因为他们也都是刚刚听王立弓说的。

不一会儿，有电话报告葛海洋，江延清不在家。

“到楼上的邻居家问了吗？”葛海洋问。

“都挨家问了，从着火到现在没人见过江延清。”

葛海洋的破案神经立刻警觉了起来，江延清极有可能就是火灾现场发现的那具烧焦的尸体。如果按照王立弓讲述的事实分析，他与江延清深夜遇火逃生，一个因伤送进了医院，另一个逃生不及葬身火海……

几天以后，各项检验鉴定陆续出炉了。DNA 尸检报告证实，现场出现的焦尸主体正是王立弓的妻子江延清。根据法医解剖发现的死者舌骨大角骨折伤情分析，不排除其生前遭到强力扼颈导致窒息死亡，后被焚尸；毒物化验证明，死者心血中没有检测到一氧化碳，不属于被烧致死的明显特征。现场勘查笔录证明，火灾中心位于一单元半地下一层楼道间，尸体呈平展仰卧状，已经严重炭化；助燃剂检验报告证明，现场提取的黄色液体为重质矿物油；火灾原因认定书证明，具有放火嫌疑；火灾造成损失折合人民币共计五十余万元……

综合以上证据，江延清死因系“先被扼颈窒息，后被焚尸”的可能性大。这与王立弓陈述的火灾发生时江延清还活着，推论死于“火灾意外”的说法大相径庭。

那么，真相在哪里呢，能否认为王立弓在江延清的死因上说谎？

还有，如果他说谎，那凶手又是谁呢，而王立弓又为什么说谎呢？……

## 13

带着这样的疑问，葛海洋队长召开了一次案情分析会。大家讨论后一致认为，按照一般逻辑，只有凶手才会刻意在被害人死因上编造虚假信息，目的是干扰公安机关的侦查视线以逃避法律的制裁。而与案无关的人不具有这样的行为动机。因此，王立弓具有重大作案嫌疑。但是，定案靠证据这是铁律，本案现阶段证明他杀的证据有，可证明“谁杀”的人证、物证或口供一样都没有，要想认定王立弓构成犯罪，还要在获取“谁杀”的直接证据上下功夫。

目的清楚了，葛海洋遂选派出三路人马。一路对王立弓的住所进行现场搜查；二路对王立弓的邻居、单位等相关人员摸排线索；三路前往医院对王立弓依法询问。

一路搜查组在郭鑫探长的带领下进入王立弓家。

这是一套不到七十平方米的老两居。一进门是门厅，卧室一南一北，属典型的哑铃状格局。因为他家所在的单元靠西把边，所以中间门厅的西墙有窗，光线明亮。一上午过后，该看的地方都看了，除了技术队项桦法医在一进门左手鞋柜侧面提取到一个疑似血滴状干褐色物质外，其他一无所获。整个房间没有任何可疑第三人的指纹和足迹，相关物品的陈设摆放也没啥明显异常，只有客厅西窗上的一块破玻璃露着星芒般的风洞，多少有些异样。

郭鑫望着破玻璃对项桦法医说：“也不知这里发生了什么？”

“是呀，我刚才也看了，除了些碎玻璃碴外，没有任何血迹痕迹。现场像被打扫过的。”项桦说。

“我也注意到了这点，整个房间好像什么都没有发生过似的。就连这两个人的拖鞋还在鞋架上放着，不像是匆忙逃生的样子。”

“你对这个疑似血滴怎么看？”

“一是不是人血，需要检验；二即使是人血，无论是王立弓的，还是死者江延清的，因为两人都在这间房里生活，是生活血还是犯罪血，有待与其他证据验证。”

“你说得没错。但从法医的视角看，能从现场提取到一滴疑似血痕的东西也是收获，因为判断一个痕迹物证的价值有时不在多少，重要的是看它与案件是否存在关联。”

“项专家说得对，下一步就等您的检验结果吧。”说完，郭鑫宣布搜查结束。

二路社调组也略有斩获。梅岭探长回来向葛海洋汇报：

“还记得案发当天在医院看护王立弓的那个女记者吗？这个女人叫曲霞，《华融日报》的记者，三十五岁，未婚。几年前她因为对王立弓的一次专访而相识，之后在多次接触中发展为情人关系并谈及婚嫁。王立弓承诺与妻子江延清离婚后与曲霞结婚，但因江延清不同意而暂时搁置。案发前，王立弓出差回来后并未回自家，而是悄悄住在了曲霞家。两天后，王立弓回家当晚便发生了这起火灾命案。”

“这段曲霞认吗？”葛海洋问。

“开始嘴很硬，就说是普通朋友，没办法我们给她看了这个，她才和盘托出。”梅岭说着拿出一个从王立弓家搜查时扣押的手机，翻出了一段王、曲二人暧昧的短信聊天记录。

“没想到王立弓的‘情调’还挺高呀！”葛海洋打趣道。

“虽然这是王立弓的道德问题，但也不失为一个潜在的犯罪诱因。”梅岭说。

“是否情杀？欲解案中事，还需案中人啊！”葛海洋下定了拿下王立弓口供的决心。

命案无人证必以口供辅之，是说口供在此类案件中具有不可或缺的作用，这是我国刑事证据法定制度所决定的。英美法系的自由心证制度则不同，法官凭借良心和理性判断可以将案件中的一个或几个证据的证明力无限扩大，只要嫌疑人不能作出合理解释，就可推定犯罪是其所为，至于有没有直接证据或口供并不重要，重要的是内心确信“是他”即可，这就是所谓的心证。当然，这只是证据方面，在口供方面，由于他们有沉默权原则，通常嫌疑人可以不回答警方的任何提问。但是，在“辩诉交易”的前提下，一旦嫌疑人认为承认犯罪可以大幅减轻处罚，这时自愿供认的口供就是证据之王，其他一切证据在口供面前都将变得无足轻重，甚至可有可无了。

我国法律规定了重证据不轻信口供原则，同时又规定犯罪嫌疑人有如实回答警方提问的义务。在此情形下，对某些缺少直接证据的案件，拿下嫌疑人认罪口供就成了一出不断上演的古老游戏。其中，为了破案不惜刑讯逼供的事屡有发生，诸如披露报端的佘祥林、赵作海，以及呼格吉勒图等冤错案件就是例证。

葛海洋悉知违法操作的危害后果，因此，三路审问组他必须亲力亲为。

经过公安人员与医院协商后，王立弓被带进了一间小会议室。

一开始，葛海洋并没有直接宣布对王立弓立案侦查，而是打了一段感情牌，嘘寒问暖地聊了些烧伤愈后方面的话。

王立弓受伤住院十多天，两只眼睛的灼伤已经基本好了，只有腿伤仍在治疗中。身为教授的他，阅人无数，知道警方话里有话，让葛队长不妨直说。

没办法，葛海洋只好摊牌道，有些事情主动说是坦白，一旦亮明证据再说就失去机会了。王立弓好像听不明白似的，说他没什么要坦白的，还是让葛海洋有什么事直接问。在这种情况下，葛海洋向王立弓出示了尸检报告，指着结论部分质问他，为什么在江延清的死因问题上说谎?

“我没说谎呀！”王立弓答道，“我只是把我经历和看到的事实说出来而已。着火的时候江延清确实还活着，怎么可能先被人杀死，后被焚尸呢，岂有此理? 现在的鉴定叫意见，既然是意见就带有主观性，法医也有出错的时候，我要求重新请专家鉴定。”

“你认为江延清是怎么死的？”葛海洋追问。

“我没看到江延清是怎么死的。但从我们被烟火冲散以后，她的尸体发现在火灾现场这点分析，她应当是在逃生中被烟雾呛晕误跑到地下一层出不来了，最终是被火烧死的。”王立弓回答得很有逻辑。

“照你这么说江延清是死于火灾意外，本案就没有凶手了？”

“我认为是这样……”

眼见医院里的环境也问不出啥结果，葛海洋在事先征得院方同意后，向王立弓宣布：“你因为涉嫌犯故意杀人罪、放火罪，被依法刑事拘留了。”随后将王立弓押上警车，送往省公安厅看守所。

没想到，人刚入所就被那儿的狱医拒收了。理由是王立弓的腿部烧伤及骨折没有痊愈，具有一定的感染风险不符合关押条件，建议等待痊愈后另行送押。

鉴于情况有变，葛海洋不得不在请示厅长以后，将王立弓转至郊区的一栋小楼，由刑拘变更为监视居住。

这是一项半强制性措施，再加上医生每天前来给王立弓换药，使得被监视人所处环境仍然不具备增压取供的条件。与此同时，侦查员们还要对他进行轮班看守，时间一长“自讨苦吃，没证据放人”的声音多了起来。有些信息传到葛海洋耳朵里，心里急得都失眠了，直说这案子办得窝囊，明明雾里看花，就是拿不到手里……

转眼三个月过去了，医生终于给王立弓开出了腿上仍有残存创面，骨伤基本痊愈的诊断证明，紧接着他被送进了省看守所。

在监视居住的这段时间里，王立弓仅被讯问了四次，都是围绕江延清的死因与鉴定意见不一致问题展开的。他说他就是目击证人，鉴定意见使用的“不排除”表述本身就具有不确定性，是认定他杀的错误之源……如此这般，弄得葛海洋等人一筹莫展。

不过有一点值得肯定，省公安厅技术处经过对项桦送检的疑似血滴化验证实，是死者江延清的血迹无疑。结合尸检报告中描述的死者“颅骨顶部凹陷骨折”伤情，两者之间具有一定的间接互证性。因为“颅骨骨折”一般由钝器打击形成，而剧烈打击就会留痕，其中的客观性与因果成因，可以推断出在原有“扼颈杀”的基础上，或许还存在“打击杀”的可能。但是，这一切都将有待证据的证实，尤其是犯罪嫌疑人口供，拿不下口供的印证，“一滴血”的成因就会出现类似鼻血、指血等多种解释与遐想，成不了认定“谁杀”的根据。

王立弓被送看守所以后，葛海洋的“拿供”计划旋即提上了工作日程。

为了取得一战必胜的效果，葛海洋办案团队预设了一周的专审方案，不仅在讯问的时间、地点、警力配备方面做足了功课，就连王立弓的监室也作了单独看押安排，以防止讯问对王立弓形成的累积压力因回到普通监室被同号人员洗脑而功亏一篑。

当晚八时许，第一次真正意义上的讯问拉开了序幕。

王立弓被看管警察带进了一间设有隔离栏装置的审讯室。他在里，葛海洋等人在外，除了可以把审讯笔录递过去让王立弓签字以外，双方没有身体接触的条件，据说这种物理隔离设置是为了专防刑讯逼供而建，同时也不给被讯问人留下警方违法办案的口实。

双方坐定，葛海洋告知了王立弓的权利义务，之后就开始了短兵相接。

王立弓话中带刺地先发制人道：“葛队长，您这是夜审我呀？过去只听说过夜审潘仁美的故事，没想到我成了当代‘潘仁美’了！”

葛海洋回答得很直接：“我明白你是在质疑夜提的法律依据，我明确告诉你，法律只规定不能连续讯问超过十二小时，但没有禁止夜审的规定，不禁止就是合法的。再说夜里安静，有利于你想问题。所以你放心，我们一定会依法办案的。”

“哦，明白。我没别的意思。”

“那我们就开始吧！”

“听您的。”

“你的问题考虑得怎样了？”

“没什么可考虑的，该说的都说了。”

随后讯问陷入了僵持，葛海洋也没再多问什么。

次日凌晨一点，郭鑫探长带人接班，讯问的内容与葛海洋大体一致，没啥新东西。

四点梅岭探长接班，还是老一套，聊的净是些题外话，也没有实质性进展。

早七点看警带王立弓回独自监室，一天的审讯就这样平平淡淡地结束了。

二次夜提王立弓，时间、地点不变。先是葛海洋组，后是郭探长、梅探长组，一晚上审下来，笔录都是一张纸，记录着王立弓不想多说的一句话："没什么可说的。"

第三次夜审，葛海洋率先打破僵局，从一个具体事件问起：

"你与曲霞是什么关系？"

"我能不回答这个问题吗？这好像与江延清案没关系吧。"王立弓难掩一丝慌乱。

"不能！与江案有没有关系不是你说了算的，应当是法律。"葛海洋说完有意把从王立弓家搜查出的那部旧手机放在了桌上。

王立弓瞥了一眼，如梦方醒，悔不该多年前的那点儿东西没有处理干净。

葛海洋接着说："有些时候，说与不说事实就在那儿摆着。而且我们有责任向有关部门反映涉案查出的连带问题，包括生活作风和道德！"

"既然你们都知道了，干吗还问我？"王立弓硬撑道。

"作为一方当事人，我们在听曲霞陈述的事实以外，也想听听你的解释？"葛海洋是在利用对方的崩溃疲劳点从外围进行最后一攻："如果你一味坚持什么都不说的话，我们会认为你对公安侦查抱有无理的对抗态度，但这种表现并不代表真实，更不代表真相。无论如何谎言和失信对任何一个人来说都是没有好处的，更何况像你这样的高知教授呢。这应当是做人的底线，所以我希望你能认真考虑我的建议，还是配合调查为好……"

"这两天我白天睡不着觉，晚上又要接受审讯，脑子嗡嗡的非常乱，心理压力非常大，能不能让我想一想再说？"王立弓明显有了松动的感觉。

"想想没问题。不过你和曲霞之间的事，应当属于俗套故事了，用不着那么大的压力吧？"

"我和她……"

"着火那天你从哪儿回的家？"

"曲霞家。"

"到家后与曲霞有联系吗？"

“有，互发过短信。时间在晚上十一点半前后。”

“你的手机里为什么没有信息记录？”

“我给删了。”

“你删了，可曲霞没删，包括以前你们所有的信息和照片。可见任何事情只要做了，就会在不经意间留下痕迹。”

“我和曲霞毕竟是不正当关系，因此所有信息我都没有留存。”

“有些还是留了而且相当不雅。这与你的教授身份不符呀，而且也是党纪国法所不容的！”

“哦，错了错了。事已至此我不再抱任何幻想，甘愿接受组织对我的处罚……”

王立弓第一次在一个具体问题上服软了。看来隐情，尤其是不道德的隐情对涉案人员来说的确是个软肋。毕竟偷情为我国传统文化所不齿，一旦东窗事发，双方当事人不仅自毁名声，前途受损，极端的还可能引发情杀，相关案例不胜枚举。



“这个态度就对了，”葛海洋内心急于扩大战果，表面却平缓地问道，“王教授吸烟吗？”

“谢谢葛队长！”王立弓有点儿被这个熟悉的称谓感动了，伸过接烟的手有些颤抖。

葛海洋并不吸烟，这是他事先备审功课的一部分。

“我看你进来的时候一瘸一拐的，怎么腿伤严重了？”葛海洋脸上露出惊讶的表情。

王立弓撸起裤腿让葛海洋看：“虽然烧伤的皮肤已经结痂了，但因为肌肉神经组织破坏，腿部已经开始弯曲变形了。”

“出院时医生怎么说？”

“当时的主要问题是防止烧伤感染，现在的主要问题是阻止并矫正畸形。否则会发展到局部组织坏死，甚至可能引发败血症，危及生命。”

“这样吧，这次谈话结束以后，我先让狱医给你看看。下一步如果报请领导同意的话，像你这种情况最好先取保，边候审边治疗，病情就不会发展了。但是取保候审的先决条件是认罪和没有继续危害社会的危险，并保证刑事诉讼的正常进行，这些你能做到吗？”葛海洋说完，自知话说得有点儿大。因为命案嫌疑人的刑期通常是无期或死刑，取保候审根本做不到。好在王立弓没有听出来。

“能，能！葛队长我实在是受不了了，我说，我都说，只要您说话算数……”

“没问题，我用我的人格担保。”葛海洋心说人格又不是法律，侦查策略而已。

负责记录的侦查员小杨见状赶紧给王立弓递进去一瓶矿泉水。

“谢谢，谢谢！”王立弓接过水迫不及待地说，“葛队长，我真的没想杀她呀！呜呜……”

“冷静点儿，慢慢说。”

“可江延清确实是被我杀死了，而且还焚尸了，我不是人呀！”

王立弓几乎是在呜咽中诉说了他与妻子江延清本不该发生的子夜悲剧……

## 14

那天晚上十一时前后，王立弓从情人曲霞那儿回到自家，因为钥匙忘在了曲家而不得不敲门入室。

江延清让王立弓等了将近十分钟才从里面打开房门，不仅惊扰得邻居出来查看，也让王立弓犹如从温柔乡掉进了寒冰洞，原本已经分居的夫妻关系顿时又掀起波澜。

王立弓气不打一处来地说："这么半天才开门，是不是不想让我回这个家呀！"

江延清穿着睡衣一脸不屑地应道："这儿是你家？我以为你早不把这儿当家了呢，这么晚了还回来干吗？！"

"你什么意思！这儿怎么不是我家，我出差回来不回这儿我去哪儿？"

"哼，'去哪儿？'找别的女人非法同居去呗！满嘴的仁义道德，一肚子男盗女娼，看着让人恶心！"

"你，混蛋！简直是泼妇！"

"我是泼妇？别以为我不知道你是哪天回来的，住哪儿了？臭流氓，我举报你！"

二人的争执从语言到行为，很快发展到极端化……

要说王立弓与江延清的夫妻感情基础还是不错的。早先，江延清是王立弓所在经科大学医务室的一名校医。有一天，因为王立弓参加学校运动会摔伤了胳膊被送到校医治疗，在江医生的精心医治和以后数天的护理下，王立弓的臂伤很快得到了康复。从此二人也因伤结缘，经过几年自由恋爱后走到了一起。在外人看来，二人郎才女貌，是令人羡慕的一对儿。然而，事无完美，王立弓与江延清婚后多年无子。王立弓是苦出身，大山里考出来的状元，又是家中独苗，续香火是四十多岁的他最大的愿望。江延清曾独自去医院做检查，医生说她没问题。而王立弓却不相信自己有问题，又碍于男人的情面始终不肯去医院检查，为此二人经常发生口角，再加上江有性洁癖并逐步发展为冷淡，导致二人长期没有性生活，久而久之对要孩子的事已不抱希望。

后来王立弓有了外遇开始与江延清同室分居，婚姻关系走向名存实亡。虽然他们争吵时多次谈及离婚，但因细思各自的隐忧终未决断。今晚引发的互撕不过是矛盾激化的一个导火线。

在激烈的争吵中，王立弓失去了理智，一下把江延清扑倒在床上。江延清则凭借女人极力反抗的本能以兔子蹬鹰式狠命向上踹了一脚，重重蹬在了王立弓的裆部，王立弓当即“哎呀！”一声疼痛倒地。随后，他像一只被激怒了的野兽，二次向江扑去，一边挥拳猛击江的头面部，一边用双手掐住了江的颈部，几分钟后江的身体开始松软了下去……



“你是什么时间确认江延清已经死亡的？”葛海洋问。

“是十二点前后吧。我把手放在她的鼻子下面发现她没气儿了。我当时像疯了似的，想到自己杀人了，一切都完了。都是她逼的！我根本没想杀死她呀！哇哇……”王立弓又号啕大哭了起来。

“你除了用手掐江延清脖子以外，还有什么其他伤害行为？”

“没有了，反正当时都懵了。”

“你再想想？”

“真想不起来了，要有我肯定交代。我连杀人都承认了，别的没什么不敢承认的。也许当时太慌乱了，确实记不起来了，要不您提醒我一下？”

“没事，没事，这个问题你先慢慢想，想起来再说。”葛海洋本想问他死者头顶部的凹陷伤是怎么形成的，可话到嘴边又咽了回去。绝对不能“点”，那就有诱供之嫌了，还是让他自己说为好。

“你当时掐江延清的脖子用的力气大吗？”葛海洋接着问。

“应当是挺大的。因为她先踹了我的身体要害部位，我疼得都快背过气了，所以失去了理智，拼命用手掐她的脖子，心想你对我下狠手，我也不让你活了。”

“不是说一日夫妻百日恩吗，你对她哪来的那么大仇恨呢？”

“仇恨确实没有，但她说的话太气人了。骂我是臭流氓不说，还要把我不能生育的隐私告诉曲霞，让我离了婚也甭想再和别人结婚。我当时被气得血都冲到了头顶，脑子一片空白了……”

“现场有血迹吗？”

“有，我看见江延清的脸上流血了，应当是我用拳头打的。后来被我清理了。”

“另外，你这次的冲动杀人与曲霞有没有关系？”

“没有，绝对没有。当天回家还是曲霞催我才回去的，确实和她没关系。”

“是吗？”

“事后想起来，虽说没有直接关系，但潜在因素还是有点儿。因为有曲霞的出现，我和江延清的矛盾加深了，遇事变得更不可调和了。”

“说说江延清死后你还有哪些行为？”

“当时一看失手杀人了，而且邻居已经看见我回家了，我知道自己难逃法律的追究，不是死罪就是无期，自己才四十多岁怎么办呀？我又害怕，又后悔。想过跳楼自杀和报警自首，但又都没敢。翻来覆去想了三个多小时，最后决定反正也是个死，不如冒险一搏，找个地方放火焚尸，制造一个江延清被火灾烧死的假象，如果成功就能逃过一劫。”

“焚尸灭迹？”

“对。因为当天夜里风特别大，我们是老旧小区，被大风刮断电线引发火灾的事也不是什么新闻，所以我想尸体一旦过火也就查不出死因了。抱着侥幸的心理试试吧，总比坐以待毙强。”

“接着说？”

“开始想在自己家关着门烧，可转念一想不行，万一火着大了跑不出去再把自己和周围邻居给烧伤或烧死，那样的话事就更大了。于是我就想到了我们家楼下一层半地下那儿有个杂物间，离大家都比较远，在那儿既能烧尸体，又不会危及楼上的安全。”

“接着说？”

“夜里三点来钟，我先把江延清的尸体背下去放到了半地下杂物间，找了些引燃物扔在了尸体上。然后我又回家拿了一桶机油，再次返回到半地下，把油倒在了尸体上，用打火机点的火。可能离点燃物太近了，结果‘轰’的一声火苗就蹿了起来，把我的手、腿都烧伤了，眼睛也睁不开了。我赶紧跑回家里看了一下，伤得挺严重的，非常疼……”

“你刚才说的机油是哪来的？”

“是我在丰田4S店保养车时开出来的。我的车时间长了有点儿烧机油问题，每次保养时都多开出一桶机油备着，在机油少了的情况下自己添加一些。”

“你焚尸用了几桶机油？”

“就一桶，家里没有了。”

“机油是什么牌的，油桶是什么材质的？倒完以后放哪儿了？”

“是日产纯牌的，金属桶，我记得可能扔在现场了。还有我当天穿的那身衣服，上面有血迹，也被我扔在现场烧了。”

“接着说？”

“过了四十多分钟，将近凌晨四点吧，风越刮越大，烧焦的煳味越来越浓，我听到了楼内有邻居向下跑的声音。我是将近四点半开始向楼下跑的，结果跑到二层和一层中间位置时火太大跑不出去了。没办法我只能又跑了回去，到家以后火越着越大，我喘不上气来了，就从屋里爬到了窗外，最后就从我家的三楼掉下去了。再后来就被消防队给救了。

“在救护车上，我借别人的手机给我们单位的书记、我小姨子，还有曲霞打电话，让他们赶紧到医院来看我。我认为火着得这么大，江延清的尸体一定被烧成灰了，什么也查不出来了。所以我就把事先想好的江延清和我一起在火灾中逃生跑散的事告诉了他们，好让他们相信江延清是被火烧死的……”

王立弓这次完整的认罪口供累计持续了五个多小时，直到凌晨五点天亮才结束。

葛海洋耐心听完了他说的每一个有关无关的所有细节，虽然非常累可全然没有困意，完全沉浸在了一夜卓有成效的工作兴奋中，唯一遗憾的是这堂口供没有进行全程录音录像。

口供拿下来了，能够与尸检鉴定及火灾报告等主要证据形成证据链，这让葛海洋心里的一块石头总算落了地。他向省厅及政法委领导作了简要汇报后，上级领导指示，一定要把这起舆情关注的命案证据做扎实，将与口供对接的其他证据，比如助燃剂来源等取得相应佐证，并在下一步工作中把“颅骨粉碎性骨折”与“一滴血”两项证据用口供串联起来。同时注意不要急功近利，防止程序瑕疵，把案件办漂亮，给人民群众一个满意的交代。

葛海洋领命，让队员们休整了几天，然后续提王立弓。

可出人意料的是，前几天还痛哭流涕认罪杀人的他，突然翻供了。

王立弓对葛海洋说，他不能自欺欺人，没干过的事不能瞎编。再说对他取保候审治病的事公安也没兑现，他不准备再编下去了。如果有证据能定他的罪，就是杀头也认了……

此后，任凭葛海洋等人轮番对王立弓做工作，他就是王八吃秤砣——铁了心，一概不予回答。



问题出在哪呢？王立弓被一人单独关押肯定没有同室因素，只有室外。这时葛海洋忽然明白了什么，赶紧到看守所会见登记处一查，果不其然，这两天王立弓委托的律师展云奇来过。葛海洋直呼太大意了，没有及时与会见处的人员沟通这个案子暂时不能律师会见，可是现在说什么都晚了。

无奈之下，葛海洋把后续工作的重点全都放在了固定口供的补证上。虽说王立弓的认罪口供只有一次，但五个多小时的供述内容还算完整、充分，除了“钝性打击”情节没涉及以外，其他整个事实的时间、地点、起因、被害人身份、致死及焚尸手段、造成的后果及财产损失等构成要素齐备，已经达到了可以证明犯罪是王立弓所为的证据标准，如若再和他纠缠下去预计也不会有啥好效果，干脆打住结案，有什么需要补充的问题到了审查起诉阶段再说。

二零一二年四月，历经一年多的侦查取证，省公安厅对外宣布王立弓涉嫌故意杀人、放火一案侦查终结，依法移送星州市人民检察院审查起诉。

# 15

星州市检察院承办此案的女检察官叫祝嘉，三十多岁，细眉大眼上架着一副眼镜，修长的身材，沉稳而不乏激情，是个典型的学院派公诉人形象。大凡与检察院公诉系统打交道多的人都有一种同感，这个部门女同志多，尤其年轻优秀的女公诉人独步天下，大有统揽一方业务之势。对于这种情况，有关专家给出的理由是年轻女性更符合法庭激辩的生理性要求，她们以敏捷的思辨特长在有效完成检控任务的同时，更能展现检察官风采并从中收到职业获得感。久而久之，这里成了政法女性的聚集地，公诉处自然而然就变成了“娘子军”。当然，这话不过是戏说而已。

祝嘉是去年新晋评出的全省优秀公诉人和最佳辩手，两项荣誉加身，领导把这起舆情大案交到她手上是顺理成章的。

经过全案细审，祝嘉迅速掌握了公安移送的证据现状和存在的问题，一是认定王立弓构成犯罪的证据基本靠口供；二是除去口供之外，在案所有证据都是证明被害人死于他杀，而谁是凶手的证据一项也没有。

紧接着祝嘉提讯了王立弓。

王立弓对指认他是杀人犯的讯问只表明两点：第一，其妻江延清死于火灾意外，他就是目击证人；第二，之前承认杀妻焚尸是被逼无奈，他现在的残腿就是最好的证据……

王立弓委托的辩护律师向检察院提交了一份非法证据排除申请，列举了公安人员采用非法手段获取本案口供的理由。他认为十二小时三班倒夜提是“熬鹰式”的非法审讯，剥夺了被审讯人的睡眠、健康权，在使其肉体及精神遭受极其痛苦的情况下作出的供述，内容难保客观真实，应当依法予以排除。展律师四两拨千斤，从挑战口供的非法性入手，一旦目的达到，这起大案的结果也就不言自明了。

面对这种情况，祝嘉别无选择地将王立弓案两次退回公安机关补充侦查。

可是半年多过去了，除了侦查人员调取到丰田4S店曾给王立弓开过一桶机油外带的证据有用以外，其他一无所获。

星州市检再次收到公安移送此案已经到了二零一三年。

这一年是省内检、法系统试行司法责任制改革的破冰之年，案件怎么处理基本上已由检察官说了算，处长及主管副检察长的案件审批程序暂时停止，待司法改革正式完成时再作存废终定。

祝嘉再次全案审查，经过综合考虑，决定将王立弓一案向星州市中级法院提起公诉。随着庭审时间临近，她在备庭梳理各项证据时，忽然觉得在案每一项证据都不太把牢，缺乏硬性证明他杀与谁杀的证据，有点儿公说公有理婆说婆有理的味道。因而对审判前景不免担忧起来，回到家里不仅吃东西不香，就连睡觉也绕不开案子，经常半夜醒了就睡不着，一直瞪眼到天亮。



祝嘉的书记员张帆看到师傅纠结的样子，开导她说与其一个人冥思苦想，不如找个高人指点指点，捅捅窗户纸，心里或许会亮堂一些。祝嘉觉得张帆说得在理，自嘲净往牛角尖里钻。之后，他俩讨论了眼下找什么人比较合适。张帆说："您不是曾经到省院实习给冀英当过书记员吗，我建议找他咨询咨询可能靠谱？"

祝嘉犹豫了一下，说："也行，我打电话跟他约一下，看明天中午能不能请他吃个饭，咱俩一块儿去，把问题想得充分一些。"

张帆说："没问题呀！有时候别看是同城，越是认为时间多得是，越是见面机会少，一来二去就生疏了。"

"你说得有道理……"祝嘉若有所思道。

次日，祝嘉带着张帆如约与冀英在省院楼下的一个小餐馆见面了。在说正事之前，祝嘉客套地问了问冀英妻子远纺和孩子的情况。冀英说远纺为他辞职以后，在一家大型私企做法务还算比较成功；儿子两岁多由奶奶看着，再过一年就上幼儿园了……之后，冀英问祝嘉怎么样？祝嘉说挺好的，也计划要个孩子呢……

张帆给祝嘉作书记员一年多了，在与师傅的交往中，他知道师傅已经离异很久了，可为什么却说自己“准备要孩子”呢，显然在有意遮掩什么？职业的敏感让张帆察觉到这里可能有秘密，但是说穿的事是绝对不会干的，这不符合当代大学生的性格。

祝嘉见张帆一脸不解的样子，话锋一转道：“今天请师傅吃饭是想请教一下手里的杀妻焚尸案。”

冀英问：“不是已经起诉了吗？”

“就快开庭了，有些证据情况让我不太踏实。”

“怎么个不踏实呀？”

“这个案子的证据是供、证印证型……”

冀英听完了祝嘉对王立弓案的事实证据介绍，略微迟疑了一下。他不想往消极的层面说，因为案子已经到了这份上，又不符合撤回起诉的条件，所以不利于控方的话于事无补，只能按积极的方向添油加柴，建言献策。在他心里，也就祝嘉来了才会这么视如己出的，换作旁人兴许就不会替对方考虑这么多了。

“既然来了那就说说我的想法。”冀英看着祝嘉说，“我认为，根据这起案件第一现场在自家，第二现场过火的情况，公安能把口供拿下来与死因、火因证据一致，基本证据体系还是齐备的。就目前庭审在即的情况看，公诉人要做的就是怎么将现有的证据固定确凿，在法庭上形成确信并排除合理怀疑，只有这样成案才有希望。通过你刚才的分析，这个案子的争议点有两个：死因及口供。前证是基础，后供是关键，二者缺一不可，必须夯实确认，否则难以完成指控任务。”

“我也知道庭审会围绕这两条主线展开，怎么做到争议的天平向控方倾斜，起到法官信我的效果，这方面您有什么具体建议给我吗？”

“这个吗？”冀英想了想道，“照理说这个时候对案件的具体应对其他人多说不宜，容易扰乱公诉人出庭计划，而且每个人办案有每个人的风格和特点，听多了反而影响自己的发挥。但话又说回来，兼听则明也是道理，既然你问到我，我就提点小建议供你参考。”

“那就先谢谢师傅啦！”

“谢倒不必，仅是建议而已。现在不是提倡贯彻新刑诉法吗？其中重要的一条就是证人出庭制度，把争议的问题拿到法庭上，当面锣对面鼓，审在法庭，定在法庭，实现庭审实质化这是大趋势。针对本案争议的两个事实，要想辨明真伪，都离不开证人和专门知识的人现身说法，比如被害人死因问题，可由主检法医出庭；口供合法性问题可由参与讯问的警察出庭。通过庭审交叉询问以直接、亲历得出的结论，总比控辩双方各说各话的效果要好，据此作出的裁判也更有说服力……”

“让警察和法医出庭，有两个现实问题：一是公安领导是否同意，二是效果会不会适得其反？”

“第一个问题好解决，请组织帮助协调；第二个问题就得由公诉人事先跟他们演练磨合了，毕竟隔行如隔山，但是只要功夫到，又有真实性为基础，应当不会出现反作用，除非他们心虚，经不起法庭检验。”

“真实性我还是有确信的，技术问题我再推演一下。如果这两方面的特殊证人能够顺利出庭，也算是检方在庭审中放大招了，确实应当比干巴巴的立论驳论强，至少他们当庭说要比我替他们说更有可信度，法官判断也更直接。这件事就这么定了，我明天就给领导打报告，请求协调公安派员出庭。”

“这就对了，公安没有理由不支持，因为涉及案件诉讼成败，公检大控方一荣俱荣，一损俱损，实在不行拿撤诉吓唬他们，一准灵验，哈哈……”

“还有一个小问题，辩方律师展教授是我的大学老师，人家还是博导，如果在法庭上针锋相对，唇齿相争，是不是存在不尊重的问题？”

“这个你大可不必担心。相声界有句俗语说得好，‘台上无大小，台下论规矩’。学生在庭上表现得越出色，越会赢得老师对手的赞赏，这才叫青出于蓝而胜于蓝呢。”

“‘胜于蓝’不敢当，展教授的水平和声望在司法界有目共睹，为这，我的压力挺大的。”

“这可不像你的性格呀？全省优秀公诉人和最佳辩手可不是浪得虚名的。我当过你的师傅和评委，对你的现场能力我绝对有信心，而且别忘了你的优势，你年轻，你怕谁呀？！”

“哈哈……您倒真会给我打气！”

“我还想强调一点，为了轻装上阵，不要把法官的裁判结果想得过多，终究诉、判不能代替，也不是一个法律权能。退一万步，就是一审判了无罪，不是还有二审呢吗？管他什么顶天的案子，在咱们检察官眼里，只要认为够诉，就要一往无前，能动履职，其他都不是我们考虑的问题。”

通过这次探师寻访，祝嘉仿佛又亲历了一次几年以前跟着师傅学办案的情景。她有这样一种感觉，每次听完冀老师的指导都会有一种新鲜、耐人回味的体验，而且随着时间的推移，这种感觉越来越深，甚至上升到了人格魅力层面……

# 16

有诉必有审。下半年星州市中级人民法院对王立弓涉嫌故意杀人、放火一案发布公告一审开庭。

开庭当天，法院加强了法庭内外的治安警力。大约容纳二百人的大法庭全部坐满了关注此案的旁听者，其中就有两位特别观众——冀英和舒唯艺。其余则多为被害人的同事及被告人的亲友，也有不少政法界同行和媒体记者现场观摩。



由于大律师展云奇是法学界的知名人物，又与优秀的公诉人祝嘉存在师生关系，故而在没开庭之前就有“师生法庭论剑，激辩真相短长”的网帖疯传，使这起舆情关注的杀人放火案一时间被“燃”到了沸点。

随着法官“啪”的一声敲槌，控辩双方旋即围绕“他杀与谁杀”的攻防战打响了。

公诉人祝嘉凭借程序上的先机和雄辩的口才，对案情综述从证明被害人死于扼颈他杀开始，她说：

“支持被害人江延清死于生前被扼、勒颈部，导致窒息而亡的核心证据是尸检所见的‘舌骨大角骨骨折’。根据法医学原理分析，在排除生理性舌骨骨折的极少前因下，一般为颈部遭受极强力扼压所致。经公诉人调取江延清生前体检记录证明，其不存在生理性舌骨骨折的既往病史。因此，江延清死于他杀是本案的唯一结论。关于“死后焚尸”的认定，已被在案尸检鉴定、毒物检验报告、现场勘查笔录、火灾原因认定书等多方面客观证据所证明，如：死者心血中未检测出一氧化碳；咽部无损伤和碳尘；尸体碳化不均及下方碳化物明显少于火源周边；等等，在法庭示证阶段已经一一列明不再重复。

“另外，任何人在遭遇火灾险情时，本能的反应是逃离火源地，越远越安全。反观本案，被害人家住三层，尸体却出现在了火源点半地下一层，非但不是远离，相反却是进入。且不说这个不到九平方米的密闭空间烈焰燃烧，活体根本无法进入，即便为了生存拼死相冲，也应当是下冲到一层通过单元门逃生，而没必要绕过逃生门不出，反而继续向下冲入火海寻死，岂不有违常识、常理。还有，通常被烧致死者的焦尸呈抱拳状，而现场尸体平展、仰卧，不具有被烧死的特征……

“综上，前述证明被害人死因及死后焚尸的证据齐备，不容置疑。足以证明被告人王立弓关于江延清死于火灾逃生的辩解是谎言。至于王立弓为什么会有意在被害人死因上造假，其中的动机和因果性不言而喻，在此提请法庭特别注意。

“以上是本案有犯罪事实发生的基础性意见，下面我就证明谁是凶手继续发表……”

“啪！”审判长用一记清脆的法槌声制止了祝嘉的发言，道：

“请公诉人等一下。鉴于证明他杀是本案的事实基础，为了强调控、辩意见的针对性，请辩方首先就这一事实发表辩护意见。”



祝嘉对审判长的打断颇感不悦，但仍表示尊重。

展云奇不愧是大律师，对审判长突如其来的点名稍显迟疑后，随即进入辩护“授课”模式。

“刚刚听完了公诉人就本案构成他杀的指控论证。控方试图从‘死因’和‘死后焚尸’两个方面八项具体证据，综合得出被害人江延清先被扼死，后被焚尸的结论。表面上看，这一轮的陈词堪称完美，甚至会得到大多数旁听者的认同。但是，作为专业的法律人本着尊重事实和维护当事人合法权利的立场与视角，对公诉人的观点不敢苟同。如果仅仅依据证据的数量优势、逻辑上的一般规律来判断客观事实，而不注重事物发生、发展的个别性和特殊性，以及具体的环境因素等，可能就会犯下以多代少，以形代实的错误，作出的判断就会出现漏洞或偏差，甚至正、误颠倒，铸成假案、错案……”

展律师口若悬河，洋洋洒洒地逐步进入具体辩护内容。单凭全程发言脱稿这一点就在形式上技压公诉人一筹。他接着说：

“首先，关于公诉人阐述的江延清生前遭扼颈窒息而死的根据‘舌骨大角骨骨折’问题。一般情况下，通过死者的伤情得出这一死因无可非议，因为人体舌骨非暴力扼压是不会形成骨折伤的。但是，结合本案过火灭火的特殊性或许就另当别论了。辩护人注意到公安机关调取的消防员灭火证言说道，‘在救火时曾用灭火钢叉翻动过现场，之后发现了尸体’。那么，是否存在这样一种可能：死者颈部的舌骨骨折是消防员使用灭火钢叉触碰打击造成的结果。因为尸体被烧严重碳化时任何触碰都有可能使其形态受损，更何况被救火重物钢叉翻动呢？因此，就像鉴定人依据舌骨骨折推出不排除被生前扼死的结论一样，同样依据这一征象，也可以得出不排除被救火钢叉翻动形成。只不过前者属于生前扼死，而后者却是死后形成，两因同果，在互不否定的前提下，公诉人认定被害人死于扼颈他杀，就显失结果的唯一性和公正性了。

“其次，关于‘死后焚尸’的第二项鉴定意见。公诉人以此论证本案成立他杀，依然令人质疑。我的理由是：如果把‘死后焚尸’与前面的‘扼死’两项结论联系起来看，在前因无疑义的前提下，可以作出焚尸为掩盖犯罪而为的解释。无论焚尸者本人犯罪，还是他人犯罪，都不能改变焚尸行为与前述犯罪的联系，先有杀人，后有焚尸，后行为当然可以作为支持他杀的证据。但提醒法庭注意的是，如果前面的扼颈杀人不成立，或者存疑的话，后面的焚尸掩盖性也就‘皮之不存毛将焉附’了。尤其在剔除被告人口供之外，没有任何证据证明放火是被告人所为，仅凭‘死后焚尸’推论，显然不能成为证明被害人死于他杀的补充证据。另外，从公诉人当庭列举的涉火证据看，不管是‘尸体心血中未检出一氧化碳’还是‘咽部无碳尘灼伤’，抑或‘尸源疑点、舌尖碳化、尸焦不均、尸体下方无杂物’等，所有证据都在指向被害人不符合生前被烧致死的特征。那么，能够证明被害人不是被烧致死，是否就意味着是被他人杀死的呢？对此，辩护人坚持否定意见。

“因为，在非烧致死与他杀之间并不是非此即彼的关系，而有另一种事实存在的可能，那就是：江延清与王立弓遇火灾逃生失散后，江延清一人在惊恐绝望中折返向楼下冲去，因高温浓烟的作用使其窒息、跌落、头部撞击等原因猝死当场，尸体倒栽在一层单元门内。经过半个多小时的烈焰烧尸，致尸体严重碳化，后被消防员救火时使用高压水枪将尸体冲入半地下火源点。从这一预判事实可见，被害人先在火中猝死，之后尸体被焚，其结果与尸检作出的‘死后焚尸’结论具有一致性。因此，依据同一结论，辩护人得出的此‘死后’与公诉人认定的彼‘死后’情况不同，性质截然相反，进而作出的事实及法律判断大相径庭。根据辩护人推导的事实，江延清死于火灾意外，没有犯罪事实发生，本案不具有刑事可罚性，起诉指控必然是错误的……”

“反对！”祝嘉实在听不下去了：

“辩护人用个人推断的事实代替案件发生的事实，完全是主观臆断，没有任何证据支持！这里是庄严的法庭，是摆事实讲证据的地方，不是杜撰讲故事的地方，请审判长对辩护人的发言予以制止！”

“辩护人，你刚才讲的被害人先猝死，后被焚尸的说法有什么证据吗？”审判长问。

“有！”展云奇显得很平静，似乎对这一波澜早在意料之中，他说，“不知公诉人是否注意到，在尸检鉴定中另有这样一段伤情描述‘尸体颅骨顶部凹陷骨折’。庭前，我咨询过相关法医，认为该伤情属于致命伤。对于这样一个足以致命的伤情，在尸检鉴定意见中并没有作出惯常的‘不排除钝性物体打击形成’的结论，而仅以‘舌骨大角骨骨折’为据，认定死者的死因是‘不排除扼、勒颈部导致机械性窒息死亡’。尽管这是法医专业问题，在证据不充分的情况下不予认定，辩护人没有异议。但对于公诉人而言，如果忽视这一具体情节，则足以引起辩方对死者真正死因的质疑。而刚刚辩护人提出的死者可能死于头部撞击的判断，就是在法医排除系遭生前打击的前提下，依据尸体颅骨顶部伤情结合当时的现场环境作出的，怎么能说没有证据支持？公诉人指责辩护人主观臆断的说法，可能倒犯了主观评价的毛病。”

展律师绵里藏针，在滴水不漏地回答法庭询问时，仍不忘对公诉人的适度回击。

“对于被害人死因问题控辩充分阐述了各自观点，法庭已经记录在案，请公诉人继续发表公诉意见！”

审判长有序地控制着庭审节奏。

“好的。”祝嘉嘴上回应着，心里却还在回味这一环节的得失。她暗自遗憾因为主检法医生病而未能如约出庭作证，否则庭审效果可能更利于己方一些。可是现在说什么都没用了，还是收拾好情绪投入下一场战斗吧。她看了一眼事先准备的材料，说：

“公诉人认为，第一，被害人先死于扼颈他杀，后被焚尸的证据是客观、科学和充分的，在成立他杀的前提下，认定王立弓是杀妻焚尸凶手的结论具有唯一性和排他性。因为案发前有证据证明与被害人江延清在同一居室居住的人只有王立弓，而其他人在火灾发生前入室杀害江延清，或者火灾发生后在烈焰中杀死江延清再拖到火源点都不具有时空条件和能力，因此是不可能实现的。就像甲乙同居一室，在第三人不能进入的情况下，甲被杀，乙就是凶手的推断一样，属于依照常识定律认定的事实，无须另行证明，这也是本案发生的时空条件所决定的。第二，证明谁杀，绕不过王立弓的认罪口供。尽管在王立弓共计 20 次的口供中，只有一次承认杀妻焚尸是他所为，但是次数少不代表真相不在里边。他所供述的时间、地点、起因、手段、结果以及焚尸灭迹的动机等，都与本案其他客观性证据相吻合，并能相互印证。另外，王立弓供述的使用放火助燃剂来源一节，也被公安人员根据他的供述，调取到他在 4S 店进行私家车保养时夹带购买了一桶机油的事实所证实，且与现场发现的机油品牌及成分相一致，足以证明王立弓的有罪供述内容客观、真实，可以成为定案的根据……”




“被告人王立弓，你对刚才公诉人发表的意见进行自我辩护！”审判长道。

“谢谢审判长，我认为这个案子的万恶之源是法医作出的江延清死因结论，这个尸检鉴定是错误的，其他认定谁是凶手也就跟着错了。我是现场目击证人，江延清不是死于先被他杀后被焚尸的，我愿意跟鉴定法医当庭对质。还有，公诉人说我的认罪口供与公安取得的证据吻合，能不吻合吗？我是被刑讯逼供才那样说的，不按照他们的意思说就打我，打得我皮开肉绽，我这条腿就是被他们电击致残变形的……”王立弓的现场卖惨立即赢得了一部分人的同情，旁听席有人交头接耳起来。

“请旁听席保持肃静！”审判长立即敲锤制止，随后让律师发表辩护意见。

展云奇抓住现场的有利氛围开始进行第二轮辩护，他先扫了一眼桌上的资料，然后脱稿说道：

“公诉人指控我的当事人是杀妻焚尸的凶手，根据有二：一是推定，二是口供。关于通过他杀，推定谁杀的方法，首先，从形式上缺乏合法性。因为从甲事实推导出乙事实的本质，应当属于英美法系的自由心证范畴，而我国刑事诉讼法秉承的原则是证据法定，所以单靠推定，没有证据，不能成为定案的依据。其次，公诉人推定的事实也不是司法解释规定的免证事项，因为定律公认的事实是没有争议的，比如煤是黑的，说白即为错。可是公诉人据以推定的前提是本案先构成他杀，而是否属于他杀？这一点在第一轮的法庭辩论中已经说明是存在严重分歧的，如果这个分歧的事实不能被认定，那么，推断谁是凶手的结论也就随之失去了前提。如此说来，公诉人刚刚发表的这轮指控实际上与第一轮讨论的内容无异，仍然是争议他杀问题，而不是证明谁杀。对于前述问题，我们仍然坚持阐述过的质疑意见，对此不再赘述。

“下面我重点谈一下公诉人提出的另一项指控证据——被告人的认罪口供。由于口供是控方证明王立弓杀妻焚尸的唯一证据，因此，这项证据的内容是否真实可靠，调取过程是否合法，应当是关乎本案罪与非罪的又一集中辩点。

“辩护人经过案前审查调查认为，公安人员以三班倒，连续夜审的方式获取的这份认罪口供，是在使被审讯人受到精神和肉体难以忍受的痛苦的情况下作出的，因此取证过程违法，应当予以排除。

“这一点从公安人员制作的讯问笔录起止时间，以及提审、还押手续中可以得到证实。辩护人提请法庭注意的是，在案共计二十堂口供，王立弓十九次不认罪，唯独在连续三个夜审，不让睡觉的情况下作出一次有罪供述，而当公安人员恢复正常审讯时，他就翻供了，口供又回到了否认犯罪的原点上，这是为什么？为此，我查阅了相关医学文件，说一个人一两天不睡觉的话，免疫系统、心脑血管系统及精神系统就会出现问题。如果连续三天不睡觉，就会出现精神妄想，行为失控。如果连续五天不睡觉，甚至可能出现死亡。因此答案出来了：警方三班倒车轮审，却让王立弓一人连续三天不睡，他的供述内容除了妄想编造以外，还有真实性可言吗？！”

“反对！”

“公诉人反对无效，辩护人继续说下去。”

“谢谢审判长。我大概知道公诉人想说什么，无非是说王立弓被每次夜提以后，早晨就被还押监室，他有一白天的睡觉时间。可事实上他白天睡得了吗？我查阅了监所规定，白天被监禁人只有午休一个小时可以躺着睡觉，其他时间只能坐着。而坐着休息可以，但躺下睡觉就违规了，就要受到相应的处罚。王立弓在这期间没违规过，证明他白天只睡了一个小时，晚上却要受到将近10小时的车轮夜审，这难道不算‘熬鹰审’吗？我还预想公诉人会说夜审不违法，可是‘两个证据规定’明确排除的‘难以忍受的痛苦’情形，本案的情况难道还不算痛苦吗？另外，警方利用被告人迫切求医治伤阻残的心理，以答应取保候审治病为前提换取认罪口供的手段，辩护人认为不仅违法，而且违德……”

展云奇连问带辩，如同小刀割肉一般，刀刀见血，整个旁听席似乎都被他带了节奏，又是一片窃窃私语。

“啪！”审判长再次敲击法槌道，“肃静！请公诉人进行答辩。”

祝嘉在展云奇辩护期间随手记了多个辩点，可真轮到发言的时候却有些不知道从哪儿说起了，手忙脚乱地在桌上找东西。同为检察官的冀英在台下看得真切，不自觉地也跟着手心冒汗，暗地里着急。但对于前一阶段的庭审效果他并没感到辩方是赢面，只是觉得公诉人还是太年轻，从气场上压不住博导辩护人，如此而已。舒唯艺也在换位思考，这个时候，如果公诉人是我该怎么办……




终于祝嘉转守为攻地问道：“请问辩护人，你刚才所说被告人的认罪口供是在缺觉、精神妄想的情况下编造的，那么，为什么他所供述的所有犯罪情节都与本案客观证据相吻合？包括放火助燃剂的来源，这可是公安人员事先并不掌握的事实，如果不是他亲手所为，他能编造得如此真实有据，天衣无缝吗？”

“这很好解释，”展云奇举手示意道，“一方面，先证后供，强行按图索骥；另一方面，失控妄想，让说什么说什么。对于现场发现的机油桶残骸，有材质，有商标，加上王立弓有私家车，问出他曾经买过一桶机油的事再简单不过了，能说明什么问题呢？谁都知道，人的血型就那么几种，偶尔对上了，也不能说结果就是唯一的。再有，从现今披露的所有冤假错案来看，哪一个没有当事人违心供述的与案情基本一致的事实呢？所以靠口供定案，尤其靠一次连续夜审熬出来的口供，是根本靠不住的，也是被法律所禁止的。为了进一步证明被告人口供取得的非法性，辩护人建议法庭，依法启动非法证据排除程序……”

展大律师越发收不住了，直接打出了程序牌。

审判长闻听此言，马上与左右两个审判员耳语后，决定恢复法庭调查，启动“排非”程序。

这下祝嘉的事前准备总算派上了用场，如果辩护人不提“排非”建议，警察出庭的戏码就没用了。为这她心里暗暗感谢冀英，要不是师傅指点，这个环节她又将无牌可打。

“公诉人，”审判长说，“你就王立弓被刑讯逼供的辩护人意见可以进行答辩。”

“好的。”祝嘉答道，“为了证明辩方的理由不能成立，公诉人申请由直接参与对王立弓讯问的三名警察出庭作证。”

审判长再次与身边两位审判员交换意见后，表示同意。

展云奇没想到公诉人竟然留了这么一手，早知如此他就不提“排非”了，哪知给控方创造了一次落实新刑诉法的表演机会。

首先出庭作证的是刑警队长葛海洋。他稳步地走到了证人席上，针对辩方提出警察使用暴力、欺骗、引诱等方法非法获取被告人口供的指责，镇定地应对道：

“第一，夜审不违法，法律没有明文禁止就是合法的。利用夜间安静环境提审犯罪嫌疑人是正常的侦查手段，只要严格掌握在12小时以内还押，我们的职务行为就无可非议。第二，单凭夜审形式不能成为所谓“熬鹰式”非法取证的依据。请法官注意，我们在夜提王立弓期间采取了单独关押措施，目的就是让他在白天得到充分休息，晚上提高接受审讯的效率和效果。辩护人所提警察夜审王立弓剥夺了他的睡眠权的说法，没有考虑这一特殊安排，因此缺乏事实根据。第三，关于辩护人提出骗取口供的问题。不可否认，我是答应过王立弓为他找医生治疗腿部烧伤，但绝不是以他违心供述作为交换条件的。由于狱医说王立弓的伤情属于整形科的医疗范围，不符合公安医院的接诊条件，因而没有批准我们对他送医的申请，这也是事实。第四，王立弓说被警察打得皮开肉绽的说法，我认为不值得一驳。道理很简单，他的腿伤根本不符合外部打击形成的特征，是典型的烧伤后遗症……”

审判长见辩方质询结束，追问公诉人对证人有什么补充发问的没有。

“没有了，我认为葛警官陈述的事实非常清楚，本案不存在刑讯逼供问题，请法庭明察。”祝嘉说完这话与葛海洋对视了一下，意思是对他的当庭表现很满意。

接下来就是郭鑫和梅岭两位探长出庭作证。由于葛海洋已经给他们打了样，这俩人要做的就是照葫芦画瓢而已，过程进行得也很顺利，无非是“没打，不可能，没做过”，等等，弄得辩方没招儿。

审判长随即宣布“排非”结束，由王立弓进行最后陈述……

# 四

# 他杀与谁杀

# 17

一个月以后，星州市中级法院以绝对不能出现错案为由，一审判决被告人王立弓犯故意杀人罪、放火罪证据不足，无罪。

宣判这天，王立弓在展云奇律师的陪同下，以无辜者的身份被当庭释放。他刚一走出法院大门的高台阶，立即被众多媒体记者团团围住。对于记者们的提问，展云奇临时充当起了王立弓的代言人，他在说明王立弓蒙冤遭到错捕、错诉的同时，不停地捋起王立弓的裤腿，指着黑紫弯曲的小腿说："看看吧，这就是被刑讯逼供的铁证，这是一起中国版的辛普森杀妻案……"

闻此，舆论一片哗然。

有报道称，王立弓案的一审判决充分体现了疑罪从无的法治精神。也有人追问：王立弓不是凶手，谁是？真相在哪儿？

按照法律规定，检察院对同级法院作出的一审判决不服，认为确有错误时可以向上一级法院提出抗诉，由上级检、法机关再次全面审查，依法作出的二审裁决才具有终局性并发生法律效力。因此不同案件的二审，既有因当事人上诉引起的，也包括检察院抗诉提出的，这在司法程序上被称为上诉审和抗诉审。

星州市检察院对王立弓一案的抗诉明显属于后者。

提抗之前，祝嘉在主管副检察长焦建国的带领下，向省检察院公诉处进行了一次例行案件请示。之所以说例行，是因为按照管辖规定，抗诉权由原审公诉机关行使。但是取得上级检察机关的认可又非常重要，否则，上下两院对抗诉事项没有达成共识，即使下级院提出了抗诉，上级院也可能依法建议同级法院撤回抗诉，这样的结果无疑等于抗了也白抗。

省内司法界出了一件“中国版的辛普森案”，搞得控方公、检系统领导相当紧张，毕竟这是新刑诉法实施以来出现的首例命案无罪判决，各方面影响都很大，而且网上还添油加醋地说，这是一起刑诉法的里程碑事件，因此不由得他们不重视。

省检察院副检察长柳长鸣接到焦建国的请示电话后，马上指示公诉处长麻鹏举做好会议安排，他届时亲自到会并要求公诉处全员参加，力争把这次案件请示会当成一次业务交流会，相互借鉴，汲取经验教训，达到提升办案理念和提高公诉能力的目的。

这一天，省院宽敞明亮的长方形会议室坐满了三十余位参会人员，除了星州市院来的五人以外，其余都是省院公诉处的全班人马及研究室部分人员。会议讨论的主题是，可否对法院作出的王立弓案无罪判决，提出二审抗诉。

副处长费通炫以主持人的身份说了几句开场白，随即进入案件汇报程序。祝嘉代表本院就该案的事实证据、起诉依据和抗诉理由作了综合系统的全面阐述。

之后，到了提问环节。

麻鹏举处长率先向祝嘉发问：“本案除了被告人口供以外，有没有证明犯罪是他所为的直接证据？”

“直接证据没有。这个案件的证据类型是……”祝嘉的话没说完就被麻鹏举打断了。

“别的我不听。既然没有直接证据，那么依靠间接证据能否认定是他干的？”

“依靠间接证据加口供相互印证……”

“你总是离不开口供，这就是问题所在。”麻鹏举说，“以往我们吃偏信口供的亏还少吗？多少错案就是这么形成的。现在最高法明确说‘宁错放，不错判’‘疑罪从无’。你既没有定案的直接证据，又没有间接证据形成链条，证据确实、充分的标准是怎么形成的？什么都没有，你凭什么说法院作出的无罪判决错误……”

现场的气氛骤然被麻鹏举的问题凝固了。他是省院处长又是刑诉法博士，不要说祝嘉一个普通承办人不好回辩什么，就连坐在一旁的焦建国副检察长也不便和他直接争论。本来院里出了无罪判决就有短处，到省院来就是寻求抗诉支持的，现在人家批你什么只能听着呗。

费通炫见状马上解围说："如果其他人没什么问的，就请大家各抒己见发表自己的观点吧。"

今天省院连同正副处长有发言权的十一位检察员及助检员都到齐了。不到一个小时大多数人员已经发言完毕，结论就像商量好了似的，清一色"不支持抗诉"。

冀英自从被免去副处长职务，早已习惯了当一名普通检察官的角色，虽然他仍然是正处级别，但每逢这样的会议总选一角就座，发言也是能少则少，从不与人争执。可今天的情形有些例外，一是会前祝嘉给他打了电话，恳请在会上得到师傅的支持。二是他实在看不惯前面发言人对案件处理的态度。对于这样一起涉及罪与非罪的争议案件，这些人前面说得天花乱坠，可绕到最后都成了一个腔调：抗诉不宜。

听话听音，冀英终于明白了，在这些人的意见中，或多或少地掺杂了不与麻处长发问观点形成对立的成分。这倒也是，在座个个都是职场察言观色的高手，有个账他们算得很精细，为讨论一起与自己无关的案子和领导唱反调，划不来。

"说说我的观点吧。"冀英见已经不能再拖了，清了清嗓子说。

"好呀，很想听听老冀实务专家的高论！"柳长鸣笑着插言道。

"谢谢柳检。谈不上什么高论，但却是我的真实想法。"冀英话里带话，暗含着对潜规则的批评。

"我的意见是支持星州市院对王立弓一案提出抗诉。理由有这么几点：第一，从必要性上看，王立弓在被害人死因上说谎，这个情节是无可争辩的，而且辩方当庭也没作出令人信服的解释，只是一味地质疑鉴定意见的准确性。我全程旁听了这起案件的庭审，从中得到的信息是，证明被害人死于他杀的证据由多项客观性证据组成，难道这些客观性的根据都错了吗？辩方仅凭王立弓的'意外烧死说'否定现有证据显然是站不住脚的。因为死因之争是本案能否成立的基石，按照常理分析，编造被害人死因的人，除了凶手就是帮凶，这与后面的焚尸行为是一脉相承的，都是为了掩盖前边的杀人行为。当然，要想证明谁杀仅凭推论还不行，推论属于确信的范畴，虽然很重要，关键还要靠证据。在被告人口供来源是否合法存在严重分歧的情况下，一审判决不是说定案证据不足吗，二审可以补充呀，这就是抗诉的必要性所在！如果没有抗诉，我们就失去了二审补证的机会，证据不足，不足以定案，无罪也成了唯一。相反，如果把诉讼走到底，结果仍然无罪，最起码我们完成了程序正义，否则就什么都没有了。”

冀英环顾了一下会场，见大家都忙着记什么，于是接着说：“第二，我想说的是本案抗诉的可行性。刚才听了一遍承办人的汇报，从证据法定及确实、充分的层面看，如果仅仅依靠现有证据把一审重来一遍，说实话即使提出抗诉也很难得到省高法的支持。我们需要做的是在一审的基础上对原有的争议缺陷进行有效地补充，以形成新的证据系统，使之更完善、排他性更强、更具有说服力。比如，对争议最大的被害人死因问题，我们既可以重新鉴定一次，也可以委托全国最权威的法医专家对在案《尸检鉴定》进行文证审查，如果不认同原有的“扼颈窒息和死后焚尸”结论，我们啥也不说撤回抗诉。如果意见同一，我们就请他们以专家证人的身份出席二审法庭，站在更高的视角把这个争议点说清楚，把我们的确信转化成法庭确信，以此为二审改判奠定好事实基础。又如，现场提取的‘一滴血’孤证，能不能再通过二审发现‘二滴或者三滴血’呢？我们完全可以带着省院自己的法医专家再勘查它一遍两遍，会不会有不同收获，还真说不准。另外，就是被害人顶部凹陷骨折的打击伤问题，是什么凶器能有这么大力道呢，仍然可以再查一查。至于救火钩能不能形成，也需要救火专家再论一论。总之，这些关键事实搞清楚了，是成是败也就没遗憾了，对被害人、被告人以及社会舆情都是个交代。第三，我再补充一点理念问题。虽然本案具有可抗性，但有效性并不容乐观。作为专业的法律工作者，二审不见得比一审高明，尤其在考虑被告人供述被排除的情况下，抗成更加渺茫，法院不支持反倒是大概率事件。面对这样的情形我们如何选择，是止步一审，还是迎难二审？我认为还需解决一个赢对、败错的理念问题。诉讼的本意就是讼争，特别像本案这种重大分歧案件，争一次不够换个层面和角度再争一遍，直到争出个子丑寅卯来，目的就是确保案件不冤不错经得起检验，这不就是设置两审终审的意义和价值吗？那么，既然是争议，就会有输赢。如果仅以结果论输赢、评对错、搞追究，不仅会限制我们的想象，也会一定程度地妨害对真相的追求。假如这个案子二审交我承办，我只能说尽职尽责而已。保赢不输的诉讼既不存在，也不现实，更不应当被秋后算账，否则谁还敢担当呢……”冀英用平缓的语气结束了自己的发言。

会场一片寂静，宛如余音绕梁，使听者沉浸其中。

“老冀说完啦？”费通炫向冀英示意后，说，“在麻处长和柳检说意见之前，我也说点儿自己的观点。”

“费处等一下，”柳长鸣摆手道，“我想先和老冀讨论一下，关于网传这是一起‘中国版的辛普森案’，还说是新刑诉法颁布后非法证据排除的第一案，对这个问题有什么看法？”

“我是这么认为的，”冀英回答说，“不可否认网上这种传言的确抓住了本案与辛案形式上的类似特征，比如两案都是杀妻案，都有非法证据排除问题，结果都被判了无罪，又都存在广泛的关注和影响。但是，外行看热闹，内行看门道，两个案子的本质区别还是明显的。仅就目前来说，王案是一审，在没有形成终审裁决的前提下，理论上无罪就可能存在变数。而辛案的无罪是终局性的，只有在生效裁决的基础上，讨论问题才有事实基础，否则一切言论都为时过早，不具有严谨性。假如王案二审改判有罪了，是不是就不叫‘中国版的辛普森案’了，那现在持这种说法的人又做何解释呢？再有关于非法证据排除问题，辛案在这方面具有硬伤性，而本案只属于争议性。辛案证据最具代表性的硬伤是，警方在现场提取的关键物证血袜中，检测出了法医添加在辛普森血样里的防腐剂成分，显见血袜上的血迹有人为造假嫌疑。加之警方收集的血手套物证与辛普森手掌大小不符，庭审试戴不进去，以及从辛普森家提取的杀人用刀具经检测没有血痕，等等，导致陪审团有理由认为辛案存在警方伪造证据，蓄意栽赃的合理性怀疑。更糟糕的是，按照美国法律中的‘面条里只能有一只臭虫’的规则，只要其中一项证据是非法取得的，其他所有证据都可能遭到质疑并不被法庭采信，最终陪审团一致表决认定辛普森案无罪。反观王案，辩方提出的公安夜审合法性问题，焦点不在于夜审而是白天是不是剥夺了被告人的休息睡眠权。如果白天不得睡觉事实成立，则夜审违法，取得的口供无效；相反如果白天被告人的休息权有保障，所得结果就不违法，夜审获取的口供就不应当被排除。在判定这一事实中，辩方抓住看守所监规中白天只容许在押人犯午睡一小时的规定，得出白天绝大部分时间被告人在监室内是处于不得睡眠的状态，否则就违规了。客观地说，这种推论在多犯人监室中是成立的，大家白天‘坐板’就你一人躺下睡觉肯定不行。可这是一般情形，对于本案被告人单独关押和连续夜提的特殊条件下，是不是白天仍然不许睡觉？这件事完全可以通过调取监所录像或者找民警了解予以查明，一审没做，二审可以补充嘛。总之这是争议问题，而不构成必须排除的条件。还有辩方对被害人死因的质疑，也是争议问题，前面已经说过了。因此，现阶段有人把王案与辛案相提并论，无论结果还是内容都大相径庭，其目的无非是想借人人皆知的辛案，炒作扬名罢了。当然，王案也有值得总结和汲取教训的地方，特别在严格办案程序方面意识性不强，再好的侦查手段和办案效果，因为有涉嫌违法取证的漏洞可钻，被人质疑就是理所当然的了……”



柳长鸣接话道：“看来老冀对辛普森案也有一定研究，对比王案找出其中的差异性，办案思路就更清晰了，不愧是实务专家呀！”



“您过奖了，只是个人粗浅认识而已。”冀英隔着多人向柳检示意了一下。

“那我接着说吧？”费通炫请示柳长鸣后说，“时间关系我只说结论不说理由了，我的意见也是同意抗诉……”

费通炫几年前因为冀英被免职顺势当上了副处长，此后一直唯麻鹏举处长马首是瞻，言听计从。最近他听到了一则小道消息，说星州市院的副检察长焦建国即将退休，麻鹏举有望提升顶替。按照官场的一般用人顺位，接下来的处长位置他补进也不是没可能，前提是必须得到柳长鸣的点头才有希望。因此这段时间他处处小心，有意在各方面做得让柳检满意。刚刚在柳检与冀英的对话中，他似乎揣摩到了领导有支持抗诉的意思，于是迅速改弦更张，把原来想好的否抗变成了支抗。

轮到麻鹏举发言就没那么多顾忌了，他信马由缰，想怎么说就这么说：

“我的观点是比较明确的，在本案没有新的事实证据的情况下，不同意星州市院提出抗诉。具体理由刚才大家说得很充分了，我不再重复，只作几点简要的补充。第一，我以为检察官办案不应当充当原告人的角色，这与法律赋予的客观公正立场不符。我们作为宪法规定的法律监督机关，除了代表国家专享指控犯罪职权以外，确保非犯罪人免受不当追究也是不可或缺的职责义务。从近年来全国纠正的一批冤错案件看，检察机关偏重打击过多，强调保护较少，是造成案件质量不保的根本原因。就说这个案子，我们控方宁愿相信具有不确定性的尸检鉴定，也不愿意相信被告人的亲历性和目击性。究其原因，还是一个立场问题，是错误地站在了民事中的原告立场看问题，一经起诉，必求诉胜，法院判了无罪就不能接受，就要抗诉……”

麻鹏举似乎找到了感觉，接着道：“第二，我们应当摒弃重实体，轻程序的司法理念。这一点虽然与老冀强调的程序正义异曲同工，但又侧重点不同。实际上，案件的客观真实在没有程序公正的保障下，往往是靠不住的。我们不能用自由心证制代替证据法定制，现代刑事诉讼制度的精髓之所以是程序正义而不是实体正义，宣告的就是人具有不可靠性这一特点。司法公正必须靠制度和严谨的程序步骤来实现，这才是现代法治精神。本案中警方在获取被告人口供过程中，采取连续三个夜审和以就医治病换取认罪口供的做法，不仅对被告人有肉体摧残，也有精神生理上的折磨，这种做法明显违反了相关法律规定，是有失程序正义的。尽管它与辛普森案在违法取证上够不上一个量级，但在我看来并没有本质的区别，都是‘毒树之果’，依法排除没什么可商量的。有人说警方的初衷并不是有意陷害被告人，而是为了追求案件的客观真实，是因真相而为。那辛普森案的警官就一定是有意陷害吗？不一定，可能犯罪事实就在里面，那又如何呢？由于你的职务行为失去了公正，带来的就是失去信任与真实，结果只能是无罪裁决。在这儿我还想举一个发生在香港的案例，主要情节是一名办案警官，为将一个屡次脱罪的强奸杀人犯绳之以法，不得已在证据不足的情况下，将证物室中扣押的一块嫌犯的手表秘密取出，再将该手表与女被害人尸体接触后放回原处。后经法医鉴定发现送检的嫌犯手表上有被害人的DNA，庭审中该物证成了证明嫌犯构成犯罪的关键证据。可在法庭没有下判之前，警官伪造证据的行为东窗事发，结果是警官被判入狱，凶手却重获自由。通过这个案例也说明，程序正义一旦缺失，真相就会变得一文不值。我是学程序法的，我坚信这一点……”

麻鹏举说是做几点简要补充，结果一说起来就刹不住了，足足讲了有三十多分钟，眼看已经接近中午十二点了，柳长鸣只好用看墙上挂钟的方法示意他把握时间，这才使他的发言被及时打住。

费通炫请柳检做最后指示。

柳长鸣先对焦建国耳语了几句，说："我认为这次案件研讨会开得很有质量，抗与不抗两方面意见论证得都很充分，无论是理论方面还是实践角度，分析得都很有深度、有精度，起到了业务学习交流的作用，我本人也从中受益匪浅。我建议以后这种业务会由省院公诉处定一个计划，每两周定期开一次，把省内一些疑难复杂案件拿来会诊研究，群策群力，启发借鉴，达到提升公诉办案能力水平的目的，只要有时间我也参加。关于案件处理问题，考虑到这是一起舆情关注的重大争议案件，目前并没有得出一方否定另一方的结论，即使一审判决无罪仍然没有改变这一局面，今天研讨会上的两种对立意见就是一个例证。我注意到以老冀为主的支抗派和以麻处长为主的否抗派，都同时提到了秉持程序正义的观点，这很好，我也认同，体现了现代刑诉的前沿理念，只有用程序保障实体作出的判断才可靠，才能服众息诉，定分止争。具体怎么办呢？按老冀的说法是把二审程序走完，通过进一步补强证据，以终局裁判结果实现司法正义。而按麻处长的意思是，警方办案程序涉嫌违法，在排除口供真实的前提下，无罪判决就是无可争议的，没必要再将诉讼列车启动前行，止于一审是最好的程序正义体现。对此，我本人认为两种意见都有一定的道理和法理支持，但如何恰当解决问题，除了分析从不同视角的个人认识以外，还要看看有关规定精神。最近，最高人民检察院颁发的检察官办案指导意见不知道大家都学了没有，其中总则中明确规定：'健全事实认定符合客观真相，办案结果符合实体公正，办案过程符合程序公正的法律制度。'这里面提到的'一个真相和两个公正'包括了事实、结果和过程三个方面，缺一不可，不能偏废。在这一点上老冀的观点比较贴合最高检的要求，强调的是用完整的程序保障实体真实，最终体现司法正义。当然了，这只是一种诉求，结果可以在所不论。我们不能将检察诉权与法院判权相混淆，相代替，那就不是法治了。只要我们做好自己的事，尽到应尽的责就好了。

"另外，我建议这个案子抗过来以后，交给主抗派来担纲二审检察官，这样安排更顺畅，也有利于办案人员能动性的发挥。如果让否抗派的人上，我相信也会无条件服从，但在主观能动性上可能比较拧巴。在人员配备上，我考虑就指定老冀主办吧，由助检员舒唯艺协助，老带新组合，全力以赴，争取把不利的舆情局面扭过来。我记得老冀在一次授课的时候说过这么一句话，叫‘发现是刑事诉讼的灵魂’，我非常认同这个说法，尤其在二审案件办理中，有发现的二审才是延审，没有发现的二审只是复审。不是还有一句话吗——‘时间是真相的最好见证者’，我相信随着本案的诉讼延续，有所发现应当是可期的。当真相浮出水面的那一刻，判决才是真正的公正……”

柳长鸣一锤定音，对王立弓案支持抗诉。

# 18

二零一三年末，省高级法院转来了王立弓一案的全部卷宗材料，那是冀英第一次接办此案。

为了吃透案情，冀英、舒唯艺和书记员冬煜闭门谢客，静心交叉阅卷了两周，把全案材料无死角地审了一遍。

舒唯艺率先看完了案卷，隔着工位对冀英说:“这个案子的主要问题就是除了口供，没有一个能证明杀人放火是王立弓所为的证据。证明被害人死因的证据倒是还行，也能佐证王立弓在这件事上有说谎情节，可是通过说谎推定王立弓是凶手不充分，口供又存在程序违法的质疑，所以抗诉不容乐观……”

冀英说:“难怪远纺说你的脾气实际上比她还急，先别沉不住气。不是有诗云‘无限风光在险峰’吗？不难不险咱们还不办呢！柳检说过结果不论，咱们就只管大胆办就是了，大不了维持原判呗，有我呢，甭怕？”

“怕是不怕，就是有点儿麻烦。”

“其实你说的这个问题，那天咱们旁听的时候就已经很清楚了，证明‘谁杀’靠口供。公安知道没口供不行，攒足了劲把口供拿下来了，证据链也形成了，就是没把后面可能翻供的事想周全，做到位，结果白瞎了。”

“您在会上说公安夜审没错，关键要把他白天可以睡觉的事向民警交代好，留下证据，这样就能应对疲劳审讯的争议了，口供也就合法了？”

“是这个意思，这就叫千里之堤，毁于蚁穴。假如这个案子二审维持无罪，弄不好葛海洋他们还会被追责，跟我那事一样，抓住你的办案瑕疵往死里整……”

“好在公安还留了一个单独看押的心眼儿，尽管主要是为了防备多人看押的监室互相串供影响审讯效果，但毕竟这是个特殊性，存在被看押人白天破例睡觉的可能。那就按您在会上说的，先查查看守所的监室录像呗？”

“这是必需的。”

“既然这样，今天咱们就去？这些天看卷看得脑袋疼。”

“好，听你的。”

说罢，冀英、舒唯艺和冬煜放下手里的活儿，驾车去了省看守所。

按照惯例，他们到了省看守所还是先找“内线”，有省院驻看守所检察室人员的协助啥事儿就都好办了。

冀英向驻所室主任赵刚说明了来意。老赵非常热情，寒暄了几句就带他们去了看守所的中控室。中控室人员听说要调王立弓的监室录像，刚想帮着找，一看提供的时期是二零一一年七月的，马上摇头说监控录像只保存两年，要找的录像已经过期被自动覆盖了。冀英等人听了很是失望，后悔来晚了一步。没办法只好退而求其次，提出要找当年负责王立弓监室的民警问问情况。还真凑巧，旁边一位年轻力壮的警员正是登记簿上记载的提押王立弓的民警王斌。他回忆说，王立弓这个名字不熟悉，可一提“瘸子”地球人都知道，因为当时这个人犯的腿部烧伤得很特殊，小腿几乎向外弯曲成了C形，所以人送外号“瘸子”。

冀英指着二零一一年七月二、三、四号的提审记录对王斌说：“你看这上面记得很清楚，这三天都是公安晚上七点多把王立弓提走的，还押时间都是次日凌晨六点前后。我们想了解一下王立弓被夜审回来以后，白天能不能睡觉？”

“您问的这个问题我还真有印象，”王斌回答说，“一是这个‘瘸子’的情况特殊；二是他被单独关押；三是连续夜提这么多年没有过，因此我记得比较清楚。第一天夜提送回来的时候和往常一样白天坐板、吃饭、中午睡一小时。第二天回来的时候，他向我提出能不能白天躺着睡会儿觉，要不然夜里总犯困，没法交代问题。我一想他是个伤号，夜审肯定睡不了觉，就让他白天补补吧，反正监室就他一个人不影响旁人，于是我就同意了……”

这样的答复结果让三人一扫刚刚没有获得监控证据的沮丧。有些时候就是这样，东方不亮西方亮，只要认准一件事坚持做下去，没准想要的东西就在前面的拐弯处。而且初战小捷也使冀英对王案的抗诉前景又暗自增加了一份信心，不过他并没有说出来。

舒唯艺趁着冬煜让王斌看笔录的档口，补充问了王斌一句："开庭的时候能不能以警察证人的身份出庭作证，把刚才说过的话到法庭上陈述一遍？"王斌回答得倒也干脆，只要局领导同意，他没问题。随后在笔录上签了字。

冀英办案组一行告别了老赵。在返程途中，冀英夸舒唯艺补问的那句话很重要，在目前以审判为中心的改革背景下，证人出庭、现场直播等形式将会成为常态化。这种当面直接的庭审感受或许比阅读纸面材料更有真实感，以此作出的判断也就更准确，更能保障案件质量。

舒唯艺说："我倒觉得未必，也许形式大于内容。有些关键证人让他在庭下背着当事人倒能说实情，一旦到了法庭上反而不说了。这是我国人情社会的特殊性决定的，只要不关自己的事，能不得罪人就不得罪人，免得招来额外的麻烦。再说目前只强调证人出庭，可对证人的相关保护措施却没有，您说这样的制度能持续吗？"




"你说得也不是没有道理。"冀英若有所思道。

"我今天之所以对王斌说出庭的事，因为他是警察，只要组织指派，他出庭并如实作证都不是问题，可是普通老百姓就难说了。还有一点，警察出庭相对容易，但作证的证明力和可信度却并不比一般证人高。就拿王案一审来说，祝嘉不是也请来了警察出庭吗，结果怎样？证人说自己没刑讯逼供，法官不信呀？这么大案子的认罪口供，说不认就不认了，直接判了无罪。"

"是啊，靠口供定案到什么时候都有风险，这一点麻处长说得没错。"冀英说，"最近外省有这么一起案例：一对婚外情男女在男子家过夜，结果男子死于刀杀。事后女子被抓，曾多次供认因感情争执失手杀人。一审开庭后，法官考虑杀人凶器未起获等疑点，以不能排除他人作案为由判决该女子无罪。原审检察院同样提出了抗诉，没想到在二审期间真凶落网，是一入室盗窃犯所为。警方从这名盗窃犯的摩托车工具箱内起获了杀人用尖刀一把，后经鉴定，尖刀上的血迹与被害男子一致。真相大白时，自供犯罪的女子说，现场就他两人，说不是自己干的警察不信，既然爱人已去就随他一块儿去吧……"

"自供冤情，还真有这事？"舒唯艺震惊道，"太可怕了！"

冀英继续说："口供这东西很特别，如果是真情流露它就最具客观性，因为只有口供者本人知道自己干了什么或者没干什么；同时口供又最具不稳定性，只要是人的意思表示就会受到各种因素的影响，说出来的话可能随时因利益的驱使而改变。因此，轻信口供就会上当，必须假以其他证据印证才行。所以，眼下我们要做的就是在固定原有证据的基础上，努力寻找口供以外的其他证据。”

“找其他证据？公安对这案子侦查了一年多，加上一审两次退补总共将近两年，仍然是除了口供没有任何证据。您不也说，这是隐蔽性犯罪的特征，咱们上哪儿再找新证据去呀？”

“这个问题我一直在思考，公安可能存在侦查疏漏的原因，一是过度相信口供；二是过度相信鉴定意见。由于攻下了王立弓的认罪口供，而失去了进一步挖潜的动力。因为受尸检鉴定证明被害人遭扼颈窒息一种死因的束缚，所以形成这种死因不会留下过多现场物证的定式，再加上自家犯罪的特殊性，结果就是现在的证据状况喽。”

“如果公安确实存在侦查漏项，那我们二审就有补漏的可能了？”

“其实这很正常，况且仅仅是一种分析。一切要等我们做完了才能下结论。”

“那您说我们从哪儿补漏呢？”

“我考虑就从被害人头部的凹陷性骨折成因做起。她这种伤情形成的原因可能存在两种情况：一种是被害人生前遭他人持钝性物体打击形成，而且打击力度很大；另一种就像辩护人在法庭上所说的，是死者尸体过火以后，被灭火器具触碰形成。如果是第一种情况，那就存在现场遗留其他血痕的可能，而公安从他家门厅鞋柜上提取的‘一滴血’似乎就是一个提示……”

“哦，‘排除一切不可能，剩下的再荒唐，但却是真相’这是福尔摩斯说的，哈哈……”

“对，等我们把一切不可能都排除殆尽了，真相就会浮出水面的。”

“那我知道下一步应当怎么做了！”

“怎么做呀？”冬煜半天没说话了，急着问道。

“大凡证据问题，只有现场有答案，去现场呗！”

“对，向现场要答案。虽然这个案子事发两年多了，而且可能被清理过，但是，只要它是犯罪现场，就总能留下蛛丝马迹，这是世界的物质性决定的。”

“用哲学原理指导办案？”

“哲学是聪明学嘛，哈哈哈！”

经过一番讨论，三人决定找证据工作就从复勘王立弓一案杀人、焚尸的两个现场做起。

去之前，冀英打算再邀上一个人，这个人就是省院技术处的法医汪鑫泉。

汪鑫泉比冀英还大两三岁，虽然年近五十岁却仍然活跃在法医实践一线。

几年前，他们二人同一批被授予了省检察业务专家称号，加上多年来的业务合作关系，冀英每逢遇到案中疑难复杂问题，总在第一时间找汪鑫泉寻医问诊，解疑释惑。

说到本省检察法医的业务现状，不免让人觉得有些尴尬。既没有单独的司法鉴定资质，也没有必备的实验设施，更没有三名以上法医团队，根本不具备开展司法鉴定的条件，只能做一些对已有鉴定意见的文证审查工作。

汪鑫泉原本是山西医科大学法医专业的副教授，十年前为了解决夫妻两地分居问题，不得已辞教入检，做了一名检察法医。他一来到省院，原先仅有的一名法医立马跳槽辞职了，直到今年从某医科大学分来了一名研究生，才结束了省院长期只有一名法医的局面。尽管这样，汪法医耐得住寂寞，凭借一人一枪的装备，硬是撑下了文检业务的一片天。由于汪法医的加入，检察官们才得以发现并纠正了多起错定案件，堵住了因法医鉴定有误形成的裁判漏洞，取得了显著的法律监督成果。在此期间，他不仅荣获了法医专家称号，还在权威期刊上发表了二十多篇学术论文和一部个人专著，成了全省知名的法医专家级人才。

舒唯艺早听说过汪鑫泉“法医神探”的美名，只是一直没机会当面与他交流合作。这次一听冀英要邀他参加王案的现场勘查，立马放下手里的活儿跟着去了技术处。

冀英敲开了汪鑫泉的办公室。汪法医一看是老冀，喜出望外地把他们迎了进来。

“欢迎，欢迎呀！”汪鑫泉用拿着花镜的手指了指办公桌前的两把椅子，连说，“请坐，请坐！”

“汪大法医又忙什么大案呢，我们来不打扰吧？”冀英坐下说。

“哪儿的话呢，你不来打扰我，我还要去打扰你呢！”汪鑫泉道。

“是吗，看来我们今天是来对了？”

“不是对，是求之不得。而且我猜得没错的话，你们应当是为这个案子来的。”汪法医说着把桌上的几张照片和一份尸检鉴定复印件递给了冀英。

冀英一看是王立弓案的材料，觉得有些纳闷。舒唯艺也不解地问：“谁委托您检验这个案子呀？”

“噢，没人委托，只是帮着看看。”汪鑫泉答。

“这个案子二审在我们这儿，您这是帮谁看呢？”冀英一脸疑惑。

“是这样，省公安厅刑事科学检验鉴定中心的水明启法医曾经是我的学生，也是死者江延清的主检法医。这个案子的被告人不是一审判无罪了吗，据说主要争议点之一就是尸检鉴定作出的‘扼颈他杀和死后焚尸’两项结论。现在水法医的压力挺大，就私下找我给看看这份鉴定有没有不严谨的地方。我还听他说这个案子的抗诉是由你冀英检察官承办的，所以你们今天一来，我就猜到是为了这个案子。”

“也对，这个案子被炒得沸沸扬扬，又涉及法医鉴定问题，不为这为啥呀？怎么样，看出什么问题了吗？”

“目前还没看出什么，光有鉴定文书和现场照片信息量太少，我需要看原件……”

“明白了，汪法医这是要向我们借卷宗吧？没问题，我不但会提供，而且还要给你出一份正式的委托书，让你成为这个案子的合法审查主体，你看怎么样？”

“好，好！这样我们又可以合作一把了。”

“那是必须的！不过今天来不仅是为文证审查的事，还想邀你参加我们的现场勘查呢？”

“没问题，没问题！这就更有助于死因鉴定的判断了。什么时候出发你通知我。”

“太好了。我们先做一些前期准备工作，等定好时间我给你打电话。”

“好的，我等你电话……”

几天以后，冀英办案组加汪鑫泉一行四人同乘一辆警车，向着王立弓的住所地出发。一路上，冀英向汪法医简要介绍了王案始末，然后问道，“你对尸检鉴定有何感想？”

“两点。一是从鉴定意见说，不排除死者生前被扼、勒颈致死，立论有一定证据支持，但驳论欠充分，导致论据存疑。二是从非鉴定意见说，顶部凹陷骨折伤也可由钝器打击形成，但无相关物证支持，导致第二死因未表述。我认为第一点是论证问题，第二点是补证问题。”汪鑫泉答。

“所以咱们复勘的重点应当在第二点补证上。”冀英说。

“没错。虽然渺茫，但从深夜案发到火被扑灭，仅仅四五个小时的区间看，也许存在来不及转移或者没被灭失的相关证据，那个‘一滴血’不就是个说明嘛，只要判断方向正确，就可能还有机会。”

“我也是这么想的，如果再加一条，那就是运气。”

“想不到，你冀检察官办案不仅凭技能，还靠运气？”

“准确地说是天机……”

## 19

检察警车停在了王立弓家所在的小区楼下。

当地派出所的一位民警和居委会主任按照事先通知，作为现场勘查的见证人已经在此等候了。

冀英等人下车与两位见证人相互进行了自我介绍。居委会主任问冀英，听说王立弓被法院判了无罪，那他怎么还没回家住呀？冀英说，因为检察院抗诉这个案子已经进入二审了，所以他的案子还没完，得等到二审结束，如果仍然判他无罪，他才是真没事了呢。据我们所知，王立弓被取保候审以后就住到他女朋友家了。今天是检察院对他家进行再次搜查，根据工作需要，有民警和您这位见证人在场，我们就不通知他了。随后大家来到了王立弓家的一单元 301 号。冀英见房门上公安机关粘贴的封条还在，刚要伸手去揭就被一旁的汪鑫泉拦住了。汪法医戴上手套，拿出放大镜对封条仔细观察了一会儿，确认没有被启封过的痕迹才示意摘下来。

冬煜拿出从证物室借出的王家门钥匙打开了房门，引导大家穿上鞋套，入室勘查。

根据冀英与汪鑫泉商量好的分工安排，由冀英和舒唯艺一组重点搜寻致被害人头部骨折的物证。汪鑫泉则带小冬深度勘查“一滴血”以外的其他可能留痕，以补强这一物证与案发现场的关联性。对于这两项工作目标，因为公安技术人员已勘查过多次，所以他们能否有所发现谁心里都没谱儿。

随着时间的推移，眼见到了中午。冀英与舒唯艺把不足七十平方米的两居室上上下下、里里外外地看了几遍，该翻的地方翻了，该找的地方找了，仍然没任何斩获，这让舒唯艺很失望，对着冀英直发牢骚：“您不是说只要是现场就会留下痕迹吗，看来这次预判要失准了？”

冀英刚要说什么，突然一股强劲的寒风顺着门厅西侧的窗洞吹了进来，“啪！”的一声，把窗框上仅存的一角玻璃打碎在地，空剩下一扇窗框不停地摇摆晃动着。他欲言又止地走到窗前，若有所思地把头从空窗探了出去，见窗外下面是一条校区宿舍的内部道路，一侧是宿舍楼，另一侧紧邻操场隔离护网，之间有一条十来米宽的柏油路，阳光透过树上的枝叶照得路面黝黑发亮。看得出这条校园小路铺设的时间并不太长。

“你看这是不是个痕迹？”冀英收回身子指着那扇破窗说。

舒唯艺看了一眼说：“据说案发当晚风特别大，刮碎一扇玻璃窗很常见，这能算什么痕迹呀？”

“痕迹有时就像对外透露的一种信息，只有对能读懂它、破解它的人，才能称为痕迹，才能顺着痕迹的指引找到你所要的东西。比如这扇窗，它是因为什么破碎的，破碎以后发生了什么？会不会提示我们这样的思考：第一除了你刚说的风刮所致以外，有没有人为打斗形成的可能；第二有没有利用破窗向外抛物转移的可能？如果确有打击被害人头部的钝器存在，凶手在亟待移尸灭迹的紧迫条件下，把凶器带出去藏匿的可能性不大，而遗留室内又藏不住，只有这种高空转移……”冀英用手向窗外做了一个扔东西的动作，“这不就完成吗？”

“您可真会想象。”舒唯艺指着窗外下面的柏油路说，“如果这是一条流淌的小河，您这个破窗抛物的假设也许是成立的。可这是一条柏油路，扔出的东西很容易被发现的。”

“这点我刚也考虑了，从现在看，这条光滑的柏油路面的确不具备抛物藏东西的条件，但是如果当时是一条正在挖开的沟壑，那往里面扔个东西与砖头瓦块混在一起就很难被发现了，而且一旦被填沟覆盖就一劳永逸地消失了。”冀英再次伸出头看着下面说，“我还注意到，这条路的两边是旧柏油，只有中间部分是新柏油，说明很可能是挖开又重铺的。”

“哈哈哈！您的推理倒是成立，但这需要修路的时间证据，以及人家让不让您挖？”舒唯艺忍不住地笑出了声。

冀英也笑了，说：“让不让挖先放一边，关键是先看有没有前提，反正从案发到现在也不过才两年，好查。”

“好查，但难办。不过您是谁呀，让死刑犯在看守所查账的事都敢干，其他还有什么不敢想、不敢干的？想象是发现的灵魂嘛，符合您的性格！哈哈……”舒唯艺又是一阵爽朗的笑声。

再说汪鑫泉这边，工作了一个上午，直接收获虽不明显，但间接收获要比冀英他们强。只见冬煜手里提着一个大号塑料袋，里面装的是汪法医从卧室大衣柜里提取的一件王立弓外衣。另外在冬煜的笔录夹中还夹有一张江延清购买鞋柜的发票。冀英过来要问什么，汪法医示意一会儿回去再说。之后，冀英又带队下楼来到王立弓家一层半地下的火源地进行第二现场勘查。这间不到九平方米的公用杂物间在过火后进行了重新修缮，大家只能通过目测对这里曾经发生的场景自我感观。冀英见已无再查必要，于是宣布两个现场复勘结束。

在返回省院的路上，冀英驾车对坐在副驾驶位置的汪鑫泉说：“看你这边的架势好像还有点发现，我那边可是一无所获啊！”

舒唯艺坐在后排插话道：“您这边也不能算没有任何收获，至少理论上有，而且可能还不小呢？”

“理论归理论，咱们还是先听听汪大法医说点现实的吧？”

“我这儿也不一定就是现实的，至于是什么有待后续检验才行。”汪鑫泉边回答边问冀英，“你最近这两天有什么安排吗？咱俩得去一趟北京公安部二所，对我提取的这件王立弓的外衣进行一下痕迹检验”。

“是什么呀，咱们省院还做不了吗？”

“一个针尖大小的疑似喷溅血点儿，不能肯定，痕迹太微小了，咱们自己一做很可能就做没了。”

“噢，这很重要呀！我陪你去，时间你定。”冀英从汪鑫泉的话中似乎察觉到一丝发现的光亮。

“那好吧，我先联系一下北京的老师，定好时间我再通知你。”

“没问题，今天咱们就先不谈工作了，休息一下，休息一下！”冀英学着动画片中一休的语调说。

“我要求和你们一块儿去趟北京，一是工作需要，二是顺便给我们家小不点儿带点儿什么。”舒唯艺向前探着身子说。

“还有我呢，联络、拿东西的活儿不能让三位老师干呀。”冬煜也要去。

“好好好！一个团队都去，第一时间分享鉴定结果。”冀英当即表示同意。

“老冀，你这是给我压力呀！万一鉴定结果不对不是让年轻人笑话吗？”汪鑫泉心有余悸地说。

“这您就想多了，年轻人怎么能笑话您呢？咱们现在是一个办案整体，任何成功或失败都是共享的，这就叫共进退。还有一点你不觉得吗，如果没有她们的激励，咱们哪儿来这么大动力呢！哈哈……”冀英把车上的人都说笑了。

过了一周，冀英办案团队四人驾车去了北京。

一路上聊着聊着就说到办案上了。

汪鑫泉对冀英说：“这次咱们进京送检的目的，一要看检材是否具备检验条件，二要看检验结果是否为人血，三才是与被害人DNA比对，四是血迹形态分析。可以说每一项都至关重要，成则与定案有帮助，败则只是一个工作过程，说什么都没有意义了。”



“也不能说过程就没有意义，不是有那么一句话‘过程是结果的前提’，只要过程对，我相信结果准没错！”冀英打趣说。

“对呀，对呀！目的地是很重要，但也别忘了领略沿途的风景啊！再说了，就凭您汪法医能从那么细小隐蔽的地方有所发现，这本身就是一种意义，一种不放过任何蛛丝马迹，能动探寻真相的意义……”舒唯艺附和着冀英说。

“哈哈哈，听年轻人这么一说我还真有点儿受激励了！但愿咱们既能欣赏沿途美景，又能到达所预期的彼岸吧！”汪鑫泉释然了许多。

“嘿嘿嘿，这就对喽！”

上午十一点前后，冀英一行抵达了要去的这家颇具神秘色彩的公安部物证鉴定中心。这家鉴定中心是在公安部第二研究所的基础上设立的，很多老人都习惯地称其“二所”。现在这个机构虽然是公安部直属的犯罪调查实验室和实战实体部门，承担着各类重大疑难案件的物证检验鉴定职能，对外却不属于承揽司法鉴定业务的挂牌机构。“二所”不仅拥有一流尖端的硬件设备，更有一大批全国知名专家操刀牛耳，堪称我国刑事科学领域中的“梦之队”。

汪鑫泉几乎每年都到这儿来几次，进行鉴定业务求助，对这里的部门机构和办事流程门儿清。

警车一停，汪鑫泉带着大家就直奔鉴定中心二楼的痕迹检验研究室。在等待冬煜与痕检室内勤办完委托鉴定手续的当口，痕检室主任翁宇教授带着几个研究生从里面走了出来。

汪鑫泉赶忙迎上去，毕恭毕敬地用双手握住翁宇的手说："翁教授您好，我又来麻烦您了！"

翁宇教授年近七旬，是全国痕检系统的知名专家。两年前轰动全国的复旦大学林某投毒案就是他担纲的主检法医师。同时，翁教授还是汪鑫泉在校时的硕士研究生导师，因此二人关系很熟。

翁教授热情地握着汪鑫泉的手说："干吗每次来都这么客气呀！身边还带着这么多检察官，一定又在办什么大案了？"说完又挨个跟冀英、舒唯艺和冬煜都握了手。

"有个大学教授杀妻焚尸案不知道您听说过没有，一审因为证据不足被判无罪了，现在检察院抗诉阶段，他们三位就是这个案件的二审承办检察官。"汪鑫泉一边介绍冀英他们，一边又说，"昨天我和他们一起复勘了现场，这是我从被告人家的衣柜里提取到的一件外衣，有所发现，但拿不准是否具备检验条件。"

汪鑫泉说着戴上手套从冬煜拿着的证物袋中取出了那件待检衣物，将其展放在证物桌上。

翁教授和他身后的学生都围拢过来，查看着这件浅豆青色的春秋夹克服，随手也都戴上了手套。

汪鑫泉用双手撑开待检外衣的松紧袖口，在平展的情况下，隐约能够看到一个麦芒般大小的点状斑迹。他介绍道："您看，我怀疑这是一个击打形成的喷溅血点儿。"

翁教授拿出放大镜，让旁边的人打开射灯仔细查看起来。

"整个衣物就这么一点发现吗？"翁教授问。

"我仔细看了几遍，就发现这么一个点迹。"汪鑫泉答。

"说说你怀疑的理由？"翁教授把放大镜交给身边的人接着问道。

"一是根据死者颅骨骨折塌陷伤推测，嫌疑人衣着应当染有钝器打击形成的喷溅血痕；二是从公安提取的一枚独立血滴分析，嫌疑人家是杀妻第一现场的可能性大；三是待检嫌疑人衣物属于春秋夹克装，考虑本案发生在隆冬时节，以及嫌疑人夜归数分钟后即刻实施犯罪的具体情节，可以认为凶手身着待检夹克衫施暴时，外面还应穿有其他御寒衣物。因此大部分打击血迹被外衣沾染，内穿夹克仅在袖口褶皱处微量留存，由于极不易被人发现而得以保留至今……”汪鑫泉娓娓道来。

“我就欣赏你这个细致缜密劲儿，你们都学着点儿！”翁教授指着几个学生说。

“我有个问题想请教汪法医？”一个研究生示意道，“一是在衣物的松紧袖口内部怎么会溅入血迹呢？二是在嫌疑人家多件衣物中，您是怎么发现这件的，是一件一件地翻吗？”

“你看，我恰巧穿的就是一件带松紧袖口夹克外衣。当我做挥臂打击的动作时，松紧袖口就会随着胳膊的伸缩而出现撑开和复原的状态，而撑开的瞬间是与打击动作同步的，此时打击喷起的血迹就会溅入松紧袖口内部，而当行为人完成打击动作时，因松紧口复原而将其中的痕迹掩盖，因此不易被本人或他人发现。”汪鑫泉向提问者做着挥臂的演示动作，又说，“关于你说的发现问题，我认为判断方向很重要。在公安已经做过两次现场勘查的基础上，要想有新的发现，明面上的东西肯定是不会有的，不是已被嫌疑人销毁清理了，就是被公安发现了，我们只能向相对隐蔽，容易被疏漏，但仍有可能存留的角落去找。比如，嫌疑人作案时穿的衬衣袖角、冬天的毛织裤边，等等，当然还要结合具体案情、现场物品摆放情况……”

好家伙，汪鑫泉一改平时给大家留下的不善言谈印象，竟然给研究生上起课来了。

翁教授道：“好吧，汪法医，东西先放我这儿，一有结果我马上通知你。”

“人血反应检验今天晚点能有结果吗？我们下午出去转转顺便可以等结果。DNA 比对的事我们回去等，您看行吗？”汪鑫泉急切地问。

“行，我们加会儿班，第一时间通知你。”

“谢谢，谢谢您翁教授！”汪鑫泉再次与翁教授握手后，便招呼冀英等人离开了鉴定中心。

北京的冬天怎一个冷字了得。

冀英问舒唯艺和冬煜想吃什么，他请客，老汪作陪。舒唯艺问小冬想吃啥？因为同是女性，她了解像她这样的年轻女孩儿，在出差之前一定做足了吃的功课。冬煜听到问自己吃什么，立刻胸有成竹地提了两点建议："排第一位的是吃地处天安门附近的最正宗的北京全聚德烤鸭，饭后还可以到天安门广场走一走，参观一下雄伟壮丽的天安门，顺便再游览一下中山公园或者劳动人民文化宫，这样半天时间就差不多了。遗憾的是故宫博物院肯定没时间去了。排第二位的是吃地处王府井的东来顺老北京涮羊肉。这季节，围着火锅吃涮肉那是一绝，吃完保你全身变暖。饭后可以逛逛王府井大街，这是北京的一条商业金街……"

"哈哈，果然咱们小冬管家事先有计划。我看逛街就免了，就选你的第一建议吃北京烤鸭吧。"冀英说着招呼大家上车，直奔天安门附近的全聚德驶去。

一提到吃老北京烤鸭在餐饮文化上总给人一种高大上的感觉，毕竟这是一道历史悠久中外宾客来京必点的佳肴。还有一点，这道菜"上得厅堂，下得厨房"。如果食者不外加一些其他花里胡哨的菜，只是单吃烤鸭再搭配几个特色小菜的话，人均消费七八十元的饭价并不贵。

冀英和汪鑫泉曾在几年前来过这儿一次，对烤鸭怎么吃，基本价位多少心里有数。今天冀英主动提出由他请大家吃饭，一来他是领队应该请，二就是他有一番心意要表达。就拿承接这件无罪抗诉案来说，面对案情研讨会上的一片反"抗"之声，舒唯艺是少有的挺抗派，他知道这是对自己的友情赞助。另外他还要感谢一下汪老哥。这次的细节发现的确太珍贵，太难得了。虽然鉴定结果还没出来，可依他对他能力水平的了解，这个疑似人血痕迹的判断应当是准确的，否则汪法医不可能毫无把握地提出上京送检，而且还给鉴定中心的研究生们上了一课。当然检材微量也是一个客观现实，但不管怎样，由于有了汪法医的加盟，使他对这件疑案的办理又多了一份信心和力量。因此，两相结合，当面表达一下谢意应该不是多余的。

就在冀英此番思考之际，香喷喷的烤鸭已经上桌了。

冀英让汪鑫泉、舒唯艺和冬煜每人都端起各自还冒着热气的水杯说："工作期间不能喝酒，我现在就以水代酒郑重地敬舒唯艺和汪法医一杯。小舒让我在顶风接办这个案子中有了不是一个人在战斗的感觉；汪法医更使我平添了必胜的勇气，为这，我敬你们，干！”

汪鑫泉和舒唯艺见冀英说得挺正式就先后喝了一口热水，然后就招呼冬煜开始卷鸭饼了。冀英本想再说点什么，一看大家都开吃了，也觉得再啰唆就多余了，于是也用心品尝起最正宗的北京烤鸭来……

四个人水足饭饱后，冬煜请教可不可以给家人带一只烤鸭回去？汪鑫泉说以前他每次来北京出差都带一只烤鸭回去，后来不带了是因为烤鸭这东西现烤现吃才最香，只要一放凉了，自己回去怎么加工加热都不再是原味了。还有就是现在省城的北京烤鸭店开了很多家，虽然没有北京这儿正宗，但也是现烤现吃的，所以他不建议带烤鸭而是推荐带些北京稻香村的糕点回去，大人小孩都爱吃还放得住。大家听汪鑫泉说得在理儿，一致同意先到前门一家稻香村把买糕点的事办了，完事再干别的。

因为下午的工作就一项——等待。四个人买完了给家人带回去的糕点糖果，汪鑫泉提出他从未瞻仰过毛主席纪念堂，邀请冀英和他一起去。冬煜说她没有游览过中山公园和劳动人民文化宫，舒唯艺答应陪她走，说好下午4点在人民英雄纪念碑前集合，并随时保持电话联系。



时间总是这样让人心焦，当你盼望一件事或者等待一个人、一个结果到来的时候，每一分每一秒都显得格外缓慢；而当你赶时间要完成某项任务或者到达某个目的地的时候，它又偏偏和你赛跑，压得你喘不过气来。

今天这个下午，冀英和汪鑫泉都在急切等待鉴定结果的时候，心里急，时间就过得慢。他俩参观完毛主席纪念堂还不到下午三点，离约好的时间还有一个多小时，二人又信步向天安门城楼走去。冀英提议登楼后再返回纪念碑时间来得及。汪鑫泉觉得可以，就抢着去前边买票。就在他们每人握着一张登城楼票准备安检进入的时候，汪鑫泉的手机响了起来。

“喂，是汪法医吗？我是翁教授的学生。翁教授让我通知你们，赶快过来取你们要的检验鉴定结果！”

“啊，这么快呀！能告诉我是人血痕迹吗？”

“对，没错，是人血痕迹。你们这次先把痕迹检验结果拿回去，DNA 比对的鉴定最少得十天以后。”

“好的，太谢谢你们了！我们马上赶过去。”

汪鑫泉挂机后立刻拉着冀英说：“登城楼只能下次了，咱们现在赶快过去取鉴定书！”

冀英已经听明白了电话内容，二话不说，扭头就和汪法医一溜小跑地去了停车场取车。路上冀英电话告知舒唯艺，要她们五点前后在前门马路边等，他和汪法医先取鉴定回来再接她们一起返省。

当汪鑫泉与冀英赶到鉴定中心痕迹检验研究室时，翁教授起身从办公桌后面走出来，笑呵呵地对汪法医说：“行，这回算你没白忙活，看得够准！”说完，把桌上的一份物证检验鉴定报告递到汪鑫泉手里并调侃道，“看清楚了，是人血痕迹。”

“噢，太好了，太好了！”汪鑫泉看着鉴定书最后一页的结论说。

“这次你的运气不错，我们用了最新进口的化验试剂和刚刚装备的国际最先进的检测设备，才将这项检验鉴定完成，结果证明是99.99%的人血成分，没问题了。下一步还要与你带来的DNA样本进行同一比对，你们就在省检察院等结果吧，到时候我让学生联系你。”

“谢谢，谢谢您翁教授！”

“别客气啦！我倒希望你每年多来几次，能多见见面。行啦，赶紧走吧，你们还得往回赶路呢。”说着，翁教授做着往外让的手势。

“那我们就不打扰您了，下次再来看您！”

汪鑫泉和冀英分别与翁教授握手后转身告辞，驾车离开了这个肃穆而神秘的地方。

一路上，冀英和汪鑫泉这对老男人，谁都掩盖不住对一项“工程”向成功迈进的喜悦和兴奋，一时间倒也无语起来。警车很快开到了与舒唯艺她们约好的集合地，接上她们后，马不停蹄地驶向了回家之路。

# 20

回到省城以后，冀英、舒唯艺和汪鑫泉除了等待北京对送检血痕与被害人江延清的DNA同一鉴定结果之外，他们还在一起讨论了下一步急需要做的几件事。

第一件事相对简单。根据汪鑫泉在现场提取的那张鞋柜付款发票，尽快依票找到卖家，查清鞋柜的送货日期，目的是强化公安人员从这件鞋柜上提取的被害人血滴证据，与本起杀人案之间存在紧密联系。送货日期距离命案发生日期越近，甚至接近重合，就越能证明血滴系犯罪所留，而非辩方提出的“生活血”。第二件事相对比较难做。汪鑫泉提出，从目前公安机关起获的鞋柜一滴血证据分析，嫌疑人家门厅应当是第一案发现场，而且已经被凶手清理过。但是，由于此项证据的微量性特点，尚不足以得出确切的结论。如若完全排除其他可能性，必须在门厅地面进行拓展性挖凿取证。在可行性方面，汪鑫泉说他观察了门厅地面是二十世纪六七十年代的马赛克地砖，开裂情况比较普遍，因此地砖缝隙内残存被清理不尽的血迹具有现实可能性。所以要想补齐现场证据仅有一滴血的单一性短板，有必要采取全面拆除室内地砖的方法，进一步勘查取证的范围，以求有新的发现或获取。在此过程中，拆除并重铺地砖不仅需要一定的经费支持，关键还需征得房主的同意。现在王立弓无罪释放在外，他身为房屋唯一的产权人，一旦获知拆除地砖的目的，不同意应属大概率事件，那么这项计划就泡汤了。第三件事就更难办了。冀英根据反复查找打击被害人头部凶器未果的情况大胆分析预测，可能被转移的凶器藏匿地或许就在王立弓家西侧楼下的柏油路下面。几天前，他经过向有关方面调查证实，这条十多米宽的校内道路是两年前因铺设有线电视管道破土重修的，并且具体的开、完工期限恰恰将本案发生的时间节点包括在内。由于案发时这条道路还处于挖沟铺管期，假如确有钝性打击物从楼上被行凶者抛入沟内的话，那么极有可能会被机械回填时的土方所覆盖，这就是警、检双方至今难觅其踪的解释。然而，这仅仅是一种分析判断并不具有确定性，上级领导能根据推理就同意挖沟取证吗？关键是连找什么还都不知道，由此产生的预计费用由谁承担，市政管网方面能认可吗？

三人讨论到后面两件事的实施都不免有些失望。这也难说，一件要拆砖，另一件要挖路，都有费用问题，也都有人为阻碍问题，想想就让人头大，别提真干了。怎么办呢？冀英提出只能推着走，先写好请示预案，上报给新任命的杨红君处长，在征得杨处长同意后，再请示柳长鸣副检察长就沾点边儿了。

舒唯艺说："好在麻鹏举处长上调星州市院当副检察长了，如果他在就更没戏了，他可是坚定的否抗派啊！"

冀英说："不管怎样咱们都不能轻言放弃！"

汪鑫泉也说："对，先敢想，再敢为嘛！"



当天下午，冀英和舒唯艺拿着写好的案件请示报告面呈杨处长。

杨红君是从省高法刑庭庭长位置交流到省检的，按照一般人事安排规律，像她这种已经进入仕途通道的人，如果不出意外的话，过渡一段时间就会被提拔到某基层法院当院长了。目前她属于为提职创造条件的口碑积淀期，通常不会因工作上的事与他人硬抗，尤其身为中年女性领导，这方面的情商她拿捏得还是游刃有余的。另外，杨红君在省高法刑庭任职时曾与冀英打过多年交道，不仅对冀英的业务水平非常认可，就连他被去职处分的事也非常清楚，所以他们之间还算比较了解。

冀英开门见山地向杨处长说明了来意，把要请示的问题重点强调了一遍。杨红君是办案业务出身，一听就明白了，她说："这个案子我来以后柳检专门向我交代过，一定要在各方面给你们大力支持，包括人员配备和警车专用，等等，没问题。就你们提出的这两件事，我的意思是第一件可行。在公安收集的一滴血和你们新发现的被告人衣袖血点儿证据基础上，进一步扩大证明案发现场的范围，我认为有必要，也有可行性。关键是怎么想办法做通被告人的工作，排除他对你们拆地砖取证行为的抵触，并在无果的情况下不借题发挥产生副作用，这是你们要研究考虑的重点。办案经费方面不是问题，你们写报告我批，检察院的经费不就是干这个的吗？关于第二件挖路找凶器的事，我认为可以暂缓，但不是不做。因为你们现阶段连挖什么的目标都不确定，如果大动干戈地破土动工，一旦不成功舆情将对我们不利，所以我建议再把工作做细一些，寻一寻要找的‘钝性打击物’线索，在有的放矢的前提下，再做不迟……”

没想到杨红君对冀英他们的工作方案还算认可。尤其她对做通被告人工作，排除实施阻力的提醒，也让冀英想起一个可能帮上忙的人，这个人就是王立弓的情人曲霞。想到这儿，冀英对杨处长说回去再把要做的事准备准备，随后带着舒唯艺离开了处长办公室。

关于曲霞其人，她的名字曾在王立弓案卷中出现过两次。一次是王立弓被烧伤送往医院的当天，公安人员对她以王立弓病患看护人的身份记了一份调查笔录，主要内容是她转述了从王立弓嘴里听说的江延清在火灾逃生中失踪的故事。还有一次是在曲霞家，公安人员通过扣押的王立弓手机获知二人存在不正当关系后，对曲霞以涉案证人的身份调查王立弓是否存在因情杀妻的犯罪动机。曲霞承认了她与王立弓持续多年的婚外情，以及案发前王立弓是从她那儿离开回的自家，之后就发生了火灾命案。近期，王立弓被一审法院宣判了无罪，他以自己的住处尚未被解除查封为由住进了曲霞家，将二人的关系公开化。由此可见，曲霞对王立弓而言是个未来相依的人，如能找她变通进入王家完成预定任务应当是可期的。可是舒唯艺说，这个曲霞就是个“祸水”，假如没她背后的因素不可能引发这起教授杀人案。现在两人已经在一起了，怎么可能让她背叛王立弓而帮咱们呢？冀英却说，堡垒最容易从内部攻破，只要工作做到位，让她认识到所处环境的危险，就可以将不可能变成可能。舒唯艺只能服从，道：“大不了做不通，再另图他法。”

过了几天，冀英和舒唯艺着便装前往曲霞的工作地华融日报社。二人来到总编室，向一个分管人事的副总编出示了外调证明和检察官工作证，同时简要说明了找曲霞了解相关情况的来意。副总编非常配合，马上让人把曲霞叫到办公室，然后关上房门退了出去。

曲霞相貌清秀，虽然脸上已经留下了些许岁月的痕迹，但被高档化妆品遮掩得很好，看上去仍是青春犹存的样子，只是身材微微发福，牛仔裤包裹的大腿明显上粗下细。

对于这个人，冀英凭经验，给其的评价多集中在幻想、单纯、独立、执拗以及危机感等词汇上。不过从她在王立弓“落难”时不顾一切地收留举动上看，她与他的交往绝不是一时冲动，更不具有物质色彩。这一点是值得冀英肯定的，也是他试图做通她工作的希望所在。

曲霞对冀英等人的不速到访很是不悦：“你们找我什么事？”她以记者的姿态先声夺人地掩饰着躁动的情绪。

“当然是为王立弓案件的事了。”舒唯艺面无表情地回答。

“他的案子不是已经结了吗？法院都判他无罪了，你们还要干什么？”曲霞有点儿控制不住了。

“那是一审，我相信你应当听说了检察院抗诉的事。他是否有罪，还要看二审的结果。我们就是这个案子的二审承办检察官。”舒唯艺语气坚定地说。

“你们找他呀！找我，我又没犯法。”曲霞的声音又高了一个调门儿。

“公安局曾经找过你吧，你应当知道公民有依法作证的义务。还有，因婚外情引发的命案，第三者无论是否涉案，道德审判是难逃干系的！”舒唯艺寸步不让，甚至有些针锋相对了。

交锋陷入了片刻的沉默。

“说这些没意义，有什么事你们问吧，我现在确实工作很忙。”曲霞有些绷不住了。

“大家都是工作，既然是工作就会占用一些时间。为了效率和效果，我建议换个地方谈谈，你看怎么样？”冀英努力缓和氛围道。

“你们是要带我走吗？”曲霞的神经再度被收紧。

“干吗那么敏感呀。任正非先生不是说过‘工作要学会喝咖啡吗？’我们就不能找个地方喝喝咖啡？”舒唯艺接着说。

“我看这座大厦的楼下就有一家不错的咖啡屋，要不去那儿吧？”冀英抢先搭话继续调节气氛并用期待的眼神看着曲霞。

曲霞是见过场面的人，意识到检察官是在给自己下台阶，于是马上说道：“我得跟领导说一声。”

冀英随口应允，同时用一种商量的口吻说：“我希望我们见面这件事暂时不要让王立弓知道，可以吗？”

“噢，行。”曲霞仿佛在琢磨这句话的含义。

“那好，我们先下去找座，一会儿咱们咖啡厅见！”舒唯艺刻意用了“咱们”这个词，理解了冀英的“良苦用心”。

“好的，一会儿见。”曲霞说着先把冀英和舒唯艺送到了电梯口，然后转身找领导请假去了。

这个先后离开的约会举动看似平常，实则潜移默化地包含了两层意思。一层是检察官对曲霞的信任。既对曲有保密约定，又给曲一定的独处空间，不是信任是什么。另一层就是给足了她面子。检察官先走占座，谈话对象后来驾到，多了几分尊重的成分。

有时候所谓的工作经验、技巧等，其实不过是某些细节的考量，导致的结果却迥然不同。




冀英与舒唯艺来到了位于金融大厦一层的咖啡厅，挑一间靠窗且相对僻静的雅间坐了下来。喝咖啡这事小舒在行，她瞟了一眼服务员递过的价单，直接代表冀英要了两杯拿铁。曲霞喝什么要等人家来了问过需求后再点，这是规矩。就在二人要说些什么的时候，被一阵熟悉的手机铃声阻止了。冀英打开手机一看是汪鑫泉来电，还没等对方说话就抢先问道：“是不是北京有消息了？”

“没错，北京来信儿了。翁教授的学生刚把鉴定报告的电子版给我发过来，DNA 比对结果一致，王立弓衣袖上的点状血痕是江延清所留。”

“太好了！我一直相信只要具备鉴定条件，肯定是这个结果！你老兄是谁呀，你提取的东西能错吗？哈哈哈，真是太好了，简直就是雪中送炭！”

“虽然说多一项证据就多一分真相，但是咱们新发现的这个证据还是比较单薄，接下来的拓展工作可就看你的了。”

“没问题，我一定会让你的‘挖砖’行动如期进行的，你就等我的消息吧！”

“别忘了还有你的‘挖沟’行动呢，那才是最关键的！哈哈哈……”

冀英挂断了电话。一想到后面还有更难啃的骨头在等着自己，不由得从刚刚燃起的兴奋中瞬间又转入了沉思。

舒唯艺也在一旁听到了送检鉴定取得的新成果，她为亲历汪法医的探案神功而由衷地赞叹：“太厉害了！那么隐秘，那么细微，却能发现，仍能提取，并仍能比对成功，真是太厉害了！”

“是啊，他厉害了，咱们也不能掉链子。一会儿还是先听我说，你见机行事。”

“没问题，异性之间的交锋才有看点，以后碰上男的我上，哈哈哈！”

“先别说了，她来了。”冀英隔着玻璃窗看到曲霞正向咖啡厅的大门快步走来。

“我过去迎她一下。”舒唯艺起身出了雅间。

曲霞告知副总编，检察院的人约她在楼下咖啡厅谈事，弦外之音不言自明，咖啡厅谈能有什么事儿呢，肯定不会是她做了什么犯法的事，否则检察官不可能有雅兴请她喝咖啡去。但她自己心里明白，这个时候检察官和她谈王立弓的事哪只是喝咖啡那么简单，因为自从王立弓被判无罪后，她和他同居的事就已经是公开的秘密了。其间，她多次问过王立弓杀妻之事是不是他干的，王立弓听后曾声泪俱下地向她表白是被冤枉的，还说她可以不相信他，但不应当不相信法律……

有人说：“恋爱中的女人智商基本为零。”尤其像曲霞这个年龄段身处恋爱的女人智商有时为负。她们渴求抓住青春的小尾巴，一旦有爱来袭，特别是自己想要的那种，常会陷于盲目的冲动之中。对于某些低级的假象或浑然不见，或不能按照惯常的聪慧去识破，独享着自认为得之不易的幸福，其结果却往往事与愿违，甚至为此付出爱的代价。

曲霞对王立弓的话深信不疑，当然也是爱由心生的缘故。还有从逻辑上说她也不信，王立弓一个舞文弄墨的手怎么会去杀人呢，而且还焚尸？这绝对不可能。另外，她作为证人没有旁听王立弓一审开庭的权利，对于案中详情知之甚少。或许王立弓说得对，中国是法治社会，不信法律信谁呢？至于检察官为什么事找她，她猜不透，也不愿意猜，当面听听不就明白了吗。

快到咖啡厅门口的时候，曲霞看到女检察官在门内等她，赶紧紧走几步推门进去。还没等她把手伸出来，女检察官已经握住了她的手，然后微笑着引导她走向那个靠窗的雅间。

这是一间两两对坐的四人雅室。冀英把曲霞让到自己的对面坐下，没想到舒唯艺也跟着坐在了曲霞一边，并招呼她喝点什么。冀英开始有些别扭，但细一想也对，毕竟人家的身份是证人，而且又是我们公关的对象，对这样的人热情一点儿或者“打入内部”，不正有利于眼下的工作吗，心里暗喜：“嘿，这个小舒还真有办法，配合得挺到位。”

为了营造谈话氛围，冀英先与曲霞攀谈了几句：

“我们听说王立弓做了腿部修复手术，情况怎么样？”冀英问。

“还可以，基本上已经复位正常生长了，学校还准备让他出差呢。”

“这么说他已经可以工作了？”

“如果公安阶段能早给他安排手术，也不至于造成那么可怕的样子。”

“哦，好在能修复，不落下残疾太好了！”

“但愿吧！”

“问个不该问的问题，他不等二审开完庭就着急做手术，是不是近期有与你结婚的打算呀？”

“这个，还在酝酿中，没最后定。”

“噢，人生大事慎重点儿好。就像我们办案一样，一审办完了还要二审，目的也是慎重，确保案件经得起检验。婚姻也如是。”

“你们不是要跟我说王立弓案件的事吗？”曲霞有意把话题岔开，问道。

“那我们就言归正传吧。”冀英说，“我们在查办王立弓案子过程中，有件具体工作想得到你的配合。”

“我配合？”

“你别紧张，我们不会让你干卧底之类违反亲亲相隐原则的事。本来这件事应当由王立弓本人来，但出于案情方面的考虑，认为还是你参加更合适。”

“具体什么事呀？”

“是这样，前些日子我们对王立弓家又进行一次现场勘查，技术人员通过化学试剂喷雾在他家门厅地砖的缝隙中检测到了疑似血迹的发光体。为了进一步确认并提取证据，证明或者排除王立弓家是第一犯罪现场，我们决定对他家的门厅地砖进行拆除提取痕迹检验，之后再恢复原状。按照程序规定我们需要有见证人在场……”冀英把技术人员检测到血迹发光体的事说得跟真的似的，其实子虚乌有，省检察院根本不具有这样的技术设备。之所以这么说是因为他想让曲霞相信做这项工作的必要性。

“为什么不让王立弓去？那是他家又不是我家！”

“当然，我们也会考虑让他去，但是，如果你能去更合适。”

“为什么？”

“两个理由，第一他是案件当事人，如若在现场发现了对他不利的东西，他作何反应不得而知；第二你作为他的关系人，对案情多一些了解，或许对未来生活选择能多一分清醒的认识。”

“什么意思？”

“没别的，主要还是出于对无辜者保护的考量。”

“我有危险吗？”

“如果他确实无罪就没有，相反就不好说了。毕竟与一个杀人犯共处一室不是一件令人心悦的事，你说呢？”

“但就目前来说，我还是相信他是无罪之人，我不能选择背叛。”

“协助检察官查清事实绝不是背叛，反倒是可以证明清者自清。你那么相信他，还怕什么呢？”

“我倒没什么可怕的，只是做法不妥。”

“没什么不妥的，你只需要站在一旁看就行了，又没让你指证什么。”

“我背着他帮检察官做事，他会误解我。”

“这点你放心，只要我们在操作上安排好，就不会出现误解的情况。”

“怎么安排？”

“小舒你把咱们的计划跟曲霞说说吧？我先去下洗手间。”冀英把具体做法的事交给了两个女人去交流，他起身出去了。

舒唯艺见曲霞已经被说松动了，也就不再多说啥，直接把来时冀英交代的方案和盘托出：“我们是这样商量的，刚才你不是也说王立弓近期要到云南出差吗，这是校方经过我们同意才作出的安排。我们决定在王立弓离省的这几天实施勘查取证行动，到时候你就跟他说是检察院的临时决定，你不得不给我们做一下见证人，这是公民的义务。这么说，我想他就不会对你有什么猜疑了。”

“可拆除地砖的事我怎么说？”

“这个先不用说，刑事司法具有一定的强制性，等我们做完以后你再给他打电话告知也不迟。而且现场恢复得和原来一样，他应当能理解吧。这就是我们的工作预案，很简单，你看行不行？”舒唯艺除了没把学校派王立弓出差也是检察院安排的事说出来以外，其他都毫无保留地告知了曲霞。

曲霞见事情说到了这种程度，而且确实不是她难以接受的事，再拒绝既没道理也没必要。于是她说：“这件事我可以配合你们，但请你们替我保密，我事先什么都不知道。”

“没问题，我们是有纪律要求的，这点你尽管放心。”舒唯艺说。

这时冀英回来了，舒唯艺向他做了一个 OK 的手势：“没问题了，曲记者已经答应了。”

“另外，我还有一件小事向曲记者核实一下。”实际上冀英要问的还真不是件“小事”，因为这个情节关系到王立弓衣袖上的喷溅血点与本案是否存在关联。假如没到火候，曲霞一句记不清了，很有可能将汪法医取到的这项关键证据因沾染时间不清，而不被法庭采信，那样可就得不偿失了。

“什么事您说吧？”曲霞现在的态度好多了，她在脑子里转了一下“核实”这个词。




冀英故意这么说的，目的是减轻曲霞对这个问题的负担，以得到她真实的回答。

“你还记得案发当天王立弓从你家离开的时间是几点吗？”

“这个问题我记得向公安人员说过两遍，都记录在案了。”

“所以我们需要再核实一下。”

“当天晚上十点半左右他从我家离开的，他到家的时间应当是十一点左右。”

“你记得这么清楚？”

“因为他在离开的时候我看表了。时间对我们记者来说是工作的一部分。”

“你还记得王立弓从你家离开时穿的什么衣服吗？”冀英终于问到了实质问题。

“这个？我想一想。我记得当天晚上风特别大，他出差回来穿的是一件加厚的半长款风衣，黑色的，他离开的时候就穿的这件风衣。”

“王立弓在认罪的时候曾说这件风衣被他在焚尸时一起给烧了，所以这件衣服一直没有在案。不过我们还想知道，王立弓在风衣里面穿的是什么，请你再帮助回忆一下？”

“风衣里面穿的是一件白色衬衫外加一件米色的羊绒衫。你们也知道，王立弓出差回来在我家待了一天，所以我记得很清楚。”

“那他在羊绒衫的外边就直接穿风衣了吗，还有没有穿其他外衣？”

“你这么一说我倒想起来了，王立弓风衣里面还穿了一件豆青色的夹克衫，这件衣服是我给他买的，他经常在讲课的时候穿。”

“你确定王立弓在离开你家的时候穿这件夹克衫了吗？”

“我能确定。王立弓是在羊绒衫外面穿的夹克衫，最外面套了件风衣从我家走的。出事以后我再没看到过他穿这件夹克衫和风衣，王立弓出来说他家还在查封中，没法回去拿衣服。他现在穿的衣服基本上都是新买的。”

“你看王立弓穿的是这件夹克衫吗？”冀英随手从文件袋中拿出一张照片，正是衣袖上发现血点的那件夹克衫。

“没错，就是这件。”曲霞肯定地说。

“还记得是什么品牌的吗？”

“当然记得，是皮尔卡丹的，花了三千多元买的……”

“好。今天的谈话就到这吧，谢谢你！”

舒唯艺把刚记的证人笔录交给了曲霞：“还得麻烦你看看，签个字。”

“没问题。”曲霞认真看了一遍，签上了自己的名字。

然后，舒唯艺送曲霞离开了咖啡厅。

# 21

正当冀英和汪鑫泉准备采取“拆地砖”行动的时候，一个突如其来的事件把他们的计划搅黄了。

这天上午九时许，省检察院大门口悄无声息地聚集了一百多人。这些人多为被害人江延清生前的同事及亲友，他们趁检察干警和附近机关人员上班之际，突然打出了“还江延清医生被杀案的事实真相！”“绝不能让杀害江医生的凶手逍遥法外！”等横幅标语，开展了一次有组织的群体上访活动。其中江延清八十多岁的老母亲更是坐在轮椅上不吃不喝，声称以死相搏，让检察院必须给个说法……




省检察院接访中心与控告申诉部门人员立即组织力量，将江延清的母亲、家人和部分同事及亲友代表接进院内，沏茶倒水，待一众坐定之后，根据他们的诉求请柳长鸣副检察长到大厅接待。

事关维稳大事，柳长鸣不敢怠慢，马上带着杨红君处长和冀英来到大厅接访并与被害人亲友交流对话。对于他们关切的问题，柳长鸣一一作了解答，核心就一句话，相信检察机关，一定会秉公办案，而且案件很快就会移送省高法，二审开庭时欢迎大家到场旁听。江延清的妹妹江延延见检察院领导说得恳切，并没有像社会传说得不作为，况且案件又有了新进展，因此帮着做她母亲的工作，先回去听信儿，如果没有下文再到检察院理论不迟。其他家属代表也觉得没理由再闹下去，目的达到了见好就收，但走时还不忘撂下一句狠话：“如果检察院不履行监督职责我们就进京上访！”

经过这次聚集事件，柳长鸣专门听取了冀英对王立弓一案的情况汇报。

冀英综合讲述了各项办案进程以后，说：“眼下在勘查取证方面取得了一定的实质性进展，新发现的王立弓衣袖上的喷溅血点，与之前公安调取鞋柜上的血滴证据相互吻合，可以证明被害人颅骨塌陷致命伤是王立弓持钝器近距离打击所为。目前唯一缺陷是尚未找到“钝性打击物”凶器，仍然可给辩方留下被害人头部伤情系死后救火形成的辩解，以及衣袖上的喷溅血点可能存在王立弓与江延清发生争执时，挥拳反复打击对方鼻面部溅染遗留的质疑，因为二人确有曾经发生争吵动手的先例，这点有邻居证言可证，所以寻找打击凶器是下一步补侦工作的重点……”

“针对被告人口供及‘不排除扼颈致死和死后焚尸’的原有争议，二审有哪些补证完善吗？”柳长鸣问。

“有，我们主要进行了两方面工作。一方面，围绕被告人口供的合法性争议，我们找到了当时夜审王立弓的监管民警，经他回忆证明，每次公安夜审还押以后，白天王立弓在一人单室关押状态是允许睡觉的。这点非常重要，可以反驳辩方提出的被告人白天不能睡觉，夜提属于‘熬鹰审’的辩解，届时开庭时，这名民警答应可以出庭作证，这在弥补口供证据的可采性上，应当是一个有利控方的补充。稍有遗憾的是当时的监管录像已经过期未保存，否则这项证据就完美了。”

“这已经很不错了，补查的这个情节非常关键。如果一审也能像你们一样有这样的意识和行为，这个案子就不会这么被动了。”柳长鸣插话说。

“另一方面，围绕尸检鉴定问题，我们委托了全国知名法医专家翁宇教授团队，对原有鉴定结合未被火化处理的焦尸又进行了一次重新鉴定，得出的被害人死因比原鉴定多了一项，在不排除死者遭生前强力扼、勒颈部窒息以外，又根据被害人颅骨凹陷骨折得出‘不排除被钝性物体打击头部致死，后被焚尸’的意见，使得认定本案死因依据更加充分。对于‘不排除表述’翁教授解释为结论确定，手段不确定。比如，扼颈致死的手段是手扦还是绳勒都可形成；再比如，钝性打击物是铁器或是瓷器等存在不确定性，但这些都是工具手段问题，不影响死因结论。所以‘不排除’是科学的鉴定表述而非结果不确定性的代名词……”

“翁教授可以出庭吗？”

“没问题，以专家证人身份出席二审法庭，翁教授答应得挺痛快。”

“这很好，从目前看，这个案子的二审进展应当是卓有成效的。一方面，固定了原有口供证据，找到了监狱民警作证被告人单独关押，白天是有睡觉时间的，辩方提出的“车轮审”剥夺了被告人休息权，口供取得违法的辩解应当是可以排除的。另一方面，你们在对被害人死因找全国知名专家重新鉴定以后，不仅证明原有被害人遭扼颈致死的鉴定意见确实充分，可与被告人口供相互印证以外，又发现了被害人遭头部打击致死因，并且难能可贵的是通过二次现场复勘，收集到了隐蔽性非常强的被告人衣袖喷溅血点儿证据，这个证据在证明被告人是杀妻凶手方面具有超强的证明力，甚至堪比直接证据，并与原有现场的“一滴血”证据形成吻合的链条。因此综合两方面证据全面考量，以及被害方亲友集体闹访对我们的影响，我认为这个案子已经具备了发回重审的条件。关于你们计划进行的其他工作，一是方案还不太成熟，二是存在不确定性，一旦没有结果反而对我们的前期工作产生不利效果，所以，我的意见是拆除地砖也好，室外挖路也罢，这些证据完善工作可以在案件发回重审以后，建议公安继续进行，我们的二审工作到此为止。你们现在要做的就是尽快结案，把全部精力投入开庭前的各项准备上，把庭前补证的效果在法庭上得到扩大化展现，虽然尚不能达到二审直接改判的目的，但只要能实现发回重审，我们的抗诉职责就尽到了，案子将通过两次一审和两次二审，所认定的事实及裁判结果就会更能得到保障，各方面的争议也就迎刃而解了。关于你说的证据完美是不存在的，既没有完美的犯罪，也没有完美的证明，如果司法是完美的就不符合它的判断性特征了……”

柳长鸣拍板结案，冀英虽心有不安，但只能无条件服从。

冀英回到办公室把情况告知给舒唯艺，说：“领导的意见很明确，把案子速结到法院，被害人一方再来聚集闹访就得换地方了，最起码检察院这边算是维稳了。”

舒唯艺听了道：“领导讲的是站位。咱们是办案的，讲的是证据。可是改革还没到让检察官独立负责呢，现阶段听领导的没错。”

于是冀英告知汪鑫泉，他们的两项工作计划全都泡汤了。至于王立弓嘛，该出差出差，权当是一次组织的正常安排。曲霞也接到了舒唯艺暂时放弃配合的通知，生活一切照旧。

一周以后，王立弓抗诉案被省检察院退卷了，连同二审调取的新证据及《建议发回重审意见函》一并移送给省高法。

省高法收到省检院的全部案卷材料后，择日召开了一次庭前会议。在合议庭审判长的主持下，由检辩双方对王立弓案的重新鉴定意见、从被告人衣袖提取的江延清喷溅血迹物证，以及民警证人证言等新证据进行了举证质证。双方各自发表的观点被书记员记录在案，随后法官宣布了隔周开庭通知。

或许王立弓案的主要证据已经庭前会议展示的缘故，这次二审开庭并没想象得那么对冲激烈，除了检、辩各方自说自话以外，其他诸如证人出庭、鉴定人出庭等预备程序一切从简，法官概不安排。对于这种情形，身为资深检察官的冀英早有预料，他认为，一是检方移送法院的法律文书诉求很明确，建议对本案发回重审。既然如此，本次庭审结果将可能不涉及罪与非罪的定夺，那么庭上再作过多纠缠也就失去了实际意义。二是仅就目前证据而言，虽然二审有所发现和补充，但就此改判王立弓有罪恐仍未达条件，毕竟出了问题谁也担当不起。并且即使要改判也应当发回重审后由一审法院改判，以此给被告人留下不服上诉的机会。三是本着命案审慎的处断原则，发回重审有利于案件质量保障，尤其在检、辩争议未果的前提下，贸然维持无罪判决或者改判有罪，不仅法律依据不充分，也不利于平复被害人一方的群访舆情和维护被告人的合法权益。因此速审、速结、速发回应是省高法的上策首选。如是，二审法庭开得不温不火也就顺理成章了。

大律师展云奇凭借常年游走法庭的超常功力，自然对二审法院的意图了如指掌。尽管对发回重审的决定不满，但尊重法官裁判，他是必须做的。在这个前提下，他以为，即使对王立弓一案发回重新审判也未见得就是坏事，因为让一审法院自行改变之前的判决，无疑等于承认原来的判决错了，除非有无可辩驳的新证据，否则的话，出现自改自的局面微乎其微。而本案二审检察官调取的新证据尚未达到这个标准，所以发回重审他也不怕。如果单从辩护人的利益出发，一起社会关注度极高的案件审理时间越长，程序经历越多反倒越有利，其中不仅有经济收入的考量，也包括个人知名度的持续提升因素，为此，他在法庭上演“陪太子读书”的戏码，那又何妨呢？

果不其然，王立弓案二审开庭不到一个月，省高法即作出裁定：……鉴于省检察院在二审期间发现并收集到新证据，可能影响对本案事实认定及法律适用，据此，发回星州市中级法院重新审理。

法律设置将案件发回重审的意义在于，上一级法院经审理认为，原一审判决可能存在影响司法公正的情形，通过这种程序得到自我纠正，以确保法院审判公平无误。

星州市中法收到省高法发回重审裁定书后，另行组成合议庭按前次一审程序，先把案子退回星州市检察院。如果检察院坚持对此案再次起诉，那么接下来就是开庭审判了。

星州市检的公诉人仍是祝嘉，这是检察院刑事一体化原则有别于法院居中裁判原则的具体职能体现。

祝嘉再次接手王立弓案，除了新增几项控方证据之外，其余都是曾经审过的材料，结果自然不会有变，因此，第二次以王立弓涉嫌故意杀人罪、放火罪提起公诉。

此时的麻鹏举已是星州市院主管公诉的副检察长了。他对祝嘉报批的王立弓案起诉报告没有提出异议，大笔一挥签字同意。这也应了那句“此一时彼一时也”的老话，过去他任省院公诉处长时反对此案抗诉似乎有道理，现在站在指控犯罪的立场支持公诉似乎也没错，这可能就叫“屁股决定脑袋”吧。

接下来的庭审又是一场激辩。

对于第一次一审开庭争议过的事实证据，审判长要求不再重复，只对二审提交的新证据进行抗辩。

辩方律师展云奇的主要辩点是，现场焦尸被灭火器具翻动可能形成多种尸表伤，认为死者生前曾遭头部打击的新死因不具有排他性；另外二审发现的王立弓衣袖喷溅血点，因无凶器物证佐证，不排除王立弓与江延清发生争执时挥拳打击鼻面部形成的可能，仅以此证认定王立弓持钝器杀人证据不足；关于民警证明王立弓被单独看押白天可以睡觉的证言，因无监控录像印证，证据力薄弱……

检方公诉人祝嘉依旧慷慨陈词，针锋相对，以驳代立，维护起诉书的指控犯罪效力。

二零一五年三月，也是教授杀妻焚尸案诉讼四年之际，星州市中级法院经合议庭合议及审判委员会研究决定，再次以公诉机关指控王立弓犯故意杀人罪、放火罪证据不足为由，宣判无罪。

此后，星州市检察院在法定十日期限内，又一次向省高法提出了抗诉……

# 五

# 沟底的证明

# 22

惊蛰节气到了，大地充满了春的萌动，树上的玉兰花牙儿耐不住一冬的寂寞，已经率先从花苞中绽出一朵朵鲜嫩的色彩，仿佛以一个新的生命轮回向世人宣告，又一个春天来了！

冀英第二次接办两判无罪的王立弓抗诉案，虽然诉讼仍在继续，但各方面的变化也在悄然发生着。先不说案件证据在前一次抗诉中有了新发现，这一次检察官的身份也跟以前不一样了，用他的话说："我是员额我做主！"

舒唯艺因为怀孕要二胎恰与员额考试冲突，因而失去了首批进入员额检察官的机会。虽然业务上仍然与冀英搭档办案，但是助理的身份是没有独立办案权的，这样一来，让她这个十佳公诉人称号获得者感觉有些滑稽，都"十佳"了，怎么办案权说没就没了呢，或许这就是改革吧？

冀英看出来舒唯艺的失落感，边调侃边纾解道：

"这就叫鱼和熊掌不可兼得呀！凭你的能力水平，员额考试算个芝麻？要是与你一儿一女的幸福家庭相比，'员外'连个芝麻都不算，明年再争取也不晚。现在屈尊给我当个检助，职称虽然有变化，但职务一切照旧，案件上的事咱俩商量着办。"

"听您这么一说，我心里就平衡了，毕竟要孩子对女人来说更重要，事业上的事让你们男人多干一些，更符合自然规律和职场现状……"

冀英与舒唯艺聊了一会儿，忽然想起了什么，问道："自从上次咱们接触完曲霞以后，你和她有联系吗？"

"没有。最后一次联系还是一年前，我电话通知曲霞取消了咱们的计划，后来就再没联系过。"

"噢，也不知道曲霞和王立弓结婚没有。这次一审又判了王无罪，可能她更坚信这是一起错案了。"

"应该是这样，如果这次二审也裁定他无罪，我倒希望他俩在一起，圆了曲霞的感情梦，也算一桩幸事。”

“那就看最后的结局吧！咱们检察官办案以客观公正为己任，不刻意追求主观臆想，在我们眼里只有事实和证据。但是，在目前纠正冤假错案的大背景下，也不能迎合跑偏，否则放纵也是犯罪。被告人的权益要保障，被害人的权益更要保障，只有不枉不纵才是硬道理，而要做到这一点，就必须把我们该尽的职责尽到，把之前没办的事情办完，将各项计划落实到位绝不留白。在这种情况下，法院最终怎么裁决，所有的结果我们都将尊重。”

“好吧，下一步我们具体怎么办？”

“一句话，把‘拆砖’和‘挖路’两项工作进行到底！先室内，后室外……”

二人这么说着，工作计划就已经出炉了。





舒唯艺凭着上次与曲霞打交道时留下的相对信任基础，她向冀英领命单独约一下曲霞，完成续接任务。于是她拨通了曲霞的手机，经过一番自报家门的寒暄，随即提出了约见意图和时间地点。曲霞先是婉言推托，无奈舒唯艺打出了感情牌，使她犹豫再三还是答应了赴约。

她们的约会地仍旧是曲霞单位楼下的咖啡馆，就连座位都没变。显然这是舒唯艺迁就曲霞的安排，为了达到工作目的，检察官再次前往也在情理之中。

两个女人之间的对话是围绕曲霞的婚姻开始的。

曲霞说还要等王立弓案子的二审结果再定。舒唯艺说这就对了，就像一个已经开刀手术的病人，肿瘤是恶性还是良性，有待临床上的病理切片化验，这个最后的环节既必要又关键，必须等结果出来才踏实，否则可能留下遗憾或隐患。曲记者一听就明白舒唯艺的意思，她说：“不就是还要对王立弓家的地板进行拆检吗？我同意配合，反正这个案子都过去四年了，又有两次无罪判决垫底，也不怕最后这‘一哆嗦’，你们说什么时候办吧？”

“我们计划还是等王立弓到外地出差的时候进行。”

“没问题，这段时间单位派他出差挺频繁的，到时候我通知你。”

“谢谢你的理解和支持……”

不到十分钟就把该办的事办完了，舒唯艺暗自窃喜功到自然成。

在接下来的喝咖啡时间，曲霞对她说：“没什么好谢的，你们也是为了工作。再说了，就是我不配合难道你们就不办了吗？既然阻止不了倒不如顺水推舟，协助你们早办早落地，对谁都是一种释然。”

“你真理性，真的很佩服。我想案子办完了或许我们能成为朋友。”舒唯艺说。

“非常愿意交你这个法律界的朋友，以后可能会活得更明白一些。不过现阶段咱俩还是单线联系为宜。”

“好的，就这么说定了。”

“既然是朋友，我还有一个问题想问？”

“问吧，只要不涉及案内保密问题就行。”

“应当属于普适问题：一个案件发生了好几年，还能收集到当事人的血迹或者 DNA 吗？”

“依我了解的现代刑事痕检技术，只要检材上有当初留下的痕迹，无论当事人怎么通过清洗、浸泡等方式，都不能将其破坏得‘一丝不留’，总能以多种化学试剂手段检测到相应的痕迹反应。只不过这种反应不具有特异性，定案还需要其他证据相互印证。”

“明白了……”

二人又聊了一会儿就各回各的单位了。

几个星期以后，舒唯艺果然接到了曲霞关于王立弓要在近日出差的电话。随即，冀英联系了汪鑫泉，让他做好实施“拆砖”计划的准备。

行动这天，省院技术处和机关服务中心给予了大力协助。除冀英办案组成员和汪鑫泉四人外，又增派了一名女法医林静、两名摄像及一名瓦匠师傅共同前往，全权听从冀英和汪鑫泉的现场指挥。

此行八人分乘两车从省院出发，一小时左右抵达了工作目的地——王立弓及死者江延清的家。

见证人曲霞也如约赶到了现场，在舒唯艺的陪同下静观检察官们的勘查行动。身为记者，她曾见过许多大场面却从没像今天这么紧张过。她害怕推迟了一年的现场勘查真能找到什么不利于王立弓的证据，那样的结果是她最不愿意看到的，出于对未来幸福的考虑，她所期盼的结果就是无果。

冀英见一切准备就绪，于是让汪鑫泉下达开工命令。

他们要勘查的现场是王立弓家大约十平方米的门厅，再结合公安人员从一进门左侧的鞋柜上收集的"一滴血"位置，汪鑫泉向上延伸画了一个直径三米多的圆弧，然后对瓦匠师傅嘱咐着什么。摄影师利用这个空当从门口向里支起了一个摄像大灯，照得地面通透明亮。随即瓦匠师傅拿出工具顺着一块瓷砖的地缝开凿。叮叮当当在铁锤和凿子的敲打下，工夫不大就把这间三十多年未经重装过的马赛克地面敲开了一道裂痕，砖块开始松动鼓裂呈脱离地面状。汪法医立刻叫了暂停，随后他和法医助理林静分别戴上手套，拿出镊夹、放大镜之类的工具入场，对撬动的每一块地砖顺着原有缝隙一块一块地查验，有点儿像考古发掘的架势，其他在场人都大气不出地定神观看。待他们的工作完毕后，瓦工师傅继续向前敲凿，法医二人则再次俯身勘验，检视着每一块可疑痕迹。如此这般，时间在他们的交替工作中一分一秒地过去，直到接近中午十二点时的时候，冀英等人再一次见证了汪法医的神探奇迹。只见他左手托腰缓慢起身的同时，右手举起一块边沿染有深褐色斑迹的地砖说："这就对了！"

林助理跟着站起身问道："您找到了？"

冀英、舒唯艺也围拢过来边看边等着他的回答。

"你们看，"汪法医指着手中的一块瓷砖说，"这块砖底部边缘的沉积色与其他地砖明显不一样。虽然案发已经四年多了，由于现场一直没有被生活附着物二次侵蚀破坏，所以沉着痕迹仍然留存完好。当然这只是我的目测，结果还需要实验室鉴定。"

林助理接过地砖仔细查看了一会儿，说："师傅您看，这块砖缝隙的上部分颜色较浅，说明可能被水冲刷或墩布清理过，下端属于清理不到的层面，所以还有留存。"

"没错。如果确认门厅就是第一现场的话，像这样的痕迹砖应当不止一块。"

"那我们就接着干吧。不过您可以先直直腰，我干。"说着林助理把带有疑似痕迹的地砖装进一个证物袋中交给了一旁的舒唯艺，自己又继续开始了先前的勘查动作。

汪鑫泉双手叉腰前后左右地活动了活动，对冀英说："老冀，咱们不服老不行呀。”

冀英说：“你都蹲了两个多小时了，年轻人这样也扛不住，我去试试。只要有类似这种带痕迹的地砖绝对逃不过我的法眼！”说罢，他戴上手套和林助理一起干活了。

冀英和林助理按照汪法医的指点，以刚发现的疑似痕迹地砖为圆心，逐步向外拓展排查，没过多长时间他们的手里也都各自获得了一块“战利品”。汪鑫泉拿着放大镜逐一观察后点头认可，又把他发现的那块从证物袋中取出来与刚发现的两块一并摆在原位，形成了一个大约一平方米范围内的S形关联体，接着拿出一张制图纸进行手绘标注，并让摄像师进行了各个角度的拍照……

眼见门厅里的地砖已被大部分拆完，再无其他发现，汪鑫泉与冀英商量后宣布勘查取证结束。除曲霞留下陪同瓦工师傅对现场进行复原施工外，其他人收队撤离。

临走前，舒唯艺单独和曲霞聊了几句，意思是说今天的发现可能进一步证明王立弓家的门厅就是杀人案的第一现场，让她有个思想准备。曲霞听后感到一脸茫然——难道两次一审无罪判决都错了吗？她喃喃地说，还是等省高法的最终裁决吧……

汪鑫泉和林助理回到省院法医室，立即对今天提取的血迹砖块进行了提取鉴定。因为检材量完全具备本院化验条件，所以鉴定是人血的结论在当晚下班前就得出了。冀英和舒唯艺得到消息后长出了一口气，这么大阵仗的拆砖行动总算画上了一个初步有效的逗号，只有与江延清的血液样本比对同一才能以句号告终。虽说送省厅物证鉴定中心检测仍需时日，但根据之前取得的“鞋柜血滴”和“衣袖血点”两项证据统一研判，“地砖血迹”不出意外的话应当属于同一人所留，这一点，他们或许现在就已经有了答案。

# 23

一周以后，当汪鑫泉把“地砖血迹”与死者江延清 DNA 比对同一的检测报告拿到冀英办公桌上的时候，更加激发了冀英将“挖路取证”付诸实施的动力。他说本案已是万事俱备，就差最后这项工作的东风了，冒多大险也要尝试一下。汪鑫泉说，行动前能把要找的东西具体化最好，实在不行就挖开了再过筛子，凡是砖头瓦块以外的可疑物件一律经咱们看过以后再丢弃，找到找不到就凭运气了。冀英也说，从目前看办这件事还只是跟着感觉走，但实践证明缺了这种感觉往往就缺了办案的魂，像迷失方向似的，要在朦胧中寻找很长时间，始终看不到光亮……





可说归说，冀英送走了汪鑫泉决定再去一次王立弓家的现场，想凭感觉试试运气，看能不能找到他家曾经有过的“钝器打击物”。

舒唯艺要与冀英一块儿去。冀英说别两个人都在一件事上浪费时间，让她主内做好案头工作，着手把庭前的材料准备充分，该通知证人、鉴定人出庭的事先联系好，做好相关预案。主外由他带着冬煜负责，把最后这项取证工作力争做到完美。

舒唯艺说：“领导不是反对完美说吗？”

冀英说：“那就向完美的方向努力得了。”

说罢，冀英带上冬煜再探案发地——世纪经科大学宿舍楼。

冬煜这姑娘年方二十四岁，比冀英的女儿菲菲还小两岁，政法职业中专毕业，合同制书记员。她身材不高，长着一张略大一号的娃娃脸，人虽不怎么漂亮，但青春洋溢，思维敏捷，而且相当自信。为了应对即将五年到期的合同，现正在利用业余时间积极准备司法考试。省院政治部规定，谁能拿到司法考试证书，就与谁签长期聘任合同。所以这段时间对冬煜来说工作、学习方面的压力都挺大。

自从冀英被免职处分，冬煜就成了他的专职书记员，二人经过几年的磨合，在工作上配合得越来越默契。冀英毫不吝啬地把自己的办案经验通过每一个个案教授给冬煜，而冬煜也是仰慕师傅在业内的影响力，积极能动地履行着自己的职责，在业务水平上明显比同来的这批书记员高出一截。最重要的是这孩子责任心特别强，有一次冀英带她到一个叫围场的国家级贫困县调查一起死刑犯的年龄问题，当时冀英驾车行驶在一段崎岖的山间土路，恰遇山洪暴发将他们的警车陷住了，远处泥石流倾泻而下的轰鸣声伴随着暴雨眼见就要没过了车门，冀英当即决定弃车逃生。就在冀英打开车门的一瞬间，洪水一下子涌入了车内，使他和冬煜不得不奋力向车外爬。冀英率先爬出车转身往外拉冬煜时，只见她一只手用力往外爬，另一只手却紧紧地抱着装有办案卷宗的公文包，此时冀英才明白她逃车受阻的原因。冀英想尽一切办法把整个身子探进车里，拼力从洪水的阻灌中将冬煜拽了出来。就在他俩刚刚跑上路边一个小山坡时，轿车瞬间被一阵洪峰冲翻了，只露出四个轱辘隐约可见……

太悬了！面对危急时刻一个柔弱的女孩不忘职责，冷静地保护好办案材料的专业精神和行为让冀英为之侧目，他对冬煜由衷地竖起了大拇指。可她却像没事人似的，说："'卷宗就像书记员的武器，无论任何情况下都不能丢弃'，这话是您说的……"后来，他们被当地赶来的检察同行解困了。每当想起这段历险往事，冀英总对冬煜赞不绝口。为这，冬煜在当年被评为了省检察院十佳优秀青年。

今天是冀英和冬煜第三次进行现场勘查了。因为这次没有实质性勘查任务，所以他们并没请见证人到场。冬煜在前面打开了王立弓家的房门，冀英跟着进到了门厅，当他看到脚下刚被恢复过的新地砖时，转身对冬煜说："小冬你看，这就是咱们撬砖取证留下的痕迹，从物质的角度看，是痕迹就会被发现。"

冬煜笑着答道："痕迹要这么明显就不叫痕迹了，应当叫证据。我理解证据的外在表象会更清晰、明确一些，而痕迹则可能包括某些看不见摸不着的信息。"

"行呀，这段时间司考复习有进步啊！"

"哪里，还不是跟您学的。前两次您和艺姐在这儿讨论痕迹问题，我听都听会了。”

“噢，你说说这个案子的证据给我们提供了哪些信息呢？”

“我认为有这么几点，第一，死者头部凹陷骨折伤给我们提示的信息是，她生前遭到过钝器强力打击，但不符合被救火钩触碰尸体所致。因为死后触碰致骨折应当留有皮外伤，而尸检报告中没有这一情节。第二，根据本案突发的具体情况，这个钝器打击物应当属于室内物品，被嫌疑人使用后现在屡查不见，说明已被转移。第三，结合嫌疑人没有单独外出转移的可能和这扇破窗形成的原因分析，似乎可以得出此物证被嫌疑人外抛楼下的启示。第四，通过调查楼下修路期间与抛物的时间段推测，被抛物证被掩埋沟内的可能性大。这些都是通过证据或痕迹提示给我们的信息，再将信息进一步物化成证据，就是我们下一步的工作目的……”





冀英简直不敢相信这番话是出自一个小书记员之口，他惊讶道：“太让我刮目相看了！以前怎么没发现呢，看来要多给年轻人展示才能的机会，这才叫‘长江后浪推前浪，一代更比一代强呢’！”

“您过奖了，我说的无非是对咱们已经做的和将要做的几点工作提炼，外加一点我的思考而已，没什么新意，要学的东西很多，还请您多指导。”

“还挺谦虚，也对，谦虚使人进步嘛！尤其你说的第一点，一审公诉人在法庭答辩的时候都没有论证到，我也很受启发。”

“那是北京翁教授说的，当时您净顾得关注‘衣袖血点’的检验结果了，对被害人第二死因的论证可能没太注意听，我当时记下了这个细节。”

“这么重要的信息我都没记住，可见真是老了，以后起诉就指望你们这一代了。”

“哪有呀，在我眼里您可是正当年呢？”

“哈哈！我还挺受激励。那咱们接着刚才的话说，既然钝器打击物可能来自被告人的家里，甚至可以具体到他家门厅的摆放物上，那么这件东西原来有，现在没有了，再加上‘钝器’的特征，可不可以找被害人的妹妹帮助回忆一下呢？据说她妹妹以前经常到她姐姐家去。”

“找也不是不可以，可是单凭个人印象能提供出有价值的线索希望比较渺茫。我倒认为如果有家庭录像或者照片什么的，通过图像来观察‘原来有，现在没有了的钝性器具’是不是效果更好一些呢？”

“妙呀！还是年轻人的脑子好使。前两次勘查中我记得他家有不少相册，咱俩就先从这些相册入手，重点看看以他家门厅为背景的照片，兴许会有所发现？”

“好的，我知道这些相册在哪里……”

整个一上午，他俩把王立弓家的十几本相册翻了个遍，其中一张江延清与妹妹江延延在客厅的沙发照引起了冀英的注意。照片中姐妹之间的亲密瞬间显然不是他关注的重点，唯有沙发前茶几上摆放的一个特大号烟灰缸直吸他的眼球。冀英拿出放大镜仔细揣摩着这件二十多公分见方的玻璃体，下端还贴附着一个不起眼的商标，清晰可见“水晶”二字。看罢多时，冀英起身来到客厅，映入眼帘的沙发、茶几都在，只有这个水晶烟灰缸不翼而飞了。再找找，冀英让冬煜接着看照片，自己在客厅的明面、柜里及各个角落搜寻了一遍，依然无果。根据照片曾有，实物难寻的情况判断，冀英将王立弓家的烟灰缸列为钝性打击物的目标首选。

“冀老师您看，”冬煜冲着冀英喊起来，“这个书架上的瓷花瓶没有了，但照片中存在，会不会也是打砸凶器呢？”

“完全有可能，咱们再仔细找找实物，如果没有，即可列为次选目标。”冀英说完又把客厅的里里外外翻了一遍，确认没有照片里这只花瓶后，他让冬煜把这两张照片抽出来带回院里做进一步技术分析。

冬煜略有成就感地说：“一上午找到了两个疑似信息痕迹，可以为您的按图索骥计划作参考了，比什么目标都没有强多了。”

“今天的成果要给你记上一功，非常不错，期待咱们的下一步行动检验！”

“严师出高徒呗，我一定继续努力！哈哈……”

师徒二人说笑着从王家出来，这时冀英的手机响了。来电人是省院驻看守所的检察室主任赵刚。老赵在电话里说有一名服刑在押犯想面见冀英。冀英一问要见他的竟然是五年前差点儿没害死自己的贪污犯武富桂。“不见！”冀英生气地挂断了电话。

冬煜问：“什么事呀，让您生这么大气？”

冀英说：“在你还没来省院之前，我手里有个案子的被告人叫武富桂，因为他几乎断送了我的职业，现在又说有事要见我！”

“我来以后听说过这事，这都好几年了，他现在找您有什么事呀？”

“我没问就把老赵的电话挂了。”

“那我建议您还是问问，要是为案子上的事，别耽误了？”

“噢，那我再问问。”

冀英开门坐到车里，回拨了赵刚的电话，道：“抱歉老赵，我一听是这个人就来气，也没顾得上问什么事？”

赵刚说：“我知道您还为当年他干的那个蠢事生气呢，算了吧，都过去了。别忘了还是您把他提供的立功线索给查清了，最后才从死刑复核中刀下留人的，现在这个武富桂报恩还来不及呢，不会给您添什么麻烦的。他只说有个您正在办的案子想提供一些线索，具体什么案子我也没问……”

“哦，要是这样的话，那我就下午过去一趟吧。”

“太好了，这样也算是对我工作上的支持。下午快到时给我打个电话，我把他提到我的办公室，你们在那儿谈比较方便。”

“没问题，咱们下午见！”

中午，冀英与冬煜找地方吃了顿便饭，然后驾车去了省看守所。

路上，冬煜见冀英的情绪平复了许多，便说：“听赵主任的意思，武富桂是为了咱们手上的案子找您，不会是王立弓案吧？”

“我也猜到这点，可是他俩案子上没交集呀？一个几年前就服了刑，一个被释放了正在二审，两人哪儿都不挨哪儿呀。”

“甭猜了，反正一会儿见着不就知道了吗。”

“要不是为案子上的事，这辈子都不想见这个人。”

“后边的事我都听说了，要不是受他牵连您现在可能都当上市院的检察长了，这个武富桂真是害人不浅！”

“算了，都过去了。人这一生，什么事都有可能遇到，起起伏伏，坎坎坷坷，谁都不知道明天会发生什么？”

“听您这话怎么有点儿消极呀？”冬煜善解人意地说，“凡事都要辩证地看，虽然您官儿丢了，可这些年您的业务影响力却是全省公诉系统排C位的，光您的粉丝，我身边就好几个呢，这可不是什么人都能做到的，要凭实力和业绩说话才行。”

“唉，前几年确实比较消沉，后来就慢慢适应了，不适应也得适应。没了行政职务的事务性羁绊，做业务倒也心无旁骛了，后来整了个省级‘业务专家’称号也算是个慰藉吧。致敬失去，感恩所有，一切都是最好的安排！”

“一切都是最好的安排！当然也包括您在至暗时刻娶到了年轻漂亮的远纺姐，这在咱们省院可是一段令人羡慕的佳话啊！”

“虽然这是两件事，但人逢低谷时获得的感情可能更纯粹一些，值得一辈子用心去珍惜。想想咱们所处的环境，真爱变得越来越稀缺了。所以，得之我幸！”

“但愿有一天，我也能像您一样找到一份真爱，就怕可遇不可求。”

“其实这并不难，只要不面面俱到就行了，把物质层面的东西看低一些，把精神追求放在第一位。”

“看来您不仅是我业务上的师傅，也是我的人生导师呀！”

“瞎说而已，一代人有一代人的活法，见仁见智……”

不到一小时的工夫，冀英开的警车已经到了省看。

赵刚在看守所大门外迎到了他们，随后由他指引着亮了一下工作证警卫就放行了。到了里面，老赵对冀英说，人已经提到了他的驻所办公室。

“武富桂现在的状态怎么样？”冀英习惯性地摸摸底。

“没事，挺好的。他是部队出身又是职务犯罪，看守所没把他下到劳改农场去。在这儿有些特殊在押犯，民警都安排他帮着做点儿工作。这些年他立过两次功，减过三次刑，表现不错。我在和他交流中，他总说您是个好人，说他的命都是您给的，冲您他也要好好改造，重新做人。”赵刚说着把冀英和冬煜带进了他的办公室。

赵刚推开房门，在办公室的一角，一个满头白发的男人从椅子上站起来，对着冀英来了个九十度的深鞠躬，说：“冀检察官好！”

冀英凝视着此人，道：“武富桂？看来身体还不错，只是头发白了很多。”

武富桂站直了腰说：“谢谢您！我在大墙里服刑已经五年多了，奔六十多岁的人白发是必然的，但身体还行。”

“你的情况老赵都跟我说了，挺好，争取早点儿回归社会吧。”

“我一定努力改造。”

“时间有限，咱们言归正传，你找我什么事？”

冀英示意武富桂坐下说。

武富桂问：“您最近是不是接了一个叫秦飞的抢劫杀人犯？”

冀英听了有些意外：“是啊，刚收案一个多星期还没来得及看呢，怎么了？”

“这个秦飞因为一审判他死刑想不开，在接判回来当天，趁管教不备撞墙自杀过一次，所幸抢救及时没死成。看守所领导怕他再出事，就把我安排进他的监室，尽可能地接近他，取得他的信任，帮着做些纾解工作。”

“哦，看来又是件难缠的案子。他为什么对一审判决反应这么激烈呢？”

“这正是我要向您说的。自从我到了秦飞监室后每天陪他聊天，照顾开导他，慢慢他就再没提寻死的事。他跟我说，他是去现场拿了钱，可人不是他杀的，他去的时候看见女出纳已经死了，是被别人杀的，屋里地上全都是血。他鬼迷心窍，见保险柜门开着，里面有钱就没报案把钱拿走了。他非常后悔，因为那个死者他认识。后来部队保卫处把他抓了，他拿走的钱也被保卫处找到了，但是他说人不是他杀的保卫处不信，还对他进行了刑讯逼供，他实在忍不过去就承认了。后来他在法庭上翻供，法官也不信，跟他要证据，他哪有证据呀？最后法院根据现场证据判了他死刑，立即执行。他越想越觉得冤，认为二审上诉也没用，不如自己死了，算是给死者偿命了，一了百了……”

“你认为他说的是真的？”

“我是这么感觉的，又听他说案子二审在您手里，我就想跟您反映反映这事，供您参考。我知道您是眼里不容沙子的人，口碑公正在号里没人不知道，要是别的检察官办，我也不会说的，因为说了也没用，什么时候没有冤死的鬼呀！”

“你跟我说这事儿，秦飞知道吗？”

“我没跟他说。也不知道见得着见不着您，再说了，即使见着了，要查清楚他到底冤不冤也得很长时间，我怕他实指着，如果没有结果再引起他的思想波动或者其他后果就不好了，没法跟监狱领导交代。”

“行，这事我知道了。你也再帮忙多留意一下他，让他再多想想，尽可能提供一些他没杀人的线索，这样我也会查得有针对性一些。当然他提供不出来也没关系，本来找证据、断真假的事就是检察官的职责，他能做多少就做多少，只要不出其他意外就好。”

“那我就先替他谢谢您了。其实我没想到能这么快见到您，见面后也不知道该说什么。最主要想借这个机会再跟您表达我自己的两层意思，说完了也就死而无憾了。”

“干吗那么沉重，说吧。”

“第一层意思是忏悔。当时想活命想疯了，结果干出害人害己的事来，把您也给牵连了，还被撤了职，很长时间我心里都过不去这个坎儿，一直想找机会向您郑重地说声对不起。第二层意思就是感恩。俗话说大恩不言谢，可我这辈子能做的也只有当面对您说声谢谢了。当年您在自己那么难的情况下，还对我不计前嫌，调查落实了我揭发检举的事，使我能死而复生。这么大的恩情如果黑不提白不提，我还是个人吗？因为我以前当过兵，作为曾经的军人，我没法给您下跪，就让我给您鞠个躬吧……”武富桂说完，又恭恭敬敬地给冀英鞠了一躬。

冀英从武富桂的举动中也感到了某种释然，说：“都过去了，该做的不该做的，该遇到的不该遇到的，绕也绕不过去，躲也躲不开，一切都是命中注定的事，不提了。不过你今天反映的情况很重要，为我在办这个案子的时候引起一些警觉，别办错了。对此我也要谢谢你呢！”

“应该的，应该的！”武富桂还想站起来，被冀英制止了。

“今天就这样吧，那个秦飞我暂时先不提他了，等我办完手里的事再当面问他。”

说完，冀英让冬煜把笔录交给武富桂看，自己和赵刚聊了些院里的事。不一会儿，武富桂签字结束，他们就离开了省看。

车上，冬煜悻悻地说：“敢情这个武富桂不是为王立弓的案子呀，之前咱们还猜错了。”

“是啊，王案的证据还得咱们自己查。不过也算没白来，了一个心结，对他对我都是。”

“还有新收的秦飞死刑上诉案，听武富桂反映的情况可能还真有点儿问题呢，不然的话，他也不至于寻死觅活的，不符合一个抢劫杀人犯接‘死判’该有的反应呀？”

“你分析得很对……”

一个案子还没完，冀英又陷入了另一个案子的思考中。

# 24

快要进行王立弓案的“挖路取证”了，冀英不想把这项大动作变成二审的独步行为，他要联合一审公诉人祝嘉一块儿干。于公说，只有上下两院人员形成合力，才能使这起抗诉案履职到位，取得最佳效果。于私说，冀英欲借机拉祝嘉一把，别让“两次办成无罪案”的帽子压在她一人头上，一旦二审出现抗诉改判，查清案情的正义之功也有她一份。说到底，共赢总比独赢好。

为了做好校方配合等前期工作，冀英把祝嘉也约到了案发现场。一是听听她的意见，二是讨论一下具体工作安排。

祝嘉自接到冀英邀她协办王立弓案的电话，心里除了感动还是感动。她在想，要是换作不相干的人，案子办到这份上是不会再带上她的。因为无罪案件的二审检察官就像足球队里的守门员，抗诉成功如同把点球扑出去了是工作业绩和功劳，没抗成等于点球没扑出去那是常态可以理解。但这个阶段她虽然是“看客”，但更期待二审扭转“败局”，以免被“错诉”追究。可是冀英没丢下她，明摆着是在给她机会，以同一个抗诉主体示人，一荣俱荣……因此她要做点儿什么，哪怕只是打个帮手也要竭尽全力，别辜负了师傅的一片苦心。于是，祝嘉放下电话立马带上书记员张帆赶到了世纪经科大学与冀英汇合。

冀英在王立弓家见到祝嘉和张帆后，笑着说：“小祝你俩是不是第一次到这儿来呀？我算这次都来过四次了。”

“啊，您是在批评我只会材料办案吧？不怕您笑话，来案发现场还真是头一次。以前总觉得这是公安做的事，公诉人的职责主要在法庭。现在知道了，要想在庭上得到法官的认同，必须打好庭下基础，两者必须相辅相成，否则就是不全面，是公诉能力欠缺的表现，这个案子一审办成这样不就是个证明吗？”

“看来是有感悟呀！没关系，慢慢来。今天找你来是商量一下咱们共同要做的这件事：根据目前的证据判断，我们认为这起杀妻案中确有一件打砸被害人头部的凶器没找到，如果这个关键物证能到案就可以抛开口供定案了。至于怎么找，我们之前做了一些功课。”冀英让冬煜把从王立弓家找到的两张照片拿给祝嘉，接着说，“经过分析，照片里这两个物件很可能就是王立弓作案使用的凶器，而且东西的下落或许就在这里……”

冀英打开门厅窗户指着楼下的一条校园小路让祝嘉看。祝嘉一脸茫然：“在哪儿呢，我怎么什么也没看到呀？”

“如果你现在能看到就成神人了！我们分析是在这条柏油路的下面……”之后，冀英向她详细说明了分析理由。

冬煜见祝嘉没啥反应，便问她是不是对冀老师的分析结论有怀疑？

祝嘉连忙说，非但没有，反而被冀老师的超强判断能力折服了！简直就是奇想，堪称围棋中的“意识流”，佩服，佩服！

“哈哈，有你这优秀公诉人的赞同，我们就有干下去的力量！”冀英说。

“还优秀呢？当时这个案子提出抗诉时要没您的鼎力支持，恐怕早就黄了，估计错诉的罪名我是背定了，这会儿说不定已经辞职了呢。”

“没那么悲观吧，这里有一个诉讼理念问题。检察诉权不能替代法院判权，各司其职，完全一致不符合诉讼规律。一起公诉案件法院判无罪很正常，司法官负责制以后可能会更多，没必要过于纠结。”

“听您这么说我感觉好多了，师傅就是师傅，过去多长时间也变不了！”

“还是说回我们眼下要办的工程吧。我是这么考虑的，为了防止没有结果的情况可能带来案件负面效应，在实施过程中尽量做到相对保密。参加的检察人员仅咱们四人就行了，舒唯艺还有很多案头工作，就不叫她了。当然还得请上汪鑫泉法医，他是业务指导，我们是‘剧务’，这是必须的。关于领导那边我们就先不请示了，只要没有程序上的障碍，咱们该怎么干就怎么干。不是实行检察官办案负责制了吗，出了问题我全权负责，大家尽管放心。”

“没关系，真有什么问题，我和您一起担着！我认为只要别出工程事故，应当不会有任何问题。我唯一有点担心的是，就凭咱们几个人能干得了挖路找东西这么大的工程吗？”

冀英看着祝嘉为难的样子有些好笑，道：“别看我们相差十来岁，其中的代沟还是明显的。你们这代人的最大问题就是社会实践太少，优点是接触高科技多，超前时尚，各有利弊。其实咱们要办的事没那么复杂，租个小型挖掘机，再雇几个工人，有一天时间，连挖带回填就搞定了。我们只管睁大眼睛看有没有要找的东西就行，当然了安全是第一位的。”

“嗐，要早这么说不就全明白了嘛！那还犹豫什么，您就下命令吧，具体怎么干？”

“今天先把这事做了。”冀英拿出一张手绘的图纸铺在茶几上说，“你们看，这就是咱们准备破土挖路的范围。一会儿祝嘉和小冬你们两人先下楼，在这条路的南北两端堵住路口，不要让人通行。小张从楼下给我找两块半头砖来，一会儿我用两个砖头从这扇破窗往两头扔，扔到最南端和最北端的落点就是咱们需要挖路的长度，宽度以原有中间部分新铺的柏油为限，预估整个开挖的面积也就二十多平方米，下挖的深度不到半米就应当露出光缆水泥管了，重点在水泥管两侧挖找。”

“您整个一工程师呀，已经计划得这么充分了！再有就是费用问题了，能报销吗？”

“这事我咨询过，整个工程干下来可能得两万元左右，我个人先垫上。以后报不报视结果看，如果有结果咱们再提报销的事，如果没结果就算了，免得再招来非议。”

“啊，远纺姐知道吗？”冬煜问。

“别老‘是啊’‘是的’，多大点儿事呀！先别让她知道，我自己这点儿财政支出还是有能力解决的，赶紧下楼去吧。”

“行，听您的，我们给您保密。”冬煜答应着。

于是，祝嘉带着张帆和冬煜下楼去了。

三人边走边聊，祝嘉说：“公务的活儿不仅要偷摸干，还得个人往里搭钱，也就冀老师能做这‘傻事’，全省再找不出第二个人来。”

冬煜说：“是呀，我给他当书记员这么多年，开始不太理解他们这代人的行事风格，只有时间长了才能悟出些说不清的道理来。只要他认准对的事，就一定不计得失地去做，领导拦不住，处分也改不了。”

张帆说：“我觉得这才是一个真正的检察官应有的个性和品格呢……”

冀英拿着张帆从楼下捡来的两块半头砖，让他帮着查看楼下祝嘉拦着的北端路口，他自己看着冬煜堵住的南边路口，在确认这段封闭的路上确实没有行人后，冀英又挥手示意让她俩再往远处躲躲，随后把手里的半头砖分别向两边抛去。

祝嘉根据北端砖块落下的位置用粉笔在路面上画出了一条标记。冬煜则在南端地面上画上了标记，两相之间差不多长约十五米。

冀英见开挖路段已经标记清楚了，便与张帆一起离开王立弓家来到楼下。他实地查看了一圈，找了把铁锹铲上路边的土，在道路两端的标记处又分别撒出了两条土埂。然后，一行四人去了校长办公室。

世纪经科大学主管行政的副校长姚科听了检察官的来意，表示一定大力配合，并建议将施工时间定在周末，趁着假期学生外出校园人少和噪声不影响教学的当口把事干了。姚副校长还说不用检察官外租挖掘机和找工人，学校这段时间正在扩建教学楼，从工程处调一台挖掘机和两三名工人用一天时间不成问题。冀英听罢连说谢谢，承诺可以支付相关费用。姚副校长说："不就挖掘一段柏油路吗，估计一天时间就够了。在学校干活儿还谈什么费用呀，都是公事就不必了。你们能把江延清校医被杀案搞清楚，将罪犯绳之以法就是对学校最大的支持，从这点说，我们应当感谢检察官才对……"

一举两得，这事就这么说好了，"破路探物"工程定于本周六上午八点在王立弓家楼下画出的路段开挖。

北方省城的七月，依然没有达到盛夏季节。艳阳高照却并不让人感到闷热，从萌动与绚烂中换来的一片深绿，生机勃勃，演绎着一年中最繁花似锦的日子。

这天清晨，世纪经科大学教工宿舍路边停靠了两辆不起眼的轿车，车里下来的分别是冀英、冬煜、汪鑫泉，还有祝嘉和张帆。学校一方的姚副校长带着五名工人已在现场等候，旁边还停着一辆小型挖掘机。冀英握着姚副校长的手把汪鑫泉法医做了介绍，然后客气地对前来帮忙的工人兄弟说了些感谢的话，同时布置了挖掘要求和工作目的。这时一个小伙子跳上了挖掘机，在发动机的轰鸣中开始了挖掘作业。

这条要挖开的柏油路段实长不足二十米，路宽五米。因为工程量不大，按照一天完活的估算，大家干得不紧不慢。

姚副校长并不打算离开现场。身为教育工作者，这是他平生第一次见证检察官如此办案的场景，而且事关本校校医被杀案的事实真相，如此难得的遇见他怎么能错过呢？再说校方还肩负服务保障职责，所以再怎么辛苦他都不能走。

冀英见姚副校长坚持留下，嘴上说着欢迎校方监督指导，心里却平添了几分压力。他担心如果什么发现都没有，整这么大动静会不会给检察院的声誉带来不利影响？还有这是他入额以后自行决定的第一件大事，会不会另有其他隐忧……想到这儿，冀英拍了拍自己的脑门儿有些不知所措。

祝嘉似乎察觉到了什么，低低地问："冀老师有什么需要我做的吗？"

冀英道："没什么，就是不知道今天咱们的运气怎样？"

"嗨，甭管那么多了，这就叫'开弓没有回头箭'。无论如何，只有做了才不后悔，您不是常说，检察官办案要对得起良知吗，我相信您！"祝嘉做了一个 OK 的手势。

"看来带上你是带对了，没事了，咱们分别看着点儿，千万别有遗漏。"冀英也回了一个同样的手势。

"放心吧！只要有东西，别想逃过咱们的眼睛……"

一个多小时过去了，小伙子操控的挖掘机犹如一只灵巧的机器手，将路面的柏油层抓刨成一堆堆碎块儿推到两边，然后继续下挖，很快在回填土中露出了水泥管顶部。挖掘机手见状把机械臂高抬起来，调整车头开出了施工区。

下一个环节该轮到四个工人兄弟持锹挖掘了。冀英嘱咐他们，一旦铁锹碰到硬物必须看清楚是什么，再向外抛，不明白就问，别把要找的东西弄坏了。四人说了声"明白"，立即从水泥管道两侧开挖。冀英、汪鑫泉、祝嘉和冬煜各自盯着一个人目不转睛地查看他们挖出来的每一锹土，生怕漏掉了什么。张帆的任务则是与姚副校长对接巡视，不让无关者靠近施工现场。

中午休息时，校方有人送来了外卖盒饭，大家各找阴凉地儿吃饭歇着。唯独冀英手里拿着盒饭还不停地沿着两条新挖出的沟壑来回转悠，寻思下午的活儿怎么干才能更高效，别等到天黑再收工还得在现场架灯。

汪鑫泉迅速吃完了盒饭对几个工人说："越往下挖越关键，我们要找的东西很可能就埋在最底下，如果发现了什么不要用手动，由我戴着手套去拿，不然的话会把东西上的痕迹破坏……"

冀英在一旁听了汪鑫泉的话不由得被他的信任所感动。他把吃了一半儿的盒饭放在地下，拿出手机看了一下刚十二点，便插话道："几个师傅慢慢吃，别着急，下午一点再接着干，我先下去看看。"说罢，坐在沟边一出溜下到了齐腰深的沟里，拿起一把铁锹自己挖了起来。

祝嘉、冬煜和张帆也要下沟被汪鑫泉拦住了。他让张帆继续担任警戒任务别大意。然后对祝嘉和冬煜说这是男人干的活儿，你们负责照看现场就行了。说完自己来到了冀英对面，双手在沟沿做了个撑杠动作，麻利地跳了下去。

两个年近半百的老检察隔着光缆管道会意地边干边聊。

冀英说："估计再下挖三十公分就见底了，有没有货只看这一锤子买卖了。"

汪鑫泉道："根据你们前期做的功课，这条光缆管道是在这个案子发生一个礼拜以后回填的，这么推算案发时这项工程还处于光缆走线阶段，管道两边挖开的深沟应当是开放露底状态，而回填土方又是推土机施工，因此一个楼上抛下的小物件在沟底被掩埋的可能性极大。再有就是抛物人当天因烧伤送进了医院，紧接着就被警方控制了，没有回家二次处理的时间。所以刚才我对工人说的话绝不是无的放矢的，你老弟把心放肚子里吧。"

说来凑巧，就在冀英与汪鑫泉插空干活的时候，恰被楼上 301 室的一个人透过破窗窥个正着……

没错，此人正是无罪释放的王立弓。

他今天怎么突然回家了？

# 25

自从王立弓被第二次一审宣判无罪以后，更加坚定了他对妻子江延清之死与己无关的自我意识。就像展云奇律师说的那样，证据不足的事实等于没有事实，并且这一无证结果已被法院采纳过两次了，既然如此还有什么可忌惮的呢？尤其经过四年多的诉讼“洗礼”，真相在他的内心深处似乎早已变得模糊不清了。

于是乎王立弓开始飘然起来，绝不相信二审还有翻盘的可能。他那条用来卖惨、指证警方刑讯逼供的“枯棒腿”也被弃用了，等不到最后开庭就去医院做了整形手术，一门心思地奔着与曲霞结婚的路子走。可是，偏偏事与愿违，就在王立弓出差期间，曲霞的一个电话惊得他如梦方醒，真没想到，案子都到了这个阶段，二审检察官还在对他进行调查，而且竟然把他家的门厅地砖给起了……

王立弓坐不住了，原计划出差两周的行程还没结束就提前返回了省城。一下飞机，他顾不上回家，先直接打车去了展云奇的律师楼。

两人见面后，王立弓把从曲霞那里得到的信息向展云奇做了详细汇报。展律师听后也是吃惊不小，连连摇头道：“这个姓冀的检察官还真有两把刷子，不可小觑呀！”

“我们怎么办？”王立弓焦急地问。

“不做亏心事，”展云奇想说下半句突然觉得不妥，忙改口道，“静观鬼敲门嘛。在检方没有提交新证据之前，我们切不可盲目应对。退一万步说，就是他们提取的痕迹是江延清的血迹也说明不了什么问题。别忘了那是你和江延清的家，在这个前提下发现的家庭成员之间的血迹，都有可能是矛盾争执所留而不仅是作为杀人犯罪的证据。就像之前公安在你家提取的‘一滴血’似的，不照样没被法庭采信吗？所以，一滴血也好，一片血也罢，性质都一样。只不过这次新发现的痕迹可能使我们更被动一些，但远没到山穷水尽的地步……”

听了展律师这番开解的话，王立弓紧绷的那根弦儿舒缓了许多。他无心再与展云奇多叙，说已经一个多礼拜没见到曲霞了，于是赶紧回家了。

曲霞因为之前配合检察官现场勘查后，对王立弓案的内情又多了一些直观了解。尤其目睹了检察官提取到疑似江延清被杀留下的血迹时，内心激起了不小波澜。一方面，她爱王立弓。从多年发展的地下恋情，到经历案情风暴公之于众的准婚姻，一路走来，她始终没有放弃过。另一方面，一想到自己未来的幸福将建立在一个杀妻嫌疑犯身上，顿时又冲掉了所有温情，取而代之的是不寒而栗的恐惧。为此，曲霞失眠了，几个晚上都没睡好觉，她真不知王立弓出差回来怎么面对他。万般无奈中，她想到了自己的好朋友余小丽，决定把小丽叫到家里来询问办法。





余小丽听曲霞说有急事要谈，下班即赶到了曲家。进门后，当她看到装修一新的两居室和新添置的家具，便说：“看这意思，这是你的婚房呀？”

曲霞表情不自在地回答：“原先是这么打算的，这不遇到新情况了吗，所以把你请来给我出出主意。”

“哟，还有大记者搞不定的事呀？要听我这个老同学的主意，就怕是馊主意，哈哈哈！”

“馊不馊的，先听我说呗？”

“王教授啥时回来呀？这不有现成的老师嘛。”

“他出差了，过几天回来。就是回来也不能问他，因为就是他的事。”

“啊，王教授的案子不都结了吗？”

“那是一审，现在是二审。”

“哦。”

“晚饭我叫了外卖，一会儿就到。现在先说事儿吧……”

曲霞给余小丽倒了杯热水，二人坐在沙发上聊了起来。

余小丽听完了曲霞因情所困的故事，想了想说：“两个问题，一是王教授是否为杀妻焚尸犯，二是你选择怎么做？”

曲霞说：“是。”

“我认为是一个问题，因为前一个问题决定后一个问题。所以我的建议很简单：关于王教授是否构成犯罪，听法院二审宣判可知。如果判有罪，不是死刑就是无期，你想跟他结婚也不可能了，一切打住，选择新的生活；如果维持无罪，那就没什么可犹豫的了，在法律的支持下与他结婚，继续你们的幸福。两因两果，全凭法院说了算，这就是法治思维。”

“完啦？”

“完了。”

“就这么简单？”

“就这么简单！”

“难道我把问题想复杂了？这几天急得直掉头发，你一来好了，答案只能是静观其变！”

“没错。你是‘只缘身在此山中’，自己的事反倒不容易看清楚。”

“哎，二审判决还不定啥时候呢，他回来又没别的地方去，这叫我怎么面对呀？”

“一切如常。说句不该说的话，一个敢为你杀人的男人，这个世界不会再有第二个人了。”

“还没结果呢，先别这么说。”

“就是这个意思啦，总之你们在一起的时间可能不多了，尽可能珍惜才对，也不枉爱过一场。”

那一晚，她们谈了很久……

曲霞上午接到王立弓晚上回家的电话，提前下班到菜市场买了鱼、肉和新鲜蔬菜，马不停蹄地忙乎了一桌好饭并开了一瓶法国干红，准备体验一下小别胜新婚的感觉，至于其他的什么都不想了。

王立弓进门见到此情此景和身着纱裙婀娜多姿的曲霞，立刻不顾一切地把她抱了起来，一个劲儿地狂吻，嘴里还不停念叨着“想死了、想死了”……

曲霞瞬间被激到了热点，双手勾住王立弓的脖颈喃喃地说：“先吃饭吧，一会儿都凉了。”

王立弓说：“还是先干事吧，别让激情凉了。”说完把曲霞抱到床上翻云覆雨起来……

第二天是周末，王立弓与曲霞的晨起时间均比往常后推了两个多小时，待两人洗漱完毕做完早餐已经临近十点了。正当他们坐下来准备吃饭，这时曲霞接到一个报社同事打来的电话，说领导让她速回单位一下，有篇急发的新闻稿需要调整。身为职业记者的她饭也没顾上吃，跟王立弓打了个招呼就匆匆离家去了单位。

曲霞走后，一股难耐的寂寞让王立弓食欲顿消，脑子转来转去又回到了案子上。他实在想不明白，四年前的那个夜晚，明明把江延清流在门厅地上的血墩洗了好几遍，怎么还能从砖缝儿里发现痕迹呢？尽管展律师分析得有道理，但事搁谁身上谁知道，这个时候一旦出现意外就全完了，甚至命都难保。思前想后，他决定秘密潜回自家一趟，看看还有啥其他要“打扫”的没有。

中午十二点前后，王立弓打车回到了他四年多未归的家。这是一个想起来就令他胆寒的地方，别说回来就是梦里忆到这儿都会被惊出一身冷汗来。不是有那么句话嘛“冲动是魔鬼”，现在的王立弓已经变成魔鬼了。白天是人，晚上是“鬼”，人前是教授，人后是凶手，这种不人不鬼的日子简直都快把他逼疯了。可这又能怪谁呢，谁让自己当初没把控住冲动的魔鬼呢，“一失足成千古恨”或许也是一种报应吧。

王立弓胡思乱想地走进了自家的单元门，直接上到三楼 301 室，见旁无人，撕开封条，熟练地拿出备用钥匙开门入室，随后关闭了房门。

站在阔别多日的门厅里，眼前的一切，让王立弓在感叹物是人非中掺杂着一种事事未休的惶恐。他察觉到地面被新换过了，正西一侧的沙发和茶几有移动，沙发后墙上的玻璃窗破损了一扇，吹进来一阵清凉的微风。王立弓走近窗前向楼下张望，发现临窗下的一段公路又在重修。他仿佛记得，案发那年这条内部道路正在铺设管道修了好长时间。

刚开始，王立弓并没有在意楼下的工程与他的案子有关，可当他定睛看到一个并不陌生的身影时，立刻察觉到这些人的行动可能是针对他的，因为其中一位指挥的人正是讯问过他的检察官冀英。与此同时，他通过几个工人的对话分析，这些人是在按照检察官的意图寻找什么。很明显，依照有血迹必有凶器的一般逻辑，检察官在室内找到血迹以后，又再顺着这条思路找凶器呢。室内找不到向室外找，地上找不到往地下挖……猛然间，在环境的刺激下，他想起了一个曾经断片的记忆：那天晚上，他从曲霞那儿回家进门就与江延清发生了激烈冲突，之后，他受到了她的语言侮辱和行为攻击。由于被踢裆部的剧痛与羞辱，让他彻底失去了理智，发疯似的把江延清抃昏在沙发上，然后还不解气，又随手抄起一个东西狠命地砸向她的头部，直到血光四溅，血流遍地。失控中，他将手中带血的凶器抛向了沙发后面的玻璃窗，“啪！”的一声巨响，随后玻璃碎落一地，西北风号叫着吹了进来，瞬间淹没了发生的一切……莫非检察官在找那件被他抛出去的物证？想到这儿，王立弓吓得一屁股瘫软到了沙发上。

也不知道过了多长时间，王立弓朦朦胧胧地听到楼下有人喊：“检察官，找到了，找到了！”

王立弓立刻起身向下看，只见冀英等人围拢到一个工人面前，其中一个戴手套的人下到沟里把发现的东西举了上来，说：“就是它，还带着标呢，和照片上的一模一样。”

“上面留下的痕迹可不少呀！”

“等着回去看鉴定吧！”

戴手套的人把东西放进了一个塑料袋里。

“既然找到，那咱们就收工吧！”

冀英与旁边一个人握手后，带着其他人向路北停放的轿车走去。那个被握手的人王立弓认识，是学校的姚副校长。

看到眼前发生的一切，王立弓自言自语道：“完了，这下全完了……”

一周后的一天，汪鑫泉打电话告知冀英，公安部物证鉴定中心的检验报告传过来了，送检的烟灰缸上不仅检出了死者的血迹，还有王立弓的指纹脱落细胞。结合江延清尸体头部的凹陷骨折伤，足以证明这件源于王立弓家的烟灰缸就是本起命案的杀人凶器……

“太好了！”冀英放下电话对舒唯艺和冬煜说，“听到了吧，有了这项关键的凶器物证，再加上从王立弓衣袖上提取的江延清喷溅血点，以及证明他家门厅是第一犯罪现场的一滴血和地砖血痕，由此形成的证据链已经堪称无懈可击了，完全可以不依赖被告人口供直接定案！”

舒唯艺感叹道：“从法律的视角看，凶器加喷溅血两项就已经达到了直接证据标准，足以单独证明本起杀人焚尸案是王立弓所为。您说的‘无懈可击’是对‘证据确实、充分’的司法诠释，我非常赞同，而且得来不易！”

“是啊！这个案子两上两下，两次判无罪，又两次抗诉，要是没有冀老师的办案悟性和坚持，真相还将继续潜伏，凶手仍然逍遥法外，‘中国版的辛普森案’炒作依然甚嚣尘上……”冬煜附随着说。

“哈哈……别赞了，都是大家共同努力的结果，还有汪法医的鼎力协助，以及咱们每个人心中的正义。这个好消息赶紧告诉祝嘉……”

正当三个承办人分享他们的办案成果时，冀英的手机铃声又响了。

“喂，哪一位？”

“我是曲霞。”

“你好，有什么事，请说？”

“我向你们反映一个情况，王立弓在三天以前离家出走了……”

“啊？”冀英听到这个信息暗吃一惊，嘴上却平静地说，“谢谢你反映的情况，如果再有他的消息，请你随时联系我们。”

“行。”

随后，挂断了电话。

“怎么会这样，早不跑，晚不跑，偏偏在我们拿到关键物证的时候跑，这里会不会有问题呀？！”舒唯艺疑惑地问。

“我也正琢磨这事儿呢。”冀英分析道，“也有可能我们在他家楼下的行动被人泄露了，那天的动静那么大，街坊邻居有人知情也正常。不过从王立弓的反应也能说明，咱们发现的证据价值是足以让他害怕到逃跑的。”

“有没有律师的作用呀？”

“应当不会，毕竟展律师是法律界的大牌，基本素质我们应当相信。”

“就怕钱的作用使然？”

“没证据的事我们就不猜了。针对现在这种情况，我的意见是这样：第一，马上通知刑警队长葛海洋，让他们对这件事进行调查，如果属实立即对王立弓进行边控，防止他外逃出境，同时上网通缉。第二，鉴于对王立弓案的二审取证工作已经全部结束，我们要尽快结案移送新证据，并将支持抗诉意见连同王立弓在逃说明一并提交法院。第三，把全案办理情况和曲霞反映的问题，向杨红君处长汇报，对了，改革以后人家叫主任了……”

“听您的，还是您主外，我主内，同时，公安的事您联系，法院的事我办，小冬退卷。”

“好。这会儿咱俩先向杨主任汇报去。”

说罢，冀英先给杨红君主任打了个电话，说有事汇报。杨红君让他们现在就过去。冀英和舒唯艺来到杨主任的办公室，把在办案件被告人脱保在逃的事叙述了一遍。杨红君说一块儿向柳检汇报一下。

柳长鸣听了冀英反映的情况和王立弓案的最新办案进展非常满意，他略带玩笑地说：“美国的辛普森案可没有这出逃跑的剧情啊！看来这个说法不靠谱。之所以这时候逼得王立弓显露原形，无非是你们发现新证据的结果，这也说明在这个案子上检察院一审公诉和二审抗诉都是正确的。当然了，一审法院根据当时的事实证据判处王立弓无罪也并不能说错，毕竟现在关键证据发生变化了，因此凡事都要客观评价。关于对王立弓案的处理问题，我认为是这样，因为人是一审法院无罪释放的，而且也是他们办的取保候审手续，现在王立弓违规脱保了，办理收押也应当由法院进行是符合诉讼法规定的。目前检察院只要尽到与抗诉有关的职责就好，其他保障庭审进行的事可以监督，但不宜具体介入过多。与公安方面联系抓捕工作也要在告知省高法以后协调办理。另外，据我了解，这个王立弓前不久刚做完一条腿的整形手术，这个时候让他跑也跑不远。即便跑到国外去，这种背着命案的人，哪个国家法律都不会容忍，更何况公安部一上‘红通’，不等遣返，他自己就得回来。所以原则上咱们不怕他跑，你们该结案的结案，该移送材料的移送材料，由省高法对本案作出中止审理决定。至于什么时候能够审判他，我看还是那句网络用语说得好：正义可以迟到，但一定不会缺席……”

出了柳长鸣办公室，冀英对舒唯艺不无感慨地说：“回想四年多扑朔迷离的诉讼过程，只因一朝挖出实证就把王立弓吓得无处遁形了。也好，就算他亡命天涯也有被捕的一天，我们要做的就是‘需时日，待到严惩犯罪时，再申正义慰世人’！”

“听起来有些诗的味道嘛！”舒唯艺笑道。

“啥诗不诗的，只是案后一点抒发而已。”

“不过‘需时日’的事，恐怕暂时顾不上了。刚才我接到一条看守所发来的信息，说死刑上诉犯秦飞正在闹绝食呢，让咱们抽时间赶快过去见他一次。”

“啊！什么时候的事呀？”

“就这两天。”

“那还抒发啥呀，赶紧转办秦飞案吧……”

# 六

# 血溅财务室

# 26

在看守所预审室里端坐着检察官办案组的冀英、舒唯艺和冬煜，他们是听到新收案件中死刑上诉人秦飞在看守所闹绝食的信息后临时赶过来“灭火”的。

趁着民警到监室提解秦飞的空当儿，冀英抓紧看了一眼一审判决书主文，上面清楚写着：被告人秦飞，男，三十八岁……公诉机关指控其犯抢劫罪、故意杀人罪事实清楚，证据确实、充分，并能排除一切合理怀疑，足以认定两项罪名成立。鉴于被告人秦飞所犯上述罪行性质特别恶劣，后果极其严重，社会危害性极大，依法判处其死刑，剥夺政治权利终身，并处没收个人全部财产……

冀英感叹道：“又是一起谋财命案！现在这人是怎么了，取了财还要把人杀掉，完全不计后果？”

“可不是嘛！二十三岁的女被害人在单位财务室脖颈中刀而死，现场惨不忍睹……”

“案卷都看啦？”

“看了一遍。前几天小冬跟我说，有个您办过的在押犯反映秦飞案可能有问题，我就重点审查了一下证据情况。”

“怎么样？”

“说实话，不仅没看出什么问题来，反而觉得这个案子的证据比王立弓案好多了，秦飞谋财害命被论证得天衣无缝！”

“噢？这段时间净顾着忙王立弓案子，秦飞案就没来得及看材料，要不是他绝食的情况紧急，我的一贯做法是先审查后见当事人，现在都颠倒了。”

“您不也说‘战斗一打响，作战计划就作废一半’了嘛？随机应变呗！”

“对，一会儿人提回来主要先听他怎么说，然后咱们再随机应变……”

正说着，只听“咣当”一声，审讯室的铁门从里面打开了，民警把秦飞带了进来，随后铐坐在被审讯的固定椅上。

冀英隔着铁栅栏观察秦飞。此人中等身材，宽脑门儿，头发稀疏，长眉细眼上戴着一副黑边眼镜，镜片后的目光略显呆滞。他看了一眼外边坐着的几位检察官，低头不语。

“是秦飞吗？”冀英平和地问。

“是。”

“我是负责你这个案子的二审检察官，我叫冀英。”

“噢，听说过。”

“是吗？那就聊聊。”

“聊聊，聊什么？”

“聊什么都行，只要你愿意……”

秦飞略微抬起头，看了一眼冀英，说：

“还是你问吧？”

“二审有的是时间，我问不着急，想先听你说说。”

“我百口莫辩，说了也白说……”

“那不见得吧？只要有冤情我们就一定能查清楚，俗话说‘纸里包不住火’。”

“我虽然有冤，但是没证据，你们怎么查清楚？法官都说了让我拿出证据来，证明人不是我杀的，可是我上哪儿拿证据？别说我在里边，就是我出去也没这个能力，所以与其等着被枪毙，还不如自己了断……”

“你要是了断了，那可真就百口莫辩了！我建议你既然上诉了，不妨有什么心里话说出来听听，不是还没到死的时候吗，真到那一步你愿意怎么做我也不拦着……”冀英在往“生”的道上引秦飞。

“能给我点儿水喝吗？我现在说话没力气。”

“这就对了，绝什么食呀，该吃吃，该喝喝，到什么时候说什么话。”冀英从冬煜手里接过一瓶矿泉水隔着铁栅栏递给了秦飞。

秦飞一口气把水喝完了，沉思了一会儿，问：“我从哪儿开始说？”

“想从哪儿说就从哪儿说，千万别藏着掖着，把你认为的冤情都说出来。”冀英刻意强调“冤情”二字，为的是拉近“同情感”，首先稳住对方解除自杀警报，其次才是了解案情的需要。

“好吧，就从六年前我到省城打工的时候说起……”秦飞终于开腔了。

但凡有诉求表达的人一旦开口说“冤情”，想死的意愿或许就不那么迫切了。因为他还要等一个回应，至少在没有结果之前，是暂时不再有自杀的念头了。这一点，冀英和舒唯艺的感觉是一致的，因此二人会意地对视了一下，认真听秦飞继续说下去……

“二零一零年，我三十二岁。”秦飞语气低低地说，“因为我和我老婆都在农村干活儿，只有初中文化，家庭收入也不多，还要供两个孩子上学，所以主要靠我在外面打工挣钱维持家用。那年我从老家来到省城一个部队招待所做临时工。后来招待所裁员，我被辞退了。之后，我另谋职业，但一直不稳定，经常是几个月一换地方，也有找不到活儿干的时候，经济上开始入不敷出，孩子又等着上学用钱，实在没办法，我在二零一三年过完春节又回到招待所找施勇信所长，求他帮我联系找工作的事。

“施勇信四十岁出头，是部队转业干部，后来留招待所当了所长。他听了我的情况后，说招待所没有用人空缺，但答应帮我慢慢问问。那段时间因为我没地方住，就暂住在施所长给我安排的一间闲置库房里，为这，我非常感谢他。

“施所长的家住在星州市，可他基本上只是周末回去，平常下班后经常组织人在他办公室打麻将，而且一打就是一个通宵。有几次他们三缺一，就把我叫过去顶缺。后来，我也慢慢上瘾了，主动跟他们玩儿。刚开始，我把身上带的几百块钱都输了，还悄悄跟招待所的女出纳吕秀琴借。小吕是个二十多岁的未婚女孩，我们以前挺熟的又是老乡，我跟她说借钱是给孩子寄学费，她就借给了我一千元。可没几天又被输光了，我没脸再跟她借，就找老乡认识的一个有钱人去借，我总想着把输的钱赢回来，可是钱没赢回来赌债却越欠越多，一来二去不到几个月时间，我竟然背上了五万多元的滚利债。”

“施勇信知道你这个情况吗？”

“我没直接跟他说，但他好像知道我借钱的事。”

“以后呢？”

“二零一三年六月三日晚十一点多，施勇信从外边吃饭回来又召集大家打麻将。我当时是随叫随到，另外两人一个是保安队长常浩，另一个是副所长高歌，都是住招待所的常客。那天我们刚打了一圈还不到十二点，因为四个人事先准备的零钱不够，打着打着就找不开钱了，只能相互欠着，结果越欠越乱。这时有人提出得换点儿十元和五元票面的零钱去，否则没法玩了。我说这么晚了到哪儿换钱去呀？施勇信说可以找吕秀琴去，小吕就住在招待所六楼的女员工宿舍，她们一般都睡觉晚，把她叫到四楼财务室就能换零钱了。我心里一直憋着想捞本，不想就这么散了，就自告奋勇地去找小吕，而且也想借这个机会，把我以前欠她的一千元钱还给她。施勇信他们说行，等我换回零钱再接着玩儿。我说没问题，就上楼找吕秀琴去了。结果我这一去就出事了，出大事了……”

接着，秦飞讲述了那晚他所经历的血案。

他说，那天他从施勇信办公室出来以后，先到一楼服务台用座机给六楼的女员工宿舍打了个电话。接听的是与吕秀琴同室的袁丽。秦飞请袁丽帮忙叫一下小吕，可袁丽说小吕还没回来，可能在财务室看书复习呢，因为她正准备参加会计师资格考试，之后就挂了电话。于是秦飞从一楼爬到四楼，见财务室的灯果然还亮着，他就敲门问：“小吕在吗？”可是没人回答。他又连叫了几声，还是没有动静，就觉得有点儿纳闷，随手推门一看，眼前的一幕让他大惊失色——只见吕秀琴侧躺在地下，脖子上流了好多血，手里还拿着一串钥匙，保险柜的门半开着，里面有很多整捆的现金……

“我当时被吓蒙了，想喊人或者报警，可一看到保险柜里有钱就鬼迷心窍了，心想反正人不是我杀的，先把钱拿走还高利贷救急，不然的话债主就要来索命了。几分钟以后，我慌慌张张地把保险柜里的钱装在一个塑料袋里拿走了，直到十天以后我被抓，拿走的六万多块钱一分没花……”秦飞断断续续地说完了事实经过。

冀英示意舒唯艺对秦飞进行讯问。

舒唯艺心领神会，根据阅卷掌握的案情信息，问道：“秦飞，既然你说人不是你杀的，为什么在公安机关供认的杀人动机、情节、手段和后果都那么详细和具体呀？”

“我不说不行呀！他们打我，不让我睡觉，说所有证据都证明是我，不说也没用。我被他们整傻了，让说什么说什么，先挺过这关再说吧。可是到了检察院我再翻供，谁都不相信了，法官也不信。我估计你们也不会相信的，钱都让我拿走了，我还说什么呢？可是我拿钱了，就能证明我杀人了吗？您问我为什么认罪时候说得和现场一模一样，那是我亲眼见到了吕秀琴被杀的尸体……我看到小老乡被人害了不报案，还拿走了现场的钱，我简直就是个混蛋。可混蛋归混蛋，也罪不至死吧。我死了是小事，我的老婆孩子可怎么活啊！”秦飞说着哽咽了起来。

冀英仔细观察着秦飞的表情，似乎没找到他在演戏的破绽。

“你说你在进财务室以后看到吕秀琴已经死了，而且是被杀死的，你怎么能确定呢？”

“我看她一动不动地躺在地上，脖子上有伤口，血肉模糊，地下流了一大片血，所以我认为她是被人杀死的。”

“你说吕秀琴是被别人杀死的，可她的手指甲缝里为什么会有你的皮屑组织，那可是她与杀她的人搏斗留下的痕迹，对这个事实你怎么解释？”舒唯艺问到了秦飞百辩不能的痛处。

“这个问题我无法解释。”秦飞无奈地说，“我只能要求重新鉴定，如果鉴定结果仍然证明她指甲里的 DNA 是我的，我就认罪。”

“重新鉴定很容易，结果应当也是显而易见的，那时你就不喊冤了吗？”

“我当然还会喊冤，只不过不是在人间，而是在地狱，在地狱向鬼魂喊冤。”

冀英插话道：“你说这些无济于事，改变不了判你死刑的结果。我倒希望你再仔细回忆一下，看有没有什么遗漏的细节，或者你认为哪些事实认定得不够合理？”

秦飞想了想，说：“一审定我用折叠刀杀了吕秀琴就不合理。”

“怎么个不合理？”冀英追问道。

“这把折叠刀根本就不是杀人凶器！警察从我家搜到以后说是凶器，我只能顺着说了。可是你们想过没有，如果这把刀是我杀人用的，我为什么不给它扔了，还把它带回老家？另外，这把折叠刀有点毛病，就是打开时特别费劲儿。因为它不是弹簧刀，所以一般力气稍小点儿的人根本就打不开。如果像我以前说的‘吕秀琴推倒我往外跑，我从后面追上她，左手搂住她的脖子，右手持刀扎’，哪儿来得及呀，根本没时间打开折叠刀……”

讯问持续了大约三个小时，秦飞自辩只谋财没杀人的事实，除了在案那把折叠刀有些疑点外，其他基本没什么证据价值，也不具有可查性线索。对于这种苍白无力的辩解，舒唯艺早就听得不耐烦了。可冀英却对秦飞说："没关系，可能案件发生的时间太长了，有些细节的东西记不清了很正常，你回去再好好想想，过几天我们还来，直到你说清楚和我们查清楚为止……"

# 27

民警把秦飞押回监室走了。

舒唯艺对冀英说，这个案子是她办过的死刑案中证据最齐全的一件。一是秦飞有熟人之间作案杀人灭口的动机。二是本案有证明秦飞杀人劫财的直接证据，从被害人指甲缝中提取的秦飞脱落细胞足以证明这点。三是在秦飞的指认下起获了劫财公款，属于因供取证的性质。四是在案发现场收集到多处秦飞的血足迹、血指纹，证明其杀人劫财的关联性。五是从秦飞家搜到的折叠刀作案凶器，与被害人脖颈处的伤口成因基本一致。因为秦飞在案后对这把刀进行了清洗，所以没有检测出刀上的血迹，但可以做出合理解释。以上五项主客观证据已经形成完整的证据锁链，证据确凿，指向唯一，在排除秦飞认罪口供的前提下足以定案。一审期间，秦飞的辩护人为他作罪轻辩护也能从另一视角证明，本案事实认定没有疑问。关于量刑方面，舒唯艺说，秦飞残忍地割断了被害人的颈部动脉，虽然只有一刀，但表现出他对被害人死亡的积极追求，因此，一审法院判他死刑，实为罪有应得。

冬煜也义愤填膺地说："这个秦飞简直就是没人性。他现在的自杀表现就是想用这种方法往外撞，撞不出去就自杀，还是怕死。不过今天能让他抱点儿生的希望也好，必须让他活着等到法律的制裁！"

冀英听完了她俩的案情分析，虽然没说出啥反对理由，但总觉得哪儿有些不对。他说，秦飞在案发当晚见出纳员吕秀琴的事有多人知道，在这种情况下，他还能杀吕劫财，不顾现场留下那么多证据而持款返乡，难道他就不知道这么做是有命抢，没命花吗？还有秦飞辩解的折叠刀不是凶器的说法也不是完全没有道理。再加上他两次以命相搏的判后表现，仿佛给这起看似证据完美的谋财血案蒙上了一层隐秘的阴影。

舒唯艺见冀英还在为定案的事纠结，于是补充道："单从被害人手指甲缝里检测到秦飞的皮屑组织这个事实看，吕秀琴在临死之前与秦飞是有过肢体接触的，证明秦飞进入财务室以后吕秀琴还活着，而他嘴里的“死亡现场说”完全是谎言。对于一个在关键事实上胡编乱造的人，他的其他辩解又有几分可信性呢？关于您提出案发当晚有人知道秦飞去找吕秀琴，他为什么还敢在这一时间段杀吕劫财的质疑，我认为按照一般逻辑的确不太可能，但是凡事都有其特殊性。比如秦飞在供认犯罪的时候曾经说过，他是为了找吕秀琴换钱而进入的财务室，当看到吕秀琴打开保险柜里面有成捆现金的一刹那，突然萌生了向吕秀琴借钱还高利贷的想法。在遭到吕秀琴断然拒绝时，二人发生了激烈的肢体冲突。此时秦飞打开随身携带的折叠刀威逼吕秀琴交出公款，没想到吕秀琴死命不从，于是从恐吓变成了实施……由此可见，突发性与失智性是本案的显著特点，有了这个前提，某些不合理的动机、情节就都可以解释了。”



冬煜跟着说：“我也认为秦飞案本身应当没什么智力含量，哪有一个抢劫犯明知作案难逃干系还拿那么多钱往老家跑呀，这不一抓一个准吗？整个一个渣男加脑残。对于这种人，根本用不着为他浪费更多司法资源，按证据办就是了！”

这时舒唯艺又想到了一点，补充道：“还有冀老师提到为什么秦飞在接判以后屡次自杀的问题，似乎也有迹可循。我看秦飞的供述中有这样的话，他说是他杀了曾经帮助过他的小老乡，现在非常后悔，这不是他的初衷，但结果已经这样了，愿意为她抵命……”

舒唯艺和冬煜你一言我一语地说着，尽管表达的立场与冀英的质疑不大统一，但冀英仍然愿意听她们说下去。理由很简单，他喜欢这种办案成员参与其中，知无不言的讨论氛围。不像某些员额检察官办案组，实行责任制改革以后，助理反倒不参加办案意见了，让干啥干啥，美其名曰“不干扰检察官的办案思路”，谁办案谁负责，与己无关。这种状态能形成一个能动、有效的办案集体吗？答案肯定是不能。另外，舒唯艺可是科班出身的精英人才，只是为了要二孩没参加入额考试才屈尊当的助理。再有她与远纺的闺密关系，从哪方面说，冀英都不可能不尊重自己这位特别助理的办案进言。

想到这儿，冀英乐呵呵地说：“难怪有些律师提出要求女司法官回避的理由竟然是与当事人一方为同性，可能因为感情因素而影响公正办案，哈哈哈！可是我并不苟同这样的观点，相反在这起案件中，你们的分析意见只会让我的判断更全面、更慎重，非常好！但话又说回来，排除一切疑问也是我们二审的职责，‘小心驶得万年船’嘛。所以有两件事咱们必须办，第一到院证物室把秦飞案中的那把折叠刀验证一下；第二按照以往的办案程序，命案现场也得去一趟……”

舒唯艺与冬煜对视了一下，笑道：“合着我俩说了半天，您该怎么办还怎么办呀？得，谁让我们是‘员外’呢，都听您的！”

次日一上班，冀英与舒唯艺早早来到了检察院证物室。

二人戴上手套借出贴有“秦飞案杀人凶器”标识的大号折叠刀查看了起来。冀英让舒唯艺打开折叠刀。舒唯艺一手拿刀，一手两指紧扣折叠刀血槽，用了好大劲儿却仍然没把刀打开。冀英拿过来试了试，刀倒是打开了，但确实感觉很费劲。证物室库管员老刘是部队复员兵，身高体壮，正值壮年。他见冀英他们在这儿“开刀”有些好奇，走过来看看究竟。冀英就让老刘也试试打开这把折叠刀。老刘戴上手套反复开了几下，不解其意。

冀英问老刘：“打开这把刀有什么感觉？”

老刘说：“除了这把刀的弹簧有点儿紧外，别的没什么。”

冀英道：“依你的手劲儿能感到这把刀的弹簧有点儿紧，要是换了一般人，在遇到紧急情况下，想要快速打开这把刀你觉得有障碍吗？”

老刘说：“应当有点儿困难。这把刀确实难打，一是簧硬，二是里边锈住了。我刚才是摆好了姿势用的劲，你们看不出来？要是在紧急情况下，从兜里拿出来迅速打开，恐怕就来不及了。”

“噢，是这样。”冀英点点头，似乎在琢磨什么。

当天下午，冬煜与秦飞案的发生地——省郊区某部队招待所保卫处进行了相关工作联系，随后，冀英带上办案组成员和汪鑫泉法医一同前往现场勘查。

对于命案办理请汪法医协助的做法是冀英多年来形成的习惯，也是汪法医自己提出的要求，有“求”必应。在这点上，其他检察官却鲜有为之，主要是理念存在分歧。有些人认为，侦查或者补充侦查都是公安机关的事，检察官做这些是越界。久而久之，这些人就形成了注重卷宗审和法庭辩的工作模式，至于补侦勘查啥的，既不想学，也不会用。

可是冀英认为，要想把案件办扎实，光靠法庭上的花里胡哨还不行，关键要让事实说话，让证据说话。而对事实和证据的判断全凭卷宗材料支撑，或许没有争议的案件尚可应对，一旦遇到疑难复杂的命案问题，就相形见绌了。必须有亲历，有辨别，才能使认识更理性，让真相更直接，在法庭上说出来的话也才更有力度和底气。因此，不管别人怎么看，哪怕多花一些时间和精力，也要把庭前该做的事做完才踏实，这是他的办案原则。

冀英一行四人在招待所新负责人的见证下，照例对吕秀琴被杀案的财务室现场进行了检察勘查。

这间财务室的面积约二十五平方米，略显长方形。南侧走廊处是房门，房门上方带一小窗。北侧为落地飘窗。室内有两个写字台，靠北边的是吕秀琴出纳工位，靠南边挨近房门的是会计工位，靠东侧放着一个三人黑色皮质沙发。在吕秀琴的工位旁是保险柜，柜门大开，里边只有一些票据和人民币散张。在接近房门处地面画有被害人倒地的人形图，地面血迹依稀可见。整个房间现场保存完好，这是根据本起凶杀抢劫案尚未审判终结的诉讼要求而暂时查封的。

冀英拿出盒尺与舒唯艺丈量着从保险柜到被害人被追杀倒地的距离，大约有十米。之后开始推演秦飞供述的杀人劫财场景："因'借钱'不能被突然推倒，吕秀琴跑向房门，他打开折叠刀在房门处追上吕秀琴，从后面左臂夹颈，右手持刀刺中其右颈部……"演绎的结果是，如果不动刀，秦飞起身追上并扑倒吕秀琴两三秒钟便可以完成，可加上拿出刀和双手费力打开的动作，就难做到把吕秀琴劫持在屋里了。虽然这只是模拟案情的假设，但回放之间却仿若身临其境似的，让冀英不得不想在现有的证据缝隙之间，去探寻一种看似不可能的"缥缈"。

汪鑫泉在冬煜的配合下，打开勘查器具箱拿出放大镜，经过一番室内的环境目测，唯独选定了皮沙发进行痕迹检验。他不时地将散落在沙发上的毛发用镊子夹起来装进证物袋，之后，又采取粉末显现法在沙发垫的边缘提取到两枚半残缺指纹……

两组人马工作一个小时后，开始碰碰问题。

冀英对汪鑫泉说："假如，我说的是假如，死者不是被告人杀的，而是在他进入财务室之前就已经被别人杀死了，他只是图财把现场保险柜里的钱拿走了。那么，对于死者指甲中留有被告人的皮屑组织又作何解释呢？"

汪鑫泉说："按照你说的这种假设，只有一种情况可以解释。"

"什么情况？"冀英和舒唯艺都惊诧地问。

"就是前边的杀人行为并没有在较短的时间内致被害人死亡，而只是一种暂时的休克状态，法医学称为假死。当后边的被告人进入现场后，由于与被害人有近距离肢体接触，从而将被害人突然唤醒。被害人以图求生而本能地抓挠了被告人，造成在她的指甲中留下了被告人的皮屑组织。而被告人在只顾劫财的紧急情况下，或许并没有留意到被害人这一举动，直到离开现场后，被害人方才血液流尽死亡。"

"精彩，精彩极了！"冀英说，"只可惜这是现实办案而不是剧情虚构。"

"这并不只是虚构。我记得在来的路上，你跟我介绍被害人的死因是'颈动脉破裂导致的失血性休克死亡'。而被害人死亡的时间长短则取决于颈动脉破裂的程度。如果颈动脉完全破裂，伤者在几分钟内即可死亡，没有任何救治手段。但是，如果颈动脉只是部分被刺破，伤者往往有一个慢性血流过程，局部会形成血肿压迫，法医学叫作假性动脉瘤。在这种情况下，如果得不到救治，伤者一般可以存活两到三个小时。如果得到及时救治，则可挽救生命。具体到这个案子，被害人的颈动脉是完全破裂还是部分破裂，需要看尸检报告，必要的时候还需进一步尸检，以确定被害人的实际死亡时间，这的确对甄别谁是凶手很有价值。"汪法医从专业的角度给冀英和舒唯艺进行着科普。

"汪神探这是又给我们上了一课呀，可是会不会出现你说的那种神奇一幕，就让我们拭目以待'以观后效'吧！"冀英打趣地说。

舒唯艺插话道："能与两位神探老师共事，甭管后效不后效的，对我和小冬都是受益匪浅的啦！"

"别别别，神探我可担当不起。"汪鑫泉说，"我只是一名办事稍加留意的法医。要说称得上神探的还得说冀大专家。要是没有他每逢疑案的精深研判和经验推导，我们也不可能沿着他的思路有所发现，找到线索。王立弓杀人、放火案不就是一个经典例证吗？是吧，小舒？"

“得得得，咱们就别相互吹捧了。有句话说得好，‘一个好汉三个帮’‘三个臭皮匠顶个诸葛亮’，如果没有你汪大法医的鼎力相助，没有优秀的小舒检察官搭档和聪明的小冬书记员，我就是‘浑身是铁能打几颗钉’呢？所以还是团队的力量最重要，不愁攻不下来难案，办不出漂亮案子来。再说这个秦飞抢劫案吧，根据咱们今天的勘查分析和汪法医的专业指点，也许真能解开一个之前无解的死结呢……”

“冀老师这么说我也想通了，不管现有证据多充分，只要有疑点咱们就得排查，除非真能做到无懈可击！经过所有排他检验的事实不是更有说服力吗？”舒唯艺笑着说。

“我也赞同！”冬煜利用司考知识改变口风道，“认定秦飞有罪必须建立在生效裁判的基础上，在这之前，包括一审判他死刑，一经上诉也应当假定他无罪，二审期间依法核查对他有利的一切细节，都符合无罪推定原则。”



“这就对了嘛！看来小冬理论联系实际够快的。有了这个法理支持，我们的排疑行动就更加顺理成章了。下一步，我的意见是烦请汪法医对这个案子进行有针对性的二次尸检，查清被害人颈动脉破裂的程度，尽可能精确地得出被害人的死亡时间。同时对今天提取的指纹、毛发作出主体比对鉴定，以判断案发当天是否还有其他人到过现场。我和舒唯艺的任务是做好再审秦飞的预案，可以利用武富桂‘贴靠’秦飞的有利条件，摸摸秦飞是否有过劫财时被被害人‘复活’抓伤的情节。我们的策略是以同情秦飞喊冤为切入点，抓住秦飞保命一搏的软肋，争取攻下他的真实可信口供。这样双管齐下，如果对接成功，则此案真相可期。尽管这只是一种预判，但思路就是这么个思路，你们二位以为如何？”冀英面带严肃地征询舒唯艺和汪法医的意见。

汪鑫泉说：“我看可以试试。结果即使查否不也是确保案件质量的过程吗？不枉不纵是咱们的共同职责。没问题，我这个铁杆法医就听你老冀调遣了，一定尽全力配合！”

舒唯艺一边帮着冬煜收拾东西，一边说着：“我更没问题了。助理助理，协助办理。冀老师指到哪儿，咱就打哪儿，绝对不会掉链子，哈哈哈……”

# 28

冀英安排好上述工作以后，又给自己加了个小灶，趁汪法医忙乎的这几天和再提秦飞之前，把所有案卷材料补齐看完，不留死角。他认为，吃透案情必须亲力亲为，才能有切身感受。本来卷宗笔录就已经有人为加工的痕迹了，如果再靠助理做二传手，到自己这儿得到的信息或多或少都会走样。所以这件事还真不能跳过去，甭管对助理多信任，那都不是自己的直接感受，也不是自己的办案风格。

经过三天点灯熬油般的连审，冀英终于把秦飞案的全部卷宗看完了。对于秦飞劫财杀人的事实证据，正如舒唯艺介绍的那样，简直完美得让人挑不出半点疑问来。还有秦飞自供杀人这段，也与证据配合得天衣无缝。他在讯问笔录中这样说：

“那天我给吕秀琴打完电话，得知她不在宿舍就去四楼财务室找她，结果看见财务室的灯亮着，我就敲了一下房门。吕秀琴在里面问了一句，‘谁呀’？我一听是她就推门进去了，因为我和她以前很熟又是老乡。吕秀琴当时手里拿着一本书，一看是我就从椅子上站了起来，问这么晚了有什么事吗？我拉过一把椅子坐下来说，一是想把前些日子向她借的一千元还给她，二是顺便再从她这儿换点零钱，和所长他们打麻将用。我还说是所长让我找她来换钱的。吕秀琴听了挺不高兴的，问我换多少？我说换一千元十块的就够了。我先把一百元票面的二十张交给了吕秀琴，说十张是还钱，剩下的十张是换钱。吕秀琴接过钱，拿出保险柜钥匙说，这种事以后最好在上班的时候办，现在深更半夜的不安全。还让我跟所长说就这一次。然后打开保险柜找小面额的现金。我嘴里答应着，眼睛不自觉地瞟了一眼打开门儿的保险柜，当看到里面码放着好几捆百元现钞时，刹那间脑子就蒙了，无法控制地从背后扑倒了吕秀琴，使她手里拿出来的现金散落了一地。吕秀琴大叫了一声：‘你要干什么！’我用右手抱住吕秀琴的腰部，左手捂住了她的嘴，唯恐惊动了楼内的客人和保安，急促地说：‘别喊了！我想从你这儿借点儿钱还高利贷，以后再给你。’她说：‘不行！你不知道这是犯法吗？’“我知道，可是我实在没办法！都是他们逼的，我欠下了五万多元的高利贷，到时候还不了钱，他们会要我的命。我求求你了小吕，帮帮我吧？’‘你先松手！’‘这么说你同意了？’‘你让我想想。’‘你不喊人我就松手。’‘我不喊，你松开吧。’就在我把吕秀琴扶起来的一瞬间，也不知她哪来的那么大劲儿，突然把我推倒在地上，转身就往外跑。我当时害怕极了，怕她出去告发我就完了，于是拼命冲过去抓住了她的后脖领，随手从兜里掏出一把防身用的折叠刀，向她的右颈部猛刺了一刀，她没来得及呼救就栽倒了。之后，我从保险柜里拿走了所有现金，连夜跑了……”

看到这儿，冀英自言自语道，这哪儿像被逼出来的口供呀！整个过程从案发起因、动机，到争执、逃跑、追杀、取财……一句话，太真实了。外加吕秀琴手指甲上留下的生死搏斗痕迹，定案的证据比铁还铁，可他怎么就翻供了呢，而且还寻死觅活的，真让人看不懂？

还有一件更令冀英匪夷所思的事。部队保卫处在没抓获秦飞之前，竟然在第一时间先把所长施勇信给拘了，同时也拿到了他的认罪口供，这又是为什么呢？一案两凶都自认过杀人，使冀英饶有兴趣地看着手中的材料。

那么，当初施勇信是怎么被抓的呢？

据查，案发当天有多人证明，吕秀琴在单位食堂和大家一起吃的晚饭，时间是晚上六点半到七点，此后就一直没回宿舍。吕秀琴的尸体是次日早七点被上班来的会计韩娜发现的。她在大喊来人同时，拨打了110报警电话。

根据案件管辖规定，发生在招待所院内的犯罪涉嫌人由部队保卫处立案侦查。保卫处技术人员根据死者的胃内容物及尸僵、尸斑、环温等综合因素，认定吕秀琴的死亡时间是当晚九时至十二时。保卫处处长邢凯带人调取了吕秀琴的手机通话详单证明，施勇信是与吕秀琴联系最多的人，而且在事发前晚八点十分，吕秀琴还给施勇信打了最后一个电话，此后再无电话联系记录。另经法医尸检鉴定发现，吕秀琴已有孕在身，经DNA亲子鉴定施勇信正是这个孩子的生物学父亲。由此判断，施勇信可能涉嫌婚外情杀人，据此拘留他也就在情理之中了。

施勇信到案后最初是不认罪的。他说当天晚上根本就没去过财务室，只与吕秀琴通过电话，得知吕秀琴怀孕的消息非常激动，盼望她给自己生个儿子，到时候就和现在的老婆离婚。他非常爱吕秀琴，怎么可能杀她呢？

但是，像大多数犯罪嫌疑人一样，施勇信在被羁押的第三天头上招供了，承认吕秀琴之死是他所为。直到后来秦飞被抓，他被释放都没再翻供……

冀英感叹：这剧情反转得也太快了！先承认杀人的人被放了；后喊冤不是凶手的人却被判了死刑。从形式上看是依证据定案，可证据就那么板上钉钉吗？如果是这样，哪儿还有什么“探寻真相靠良知”一说呢？想到这，他铆足了劲把“剧本”继续看下去。

施勇信在认罪口供中说：

“吕秀琴二十四岁，财会中专毕业，是我以前部队的一位首长介绍来招待所工作的。我见这姑娘年轻，人也长得不错，就利用所长的身份接近她，亲近她。两年前，我和她发生了男女关系并一直保持到现在。虽然我俩在单位一般不单独接触，但没有不透风的墙，有些风言风语传到了我的耳朵里，甚至连我老婆都知道了。为这事她经常和我吵架，还限制我在单位住。吕秀琴也听到了这些传言，她几次和我提出分手，我也同意了，可是每一次在决定分的时候，反而‘爱’得更加疯狂了，一直拖到现在。

“出事的那天晚上八点多，我正在外面和几个朋友喝酒，吕秀琴突然给我打电话让我回招待所务必到会计室找她，说有重要的事对我说。晚上九点多，我一回到招待所就直奔四楼会计室找到吕秀琴，问她什么事？吕秀琴当时正打开保险柜往里面放钱。她一见我来了，就哭着说她怀孕了，问我怎么办？我当时一听就傻了。我有家有孩子有事业，从跟吕秀琴发生关系的时候起就没想过要和她结婚，现在她怀了我的孩子，我能怎么办？只能建议她打掉。吕秀琴一听就急了，说如果我不给她个说法，她就自杀，反正孩子的事我赖不掉，出了事让我身败名裂，滚回老家去。开始我以为她就那么一说，没想到她突然从抽屉里拿出一把刀架在自己的脖子上。

“我那天晚上喝了半斤多白酒，三瓶啤酒，本来头就晕，被她这么一刺激，就觉得血往上涌，完全失去了控制，一下子扑倒了她。本想夺她的刀子，可是她死也不松手，也不知怎么就把她的脖子划了一道大口子，血一个劲儿地往外流，当时人就不行了，刀子掉到了地上。我赶紧用手摸了摸她的鼻子，感觉没气儿了，我惊呆了，酒也醒了……

“吕秀琴拿的是一把极锋利的汽车工字钢做的水果刀，是我们两人逛郊区的一个过街天桥集市买的。我怎么也没想到，就这么一下能出了人命，让我成了杀人犯？我肠子都悔青了。我怎么能杀她呢？她那么年轻，还怀了我的孩子。我当时也想到了死，还想到了报警自首。可是又转念一想，我要是杀人犯被判了死刑，我的家人和孩子怎么办，她们一辈子都抬不起头来。想到这些，我就没勇气报警了，索性等警察抓到我再认命吧。我胡思乱想地躺在地上，慢慢冷静了一些，赶紧站起身往外走，怕时间长了被人看见。临走前，我用屋里的拖把拖了一遍地，还用毛巾把门把手擦了擦，刀子被我拿走了。

“我从进会计室到出来，是当天晚上九点二十到十点二十，总共将近一个小时。在这期间我们前面一直在争吵，后面导致我失手杀人和打扫完地面离开，我估计吕秀琴的死亡时间应当是晚上十点左右。我出来时也忘了关会计室的灯，直接回到一楼办公室换了身衣服，用带血的外衣包着那把刀出了招待所。血衣和裤子我给烧了，刀让我扔进了附近路边的一个排水沟里了，具体是哪个排水沟，因为太紧张，天又黑，记不清了。我抓紧处理完这些事，返回办公室的时间大约是夜里十一点了。然后我给秦飞他们打电话，让他们到我办公室来打麻将。

“为什么还有心思打麻将？其实我也是不得已。一是想证明自己没有杀人时间。二是想把这件事嫁祸给秦飞。因为秦飞欠五万多元高利债的事我们几人都知道。我离开会计室的时候看见保险柜的门是半开着，当时吕秀琴还没来得及关就和我吵起来了，接着就发生了人命案。据我对秦飞要钱不要命的了解，他如果看到会计室保险柜里有钱的话，肯定不会管吕秀琴死的事，而是冒险去拿钱。这样他就会在现场留下脚印或者手印，被他拿走的钱也会被警察追回来，到时候他就是浑身是嘴也说不清了。所以我们刚打了才不到半个小时的麻将，我就故意说没零钱了，让他去找吕秀琴换点儿小面额的零钱回来。结果他还真去了，去了就没再回来。

“人是我杀的，我对不起吕秀琴还有她肚里的孩子。现在我只有一个请求：判我死刑，一命抵两命，我到那边陪她们去……”

“满满的真真切切呀？”冀英自语道。

此后，施勇信还有过四次供认笔录，内容基本同出一辙，没什么变化。在最后一堂结尾处，侦查员问：“你对撤销案件有什么意见？”施勇信答：“我无话可说。”

至于施勇信为什么被释放，原因很简单，有供无证。按照法律规定只有被告人口供，没有其他证据的不能定罪并处以刑罚。

卷宗材料显示，邢凯处长曾经带人侦查了半个月余，不仅现场提取的多项痕迹与施勇信无关，就连吕秀琴手指甲缝里的皮屑组织也不是他的。而且侦查人员在他的指认下，恨不得把整条街的排水沟都给淘了，结果硬没发现他说的那把杀人刀具，再加上保险柜里六万多元现金的不翼而飞，所有证据似乎都在指向一个不争的事实：吕秀琴之死不是情杀，而是财杀。

“由情转财”，另一个重大犯罪嫌疑人立刻浮出了水面，他就是秦飞。经侦查工作认为，秦飞有劫财杀人的犯罪动机，而且他才是最后一个接触吕秀琴的人。还有，财务室血案后秦飞人间蒸发了。由于秦飞不属于招待所人员，保卫处根据案件管辖将此案移交给了地方公安侦查。果然不出所料，秦飞一经到案，人证、物证、口供一个不少。接着就是起诉、判决，上诉二审……

# 29

这两天，冀英材料审以后得出这样一个感觉，在目前没有第三人涉案的情况下，应当把秦飞和施勇信两案串并起来一起调查，得出的结论才可能更客观全面，否则的话就是“瞎子摸象”，过于片面。在具体工作中，冀英计划先从秦飞案的无罪辩解入手，在假定上诉理由真实的前提下进行摸排，然后再视结果拓展到施勇信一案上。总之，不管案内还是案外，是前案还是现案，只要存在涉案疑点就绝不放过，一定要把这起劫财血案办得明明白白，还死者以正义，让伏法者服法。




周一上午，汪鑫泉把他二次尸检的时间地点告知了冀英，冀英立马答应协同前往。

去之前，冀英又和舒唯艺、冬煜一起捋了捋案情。他先把施勇信与秦飞两案合并审查的想法说了说，然后掰着指头算起账来：“你们看啊，按照原审认定的被害人死亡时间是当晚九点到十二点，其间大约三个小时。施勇信是晚九点回的单位，直接到财务室找吕秀琴，十点多离开，十一点召集人打牌，说明他有一个多小时的作案时间。而秦飞是十一点四十分前后去的财务室，十二点许携带公款逃跑的，证明他也有大约二十分钟的作案时间。假如将吕秀琴的死亡时间能精确到十一点四十分之前，因秦飞还未进入现场而排除他是凶手。再假如将被害人的死亡时间确定在十一点四十分以后，则施勇信离开财务室时吕秀琴还活着，证明人不是施勇信杀的。另外还有一种较为复杂的中间状态，即吕秀琴被杀受伤在十一点四十分之前，死亡却在十一点四十分以后，这样的话，前面的施勇信与后面的秦飞都有分别接触吕秀琴活体的时间和各自实施杀人的可能，当前者杀人未遂时，后者单独再杀形成片面共犯。或者前者已经杀人既遂，后者只图财……”

“冀老师分析得倒是挺到位，就是略微有点儿抽象。”舒唯艺笑道。

“这个好办。”冬煜说，“我可以把冀老师说的内容，用电脑绘成图，然后按图说听着就具体了。”

“我看行。要不怎么咱们是最佳办案团队呢？老同志经验多，中年同志理论多，年轻同志前沿信息多，‘三多’所长，这就叫梦幻组合！”

“再把汪神探加进来就‘四多’了，技术多，更梦幻了，哈哈哈！”

冀英、舒唯艺和冬煜笑得都很开心。

下午两点，汪鑫泉带着助手林静在省医院太平间旁的一间空室，把吕秀琴的尸体放到一个临时搭建的“手术台”上，开始了有针对性的伤情查验。一旁同着法医服观检的有技术处长邵一普和冀英等人。舒唯艺因为孩子太小，冀英没让她到这场合来。

女法医林静熟练地使用各种消毒去污液将尸体颈部伤口擦涂干净后，由汪鑫泉持刀主检。他先对原尸检切割处进行扩充检验并拍照留证，随后持柳叶刀将受损的颈总动脉外围实施手术剥离，使其脱离颈部组织独立呈现。这时，林静推过镜检仪器，调试好焦距先看了一会儿，示意让汪鑫泉探查核验。汪鑫泉仔细查验了大约三分钟，在林静递过来的尸检报告单上写下了：镜检发现，死者被刺破的颈总动脉血管可见两毫米左右连接，约占总动脉血管直径的三分之二。另，破创处已形成四毫米左右假性动脉瘤……

冀英见法医检验结束，急切地问汪鑫泉情况怎么样？

汪鑫泉摘下口罩说:“被害人死于颈总动脉部分破裂，导致持续性失血性休克死亡。

“与原鉴定意见一样？”

“略有不同。我们的意见比原鉴定意见多了五个字‘部分’和‘持续性’。这种表述虽然对认定被害人死因没有意义，但对准确认定被害人的死亡时间却不可或缺。就像上次我跟你说过的那样，颈总动脉完全破裂的伤者，死亡时间只需要几分钟。而像本案死者这样仍有大部分连接的破创，死亡时间至少可持续两小时。由于被害人被伤及颈总动脉且伴有血肿压迫气管，导致被害人在没死之前处于一种失血性休克状态。加之被害人咽部发声受阻，使她在存活期即使意识存在，但仍肢体移动和呼救不能。所以被害人的死因是持续性血流枯竭而死。换句话说，她的死亡是一个相对较长的时间段，而不像颈总动脉完全破裂的死亡是一个时间点……”

“老汪你看是不是可以这样理解？”冀英跟着汪法医后面继续说，“原尸检鉴定认定被害人的死亡时间是当晚九点至十二点，三个小时是大前提。从你检验的视角得出被害人慢死的过程大约需要两个小时，这是一个小前提。而小前提只有放到大前提之内，得出的事实才不矛盾，一旦突破就不成立了？”

“应当是这样。”

“具体到这个案子，秦飞是晚十一点四十分进入的案发现场，假如他实施了杀人行为，被害人的死亡时间应当从十一点四十向后再推延两小时，显然突破了十二点上限，因此是不成立的。如果把十二点作为被害人死亡的最后节点，根据两小时的慢死过程，被害人的中刀时间最晚应是十点左右，而此时秦飞还未进入现场……”

“你说得有道理。除此以外，还有两种情况不排除，一种情况是秦飞进入现场以前被害人已被他杀，但死于秦飞出现之后，又遭秦飞二次杀害。因为他和被害人认识，所以他有因财杀人的动机；另一种情况前面都一样，只是秦飞误认为被害人已死，只劫财没杀人……”

“英雄所见略同呀！你说的这两点我也想到了。可是有一个问题，如果前面有人先杀人离开了现场，秦飞后进入，又因财杀人，与被害人颈部只有一个刀口的致命伤不符？”

“这很好解释，假如秦飞见到的是奄奄一息的被害人，哪还用得着动刀呀，只需轻轻一捂被害人就没气了。”

“如果这样，死因有没有变化？”

“你这个问题可够专业的。我认为没有变化，因为前面的致命伤导致失血性休克是主死因，足以掩盖掉后面的副死因，所以其他死因可能只是加速被害人的死亡进程，而非单独的另一致命侵害。”

“这么说，这件事具有或然性了，即使副死因存在，可能也没有相关法医鉴定证据？”

“是这样。这就是刑事证明中技术永远代替不了证据的原因。就像DNA技术的产生，它的科学性极大地促进了刑事证明，却不能独立解决证明犯罪的所有问题。因此，说到底，刑事诉讼的本质还是一门社会科学，而不是其他。”

“噢，明白了。”

“所以，揭示真相还得靠你们！”

“你汪法医给我们划的道也不可或缺呀，我这儿一定努力！”

说完，二人握手各自乘来时的车回省院了。

冀英综合与汪鑫泉讨论的二次尸检信息及现有证据，内心似乎得出了一种有待证实的新判断：秦飞在进入案发现场之前，被害人确实已被他杀，但处于未完全死亡状态。之后，秦飞与被害人有过两次肢体接触或激烈争执，导致被害人指甲缝内留存了秦飞的皮屑组织。至于这个皮屑组织是证明秦飞二次杀人的证据，还是劫财所留，目前看结论尚不明晰。在无尸检和其他证据的情况下，唯有突破秦飞真实自供，方能解开其中的疑窦……

舒唯艺听了冀英再提秦飞的意图，表示支持与理解，并打气道，虽然很难，但出于秦飞保命的因素或许仍可一试。同时她也担忧，不管秦飞是否承认杀人，苦于无证，咋定未然可知呀。

“那就练起来看呗！”冀英说。

“啥意思？”舒唯艺笑着问。

“哈哈，这是我们这代人的用词，就是先干起来再看结果。我不指望一次就能有成效，也没啥审讯技巧，全凭聊天交流找感觉。”

“您这是没有技巧的技巧吗？”

“也许是吧，关键得看实际过程。”

“那您打算哪天去提他？”

“就这一两天。我先给驻所室主任老赵打个电话，问问秦飞最近的情况，好心里有数。”

冀英说罢拿起电话拨通了赵刚的手机。赵主任一听说冀英要提审秦飞，说他也正要和冀英说这事呢，现在秦飞的情绪稳定多了，也不闹绝食了，还主动提出要求检提……冀英说那就定在明天吧，劳烦赵主任帮忙安排一下。

# 七

# 真假疑凶

# 30

冀英和舒唯艺二提秦飞。

这次秦飞看上去已经没有第一次见他时那么虚弱了，脸上多少有了些血色，说话也显得清楚了一些。

冀英语气平缓地问了一些秦飞身体方面的话，然后逐步转入正题："听我们赵主任说你想见我，我就赶过来了，有什么事，说吧？"

"其实我就想早点见到您，听您给我启发启发。上次您说让我想案子上可能遗漏了什么细节，我一时半会儿也没想起来。再有就是我说的那把折叠刀的事，不知道您查了没有，是不是我说的那么回事？"秦飞问。

"哦，刀子的事我们查验过了，是有些不好打开，可是用他杀人没问题，而且刀口与死者的颈部伤也一致，所以要想证明你没杀人，还得想想其他方面的事。"

"其他方面我能想什么呀？"

"比如你进到财务室的时候，吕秀琴到底是什么状态？以前你在认罪的时候说她活着，是你杀死了她。后来又说你进去的时候她已经死了，是前面有人杀了她，你只是贪财拿走了保险柜里的现金。到底哪种说法是真实的？"

"我进到财务室看见吕秀琴已经死了是真实的，我没杀她也是真实的。"

"假如你说的是实话，有一个问题是绕不过去的，就是吕秀琴手指甲里的 DNA 是你的，死了的人是不可能抓你留下这个证据的？"

"那怎么办？"

"这应当由你来回答。既然你不想就这么被判了死刑，想要二审帮你查明真相，还你没杀人的清白，那你就一定要说实话，把所有的细节事实都说出来。不然的话与证据不符，就证明你没说实话，包括你说没杀人也没人信了！"

“我真不明白……”

“你没什么不明白的！我现在就要你一句实话，你进财务室见到的吕秀琴是死是活，只要有一口气也是活着！”

舒唯艺惊讶地看了冀英一眼，怕他再往下说有诱供之嫌。冀英立即补充了一句：“你不是说前面有人杀的吕秀琴吗，你怎么证明她已经死了？”

“我当时看见吕秀琴的脖子上有伤口，好像血还在流，躺在地上一动不动。我喊了她几句没回音，推了推她胳膊也没反应，就认为她死了。”

“试她的鼻子有气没气？”

“试了，感觉没气了。”

“再往后还有什么？”

“拿钱跑了。”

“不对，没接触，不会在她指甲上留痕迹，除非杀人时反抗搏斗？”

“我冤枉呀，真记不起来了，当时被吓晕了，太紧张了……”

“记不起来可以想，给你两天时间，后天我们再来！”

“行……”

冀英与舒唯艺决定不要再问什么，把压力做到这儿就看效果了。

出了审讯室，冀英联系赵刚让他帮忙把武富桂叫出来聊聊。此人现在还是秦飞的“陪住”，也是监室的“内线”。老赵闻听冀英有事找武富桂，赶紧趁秦飞还没被还押先一步把他带到了驻所办公室。

冀英拉了把椅子让武富桂坐下，开门见山地说：“据我们调查，秦飞案可能真存在一些问题，但是他光喊冤没用，有些详情必须说清楚我们才能帮他。如果他老是留一手，不说出所有实情的话，甭管是故意而为还是确实忘了，都对查明真相没好处。因为具体事实只有他自己知道，他不说清楚，只能按现有证据办，到头来还得维持死刑……”

“明白，您看我能帮忙做些什么？”武富桂道。

“一是注意观察他的情况，有事立即通知赵主任；二是从你的视角催催他，尽可能让他把真情说清楚，反正一审都判死刑了，还怕什么呢？让他不要有顾虑，一定要相信我们。另外，不要让他知道你的具体情况。”

“知道了。我想提一点小建议，能不能通过秦飞的家人给他做做工作。

这段时间我和秦飞接触以来，我觉得他这个人并不是不可救药的那么坏。就拿他心里惦记老婆孩子和老妈这件事来说，跟我说了好几次他要是死了对不起她们的话。据他说他老婆比他大两岁，是个挺明事理的农村人，他们一家人的生活全凭她一人照顾。秦飞的母亲70多岁了，长期因为脑血栓后遗症卧床不能自理，两个孩子又小，他老婆非常不容易，秦飞为这还掉过几次眼泪呢。如果能让他老婆给他写封信，让他把事说清楚，也许他能听她的，效果也会好点儿。”

“你说的这些我会考虑的。今天就这样吧。”

老赵派人送回武富桂，冀英他们也出了看守所。舒唯艺坐上车对冀英说，她认为武富桂的建议有一定的可取性，不妨到秦飞的老家走一趟，一方面了解了解他的生活背景，另一方面看能不能从他媳妇那儿找到一些可利用的信息。冀英觉得有道理，决定在三提秦飞之前去他老家摸摸情况。



秦飞的原籍是离省城五百多公里外的一个高原小村庄，因为地方经济发展得不好，当地年轻劳动力以外出打工养家的情况居多，非节假日村里显得清清冷冷没啥人气，偶尔能见到一些留守的老人和孩子。

舒唯艺把车开到了村委会大院，按照惯例先找组织联系一下。可能还没到下午办公时间，村委会大门开着，可哪儿都不见人。

冀英和冬煜下车在院里活动活动腰腿。这时有个妇女抱着孩子从村委会经过，冬煜连忙上前搭讪，问问村领导啥时候上班。妇女听说有公事，让等着，她去叫人。不一会儿，一个大学生村官模样的小伙子来了，热情地自我介绍说，他姓孙，是下派的村书记。冬煜也把冀英和舒唯艺给他做了介绍。孙书记一听是外省来办案的检察官，赶紧让大家屋里坐，沏茶倒水的同时问有什么需要帮助的。舒唯艺把工作证交给孙书记看过后，简要说明了要找本村农民秦飞的妻子惠敏芝调查的事。孙书记说，他对这家的情况非常了解，惠敏芝自从今年得到秦飞被判死刑的消息整个人都垮了。秦飞的老母亲一直常年卧床，他家的两个孩子，一个上小学，一个在家，没有生活来源，现在全凭村里每月发的困难补助维持呢。冀英听了感叹这是因案返贫呀！孙书记点头赞同并说，他了解到秦飞喊冤上诉了，不知道能不能保住性命？冀英说正在二审中，这次找惠敏芝也是希望通过她做做秦飞的工作，让他把全部事实说清楚，才有可能从轻处罚，否则就死定了。孙书记问在哪儿和惠敏芝谈？冀英考虑了一下说，如果她愿意就来村委会谈方便些，别再惊动秦飞的母亲了。顺便也请孙书记把检察官的来意跟惠敏芝说明白，争取得到她的配合……

半小时以后，孙书记带着一个中年妇女来到村委会小会议室，向冀英介绍说这就是秦飞的妻子惠敏芝。也许是生活的磨难与辛劳，让眼前这个女人的外貌与实际年龄差距过大，面色苍白，一头青丝中已经掺杂了不少白发，黑白分明。惠敏芝见孙书记退出会议室只剩下三位检察官的时候，突然跪地大哭道："请检察官救救秦飞呀！呜呜呜……"舒唯艺连忙搀起惠敏芝，让她坐下慢慢说。

"我了解秦飞，他是个孝子，不会杀人的！"惠敏芝说。

"为什么？"舒唯艺问。

"他要在外边杀了人怎么敢回家，还睡得着觉？我是他老婆，我能感觉得到他可能有事，但绝不会杀人。"

"你仔细说说？"

"那天秦飞回来以后我觉得挺奇怪，不年不节的怎么突然回来了。他把孩子一年的学费交给我，说他要出趟远门，让我照顾他妈和孩子。我问他出什么事了？他说让我别问，没啥大不了的事。"

"你相信他的话吗？"

"我相信，他没必要骗我。他跟他妈也说要出去几年。"

"这只是你的感觉，对吗？"冀英问。

"对。"惠敏芝说。

"你仔细想想秦飞回来以后，还说过什么，做过什么，都跟我们说说，只有把所有的事都交代了，我们才会把他的案子查清楚，该负什么责任负什么责任。都这个时候了，千万别藏着掖着，保命要紧，你说对不对？"

"他还有事没说清楚？"

"说清楚我们就不来了。"

"是不是有些事他怕说出来罪加一等呢？"

"你想呀，他都被判死刑了，还能往哪儿加呀！要我说不仅加不了，可能还对他的案子有利呢？"

“有利的话，能不判死刑吗？”

“那要看是什么事了，如果真像他本人说的只图财，没杀人的话，当然能改判他不死了，关键看他说的话值不值得信，而信不信都要凭证据。如果你要是知道他什么事，我劝你也给我们提供些线索，我们会调查清楚的，不然就来不及了。”

冀英敏锐地感到惠敏芝可能知道秦飞什么事，于是把“带话”的意图调整到获取信息上，语气也跟着变了。

“我想想。”

“你想吧！”

“其实我也不知道什么大事？”

“小事也要说，难道你真要看到秦飞死吗？！”

“我，我……秦飞回来的时候给了我一个手镯，他让我在困难的时候给卖了，说可能值几万元呢……”

“手镯在哪儿？”

“在我家呢。”

“秦飞说这是谁的手镯了吗？”

“没说。”

“我们现在就去你家取。”

“可以。不知道这事会不会让他罪加一等？”

“还是那句话，他的罪已经到头了，一个手镯加不加没多大意义，倒是能证明他说的是真的。”

“秦飞说这事了？”

“不然我们为什么来找你呀。”

“哦……”

冀英为了不给惠敏芝更多压力，故意把话说成了这样。舒唯艺和冬煜在一旁直想笑。

从惠敏芝家拿到的是一个和田玉镯，成色翠绿。舒唯艺看了看说确实得值几万元。冬煜给惠敏芝办了扣押物品手续后，冀英又让惠敏芝给秦飞写了一封短信，核心内容是让秦飞配合检察官把事说清楚，一定要相信检察官，她和孩子在家等他回来……

冀英觉得这次出差有些超乎意料的收获，一高兴决定不在当地住宿了，晚饭后自己驾车带两位女士返回省城。

途中，冀英与舒唯艺、冬煜聊天，问他们对惠敏芝交出手镯的事怎么看？

舒唯艺分析说："这是一个新情况，很可能手镯的主人是被害人吕秀琴的，有待回去调查证实。如果属实，说明应当是秦飞入室后从吕秀琴手上劫取的，绝不可能是吕秀琴自愿送他的，至于秦飞在劫取手镯的过程中是否对吕秀琴实施了人身侵害行为，无论是前行为还是后行为，都是我们下一步甄别的重点。另外，在确认手镯是吕秀琴的前提下，她手指甲中留有秦飞皮屑组织的证据似乎又多了一个合理解释。此前认定是秦飞杀人所留具有唯一性，现在又多了一个劫财所留的或然性，这也使秦飞没杀人的辩解变得有'缝'可查了，而不是铁板一块。"

冬煜补充道："听唯艺姐这么说，咱们这次的外调工作收获蛮大呀！关于秦飞为什么始终没有交代过这个手镯的问题，我认为可能是害怕惠敏芝受牵连的缘故，而不大可能把这件事忘了，对有标志物的事实一般是忘不了的。还有一点也很重要，如果秦飞交代了这个手镯的事，他就必须讲清楚手镯的来源，是从死人手上撸下来的，还是从活人手上抢的，再加上死者手指甲上有他的DNA，他能说清楚吗？也许正是这些原因，他才硬扛着一直没说，非要做什么徒劳的重新鉴定。"

"所以，你俩的意见一凑，下一步的工作思路就出来了。咱们明天就去招待所找与吕秀琴熟识的人员对这个手镯进行辨认，然后再视情况提讯秦飞……"冀英答复着她俩的分析。

# 31

第二天围绕“手镯”的调查，证明这件器物就是吕秀琴的，而且出处也清楚了，是施勇信花三万元专门给吕秀琴买的。重要的是会计韩娜和吕秀琴室友袁丽都能证实，案发前的一段时间和出事当天吕秀琴一直佩戴着这个手镯。

冀英想借机会一会施勇信其人，便在招待所小会议室与其谈了一次。只见施勇信面沉似水，对找他核实吕秀琴手镯一事没有半点回避，在辨认手镯是他所买的同时还找出了购物发票。当检察官问他如何看待手镯会到秦飞手里？施勇信不置可否。

有了手镯证据，再提秦飞，内容就具体了。

自从两次接触过二审检察官以来，秦飞的心态似乎发生了一些微妙变化。他现在已经不打算糊里糊涂地死了，更何况还是“畏罪式自杀”。其中有两个原因：一是他认为就这么死了会便宜真正的凶手，不仅吕秀琴死不瞑目，搭上自己也是白冤枉，根本证明不了什么；二是冀检察官说让他相信法律，他想试试。反正身子都掉井里了，耳朵能不能挂得住，一切靠命。

得知今天检察官又来提他，秦飞有些兴奋也很纠结。记得上次冀检察官一直在追问：现场看到的吕秀琴死没死，还有没有气儿，有没有与她肢体接触？这些问题像小刀割肉似的，刺得他心有余悸，既不敢面对，又绕不开躲不过。回答一个“死”字倒简单，在一审法庭上也是这么说的，可结果呢，是判自己死，因为解不开“手指 DNA”这个死结。可是说她还活着，就更说不清了。现场有脚印，家里有拿走的钱和刀具，不是你杀的是谁？只有一个隐性情节可以解释，就是……秦飞一想到这儿就头皮发麻，悔不该当初拿那件死人的东西，还把它交给了媳妇，这就叫人心不足蛇吞象，坏事做得太多终得还。还就还吧，自己做的事自己扛，如果再把惠敏芝牵进来，背个啥窝藏赃物的锅，那这个家就全完了，也没脸做人了。所以该扛还得扛，大不了就这样了……

武富桂带着冀英交给的任务，暗中观察着秦飞的一举一动。他见秦飞魂不守舍地在监室里一个劲儿走柳儿，就知道可能又要检提他了。他问秦飞：“这是怎么啦，盼着检提又怕检提？”

秦飞说：“检察官不查凶手是谁，老揪着我一些细节问，不知道啥意思。”

武富桂说：“这还不好解释吗，你的嫌疑没撇清，还有疑点没有排除，让人家怎么相信你不是凶手？”

“那说明他们还是没本事，抓住我这个假凶手不放，到什么时候也查不出真凶来！”

“话不能这么说，毕竟证据在那儿摆着，你这边不说出个子丑寅卯来，检察官想帮你也做不到呀。你想让人家相信你，你也得相信人家才对。别人不好说，就这个冀检察官，那绝对是秉公办事的，我不就是个现成的例子吗。”

“以前也听你说过冀检察官办过你的案子，还从死刑改判了无期，到底是咋回事呀？”

“远的先不说了，要不是我当时自作聪明，瞒着人家在证据上做手脚，结果可能早不是这样了，害人害己呀！你可千万别学我。”

“你在证据上做手脚？”“有时间再跟你细说我的事，一会儿马上就提你了，好好想想怎么配合吧，别有顾虑，保命要紧，其他什么都不重要……”

“检提！”咣当一声，民警打开监室铁门把秦飞带出，押解到检察官预审室。

冀英、舒唯艺和冬煜已经准备就绪，三审秦飞开始了。

“你的问题想得怎么样了？”冀英问。

“该说的已经都交代了。”秦飞答。

“还有不该说的呢？！”

“没有不该说的呀？”

冀英不打算再与秦飞浪费更多时间，从包里拿出已被证明是吕秀琴生前所有的那个手镯，道：“这个东西你应当认识吧？”

“这个，”秦飞一愣，“是惠敏芝交给你们的？”

“没错，是她。”

“她也进来了？”

“现在还没有，如果你不把问题交代清楚，惠敏芝就很可能受你牵连了！”

“我对她什么也没说呀，就是让她先保存着，万一以后缺钱卖了救急。”

“到底怎么回事，从头说？！”

“我说，我全说……”

真是怕什么来什么，就这点事儿没说还被查出来了，好歹不是自己先供认的，那样就更对不住媳妇了。秦飞想到这儿反倒觉得一块石头落地了，该咋说咋说呗：

“是这样，那天我进到财务室就看见吕秀琴躺在地上流了一片血，脖子处有伤口。我在惊慌中用手在她鼻子上试了试感觉没气儿了，就以为她死了。本想打 110 报警或者 120 救护，当看到保险柜里有钱就什么都没做，想拿这笔救命的钱还高利贷。我拿完钱准备走的时候，看见吕秀琴的手腕上戴着一个玉镯，心想反正她已经死了，一不做二不休，就连这个也拿走了。因为以前听别人说过，这个玉镯是施勇信送给吕秀琴的，值好几万呢。我当时挺生气的，认为他俩都不怎么样，一个有家室，一个当小三，所以看她死了，就拿了。摘的时候，没想到吕秀琴突然动了，用手抓了我一下，随后又倒下了。这下把我吓蒙了，我静了静，又在她鼻子上试了试，觉得确实没气了，就赶紧拿着玉镯和钱跑了。”

“你摘吕秀琴的手镯用了多长时间？”冀英问。

“当时很紧张，估计得有一分钟。那个镯子有点儿小，我费了好大劲才把它撸下来。结果就在这时她动了，还猛地抓了我手一下。”

“具体抓到哪儿了？你演示一下。”

“我当时用右手按着她的左小臂，用左手往下撸镯子，她用右手抓得我，抓着我的左手背了。”秦飞用手指着自己的左手说。

“你能确定吕秀琴是用哪只手抓的你吗？”

“没错，就是用右手抓的。”秦飞比画着说。

“你离开现场时吕秀琴死了吗？”

“死了，我用手摸了她的鼻子，没气了。”

“从你发现吕秀琴没死到确认她死了，有多长时间？”

“也就三五分钟吧。当时我都吓傻了，看见吕秀琴的脖子上有血，脸上没有伤，眼睛始终没有睁开，嘴角动了动，我猜她是想让我救她，可我拿了现场那么多钱，没办法救她呀。而且她又没气了，我一狠心就赶紧跑了，不然我也自身难保了。”

“以前为什么没对公安机关说这事？”

“我认罪的时候把所有杀人的事都揽了，认不认这个细节也无所谓。后来我听律师说我可能被判死刑，所以就翻供了，如果不让我死，我就认了，反正从死人现场拿钱也是犯罪，只不过是判多判少的事，对我这种人就那么回事了。”

“你翻供以后为什么也没说这事？”

“本来就说不清，说了更怕说不清了，跟天方夜谭似的，谁信呀？而且你们还得找我媳妇去取证，再给她找麻烦就更不想说了。”

“你现在为什么说了？”

“没办法呀，你们都拿到证据了，再不说把我媳妇也牵连上了，再定她一个窝藏赃物，我们家不就全完了吗。”

“你把这个手镯交给惠敏芝时是怎么说的？”

“她问我哪来的？我说反正不是抢来的，让她收好就行了，以后万一没钱了，就把它卖了。其他什么也没说，我不可能告诉她是从死人手上撸下来的，那她还敢要吗。”

“你除了摘吕秀琴的手镯，对她还有什么行为？”

“什么行为也没有，我对天发誓，对吕秀琴没有任何伤害行为。”

“不怕她叫喊或者以后告发你吗？”

“我说过，刚进门我就确认过一次，以为她已经死了。后来撸手镯的时候，她只是动了一下，哪有力气喊呀，而且我又试了一次，确实没气儿了我才走的。”

“吕秀琴到底是谁杀的？！”

“是我进财务室之前的人杀了吕秀琴。”

“你是否实施了杀人劫财行为？”

“我只是见财鬼迷心窍了，但绝对没有杀人。”

“那吕秀琴手指甲里为什么有你的 DNA？”

“以前解释不了，现在不全说清楚了吗，是我撸吕秀琴手镯的时候被她抓了一下。但不是因为我杀她，她才抓的我。信不信，由您了。”

“好吧，还是那句话，是黑白不了，是白也黑不了，只要你说的是实话，就一定能查清楚……”

就此，三提结束了。

出来以后，冀英与舒唯艺照例热议了一番。舒唯艺并不怀疑秦飞口供的真实性，因为这与汪法医对吕秀琴二次尸检作出的论证一脉相承，甚至可以相互印证。她认为既然吕秀琴存在假死状态，当秦飞近距离接触她的手臂时，就有可能作出类似抓挠的条件反射，只不过因为伤势太重，导致拼尽全力也无济于事罢了。冀英同意舒唯艺的分析，也说秦飞今天的供述对被害人指甲缝中提取的脱落细胞证据的唯一性产生了动摇，但毕竟只是其中之一解释，并不能否定先前据以定罪的另一种解释。而且单凭秦飞的供述与汪法医的二次尸检印证，也不能完全得出吕秀琴之死不是秦飞所为的定论。那么，接下来他们要做的是从另一个方向找真相，假若秦飞不是，他是不是？

他是谁？前面已经提过，这个人就是至今还认账的施勇信。有意思的是，他认账，侦查机关不认。虽然施勇信有因情杀人的动机和作案时间，并且现场巨款分文不动也符合情杀特征，但苦于没有任何客观性证据支持。相反秦飞案有，一系列证据都指向他，而且证据相当“铁”，一审能不判他吗？可是二审出现了变化，证据存疑，就连最关键的“指甲缝中提取的脱落细胞”得出的结论也不唯一了，怎么办？在目前没有第三人涉案的情况下，只能对施勇信重翻旧账，再翻一翻，捋一捋，查一查，实在无果就再审秦飞。就像西游记里的真假孙悟空似的，用照妖镜来回照一照，总有个水落石出现原形的时候！

这回冀英和舒唯艺的意见出奇地一致，誓言一定查出真凶来。

舒唯艺立下军令状说：“办不出令人信服的结果就辞职，找远纺去。”

冀英说：“你这叫啥军令状呀，没这案子时，你都说过好几次要挣大钱去，这不成了走的借口吗？”二人哈哈一阵大笑。

冬煜不解其意，插不上话干着急，直说自己是个猪队友，听不明白……

# 32

冀英和舒唯艺要翻施勇信案的旧账，决定先从汪鑫泉对现场提取毛发的鉴定结果入手，看看能不能成为一个切入点。

汪鑫泉接到冀英的来访电话，本想把毛发检验报告送过去，这下就在办公室等着了。不一会儿门开了，冀英带着舒唯艺和冬煜径直走了进来。汪鑫泉起身，一边说着欢迎欢迎，一边把用一次性纸杯泡好的茶给他们递了过来。舒唯艺接过水杯没等坐下就着急地问毛发比对鉴定的情况。汪鑫泉顺手把桌上的报告交给了舒唯艺，然后解释说这是一份毛发线粒体 DNA 检测报告，结论是在排除母系遗传因素外，现场提取的毛发是施勇信所留。





"啊？"舒唯艺期盼是这个结果，嘴里却说"怎么不是秦飞的？"冀英觉得这就对了，因为在秦飞的口供里从没说过他在沙发上坐下来的情节，所以毛发的主体是其他人并不意外。冬煜年轻好奇，追问毛发线粒体鉴定与其他 DNA 鉴定有什么区别？汪法医简单介绍道："毛发在缺少毛囊的情况下，一般会采用线粒体鉴定的方法达到同一确认的目的。由于线粒体源自母系遗传，与普通 DNA 相比具有一定的局限性。但刑事法医实践证明，在辅以其他证据的印证下，足以成为定案根据。比如这个案子，在案发当日或前后，如果侦查确认招待所财务室没有施勇信母亲的其他直系亲属来过现场，那么，现场提取的毛发就可以得出是施勇信所留的唯一结论。"

"行呀，有了这个证据就可以证明施勇信在案发当天去过犯罪现场了。"冀英说。

"目前还不能这么肯定。因为现场毛发只能证明施勇信去过，但不能证明是哪一天去过。他身为所长去过财务室很正常，要想证明毛发与杀人的关联，还需要其他证据进一步佐证。"汪鑫泉说。

"这个问题我们已经想到了。"舒唯艺说，"在您从现场提取到可疑毛发后，冀老师说不管是谁的，都要做一项相关证人调查，目的是对毛发落入现场的时间进行必要的区间限定。我们分别找了保洁员和会计。保洁员说她每天上午九点左右到财务室做卫生，这个三人皮质沙发是每天必擦的。她的证言可以证明这根毛发落入现场的时间应当是在案发当天的上午九点以后，在此之前如果存在其他毛发已经被保洁清理了。会计的证言说，案发当天，她在财务室没有见过施勇信。而且施勇信并不常去财务室，有事他会给她或者出纳打电话，让她们去他办公室。这两项证据联系起来说明，毛发脱落人是在案发当天会计下班以后到本起命案发生期间留下的，应当与本案存在密切关联。”

“你们是运用证据专家，这下就没问题了。”汪鑫泉赞叹地说。

“借这机会再向汪专家请教一个新问题。”冀英把上午提讯秦飞的情况告知汪鑫泉后，问道，“你说秦飞供述的这种情况可能吗？”

“我认为是有可能的。”汪鑫泉解释道，“我们再次尸检证明被害人的死亡时间是相对延长的，如果其在假死期间，恰逢外部触动而产生复活式的肢体反应，就有可能发生。我们经常在影视剧中见到，一个身负重伤的人，当被他人扶起晃动或呼叫时，不但可能发生肢体反应，甚至还有微弱的语言表达。因为本案死者伤及的是颈总动脉导致不能发声，所以只剩下肢体反应一种情形了……”

冀英和舒唯艺互相点了点头，暗自为他们来时讨论的问题能得到汪法医的认可而倍感欣慰。

回到办公室，冀英继续思索着秦飞与施勇信两案之间的关系。秦案经过前一阶段工作，被证明杀人的疑点越来越多。一是作案刀具存疑；二是被害人死亡时间的慢死特征；三是新调取的被害人手镯物证，可对手指脱落细胞作出其他解释。反观施案，除原有认罪口供未被自我否定，现又多了一项案发当天去过现场的毛发证据，似有离凶手越来越近的味道。但是仅凭现有的证据体系，定案是他仍存在一定的距离。问题卡在哪儿呢？显而易见的是物证不在……施勇信曾经供述那把致吕秀琴死亡的锋利尖刀，被他在案后扔到了招待所附近的排水沟里，侦查人员在他的指认下找了不下十个排水沟，愣是“竹篮打水一场空”。

对于这样的结果，冀英分析不外乎这么几个原因：一是施勇信说谎，压根儿没有刀弃排水沟的事；二是因为案后极度紧张，施勇信忘了准确的丢刀位置；三是侦查人员查找疏漏。但是不管怎么样，要想补上“缺刀”硬伤，再来一遍地沟寻物也是不得已而为之的。通过施案，冀英又联想到网上近期报道的一起父母杀女案。犯罪嫌疑人是孩子生母和改嫁的丈夫，二人因种种原因联手杀死了未满三岁女儿并埋于一片树林中。不想夫妻二人带走幼女不归的行为恰被女孩五岁的哥哥看见，他在执意找回妹妹不能的情况下报了警。警方遂立案侦查。女孩的母亲和继父受到良心谴责双双承认了杀人埋尸的事实，但由于警方找尸未果而不得已撤案，即使犯罪嫌疑人夫妇要求伏法也无济于事。相较两案，都是只有口供没有证据，虽然施案证据略优，但关键证据不到位，一旦翻供便可能经不起推敲，出现错案亦不足为奇。所以，办法再笨也得试试，总不能就这么现案移送法院吧？




冀英把他的想法说给了舒唯艺和冬煜。她们二人一致表示赞同，还说这个办法可比王立弓案要程序简便多了，不就是从排水沟里找东西嘛，扩大范围多找一遍就是了。虽然是对公安工作的重复，但量的积累足够多的话，出现质的飞跃也不是没可能……冬煜的意思表达比较单纯，没啥说的，跟着冀老师干一准没错。可舒唯艺的态度则多少掺杂了些别样成分，因为她已经答应远纺跳槽到她任职的公司做法务了。但在正式提交辞呈之前，她打算有始有终地协助冀英办好秦飞案，为自己的检察职业生涯画上一个圆满句号。之所以还没告诉冀英辞职的事，这是她和远纺之间达成的小秘密。

远纺自从嫁给冀英生子转行以后，事业上做得风生水起，没几年工夫凭借自己的真才实学当上了任职公司的法务主管，不仅年薪过百万元，还在圈内聚攒了一定人气。尤其在检察同行中，口口相传她是华丽转身的典范，使得一些不满现状欲图体制外发展的人争相投靠，而她只把三名荣获过全省优秀公诉人称号的年轻检察官揽到麾下，其他都婉言谢绝了。对于舒唯艺，远纺显然是例外的，一是对自己闺蜜的为人信任，二是业务能力水平也没得挑，所以她对她许诺，什么时候来都欢迎，年薪不会低于七十万元……

说起舒唯艺的去意，早在一年多以前要二孩的时候就有了。主要原因是她和老公同在公务员序列任职，两人的工资维持抚养两个孩子的日常开销还行，可一旦加上请保姆、还房贷这些大额支出就显得捉襟见肘了。如果再从孩子的教育、医疗以及基本生活改善等未来规划着想，两个人中一人辞公另谋高就即人无远虑必有近忧的选择了。考虑到舒唯艺的老公已经在本单位进入中层行列，仕途发展或有一定的上升空间，相较未进员额检察官连办案权都没有的舒唯艺而言，由她改行当律师或者投奔远纺做大公司法务都将是最优选项，因而这件事就这么定下了，剩下的就是找合适机会“揭锅”了。

以冀英的观察力，就舒唯艺离职这点儿事即使本人没说，也猜个八九不离十了。因为架不住远纺的耳边风总吹着，说趁她现在公司管点事，想把舒唯艺挖过去，一是有利公司法务部的发展；二是对舒唯艺本人也有好处，天高任鸟飞，利用所学把自家的经济搞上去……冀英表示可以理解，但不明确支持。他说检察官待遇虽然不高，可代表国家履职的神圣感和社会价值认同是不可替代的，只因物质因素而放弃当初的职业追求有些可惜。同时他也觉得，普通入额检察官办案责任制是落实了，可以独立司法不受上级审批，可职级待遇的上升通道却没有打开，想要一心走业务路径发展暂时做不到，无奈之下，辞职现象也就不可避免了。针对这种情况，冀英能对远纺和舒唯艺说什么呢，只能借用一句老话“理解万岁”呗。

但是，想法归想法，不管他人去留，自己的活儿该干还得干。

冀英见舒唯艺对他的“再探排水沟”计划没提出异议，便又给汪鑫泉打电话寻求技术支持。汪鑫泉听完“项目”始末，大笑说是王立弓案的翻版，都离不开一个“沟”字。前者“挖证”凭判断，后者“捞证”靠口供，做法一新一旧，成功与否既看时气也看运气。他表态一定参与，乐此不疲。

这下冀英心里有了底，又把这么做的理由向汪鑫泉仔细说了说：“我认为依口供找证据具有一定的规律，施勇信供述杀人弃物是被拘的第三天，属于精神崩溃期或解压期，无论被动招供还是主动承认，都有真情告白的味道，否则难以排除极度压力和自我解困。而一旦过了这个阶段，受监室人员等各方面因素影响，翻供“拉抽屉”就成了一种常态。有人总结这是供时拦不住，过后悔不及的心理现象。由于当时供的真实细节过多，日后想反悔都收不回去了，这就为以供找证提供了线索。”

汪鑫泉问：“为什么公安人员没能按‘供’索骥找到想要的东西？”

冀英分析道：“可能与施勇信指认不准有关。通常一个杀人犯在夜晚外出紧急处理证物时，心情极度紧张是显而易见的，记不清准确的弃物位置实属正常。尤其招待所路边每隔二十米一个排水沟，如果位置提供不准，在短时间内找不到凶器在所难免。而我们要找就必须扩大范围……”

# 33

舒唯艺从心底里敬佩冀英把工作当事业的这股拼劲儿，相比之下自己倒像个逃兵似的。可转念再一想，每个人的情况不一样，冀英年过半百又受过处分走仕途无望才在业务上找存在感，而且还有远纺给他做家庭经济后盾，当然可以心无旁骛地干了。虽说干得再漂亮到退休也无法逾越正处级的天花板，正是这样，他那种无欲无求的精神才更显得难能可贵和令人信服，所以她与他根本比不了，只可精神欣赏。当舒唯艺听到冀英一个人把招待所周边的排水沟都摸清了，自感没有尽到职责，抱歉地说再有这事一定叫上她和小冬。冀英开玩笑地回应，查看地形的事一个人转方便，带上两个美女怕被暴露了。之后，舒唯艺又问，如果扩大范围找人手不够，用不用联系一下保卫处的人员请他们配合一下？冀英说不用，这次行动的目的很可能是证明侦查对象错误，因此他们不会有积极性的。再说从未知和放心的角度还是自己干踏实，也不会带来其他影响。另外，据他观察排水沟一米多深，一米多长，半米多宽，只够一个人下去的，有他和汪法医轮换着下去找东西就够了。舒唯艺听了道，这活儿不累，主要是上上下下，她年轻腿脚灵便必须下到沟里，亲身体验一下找物证的感觉，而不能老打下手。冬煜也跟着说她们干这事心细，只要有东西就一定能找到。冀英见她俩这么坚持也不好再泼冷水，只好说那就大家轮着来，同时提了几条准备要求，要把高筒雨靴和胶皮手套等装备预备好。舒唯艺和冬煜答应列个清单去采购。

这时汪鑫泉打来电话询问行动时间。冀英说留出明天的准备时间，现场操作就定后天。汪鑫泉说没问题，不过还有一点小疑问，就是刀具丢进排水沟后，有没有被雨水冲走的可能？冀英解释道："去现场查看时，我用竹竿往排水沟的底部捅了捅，发现底部与排水管并不在一个平面，排水管高于池底足有半尺多。我咨询了一下有关专业部门，他们说这是防止淤堵才这么设计的，如果有较大杂物下来先沉于池底，既不会被水冲走，也不会造成水管堵塞。所以像刀具之类的铁器，一定会沉底而不易被冲走。”这个问题解决了，汪鑫泉还建议联系一名法警过去，一是负责现场安保，二是得帮咱们把几十斤重的大铁篦子挪开……

二零一七年八月，北方的省城已经进入夏末季节，虽说已经过了立秋，可秋老虎的热度在太阳升起来的时候仍然令人难耐。成片的知了不遗余力地歌唱着未尽高潮的乐章，用它们的生命吟诵着当下的美好和下一个轮回的到来。

这天晨报的最高气温达到了三十五摄氏度，为了避开一天最热的中午，冀英办案组成员加上汪鑫泉和一名法警，选择在早上七点开始“地沟清淤”行动。

只见冀英穿一身公安迷彩作训服，帽子、口罩戴得严严实实，脚蹬一双高筒雨靴，浑身上下紧称利索，一点儿看不出是五十岁的人。他把大家召集在一起手拿一张自绘的草图，讲解了今天要清理的十三个排水沟。他说：“这是一条新拓宽没几年的东西马路，路南是一条绿化带，基本没什么建筑。路北大约四十米就是案发地招待所。由于招待所西边有多个临街商铺、餐馆和歌厅，夜间较为繁华，出入人员较多，判断施勇信不会选择在容易被人看到的西边进行物证转移。而招待所的东侧只有一家典当行，晚八点就打烊了，相对比较清静，除了路灯也没什么其他霓虹灯照射，因此招待所东侧路南应当就是施勇信外出转移证物的地方。而且他的供述和指认也是这边，我们就从这边三百米以外最远的一个排水沟开始，先选定十三个，没有的话再扩大，大家听明白了吗？”

“明白，你说从哪儿干，咱们就从哪儿干吧！”汪鑫泉代表大家说。

“好吧。”冀英说完，把图纸交给了冬煜，径直走到距招待所东侧最远的一个排水沟旁边，对身边的法警说了句“开始吧”。年轻力壮的法警用一根大铁钩，勾住排水沟铁篦子的一端同时双手一用力，“咣当”一声，铁篦子被挪到了一边。冀英双手撑住排水沟两边，身体往下轻轻一探两只脚就着地了。排水沟只有齐腰深，冀英站好后先用脚踩了踩，感觉池底的淤泥杂物积得挺厚，好像从来就没人清理过，湿乎乎的有股刺鼻的味道。冀英戴上手套，拿过自己带来的工兵锹蹲下身挖了起来。

“你们冀老师真是干什么像什么，不服不行。”汪鑫泉赞叹道。

舒唯艺拿过一个黑色垃圾袋，一边准备接冀英清出的杂物，一边对汪法医说："而且干什么都那么认真。比那些'不唯真，只唯上的人'厉害多了。"

"是这样。不是说这轮司法体制改革改的就是行政化吗？只有把检察属性回归到司法上来，才能让检察官专心办好案，走职业化、精英化的发展路径，能干的人才能有发展的空间呢。"汪鑫泉说。

"但愿有一天处长、检察长也能下排水沟找物证的时候，司法改革就成功了。"

"估计像小冬她们这代人能看见，咱们还是看冀老师这儿有什么成果吧。"

说话间，冀英把一个排水沟底已经清理干净了，没发现什么。舒唯艺和冬煜把清上来的污物倒进垃圾袋，扎好袋口放在了路边等保洁员运走。之后，他们又开始了第二个排水沟作业。

汪鑫泉法医着一身专业现场勘查服，待法警拉开排水沟井盖后，像冀英一样双手撑着池沿两边下到了池底。冀英把短把铁锹递给他，汪法医不要，戴上了自己准备的一双又厚又大的胶皮长袖手套。他说戴上这个找东西更便捷，绝不会遗漏。真是"各村有各村的高招"。

第二个排水沟清完了，没有任何发现。

第三个排水沟也没有。

第四个排水沟还是没有。

……

已经到了中午时分，太阳高高地挂上了头顶。因为没有树荫的遮挡，再加上冀英和汪鑫泉各自穿戴得都很严实，汗水已然把他们衣服后背浸湿了一个大圆。暑热实在令在场的人身感不适，可心焦的却是到目前为止物证仍然没有下落。

"咱们找了第几个排水沟了？"冀英问舒唯艺。

"该第十个了，还有一个就是施勇信指认的那个了，那个及往后，侦查人员前期已经翻找过。"舒唯艺看着冀英绘制的草图说。

"挨着指认的这个很重要，因为周围没有明显的标志物，所以相近就容易指错。"说完，冀英让法警拉开第十个大铁篦子。

舒唯艺适时地抢在前面说该她上了，再不上就没机会了。冀英也不阻拦，想看看女检察官出马的效果，如果还没有就得继续向马路对面的排水沟拓展，但总觉得自己的判断不应当差这么远。汪鑫泉有点纳闷儿，怎么连女将都上阵了，看来这次行动的结果可能不妙？冀英让舒唯艺下排水沟的时候小心点别磕着碰着。舒唯艺点点头，戴上帽子、口罩和手套，脚蹬一双白色长筒雨靴，身着浅蓝色防晒服，模仿着冀英前面的下沟动作，双手撑住排水沟边，身体一纵轻盈地下到了沟底。由于这个排水沟的底部淤泥很厚，舒唯艺的双脚下去，顿时溅起一股污水夹杂着蚊虫浊气扑面而来，呛得她直作呕，一时无法蹲下去作业，只好先站着，用雨靴在泥水和杂物中踩触着寻找。

世上的事往往就是这么凑巧，前面冀英和汪鑫泉把九个排水沟都清了也一无所获，可到舒唯艺这儿，工夫不大竟然有动静了。一个疑似硬物的东西被她踢到了池壁上，“当啷”发出一声轻微的响声。舒唯艺示意大家注意，于是弯腰下手小心地摸寻起来，不一会儿就将一个连泥带水的条状物拿到了手里。汪鑫泉嘱咐道“别用手擦”，之后，舒唯艺从冬煜手里要了一瓶矿泉水，对着这件东西边冲边洗。

当刀型完整地显露出来时，冀英兴奋得差点叫出来，嘴里叨念着：“太棒了，唯艺太棒了！”

汪鑫泉接过刀说：“我们是踏破铁鞋无觅处，唯艺是得来全不费功夫，福将，福将啊！”

冀英道：“工夫费得不多，可费精神呀！也许唯艺这辈子都没干过这么脏的活儿？”

“精神是费了点儿，但收获了经历和感受，太值得了！”舒唯艺一脸的成就感……

# 八

# 明辨毫厘

# 34

返程路上，汪鑫泉把装在证物袋里的刀用盒尺量了一下，刀长十五公分，刀把长七公分，总长二十二公分，通体金属制造，没有木把装饰，前尖后宽，刃锋如纸。冀英问这是把什么刀？汪鑫泉说这是一把农村自制的杀猪剔骨刀，因为形状酷似牛耳，也叫牛耳刀。舒唯艺说这倒与施勇信描述的外形相似，可惜侦查人员没找到，结果侦查方向就变了。冀英也感慨道，因为案发是在六月雨季，根据施勇信指认都没找到，估计认为被水冲走了，结果输在了最后一个排水沟上……大家议着今天的排水沟探物成果，开心溢于言表。



可是，接下来的事又让冀英他们遇到了新挑战。因为法医检验报告对送检刀具没有验出任何血液及人体脱落细胞痕迹，这个结果让冀英无奈选择了找施勇信辨认的下策。好在通过阅卷证实施勇信直到被释放也没有翻供，始终供认犯罪是他所为，那么，指认凶器这件事想必他应当配合，也在情理之中。然而，怕什么来什么，施勇信在这个关键节点上翻供了。对于冀英拿给他看的那把牛耳剔骨刀，施勇信只是瞟了一眼，说他根本没见过。舒唯艺问他对以前供述的犯罪事实还认不认？施勇信回答道，一切凭证据，有证据判他死刑无所谓，没证据无可奉告。气得舒唯艺直咬牙，不想再多说一句话。因为施勇信现为无罪之身，不能对他采取强制手段，所以冀英暂时也拿他没办法，只好悻悻地收场了。

对于施勇信的认罪态度，用“此一时彼一时”来形容再恰当不过了。刚出事的时候，他抱定了陪吕秀琴去死的决心，积极配合调查，认罪悔罪，从来没想过要翻供。可是越到后来，他越觉得吕秀琴的死并不是他唯一造成的，他只是弄伤了她，秦飞找她换钱时还没有死，要不怎么在她的手指甲里有秦飞的 DNA 呢？所以秦飞才是最后的凶手。而且一审法院也是这么判的，虽然他与吕秀琴那段事实被遗漏了，可那是司法机关的事，他供认了没被认定怪谁。更何况秦飞也不冤，他拿走了现场的巨款，吕秀琴认识他，他能让她活吗？至于采取的什么手段就不好说了，应当不是用刀，这点他心里清楚，吕秀琴脖子上就一个刀口，而且那把刀被他带走了……既然是这样，冤有头债有主，一个秦飞顶罪就行了，自己就别跟着再犯傻了，赶紧翻篇儿。

在这种心态驱使下，再看施勇信应对检察官的表现就可以解释了。不过，检察官走后施勇信却难掩一丝控制不住的恐慌，他对今天的事感到太意外了，“这怎么可能呢”？施勇信纳闷道：“当初保卫处在自己的指认下都没找到的那把刀，怎么一年多以后又被检察官找到了。再说是不是那把刀也值得怀疑，因为那把刀是经过反复冲洗的，后来又在水里泡了那么长时间还能有痕迹吗？如果有，检察官还至于再找自己辨认吗，估计这会儿早就被重新羁押了……”这一连串的问题，似乎使施勇信明白了一个现实：检方仍然对他有怀疑，但证据不足，总不能“一案两判”吧？



冀英和舒唯艺找施勇信辨认凶器被怼了回来，仿佛使一度明显进展的案件再次遇到了瓶颈。但是冀英始终认为，就目前的情况并不能否定他们找到物证的重要价值，多年的检察直觉告诉他，起获的这把刀可以确信就是施勇信作案后藏匿的凶器，至于从证据形式上如何把它和犯罪联系起来，除了找施勇信辨认以外，还可以找接近吕秀琴的人再辨认一下，案发前是否见过这把外形特殊的刀，同时验证一下这把刀是吕秀琴带到财务室的说法。另外，从技术鉴定层面他也有一个新想法，想找汪鑫泉法医再咨询咨询，总之办法比问题多。舒唯艺主动提出由她带冬煜再去找一下吕秀琴生前的室友袁丽。因为之前为了辨认吕秀琴手镯的事她们曾经见过面，感觉这人还不错，挺有正义感的，所以这次辨刀找她应该没问题。冀英同意大家分头行动效率更快。

汪鑫泉见冀英不请自来，知道案子又出现了新问题，直截了当道：“是不是乘胜追击的道上遇到了埋伏？”

冀英说：“可不是吗，一案两凶，真假难辨？咱们费那么大力气从排水沟里起获的这把牛耳刀，啥都没检测出来不说，施勇信也愣是不认，说他从来没见过。而之前警方从秦飞家收缴的那把折叠刀，也啥痕迹没有，秦飞同样不认是作案凶器。以现代刑事科学技术发展得这么快，难道就没什么其他鉴定办法了吗？”

汪鑫泉说：“这两天我也在琢磨这事，想再去一趟北京。据说公安部二所新近引进了一种灵敏度极高，可达百万分之一量级的鲁米诺试剂检测，可在暗场条件下对检材进行喷射，如果检材上曾经沾染过血迹，无论事后怎么清洗、浸泡，一旦遇到这种试剂就会产生化学反应，在检材上呈现出微弱的蓝色荧光，以此发现潜在的血迹。现在我们用的是普通光学检验，对于经过处理的检材很难发现血迹，不妨用这种方法再试一试。但是这种鲁米诺试剂检测的缺点是不具有特异性，只能证明检材上是否沾染过血迹，至于是什么血迹，谁的血迹一概不知。因此这种方法通常对排除犯罪有帮助，对证明犯罪还需要与其他证据相配合。”

“你这么说倒让我想起了美国辛普森案中的一个情节，检方提交法庭的证据中有一把尖刀被认为是杀死两名被害人的凶器，后经华人神探李昌钰博士再次对这把尖刀进行痕迹检验，结果证明尖刀上从未沾染过血迹，从而成为推翻辛普森是杀人凶手的根据之一。其中的尖刀血检或许用的就是鲁米诺试剂吧？”

“没错，正是这项技术的科学性，有效地排除了在案尖刀与杀人的关系，使得陪审团最终站在了无罪一边。当然啦，这项技术检测结果为零的话，证据排除的效力毋庸置疑，但并不能说明对证明犯罪作用不大。恰恰相反，一旦检测到发光反应，涉案凶杀的疑点就出来了，就有了围绕疑点进一步证明的意义。比如，我们发现的这把牛耳刀，运用其他方法没能检测出潜在血迹，并不是终局性事实，这里可能存在手段技术的局限性问题。如果通过灵敏度更高的鲁米诺试剂检测有所发现的话，再结合这把刀的使用人和经历，认定凶手不就昭然若揭了吗？”

“照这么说北京一定得去一趟，两个结果都有意义：检测结果为阴性，施案就此打住，另查凶手；检测结果为阳性，再找凶器的使用人，真相就会浮出水面。”

“就是这个意思。而且我建议不能只带施案一把刀，秦案的那把折叠刀也一并检测一下，用照妖镜照一照，谁真谁假就现原形了。”

“太好了，就这么定！我去办领物手续，明天咱们就出发……”

舒唯艺和冬煜找到证人袁丽，拿着从排水沟里找到的牛耳刀照片让她辨认是否见过？袁丽看了看说，好像在宿舍见过吕秀琴用这把小刀切西瓜。而且在吕秀琴出事的当天中午，也在宿舍的桌子上看见过，但不能完全确认，只有见到实物才能说得准。舒唯艺说改天把刀拿来再让她辨认一下。袁丽说没问题。

从招待所出来，舒唯艺开车让冬煜给冀英打电话，把证人辨刀的情况作了简要汇报。冀英听后说，他明天与汪法医去趟北京，再对这把牛耳刀进行一次血迹检测，一切行动以这次检验结果而定，听他消息。冬煜问要不要她和舒唯艺一起去？冀英说这次的任务时间紧迫，就不用她们参加了。

次日早，冀英驾车载着汪鑫泉再次进京，前往那个神秘而知名的刑科物证鉴定中心。将近四个小时的车程，一路疾驶，终于赶在午饭前到达了目的地。汪鑫泉引路，冀英后面跟着，两人一路小跑上了二楼痕迹鉴定所。



翁教授在十分钟之前接到了汪鑫泉马上就到的电话，说他还在开会，已经派人在办公室专门等候。汪鑫泉和冀英气喘吁吁地进到翁教授的办公室，向负责接待的人员作了自我介绍。对方非常热情地说从翁教授那儿知道了他们的来意，于是免去了身份验证等流程，直接办理了委托检验鉴定手续。双方签字盖章，交接完两把待检刀具后，汪鑫泉就带着冀英离开了，只等下午四点以前取结果。

缺少了舒唯艺、冬煜两位女士的同往，冀英和汪鑫泉进京之旅仿佛单调了许多，二人找地儿简单吃了午饭，便在车里一个玩手机，一个睡着了。直到下午三点多钟，他们才迫不及待地返回翁教授办公室。一个工作人员听说他们是来取鉴定结果的，便说鉴定还在实验室进行中，让他们少安毋躁。下午四点十分，翁教授和几个助手才从实验室出来，见到汪鑫泉乐呵呵地说："等着急了吧，好饭不怕晚嘛！"

"这么说是好消息？"汪鑫泉看着翁教授道。

"当然啦，我正让他们写鉴定，一会儿就弄好。"

"是哪把刀？"

"血检阳性的是那把牛耳刀。"

"看来鲁米诺发光试验法的极高灵敏度名不虚传呀？"

“由于这把刀经过反复清洗和长时间浸泡，仅凭鲁米诺试剂检测仍然在暗室看不到荧光反应，最后我们运用睿鹰 BV800 血痕发现仪与鲁米诺试剂相配合，才在检材上发现了无论如何肉眼都无法看到的潜在血迹……”

“噢，要不是借助科学技术的发展，这个关键证据就无果了！”冀英感叹道。

“遗憾的是刀上的血迹反应太过微量，不能检出 DNA 分型，要想证明这把刀是杀人凶器，以及谁是凶手，还要结合其他证据。”翁教授补充说。

“没问题，有了血迹这项基础事实，我们再查刀的来源和归属心里就有底了。”冀英说。

“那另一把折叠刀呢？”汪鑫泉问。

“那把刀就一无所获了。”翁教授回答。

“这么说折叠刀的持有人就不是凶手啦？”冀英问。

“因为鉴定折叠刀不是凶器，所以至少凶手没有用这把刀杀人，这个结论是肯定的。”翁教授说到这儿忽然想起了什么，“我记得你们上次来做衣袖血迹鉴定的案子，还要请我出庭呢，后来怎么没信了？”

“哦，是这样，那个案子我们又进一步发现了嫌疑人使用的杀人凶器，可能因为信息外泄，使得这名一审被判无罪的嫌疑人突然逃跑了。现在网上通缉中，一旦到案开庭，我们还想再请您作为法医痕检专家，就涉及被害人死因认定等方面的问题当庭释疑解惑。”冀英说。

“噢，那就再联系吧。”

正说着，血迹鉴定报告做好了。翁教授与其他三名法医在上面签字盖章后，将正、副本一并交给了汪鑫泉。随后，汪鑫泉与冀英谢别了翁教授等人，走出鉴定中心，驾车返省。

# 35

舒唯艺通过电话得知复检牛耳刀被验出了血迹反应，既为案情突破感到高兴，也为能帮忙做些什么暗自着急。她对冬煜说，既然咱们能通过施勇信的口供找到刀的去向，也能顺着他的供述找到这把刀的来源，一旦来源查清了，刀的拥有人就清楚了，证明凶手的证据也就齐备了。冬煜认同道，再加上让证人对实物进行辨认和将来出庭作证，施勇信的作案干系就更充分了。于是她俩决定把施勇信共计十份口供分别再翻一遍，一人看五份，争取在下班前找到刀的来源部分，看他当初是怎么交代的，为下一步核实刀的出处提供依据。

还是年轻人眼快，冬煜率先翻到了这部分内容，而且也是施勇信全部口供中的唯一一次。笔录记载道：

“这把刀是我和吕秀琴在逛郊区蓟县城北新修的一个过街天桥集市的时候买的。我问过，这是当地铁匠用汽车工字钢手工打制的，做工非常精细，而且相当锋利，是他们杀猪剔骨用的牛耳刀。我当过兵，喜欢刀具，所以就花了九十块钱买下了，回来一直放在吕秀琴那儿。没想到她就用这把刀对我以死相逼……”

舒唯艺让冬煜把这堂口供复印了一份，然后从头到尾看了一遍，突然提出这样一个问题：“按照施勇信的说法，刀是吕秀琴自己带去的，他在外面接到吕秀琴的电话才去财务室找她。两人见面后，吕秀琴先是告诉他自己怀孕的事，进而向他提出结婚要求。由于他犹豫不决没有明确答复，致使吕秀琴非常愤怒，随后突然拉开办公室抽屉，拿出这把牛耳刀架在了自己脖子上，说不给个明确答复就自杀。施勇信是在酒后不清醒的状态下，猛地扑向吕秀琴，想夺下刀不让她做傻事，没想到反而使吕秀琴手里刀刺中了自己的脖子，造成血流不止而亡。对于这样的结果，如果我们确认施勇信的口供真实，那他的犯罪性质还是故意杀人吗？”

冬煜思考了一阵儿说："怎么觉得像过失致人死亡呢？首先，从客观上说，施勇信将吕秀琴的扑倒行为，与吕秀琴自伤致死之间具有间接的因果关系，没有施的外力行为，就不会有吕的死亡结果，这一点是肯定的，也是本案的应受刑法处罚性。其次，就是主观要件了，我认为，综合全案考虑，施勇信得知吕秀琴怀了他的孩子，面对的就是一个离不离婚，结不结婚的事，远没到杀人灭口的程度，他的应急行为在主观上属于应当预见而没有预见危险的过失，这可从事发地点和一刀致命的手段上得到印证。最后，从证据方面看，证人袁丽说在案发当天中午还在宿舍见过吕秀琴的那把刀，这说明施勇信供述刀是吕秀琴带到现场和以自杀相威胁的情节是可信的，而且我们通过口供找到凶器的事实也佐证了口供的真实性。在这种情况下，如若反驳施勇信'不是故意的'辩解就显得很牵强了。即便过失致死与间接故意杀人可能存在交叉，但过失犯定轻罪，根据刑法的谦抑性和疑点利益归于对方的原则，以定过失为宜……"



"行呀，难怪冀老师夸你复习司考法理与实践结合大有进步呢。就应当这样，咱们多为冀老师提供参考意见，他在案件决断时就能更准确、更充分。以后可就指望你啦！"舒唯艺不经意地流露出了最后一句。

"啊，啥意思呀？"冬煜反应很快，追问道。

"既然话说到这儿我也不瞒你，我最近准备提出辞职了。"

"辞职，想好了吗？"

"想好了。要不是打算跟完冀老师办的这个案子，给自己的检察职业画上一个句号，年初就交辞职报告了。"

"冀老师知道吗？"

"还没正式说，免得伤感。其实他多少也能知道点儿，我辞职以后就是去他老婆所在的公司当法务，他能一点儿信息都没有吗？只是一层窗户纸没捅破。"

"哦，您和师母很熟呀？"

"冀老师的老婆远纺原来也是咱们省检这个处的，人长得漂亮又能干。他俩一结婚就不能在一个处了，借机会远纺跳槽到一家大型科技私企公司当法务了，现在已经升为部门主管，月薪八万多元呢，不差钱呀！后来远纺觉得我也挺适合她那块儿业务的，挖我过去给她帮忙，我经不住高薪诱惑就同意了。你说这事整的，不在冀老师手下就在他老婆手下，我还跑不出他家这一亩三分地儿了，哈哈哈……保密保密！”

第二天一上班，冀英与舒唯艺交流了昨天各自的情况。冀英拿出复检“牛耳刀”的血迹鉴定报告，连说：“科技的力量太伟大了！睿鹰BV800血痕发现仪内置微光放大器，可将微弱信号放大70000倍，结合鲁米诺试剂百万分之一的量级反应，终于在暗室中发现了被反复清洗和浸泡了一年多的送检刀具上的潜在血迹。”

舒唯艺感叹道：“有了这些先进的技术设备，理论上犯罪分子想要通过事后清洗等方式将凶器上的血迹破坏得‘一丝不留’是基本没可能的。”



冀英说：“应当是这样，但也存在受检材和污染程度影响等因素发现不了的情形，因此科学技术在刑侦领域也不是万能的，最终还要回到司法的判断属性上。”



冬煜在一边插话道：“我和唯艺姐也没闲着，又把施勇信的口供翻了一遍，终于在十份口供中找到了几行记录牛耳刀的购买过程，虽然不是很具体，但仍然可以按图索骥。”

冀英看完这段讯问笔录复印件，高兴地夸她俩是铁助理，太给力了！并说在没检出刀上的DNA分型和嫌疑人否认的情况下，查明来源是唯一能锁定与嫌疑人关联的必要手段。经过三人一番讨论决定，明天即动身前往施勇信的购刀地走一遭。

施勇信口供中的郊区蓟县距省城大约二百公里，为什么他要带吕秀琴去这个地方，其中有什么渊源？冀英在出发前的晚上专门做了一些功课。通过查阅施勇信的履历资料，终于弄明白了一个缘由，蓟县某部队曾经是施勇信当过十几年兵的地方，部队营房就在这个县城边上，也许还有他认识的战友也说不准，总之可以推断，他带小情人来这儿是故地重游的。而冀英办案组来此却有些化装侦查的意思。为了对上牛耳刀是施勇信从这个地方的过街桥集市上买的，他们计划先从集市上找到卖这种特制牛耳刀的商贩，然后再拿带去的物证进行比对，一旦如出一辙，商家认可是他卖的，来源就查清了。到时候在法庭上一出示，施勇信再想否认刀不是他的，就与证据不符了。可是计划归计划，牛耳刀上又没錾字，如果亮明检察官办案，一旦商贩害怕“粘包”不承认就无功而返了。因此，冀英决定先以买家的身份出现，拿着样板买刀，商贩就不会多心了。于是他们三人一律着休闲装前往。

车开到蓟县，城北的过街桥集市就到了。

冀英打算先摸摸情况，把车停好后，直接和舒唯艺、冬煜上了过街桥。

此时已是艳阳高照，到了吃午饭的时间。过街桥上的商贩们大多还坚守着自己的摊位。有的手里拿着一块蛋夹饼嚼着，旁边还惬意地蹲着一瓶啤酒。也有的已经不正经干了，三两个人凑在一起打纸牌，估计是“带响的”，要不然不会这么大瘾。冀英看着眼前的此景在想，只有身处最底层的市井之中，才能真正了解他们的生存状态，不得已却又自得其乐，正可谓一沙一叶一世界……

三人在四十多米长的天桥上穿梭了一遍，发现有三五家卖自制五金农具的地摊，上面摆着的刀具也有很多种，杀猪刀、砍柴刀等应有尽有。其中也包括他们带来的牛耳刀之类，只是大小有所不同。

一个老汉的地摊紧挨着桥边出口，相对比较清静。冀英瞄了一眼摊上的牛耳刀，蹲下身拿了一把摆弄着看。老汉见有买主，放下手里咬了一半的白面馍，介绍道:“这是用汽车工字钢在自己家里打造的，锋利、耐用还便宜。”

“这些都是汽车工字钢材料做的吗？”冀英指着摊上的其他刀具问。

“是呀，我们村是这儿远近闻名的‘铁匠村’，家家都做打铁的活儿。汽车工字钢钢质好，做这些刀具最合适不过了，铁匠师傅都爱用这个。”

“可工字钢从哪弄呀？”

“都是从报废汽车市场拉回来的，人家拆下来不要了，我们给点小钱就弄回来了。”

“不会是假的吧？”

“假一赔十。我们这儿的人不会做假东西，不好使人家买一次就不回头了。”

“这把刀叫什么，干什么用的？”

“这把是杀猪用的剔骨刀，样子像牛的耳朵，也叫牛耳刀。又薄又快，自己家里切肉、切西瓜都可以。”

"多少钱一把，我买了？"

"一百二。"

"太贵了吧，我的一个朋友说从您这儿买过一把，才九十块钱。"冀英记得施勇信口供说的是九十块钱，也就按照这个标准砍价。

"九十块钱？我这摊上从来没卖过这价儿，你那个朋友可能是记错摊位了，那边还有卖七十块钱一把的呢，材料工艺可差远了。"

"哦，既然您说得这么好，我就从您这儿买一把吧。走到这了，留个纪念。"冀英说着给老汉掏了一百二十块钱。

老汉要把刀包上，冀英说不用。随手从自己挎包里拿出那把套着塑料袋的牛耳刀，说："大叔，您帮我瞧瞧这把刀是不是从您这儿买的？"




因为买卖成了，现在问老汉什么都没障碍了。要不是先从老汉这儿买了东西，他才没工夫搭理你呢，这就是生活规律。老汉接过冀英手里的刀，透着塑料袋前后左右地仔细看了看，说："这刀可不是我卖的。"

冀英说："我看跟您卖的这把刀大小、薄厚、样式都一样呀？"

"俗话说得好，内行才能看出门道。这两把刀的外表、尺寸都一样，材料也都是工字钢的，可就一点，做工不一样。"老汉指着两把刀的刀把部位让冀英看，"你看，我这把刀的刀把和刀身都一样，光滑平整，看不出任何差别。再看你这把刀，刀身磨得挺好，可是刀把上就有打铁印儿了，用手也能摸出来，不平整。"

冀英把两把刀拿在手里，比较了半天，用手感觉了一下刀把，确实如老汉说的有细微的不一样，但是如果不仔细看，还真看不出来。

老汉接着说："我家的刀是用电气锤打的，所以光滑平整度好，哪儿都没印儿。你这把刀是手工铁锤打的，再怎么打也没有电锤打得平。因为电锤打的面儿大，均匀，纯手工就不行了，用劲儿不一样，平整度和光滑度就差了，要不怎么便宜呢。"

"哦，我明白了，您家有电气锤设备，打出来的东西成本高，所以就贵呗？"

"质量也好啊。我们村所有的铁匠房都买了电气锤，不仅省了一个人工，而且打东西还快。只有村西头的马老三他们家还是纯手工的铁匠房，你这把刀就是他家做的，你看把儿上錾的这三个小横道，就是'三'的意思，我一眼就能看出来。”

“啊，我怎么没发现有字呀？”

“这也不是字，就是个记号。”

“他在哪个摊儿呀？”

“平时就在我的斜对面摆摊儿，今天没来。你们找他有事呀？”

“嗐，也没啥事，就是朋友托我再买一把一模一样的，专门要纯手工的。”

“那你们去找他吧。我们村儿叫马坊村，从这儿下天桥往东一直走半个小时就到了。他家住紧西头，看见有棵大槐树的地方就是马老三家。”

说完，老汉又接着吃他剩下的半个馍，冀英走时跟他道谢也没搭理，可能是嫌“专买手工打造的”人有毛病。

# 36

冀英带着舒唯艺和冬煜离开卖刀老汉的时候，冬煜差点没笑出声来，上车以后才说，冀老师这投石问路的成本不高，就一把牛耳刀钱。舒唯艺倒是挺严肃，让冬煜往后多学着点儿，这就是经验，课本上绝对学不到。冀英却说没什么好学的，只要多实践就都会了。随后，他们找地儿吃了午饭，便马不停蹄地去了老汉说的马坊村，准备面见马老三。

这回冀英可要照章办事了。他让舒唯艺把车先开到马坊村委会去。

不知道从什么时候开始，村“两委”的上面还有一个第一书记职务，而且都是挂职两年外派来的。接待冀英他们的就是一个刚来不久的第一书记，三十来岁的细高小伙儿，戴着副眼镜，一看就是机关干部。舒唯艺上前拿出检察官证说明了来意。第一书记人挺爽快，叫上一个治保主任引着冀英一行奔了村西马老三家。

马老三五十多岁，是个地地道道的农村铁匠。一看有人进院儿赶紧从屋里迎了出来。治保主任指着冀英他们给马老三做了介绍。马老三一听先是一愣，后来知道没自己什么事才说了句“进屋吧”！大家坐定后，冬煜找了个写字的地方准备记录。冀英又把来访的意思重复了一遍，然后掏出要他辨认的那把牛耳刀。

马老三接过刀仔细看了看，说：“这刀是我打的，把儿上錾着我名字里的‘三’字呢。”

“您做的刀还有什么特点吗？”冀英按照程序继续问。

“我打的刀是纯手工的，和他们用气锤打的不一样，我一眼就能看出来。”

“纯手工的铁匠这村里还有别人吗？”

“没有了，就我一家。”

“您能确定这把刀就是您打的吗？”

“那怎么不能呢，谁的孩子谁不认识呀。就是有人用这刀杀了人我也认，我做刀是杀猪剔骨用的，跟犯法没关系。”

“您说得对，杀人和卖刀没关系。您是在哪儿卖的刀呀？”

“城北过街天桥。我们村铁匠做的东西都在那儿卖，那儿是一个常年的小市场。”

“像这样的牛耳剔骨刀买的人多吗？”

“不多，隔三岔五也有买的。”

“您还记得几年前有一男一女两个城里人，从您的摊儿上买过一把这样的刀吗？”

“听您这么说好像有点儿印象，但记不清长什么样儿了。平常都是庄户人买这些东西，城里人买着玩儿的少。我记得那女的长得挺年轻的。”

冀英从包里拿出施勇信和吕秀琴的照片让马老三看后，问道：“您见过这两个人吗？”

“时间太长了。”马老三回答，“记不太清了。”

“那您这刀卖多少钱一把？”

“一百块钱。有砍价儿的最多降十块。”

“好吧，我今天就从您这儿买一把不砍价儿的刀。谢谢您配合我们工作啊！”

“没事，应该的，应该的。”

马老三说着从院儿里的铁匠作坊里给冀英挑了一把。冀英拿在手里和带来的那把比了比，一模一样，刀把儿上也錾着一个‘三’字。

“您打的刀上都刻着这个‘三’字吗？”

“对，都刻着呢，因为有人专门买纯手工做的，所以我做个记号。”

“您这是仅此一家，别无分号呀！”

“是这个意思……”

出了马老三家太阳就要落山了。冀英觉得事情办得很顺利，一高兴客气地邀请两位村官儿到县城吃顿饭。没想到第一书记答应得非常痛快，只是说不用到外面吃了，让检察官们顺便考察考察他的伙食。冀英本想推辞，可是架不住小伙儿的热情，说这是他上任以后第一次请省城老家来的人吃个便饭，觉得特亲切，并让治保主任一块儿作陪。冀英见实在没办法推托才说，那就“客随主便吧”。

晚饭就在村委会的小会议室吃，简简单单却是地地道道的农家饭。做饭的大妈据说是村妇女主任的二姨，由第一书记自掏腰包以每月五百元请的。本来这笔费用村委会要出，奈何第一书记非要坚持，否则就不请了，说自己给自己做饭吃也能行。村支书考虑还是请个人做饭有保障，就依他象征性地付点儿费用。饭桌上，冀英了解到第一书记外派是从二零一零年开始的，全国很多农村基本上都实施了这项制度，原则上任期两到三年，不占村里“两委”人员指标，由省委组织部在直属机关选拔优秀青年干部带薪下乡，算作基层工作经历，表现突出者可为提拔加分。他们的主要任务是帮助村委会选好班长，强化民主管理和扶贫维稳等。但私下里讨论这项制度可能还有一层用意，就是代表一级党组织监督剔除某些村霸式家族管理现象，以维护广大村民的合法利益……




眼见天色已晚，冀英等人告别了马坊村的两位村官儿，驾车来到县城一家外观还算豪华的酒店住下。冀英的小单间与舒唯艺和冬煜的标准间挨着，因为忙了一整天都累了，也没再说什么就各关各门准备睡觉。冀英抽空儿给家里打了个电话，先跟妻子远纺报了平安，又与儿子聊了聊学习的事，然后挂断电话打算洗个澡睡觉。就在这时隔壁房间突然传来“啊！”的一声惊叫，接着又是一阵忙乱的嘈杂。冀英赶紧穿好衣服敲开了舒唯艺的房门，一问才明白冬煜在她的床上竟然发现了一只蟑螂，吓得她眼泪都流出来了。舒唯艺说这丫头从小就害怕这些虫子，恐怕得换一家酒店住了。

冀英看了一下手表道：“这不刚晚上八点多吗，不如干脆连夜赶回省城去，回自己家住最踏实。”

舒唯艺想了想说：“也行，咱俩换着开车，十二点之前怎么也到家了，正好我家那个小宝贝闹着要我回去呢，明天咱们可都得休息一天。”

“那路上可得千万注意安全呀，别因为我开夜车出啥问题？”冬煜担心地说。

“没问题，一定安全第一！收拾东西退房，撤呼……”

经过前一阶段的紧张工作，通过一案“两刀”的关键物证排查与发现，足以得出施勇信才是涉嫌杀死吕秀琴的唯一凶手，而秦飞则是一起承继性的涉嫌谋财案的结论。对于这样重大的案情反转，建议省高法将秦飞死刑案依法发回，由原审检法机关重新并案起诉、审判是二审的必经程序。为此，冀英召集了一次本组人员的分析会，研讨一下施、秦两案的定性问题，以形成检察文书移送法院。

在这方面，舒唯艺凭借名牌大学刑法硕士的法律功底，所说的意见每次都深得冀英的赞许和受益，或许正因为这样，才让冀英对舒唯艺未曾公开的离职多有不舍之情。但是“人怕掉个”，每个人的具体情况不同，在一个地方觉得不舒服或者存在实际问题，趁着年轻再奔前程也没啥不妥。就像当初远纺离开检察院的时候，不也曾万般无奈吗，结果现在已是另创一片天了。所以光理解还不行，该支持得支持，这才是真朋友。

舒唯艺见冀英若有所思的样子，欲言又止。还是冬煜提醒：“唯艺姐要说意见了？”

冀英才恍然道：“噢，刚才走神儿了，说吧，说吧！”

“关于施勇信和秦飞两案的定性问题，我和小冬曾在一起讨论过。”舒唯艺看着冀英说，“这两个案子都分别存在认定罪名争议。施勇信案是（间接）故意杀人罪与过失致人死亡罪之争；秦飞案是抢劫罪与盗窃罪相左。我的倾向意见是施案构成故意杀人，秦案构成抢劫。冬煜的意见正相反，认为这两人分别构成后两个罪名。因为我定的罪名里最高刑期都有死刑，所以我可能是偏重刑主义，小冬心软可能属于轻刑主义。”

“最为公正的应当是‘准确主义’。”冀英说。

“那我先具体说说，然后小冬再补充。”舒唯艺接着道，“根据从客观到主观的刑法三段论分析，我认为被害人吕秀琴的死亡结果与犯罪嫌疑人施勇信实施的‘扑倒行为’具有刑法上的因果关系。在案所有证据显示，吕秀琴把刀架在自己脖子上的行为，只是声索婚姻权利的手段，而绝无自杀意图。如果没有施勇信猛然扑倒的外力作用，吕秀琴手里的刀是不会自我刺破颈动脉的。这一点可以在尸体颈部只此一刀和颈动脉部分刺破的伤情中得到佐证，并且与施勇信的认罪口供完全一致……”

“先等一下，”冀英忽然从舒唯艺描述的场景中得到一个启发，“吕秀琴把刀架在自己的脖子上，由于施勇信猛然扑过去，导致锋利无比的尖刀刺破了吕秀琴的颈动脉。这个瞬间外力的作用点在哪儿呢？通常不应当在刀上，而是在吕秀琴的手臂上。这样的话，即使刀上的痕检被清理了，尸体手臂上能否留下脱落细胞也不好说。因为案发时正值穿短袖的夏季，被害人手臂外露也许会有留存的可能性。”

“我看您都快成痕检专家了。”冬煜在一旁说，“现在关键证据都齐全了，还有必要预判这样的细节吗？”

冀英耐心解释道：“案件证据就像一张网，织得越细犯罪才越没有空隙可钻。现在施勇信案是有了基本证据突破，如果再能从被害人尸体上提取到他的脱落细胞，证据的法网就更密实了。前期为什么侦查机关在手握施勇信口供的情况下仍然不敢认定，就是因为没有他在现场的证据。而像脱落细胞这样的证据一旦取得，其价值就不只是现场了，而是人身接触的铁证。现在我们想到了它可能存在的线索又怎能轻易放过呢？什么叫能动办案，想到了就得做就是能动，结果是一回事，做不做是另一回事，目前我们取得的这些进展不就是能动的证明吗，所以我们还要坚持下去，不要怕麻烦，更不是多余和可有可无。既然这样，今天讨论的两案定性问题就先不说了，我同意舒唯艺刚才的意见，就按故意杀人罪和抢劫罪论证，尽快形成材料，回头我再看看。还是老规矩，咱们分头行动效率快，你俩主内，我主外……”

说完，冀英转身出去找汪鑫泉了。

在省院技术处法医办公室，冀英只见到了法医助理林静，说汪鑫泉因母校有活动邀请休假了。于是冀英就跟林静说了自己来时的想法。林静听了直赞冀英有这样的意识很难得，也很专业，并说她的硕士学位论文写的就是《脱落细胞发现提取研究》，因而支持这项动议。之后她还举了一个新近的案例，说某省有起室内凶杀案，法医勘查现场时根据地上的拖拽痕迹，推断出尸体的肩臂处可能留有接触痕迹，随后定向提取到脱落细胞并检出 DNA 分型，最终比对嫌疑人的 DNA，才使案件得以成功侦破。冀英询问像本案这种情况法医是否做过类似提取？林静说应当不会，一是当初没有确定与死者存在夺刀手臂接触的事实，缺失靶向进行脱落细胞盲提效果微乎其微；二是现场有那么多可见物证，没有必要再提取接触性 DNA。冀英又问接触性 DNA 指什么？林静说，是通过皮肤接触遗留在客体表面的人体上皮细胞，所以也叫脱落细胞 DNA。经研究证明，每人每天大约会自然脱落 400000 个上皮细胞，这也成为脱落细胞 DNA 的主要来源和检验的物质基础。因其特殊性，脱落细胞 DNA 并不被肉眼所见，因此也是此项检验困难和检出率不高的主要原因……林静见冀英掏出小本记着什么，笑道，您应当干法医，因为您有科学侦探的潜质，之前像挖路取证、地沟寻物等，看似笨拙或重复，其实都有其内在的规律和逻辑，所以有建树是顺理成章的。冀英对林静的话有些吃惊，毕竟他们之间接触不多，但对自己的事还挺了解。随后，二人把话回到了正题上，商定下午一起去一趟省医院太平间，对吕秀琴尸体补做一下上肢接触 DNA 的提取。

由于采集样本是根据冀英提供的事实前提定位进行的，所以林静法医对尸体双手臂采用的棉棒涂抹收集不到一小时就结束了。之后，二人将样本直接送到了省公安厅法医鉴定中心，等待 DNA 检验结果。

几天以后，省厅鉴定中心传来检验报告，送检样本提取到两个不同男性脱落细胞，并检出 DNA 分型。经公安 Y 库数据比对与施勇信及秦飞所留样本一致。



林静打电话叫冀英派人过去取鉴定报告。

冀英不敢怠慢，赶紧来到法医办公室。当他拿到两份 DNA 鉴定报告，分别看到的结论是：在排除施勇信父系遗传其他人到过现场的前提下，与施勇信为同一人的概率为 99.99%；在排除秦飞父系遗传其他人到过现场的前提下，与秦飞为同一人的概率为 99.99%。

“啊，是他们俩的？”

“完全有可能呀，一个在前，一个在后。一个是夺刀所留，另一个是撸手镯所留。两相交错，被害人死亡尸体静止，法医检验没有肢体破坏并形成污染，所以检出两人的脱落细胞 DNA，比对结果就是这样了。”林静解释说。

冀英又问了林静一个问题：“为什么所有 DNA 鉴定结果都不是 100% ？”

林静回答道：“第一，从技术本身看，DNA 在复制分裂过程中不可能完全一样，也会受到外界影响。假设 DNA 有 100 万个连接点，其中某一个出现问题是客观存在的。由于 DNA 检测不可能穷尽所有连接点，而只需检测其中几百个或者几千个连接点就足以说明问题了。即使检测结果是 100%，理论上也不能代表全部连接点中存在的个体变异性。第二，从父系家族的人口数量看，假设被鉴定对象的男性四代每代为五人的话，总计上下左右为二十人。如果‘DNA 鉴定的同一性是 99.99%’，意味着不同一的结果只剩下万分之一，再结合他家所有人员的总数二十人，可见 DNA 鉴定 99.99% 的结论不准确概率微乎其微。第三，从科学的角度讲，100% 的结论本身就是不科学的。因此，在 DNA 鉴定中不可能出现 100%。”

“明白了。就像司法的判断属性一样，对于已经发生的犯罪事实，依靠证据还原同样不可能得出 100% 的结论，因为一个是司法概念，一个是数学概念，只有无限接近，不能完全等同。”冀英说。

“有道理，有道理！”林静点头称道。

“如果林法医不嫌我啰唆的话，我想再请教一个问题？”

“能回答冀大检察官的问题不胜荣幸，有什么尽管问吧。”

“公安是怎么通过 Y 库比对到施勇信和秦飞的呢？啥叫 Y 库呀？”

“Y 库是目前公安系统建立的 DNA 数据库简称，全称应当是 XY 男性家族 DNA 数据库。由于公安建库的目的是侦查破案需要，根据犯罪绝大多数是男性行为的特殊性，采集全部十四亿人的血样既不可能也没必要。人类的性染色体男性是由 XY 组成，女性是由 XX 组成。借助 XY 只能由父亲遗传给儿子的特有性，所以建立男性家族 Y 染色体基因库，作为特异性标示，不仅有效缩小了犯罪嫌疑人的范围，也因为仅从男性个体的父、兄、子三代任何一人中采血即可达到建库目的，从而使建立 DNA 数据库在较短时间内形成规模成为现实。”林静给冀英科普了一下 DNA 数据库的知识。

“哦！”冀英似乎明白了什么，又似乎没完全明白，寻思先暂时问到这里，容自己消化消化。

# 37

冀英办案组收的是秦飞故意杀人上诉一案，可办着办着就办成了秦飞涉嫌抢劫和施勇信涉嫌故意杀人两个案子了。对这两人涉及的罪名是冀英和舒唯艺经过反复论证后写在结案报告里的，同时在发给省高法的检察意见函也明确表述：经检察机关二审审查查明，一审判决认定被告人秦飞故意杀死被害人吕秀琴的事实，并非秦飞所为，另有其人。一审判决确有错误，建议撤销原判，发回重审。随后，一并移送了两组支持发回重审的新证据。

第一组新证据分为四项：第一项是检察院二次尸检鉴定，证明被害人死于部分颈动脉破裂，存在秦飞进入案发现场时吕秀琴没有实际死亡，导致其劫取吕秀琴手镯被抓伤留有皮屑组织的可能；第二项是DNA鉴定证实，在被害人吕秀琴手腕部留有秦飞的脱落细胞，可证案发时秦飞与吕秀琴发生过肢体接触；第三项是从秦飞妻子处查获吕秀琴手镯一个，证明秦飞确有从现场“尸体”摘取手镯的行为；第四项是经痕迹检验鉴定证实，在案扣押的秦飞折叠刀没有检出血迹反应，不是杀人凶器。此组新证据证明，一审认定秦飞故意杀人，证据不足。

第二组新证据共有五项：第一项是检察院复勘犯罪现场提取的毛发，经鉴定是施勇信所留。结合会计及保洁工的证人证言，证实施勇信在案发当天到过犯罪现场。第二项是DNA鉴定，证明法医从吕秀琴尸体手臂处提取到了施勇信的脱落细胞，说明他在案发时与吕秀琴存在肢体接触。第三项是检察院根据施勇信的供述，在指认地附近的排水沟里起获了杀死吕秀琴的凶器尖刀，后经鉴定具有血迹反应。第四项是吕秀琴同宿舍证人袁丽的辨认材料证明，检察院起获的尖刀属于吕秀琴所有。第五项是检察院根据施勇信的供述，找到了制作这把尖刀的铁匠马老三，证明是他手工打造并出售给施勇信和吕秀琴的。这五项证据组合证明，被害人吕秀琴之死是施勇信所为。

省高法秦飞案的主审法官张峥，反复看了省检移送的新证据着实被吓了一跳，连呼：“这怎么可能呢？”因为此案移送省检之前她初审了一遍，没看出任何问题，反而觉得这是命案证据最好的一件。她甚至做好了检察院一经退卷马上开庭走程序的安排，就差写维持死刑判决的裁定了。可是现在竟然出现了“偷驴拔橛儿”的事，太后怕了，这要是杀错了人，自己不跳楼，也得脱法袍了。多亏碰上了这样有经验的检察官，明察秋毫，不枉不纵，不仅救了秦飞一命，也拯救了自己的职业生涯。她发自内心地佩服冀检察官的专业精神和能力水平，在有限的二审期间查获了这么多难以发现的关键证据，为这个案子准确纠错与追诉，打下了坚实的事实基础。

“什么叫司法队伍精英化呀，要我说，老冀就是检察官中的精英！”张峥毫不掩饰地由衷赞许道。

“可惜这样的精英不见得讨喜。”审判长彭森说。

“算了，不讨论这个了。您看这个案子怎么处理吧？”

“老冀移送的材料我看了，确实了不起，没点儿真功夫办不了这么漂亮。这回一审公检法的承办人可都够喝一壶的了，还差点儿把咱们给带沟儿里去，怎么办的案子呀，整个一个草菅人命！我的意见，撤销原判，一发到底。”

秦飞故意杀人案被发回重审了。

从省高法发到市法，再从市法发到市检，由市检发到市公安，凡是涉及这个案子的一审承办人一律撤换，等最终审判结果出来再接受各自的考核追究。

新接手此案的公安重案队，速审了一遍省检察院移送的新证据，经局长批准，立即对犯罪嫌疑人施勇信采取了强制措施。没想到施勇信到案后的第一句供词是：“我等这一天很久了……”

因为对案件事实、证据没争议，公安结案飞快。以犯罪嫌疑人施勇信涉嫌犯故意杀人罪，犯罪嫌疑人秦飞涉嫌犯抢劫罪，一并移送市检察院审查起诉。

市检察院经审查认可两案定性，依法提起公诉。市法院重新组成合议庭，通过公开审理并当庭宣判：以被告人施勇信犯（间接）故意杀人罪，结合本案具体情节，判处有期徒刑十五年；以被告人秦飞犯抢劫罪，判处有期徒刑十年。

一审宣判后，施勇信和秦飞原本都没打算上诉，可两人委托的律师却劝他们一定要走一下二审，反正按照法律规定上诉不加刑，不上白不上。再说两人一审判决的罪名都有一定争议，一旦二审能改罪名的话，量刑上就不是减一两年的事。经过考虑再三，最后二人又都上诉了。

这一轮下来又过去了大半年。

二零一八年五月六日，二审公开开庭审理上诉人施勇信、秦飞两案。省高法按照刑诉法的有关规定，合议庭组成人员仍旧是原班人马。

省检察院这边出庭履行职务的是冀英和舒唯艺，冬煜担任法庭记录。

对于本次开庭争议的焦点，冀英自认为心里有数。根据前次二审补侦、退案和一审重新作出的判决，按照他的经验判断，大概率是对施勇信、秦飞两案的犯罪性质之辩，应当与罪与非罪无关。所以对于今天"一对二"的法庭答辩，冀英并没有预想得过于复杂。只有当一个熟悉而陌生的身影出现在施勇信辩护席上的时候，他才偶然在脑子里闪过一丝异感，因为这个辩护人他认识，此人就是八年前曾经代理过武富桂贪污案，并因涉嫌向书记员蓝翔行贿打探案情而遭到调查的"死磕派"律师郝铎。

郝铎自从经历过那件事以后，虽说查无实据没受到任何追究，但执业声望受损是避免不了的。因而这些年他尽量回避在本省代理刑辩业务，而是将工作重心放到了外省市发展。这一次，要不是施勇信的家人通过朋友死乞白赖地找他，他是不会接手这起听起来没啥可辩的二审"僵尸案"的。可是没想到，一上手审案，尤其在会见施勇信以后，他的职业敏感度又上来了，感觉这个案子不仅有辩点，而且伸缩性还很大，如果各项工作准备充分，加上法庭辩护到位，很有可能为当事人打赢这场此罪彼罪的定性官司，达到案件改判从轻处罚的效果。除此之外，他还多了一份额外考虑，想要利用好这起前期"张冠李戴"的纠错案，借助网络舆情关注之机，用一场成功的辩护，挽回影响，重塑"金身"。这以后，郝铎精研本案的事实证据和相关法理依据，形成了一套完整的辩护策略和方案。特别在做通施勇信家人与被害人亲属达成经济补偿谅解这件事上，下足了功夫，甚至不惜以减免律师费为代价，帮助施勇信家人变卖房产及抵押贷款，东拼西凑了一百万元赔偿金，直到开庭的前一天终于拿到了被害方签字的《同意对施勇信从轻处罚谅解书》……

“现在开庭！”彭森审判长一声法槌，庭审开始了。

前半段法庭调查进行得很顺利，控辩“交火”是在法庭辩论阶段点燃的。

按照刑诉法的规定，上诉案件的庭审是由辩方首先发表辩护意见，然后才是检方答辩。

因为施勇信是第一原审被告人，所以郝铎当仁不让地率先发言：

“尊敬的审判长，审判员；尊敬的检察官……”

郝铎这句普通的前缀话不仅让冀英听得别扭，就连三位法官也都颇感不适，心说这位“死磕派”今天怎么变得“客套”了。

“我受施勇信的委托，庭前查阅了本案卷宗，会见了当事人，现在发表辩护意见如下：我的观点很明确，施勇信的行为不构成犯罪……”

“哗！”此言一出顿时引起旁听席一阵非议。

“肃静！”审判长迅速维持了一下法庭秩序，然后请辩护人继续。

郝铎用平静的语气接着说：

“我的意思是施勇信的行为不构成间接故意杀人罪，至于是否构成其他罪名，辩护人出于维护当事人实际利益的考量将在第二轮辩护中发表，现在仅就判决书认定的犯罪性质提出以下辩护意见。

“第一，依据现有证据推断，本案吕秀琴的死亡原因并不唯一，而是存在三种可能：一是吕秀琴因向施勇信讨要婚姻说法未果一时想不开持刀自杀；二是施勇信为夺取吕秀琴架在脖子上的尖刀用力过猛失手他杀；三是秦飞在劫取吕秀琴手镯过程中，因发现其没死，为灭口而故意杀人。

“关于‘自杀说’，通过刚才的法庭调查我们不难发现，吕秀琴于案发当晚秘带尖刀把施勇信约到财务室的目的，是在得知她怀了施勇信的孩子以后，试图以死相逼迫使施勇信答应离婚与她结婚的条件。可令人遗憾的是，吕秀琴并没有从施勇信口中得到想要的答案，于是自感生活无望而情绪失控，愤然拿出事先准备的尖刀架在了自己的脖子上，惨案瞬间发生了。也许有人会问，持刀自架于颈的行为就一定是自杀吗？真相可能只有吕秀琴自己知道，辩护人只能根据前述事实作出这样的判断：既然她做足了不达目的以死了断的心理准备，面对绝望来临时，又有什么不能采取的行动呢！俗话说

‘冲动是魔鬼’，任何人的行为一旦失控，危险只是一个动作而已，一切后果皆有可能。所以我说吕秀琴的死，存在自杀可能。

“第二，如果自杀可能存在，那么针对同一死者，判决书认定施勇信间接故意杀人就值得质疑了。法律人都知道，刑法上的间接故意是一种明知行为，即明知可能造成危害后果而放任为之的心理态度。也就是说，犯罪对象的死与不死都在行为人的认知之内。反观本案，我在一份施勇信的认罪口供中看到他这样说：‘吕秀琴是我爱的女人，她又为我怀了孩子，我怎么可能杀她呢？我是怕她干傻事才冲过去夺刀的，没想到就这一下她就倒下了……’也是这份口供，施勇信还如实交代了侦查机关不掌握的致死吕秀琴凶器的去向和来源，此后均被二审检察官查证属实。鉴于此，施勇信的认罪口供无可非议，能够真实地反映出他在夺刀致死吕秀琴的过程中，并不希望或者放任这种结果的发生，不具备构成间接故意杀人的主观要件。另外，即使判决书认定施勇信有为保全个人利益不惜‘借刀杀人’的意图，在客观上也很难区分吕秀琴颈部的一刀是谁所为，是施勇信扑向吕秀琴前一秒发生的，还是后一秒造成的，抑或二人的共同作用？目前在主、客观证据都缺少唯一性的前提下，直接认定施勇信故意杀人，实属判决有误，适用法律不当！

“第三，有关秦飞是否实施了本起命案的后续加害行为，鉴于辩护人职责所限不宜在此做过多评价。但是秦飞是最后一个见到死者活着的人，而且从他强行劫取吕秀琴手镯被抓伤留下的DNA皮屑组织可以证明，吕秀琴在临死前与秦飞有过激烈的肢体冲突，甚至是搏斗。因此，秦飞存在为灭口而对重伤倒地、没有任何反抗能力的吕秀琴进行最后夺命一击的动机和可能，虽然手段不明，证据未尽，但真相不容抹杀……”

郝铎首轮辩护洋洋洒洒，语出惊人，使得现场旁听人员明显被带了节奏，从最初不解耳语到后期频频点头，法庭效果大有爆棚之势。

冀英虽说出庭经验丰富，怎奈辩护人不按套路出牌的招式太猛，以至于在最初的答辩环节稍显各说各话，直到一段陈述铺垫完毕，他才找到针对性的抗辩感觉，他说：

“辩护人以吕秀琴之死具有多因性和不确定性为视角，质疑判决书认定施勇信故意杀人罪名成立。初听似有一定道理，加之其辩护渲染，很容易使部分听者被带入施勇信无辜的认识误区。法庭上出现这种情况也属正常，因为不同视角对同一事实作出不同性质的判断，恰恰是刑事诉讼控、辩对抗的特点和规律，没什么好奇怪的。据此，检察员站在控方立场，对刚才辩护人的发言作出如下回应和答辩，既是职责所在，也在情理之中。相关观点和理由，在提请合议庭考虑的同时，也请旁听人员兼听则明，得出自己的内心评判。”

全场鸦雀无声，等待着冀英的下文。

“首先，针对辩护人所提秦飞涉嫌后续杀人问题，他的主要依据是从被害人吕秀琴手指甲缝中检出的秦飞DNA皮屑组织，以此推出被害人为反抗秦飞加害而与其搏斗的结论。其实这是判决书第一次认定，后被第二次判决否定的事实。自从二审发现秦飞进入现场之前吕秀琴已遭颈部中刀的新证据，关于‘搏斗’之说已被证明无据。因为尸检鉴定证实的吕秀琴唯一死因是刀伤所致，并无其他多因证据，结合吕秀琴颈部只有一刀的伤情和凶手另有其人的前提，秦飞为灭口而后续补刀杀人的事实已经完全排除了。至于秦飞是否存在其他加害手段，无证则不能妄加揣测。再者说，被前后两个作案人都误认为已经死亡的吕秀琴，在一息尚存之际，哪还来得力气‘搏斗’呀？所以法医根据吕秀琴部分颈动脉破裂，导致慢性失血死亡的具体情形，对其手指留有他人DNA的形成机制解释为，是遭到后期行为人撸取手镯出现的应激反应。检察员认为，这一解释具有科学合理性，且被前期施勇信的行为所印证。辩护人试图以‘搏斗说’证明‘秦杀说’，进而否定施勇信故意杀人，逻辑虽有，但经不住事实证据的推敲，因而不能成立……”

因为这段即兴答辩极具对抗性，冀英针对辩方的问题见招拆招，不回避，不迂回，颇有点儿迎难而上的“亮剑”味道，所以现场旁听人员直呼“过瘾”。就连坐在旁边的舒唯艺也被眼前的激烈对决带入了，竟然忘了把写好的提示字条交给冀英。

冀英停顿了一下，继续沉浸在亢奋的答辩中，他说：

“其次，我们注意到，辩护人为了证明施勇信没有间接杀人故意，引述了一段施勇信的认罪口供。检察员认为，判断一个人的行为动机，不光看他是怎么说的，重要的是看他怎么做的，以及他的行为造成了怎样的后果？本案中，年仅二十四岁的未婚女子吕秀琴，在得知自己怀了婚外出轨的单位领导施勇信的孩子以后，为求施勇信答应她的结婚要求，不惜自刎相逼。在此命悬一线的危急时刻，施勇信完全有义务、有能力、有时间采取诸如临时答应，或者善意谎言之类的措施，缓解并排除这一危机。可是他并没有这样做，没有哪怕是只言片语的同情与怜悯，反而借着酒劲儿不管不顾地扑向了吕秀琴，致使在激烈触碰吕秀琴手臂的一瞬间，造成吕秀琴手中的尖刀划破了自己的颈动脉，最终失血过多死亡。

“检察官认为，在这起惨案发生的过程中，施勇信作为一个正常人，他对自己的行为可能造成吕秀琴非死即伤的后果应当明知，是一种明知不可为而放任为之的故意行为。虽然施勇信辩称他扑向吕秀琴的目的是夺刀救命，但是以下具体情节可以证明，此说并不成立。一方面，施勇信具有放任谋杀获取自保利益的动机。因为一旦他和吕秀琴的婚外情事发，势必面临被撤职查办，甚至婚姻家庭不保的后果，所以出于趋利避害的本能，施勇信临时起意实施了借吕秀琴之手‘趁其危要其命’的行为。另一方面，施勇信放任杀人的事实，还可从他案后无悔意、无救助措施，以及为掩盖罪行转移物证，诱骗秦飞误入现场，嫁祸于人等行为中得到佐证，足以证明其犯罪事实成立。

“最后，关于辩护人所提不排除吕秀琴自杀可能的辩护意见，鉴于检察官的前述论证已经非常充分，这一辩点虽然不值一驳，但是为了以正视听，有必要再作以下阐述。我们认为，任何对案件事实的分析评判，都必须以事实为根据，以法律为准绳，否则就是主观臆断，不能得到依法确认。比如，我们在判断施勇信的犯罪行为时，离不开他到过现场的毛发、接触过被害人手臂的DNA，以及被他带离现场的作案凶器、尸检鉴定等证据支持，同时结合他的认罪口供得出真实可信的认定结论。如果离开这些评价基础，顺着辩护人的思路走，我们也可以从吕秀琴带刀到现场的行为推出，除了自杀可能以外，还包括杀施后被其反杀等情形，因为现场只有他们两人，所谓‘自刎’的举动也是施勇信说的，并没有目击者，那么其他可能性怎么就没有呢？但是这种讨论因为偏离事实过远，从而也就失去了应有的意义。因此‘自杀说’的辩护意见，不能成为阻却本案事实认定的依据。

“综上所述，施勇信一案已经完全具备了刑法规定的犯罪构成要件，并且社会危害性极大。原审判决以施勇信犯故意杀人罪定罪处刑，事实证据充分，适用法律正确。辩护人提出的吕秀琴死因不清、施勇信不具备主观犯意、定性不准等辩护意见，均缺乏事实及法律依据，建议二审法庭应予驳回，维持原判……”

冀英全程无纸化答辩，法理情张弛有度，随即产生了反转效果。在旁听席低低的议论声中，有人冒了一句“他就是杀人犯！”随后此人被法警带出了法庭。

合议庭三人互相交流了一下，彭森审判长主持道：

“辩护人还有其他补充吗？”

“有。”郝铎示意道，“本辩护人在坚持第一轮辩护意见的基础上，再补充发表两点意见。第一点，由于庭前施勇信对我表示，他愿意以过失犯罪承担本案的刑事责任，所以我不得不就他的行为可能涉嫌构成过失致人死亡罪，向法庭作出必要的陈述。根据我国刑法规定，过失犯罪分为疏忽大意的过失和过于自信的过失。疏忽大意过失，是指行为人应当预见自己的行为可能发生危害社会的结果，因疏忽大意而没有预见，以致危害结果发生的行为。过于自信的过失，是指行为人已经预见可能发生的危害结果，但轻信能够避免而发生了这一结果。显然，前者是没有预见的行为，后者是已经预见的行为。对照本案，虽然施勇信应当预见他所实施的贸然夺刀行为，可能造成对吕秀琴的人身伤害，但是因为当晚的酒精作用而没有预见，结果事与愿违，造成了本起命案的发生。可以说从主观到客观，施勇信的行为更符合疏忽大意过失犯罪的特征。

“诚然，本辩护人并不完全否认判决书认定的罪名，以及检察官的指控具有相关法理支持，但是这并不代表彼对此错，只能说各有各的道理，属于两罪相交的情形。对于这种情况如何处理，辩护人认为应当适用刑法的谦抑性原则，以两罪中处罚较轻的罪名定罪量刑，方显公平公正。由于故意杀人罪的最高刑期可以判到死刑，而过失致人死亡罪的最高刑期只有七年。因此，辩护人恳请二审法庭综合考虑，结合本案起因、对象、情节、手段等特殊因素，依法对施勇信以犯过失致死罪，在七年以下从轻处罚。

“第二点，也是非常重要的一点，施勇信为了表达认罪悔罪的诚意，在辩护人代理期间委托我帮他卖掉了老家一处房产，并用现有住房抵押贷款凑足了一百万元，作为支付给吕秀琴家属的精神补偿金。后经反复工作，施勇信的家人与吕秀琴家属终于在辩护人的见证下签订了《同意对施勇信从轻处罚谅解书》。由此可见，本案认罪认罚，案结事了，应属司法公正所追求的结局。

“最后，我想借今天庄严的法庭告诫我的当事人：‘自古奸情出人命’，做违法违德的事是迟早要还的，只有踏踏实实地做守法人，才能安享蓝天下的自由生活……”

冀英听完郝铎的辩护，总的感觉人是会变的，无论过去怎样，这次他从务实的角度为当事人提供切实可行的法律服务，专业表现确实可圈可点。

“当！”审判长宣布，“施勇信一案的法庭辩论结束，双方意见已经记录在案，如有未尽事宜请庭后提交书面材料。下面进行秦飞一案的法庭辩论，首先由秦飞自我辩护！”

“嘿，老彭怎么把检察官的第二轮答辩隔过去了？”冀英本想举手示意，可见彭森已经落槌也就不好再说什么了。心想反正第一轮该说的都说了，无非还是两罪性质之辩，最终怎么判由法院定吧。



轮到秦飞自我辩护时，突然上演了跪庭一幕。他面向检察官席双膝跪倒，嘴里叨念着：“谢谢检察官给我洗清了杀人罪名，我认罪，我认罪！”

法警见状迅速把秦飞扶回原位，低声警告不要再发生类似违规行为，否则将带离法庭接受处罚。秦飞点头应允不再犯了，庭审方才继续进行。

审判长请秦飞的辩护人发表辩护意见。

身着律师袍的年轻女律师发言道：

“我是秦飞案第一次被判死刑上诉后法院指定的辩护人，那一次，我仔细查阅了一审判决认定秦飞犯故意杀人罪的全部材料，两次会见了秦飞，听取了秦飞关于‘人不是他杀的’辩解。老实说，我不相信他说的是真的，因为在案证明太完整、太充分了。以至于我说要为他作罪轻辩护时，秦飞听了一脸的绝望。他甚至说，‘我知道你是法院指定的律师，是走程序的，我没钱请得起律师，我只能认命了’。当时，我虽有一种被职业侮辱的感觉，但内心却说‘就这案子，即使辛普森案的律师团来了也帮不了你，如果二审法官能念你是初犯、偶犯留一条命就算万幸了’。然而，就是这样一起看似无懈可击的死刑命案，竟然在二审检察官手里出现了奇迹般的改变，查出了被害人吕秀琴之死的真正元凶，纠正了秦飞被错误定性的冤案，把秦飞从死刑边缘上拉了回来。这背后，彰显的是检察官维护公平正义的精神与能力，使我怀着崇敬的心情参加今天的庭审，这也是我免费第二次为秦飞出庭辩护的初衷。”

“鉴于时间关系，请辩护人尽快进入实质性辩护！”审判长敲击法槌道。

“好的。由于本案具有先判死刑，后改十年的诉讼过程，使我的当事人在感激涕零中对现有判决作出服判服罚的表态，他甚至要求我不要再提出与判决不一致的辩护，以免给法庭造成认罪态度不好的印象。尽管我反复对他讲了上诉不加刑的法律规定，他仍然诚惶诚恐，深陷前次错判的心有余悸之中。但是，我作为秦飞的代理律师，站在法律人的立场上，进一步发表可能对秦飞有利的辩护，依然是我不可推卸的责任和义务。因此，我的实质性辩护意见是，秦飞的行为不构成抢劫罪，判处有期徒刑十年，仍属定性不准，量刑过重。建议法庭以秦飞犯盗窃罪，减轻处罚。具体理由如下：

“我国刑法规定的抢劫罪，是指行为人对公私财物的所有者、保管者或者守护者当场使用暴力、胁迫或者其他对人身强制的方法，强行劫取公私财物的行为。本案中，上诉人秦飞在案发当天，是受到实施杀人后意图嫁祸于人的施勇信的犯罪诱导，以到财务室找会计吕秀琴兑换打牌用的找零现金为目的，而误入吕秀琴被杀案现场的。当他偶然看到吕秀琴倒于血泊之中，以及保险柜门打开外露巨额公款时，为了偿还所欠高利贷而贪念心起，在自认为吕秀琴已经死亡无人知晓的情况下，实施了将保险柜内六万余元现金及吕秀琴手腕上的一个玉镯盗走的行为。虽然秦飞在窃取吕秀琴手镯时被其突然惊醒抓伤了手臂，但是仍然不能改变秦飞行为本质的秘密窃取性，因为秦飞自始至终从未对吕秀琴实施过暴力、胁迫或者其他人身强制行为，所以无论如何都不符合抢劫罪的构成要件。一审判决以秦飞犯抢劫罪定性处刑，显系适用法律错误，恳请法庭依法查明后予以改判……”

“请检察官发表答辩意见，重复的就不要说了。”审判长的主持节奏明显在加快。

“我们认为秦飞的行为构成抢劫罪而非盗窃罪。”冀英开宗明义道，“众所周知，抢劫罪属于暴力型财产犯罪，既侵犯人身权利也侵犯财产权利；而盗窃罪则属于单一的财产性犯罪，其手段具有平和性、不涉及人身危险的特征。由于两罪的法定刑差距较大，因而此罪彼罪之争具有现实及法律意义。对标本案，鉴于暴力杀人与现场劫财分别由不同作案人实施的特殊性，致使认定秦飞利用他人暴力进行的劫财行为是否构成抢劫罪，就成了检辩争议的焦点。对此，检方的意见是明确和肯定的。

“根据相关法理解释，抢劫中的‘暴力、胁迫或者其他方法’是指使被害人达到不能反抗，或者不敢反抗、不知反抗的程度，这也是衡量构成抢劫罪的标准。从全案事实看，秦飞利用被害人已被他人所杀，对现场财物失去控制的前提实施的劫财行为，其手段特征已经符合这一标准。客观地说，如果没有被害人被杀的事实前提，就不具备后续的犯罪条件，进而不会发生秦飞案。然而，任何一起刑事案件的发生从来没有假设，我们只能正视现实。由于秦飞的后续行为与前期杀人案形成了一个连续事实的两个方面，前后承继，仅因作案人的犯罪故意不同，行为结果不同，故而分别定罪量刑，完全符合罪责刑相适应的刑法原则，法律依据明确、充分。

“实践中，类似人身强制与劫财行为分离定性为抢劫的不乏判例支持。前不久，北江区法院就审理了这样一起案件，基本事实是：嫌疑人李某路经一辆车祸侧翻现场，偶见一满脸是血的女车主卡在车内向其求救。李某拉开车门后发现副驾驶位置放有一名牌包包及手机，随即见财起意，趁女车主动弹不得之机，公然将车内财物从女车主手中抢走并非法占有，后被查获归案。检察机关以李某涉嫌犯抢劫罪审查起诉。经开庭审理，法院认为李某以非法占有为目的，利用被害人因车祸受伤失去反抗能力的可乘之机，公然强行劫取被害人财物的行为，符合抢劫罪‘以其他方法抢劫公私财物的’情形，依法判处李某有期徒刑七年。

“在上述李某的判例中，法院并没有拘泥于刑法条文关于抢劫罪‘施暴人与劫财者同一’的一般解释，而是将造成被害人不能、不敢或者不知反抗的后果，作为成立强行取财的前提，无论这一后果的成因主体为谁，是被告人、被害人抑或第三人，只要行为人利用了这一前提，他的劫财行为就具备了公然性、强制性和人身危险性，从而作为区别抢劫与抢夺、盗窃的相交关系。这种将抢劫的‘其他方法’进行后果性实质解释，不仅符合立法要义并对本案具有指导意义。辩护人提出秦飞本人没有对被害人实施暴力行为，不构成抢劫罪的辩护意见，割裂了前后两个行为联系，犯了‘瞎子摸象’的片面错误，所得结论必然缺乏事实及法律依据。

“最后，检察官认为，秦飞的犯罪行为情节恶劣。不可否认，秦飞是因他事误入案发现场的，具有临时起意和趁火打劫的意图。但是，作为一个稍有良知的正常人，面对一个年轻女性被杀倒地的惨景，哪怕出于一丝怜悯之心也会做出报警救助的举动，更何况这名女性还是曾经帮助过他的人，可秦飞是怎么做的呢？现场劫财还不够，还要从‘死人’身上取物，当发现被害人活着的时候，非但不救助，反而强取财物到手……我们不禁要问，‘你的良心被狗吃了吗’？通过上述行为，足以显见秦飞对生命的冷漠及人性的贪婪！说到这儿，如何定性秦飞的犯罪性质，相信法庭及每一位旁听者都会得出自己公正的答案……”

冀英有理、有力、有节地答辩赢得了法庭上下一致好评。

审判长彭森见庭审已经持续到下午三点，不得不终止了二轮发言，直接进入法庭陈述程序。

施勇信和秦飞分别只说了一句话，认罪服法。

随后，审判长宣布法庭审理结束，宣判日期另行通知。

法警得令，迅速将施勇信和秦飞带离法庭，送往看守所还押。其他旁听人员也都陆续退离法庭。

这时，彭森从法官席过来叫住了正要往外走的冀英，低低地说：“老冀，告诉你一个好消息，王立弓自动投案了……”

九

# 车祸背后

# 38

“昼晷已云极，宵漏自此长。”一转眼，已是一年中夏季的第四个节气——夏至了。据说古人用土圭测日影，发现这天白天之长、日影之短都达到了一年中的极限，所以叫夏至。再往后，一年当中最炎热的时候就要登场了。

舒唯艺在这天向院领导递交了辞职信，然后回到自己的办公室。早被她整理得干干净净的工位上只剩下一个双肩包，可以随时拿起来就走。

冀英和冬煜提前接到了舒唯艺的通知，有些不舍的话都说过了，辞别饭也吃了，所以今天的氛围就是欢送。舒唯艺说，之所以选择今天离开，恰与“至”的含义一样，预示着她的检察职业达到了顶点，急流勇退，无荣无辱，也是符合规律的选择。冀英称赞道，这叫以退为进，机会总是留给最优秀的人，转战职场，一定会有诗和远方！舒唯艺说他这是在变相夸自己的老婆“远纺”，到她这儿就剩下“湿”了！冀英笑着说：

“你要不优秀远纺能把你挖过去吗？还是年轻好，未来无极限！如果倒退十年，我说不定也有动意呢。”

“不会吧？谁不知道您是坚定的检察事业奉献者，谁动您也不会动的。不像我是现实的规避派，只想趁着有人要赶紧多挣点儿钱把房贷还上，再把两个孩子的学费攒出来，没那么多远大理想。”舒唯艺说。

“我是又佩服又弄不明白，”冬煜插话道，“像艺姐这样有水平有能力的检察官每年都有走的，而像我这种半瓶子醋的却还在削尖了脑袋往里钻，整个一个围城呀！”

“行了小冬，跟着冀老师学办案是你的福气，这世上只有一样东西是属于自己的，那就是本事。好好干吧，替我照顾好你师傅。”

“放心吧，今天是个浪漫的日子：‘想你的白日最长，梦你的夜晚最短’……”

他们三人难得这么开心、悠闲地聊着，没有一点儿离别的伤感。舒唯艺见快到了下班时间，提出趁大家都在忙赶紧走，免得再一一打招呼告别，弄得心情不好。

冀英突然想起来什么，从办公桌上拿起两份判决书说："刚才你出去办手续的时候，省高法送来了两份判决，一个是王立弓的，一个是施勇信和秦飞的，两个案子终于下判了，这可是你坚持办完的工作业绩呀。"

"是啊，正义迟早会来的！我看看法院是怎么判的？"舒唯艺接过判决书要看。

冬煜说："别看了，王立弓案从无罪改判死刑，缓期二年执行。缓刑期满减无期后，不得减刑假释和保外就医，相当于终身监禁了。施勇信和秦飞案也都被改判了，施案以过失致人死亡罪，由原判决有期徒刑十五年，改判七年；关于秦飞案，法院从量刑均衡考虑，认定抢劫罪性质不变，但刑期从有期徒刑十年减为七年……"




"哦，王立弓案二审判决跟咱们事先预判的基本一致，没什么可说的，罪有应得。要照过去死刑制度严苛的时候，像他这种又杀人又放火的罪名，哪一项不得判死刑立即执行呀！现在判决书一句'根据本案具体情节'判死缓了。不过'不得减刑假释'这条还行，让他这辈子余生就在监狱里待着了。这就叫法网恢恢疏而不漏，被他害死的人也可以瞑目了。"舒唯艺愤愤地说，"可是施勇信案的改判我还是多少有些意外的。因为上次咱们陪柳检列席省高法审判委员会的时候，现场委员对改与不改的意见几乎平分秋色，院长让再征求一下其他两位没到场委员的意见，所以当时没确定。现在看来改判是以微弱多数通过的，这么判施勇信的刑期就下来了。"

"没错，是这样。"冀英拿着判决书说，"因为认识不同导致的案件定性争议，不仅检、辩之间存在，就是检、法内部也都存在，所以符合司法规律。再说这个案子，咱们通过列席法院审委会对他们改判的理由就更清楚了，一是案件本身的具体情况，二是被害人过错，三是施勇信家属赔偿和被害方谅解。综合考量，只有改定性，刑期才能大幅度从轻，同时，郝铎见证的谅解书也起了很大作用。再加上目前认罪认罚从宽制度试行，个案从轻的幅度都很大，只要有利于和谐法治社会的发展，任何宽严相济的刑事政策都可以尝试。不是说'乱世用重典'吗，现在是太平盛世，所以法院这么改也没错，各方皆服，公平正义，挺好！”

“早知道这样，当初还不如按照冬煜的意见定呢，她可是力主‘过失罪’的，结果听我的把冀老师也给带偏了。”舒唯艺笑着说。

“哈哈，不存在带偏的问题。开庭之前，我之所以拿同意一审判决的定罪意见，最直接的理由是一条人命的后果太严重，结合施勇信案后转移证物、栽赃陷害等行为，不以重罪追诉不足以罪责刑相适应。而且当时被害方要求重判他的诉求很激烈，可没想到后来又谅解了，不得不说这世界变化快。再有就是，这次郝铎做的调解工作很漂亮！”冀英道。

“虽然律师后期做了一些工作，可要是没咱们明察秋毫，排水沟取证，追诉到真凶，施勇信可能还逍遥法外呢，哪还来的郝铎的作为呀。所以我们办的这起纠正李代桃僵案，法律监督意义是可与王立弓案一样载入省院公诉史册的！”冬煜不无自豪地说。

“我太同意冬煜这个说法了。”舒唯艺补充道，“我们从一起貌似铁证如山的死刑上诉案，办成了一件真凶另有其人的纠错案，其中的精彩程度堪比美国大片呀！”

“这正是，一起命案牵两凶，查微析疑辨真情，不枉不纵伸正义，积极公诉业留名！”冀英也忍不住有感而发。

冬煜大笑道：“怎么连说书的桥段都用上了！这回唯艺姐可是带着作品离职的，可喜可贺呀！”

“作品？也对，是冀老师主创，咱们集体制片的精品力作，不管走到哪儿，我都一定会好好珍藏的。”舒唯艺突然有些哽咽，道，“回想起来，这些年配合冀老师学办案是我职业生涯的高光时刻，不曾虚度……”

“别感慨了，再说下去我可帮你把辞职信要回来啦！哈哈……”

说完，冀英帮舒唯艺拿上背包，冬煜挽着舒唯艺的胳膊，三人一起朝省检察院的大门外走去。

送走了舒唯艺，就在冀英和冬煜返回省院的时候，忽见大门外人头攒动，中间围着一个人。只见一个六十多岁的老汉，双膝跪地，用手举着一只被截断的胳膊声嘶力竭地呼喊：“这是我儿子被人打残废的胳膊，请检察院为我做主，监督立案，抓住凶手！”

众人看了纷纷掩面，不忍直视。有的说："太无法无天了，检察院不是法律监督机关吗，看他们管不管？"……

不大一会儿，省院控告申诉中心郭主任带着两个工作人员跑了过来，分开人群把跪地老汉搀扶起来。郭主任简单问了几句情况，随后带老汉进了检察院接待室。工作人员给老汉沏了一杯热茶，见他心情平复了一些，才把那只瘆人的胳膊收起来，说事儿。

老汉说他叫樊大庄，现年六十一岁，老家滦县距省城八百多公里。他儿子叫樊凡，二十一岁。三年前在星州一个叫花花的酒楼吃饭时被人给打死了，尸体现在省医院的停尸房还没火化，这只胳膊是医院抢救他儿子时被截下来的……

"公安机关调查了吗？"员额检察官杜峰问。

"查了。他们跟我说不是打死的，是汽车撞死的。开车的跑了，现在没线索，所以就不查了。"

"你说的这事属于刑事案件，侦查权就在公安，他们破不了案，我们也没办法呀？"

"我找省信访办了，信访的人说检察院是管立案监督的，公安局不作为，你们应当监督他们立案调查。"

"你手里有写好的材料吗？"

"有，我花钱让律师代我写的，还有星州市公安局的《中止侦查通知书》。"樊大庄说完从兜里掏出一沓纸交给了杜峰。

"好吧，等我们看完材料调查一下，有什么情况再通知你。"说完，杜峰站起身要把樊大庄往外送。

樊大庄"扑通"一声跪倒在地，一边磕头一边带着哭腔说："请检察官为我做主，为我儿子讨回公道！"

杜峰连忙把樊大庄扶了起来，说："别这样，一有消息我们会尽快通知你的。"

"大概多长时间能有消息，我什么时间再来呀？"樊大庄说。

"你先不用着急往这儿跑，我们会打电话联系你。你要不放心可以记一个我办公室的电话，随时联系我。"看来樊大庄这一跪还真管用，杜峰说话耐心多了。

樊大庄走了。杜峰看了一眼公安机关出具的法律文书，结论是："樊凡系被车辆撞击导致脾破裂流血过多死亡，因肇事车辆逃逸，现有证据不能证实其死亡原因是被他人殴打造成。据此，对先前与樊凡发生肢体冲突人员，暂行中止侦查。"

中止侦查，不是终止侦查，一字之差，表明公安机关对这个案子还没有结案。杜峰看完材料觉得"与樊凡发生肢体冲突人员"是否应当承担法律责任，需要调阅卷宗和进行相关工作以后才能下结论。按照省院内设机构改革界定的职权范围，涉及对公安机关立案、侦查监督和行刑衔接的案子归检察五部办理，于是他把呈送文书及樊大庄申诉材料一并移交给了五部。

冀英所在的公诉处被改革划转为检察二部，主要职能仍是办理死刑二审上诉、抗诉案件，只不过又多了一项对公安报捕案件的审查批捕业务。

这项改革措施落地后，意味着以后谁批捕的案件就由谁审查起诉，目的是提高办案效率和监督关口前移，有利于严把案件质量。同时，因为"捕诉一体"责任明确，一旦案件出了问题，追责就变得简单明了了。

这天，冀英应邀参加检察五部的一个案件研讨会，研究的具体案件就是前些日子大闹检察院的"断臂鸣冤案"。

检察五部基本上都是原侦查监督处的老人。由于原来的审查批捕业务被剥离出去了，他们想请有这方面职权的检察官一起讨论这个案子，为的是以后对接批捕、起诉更加顺畅。

柳长鸣副检察长亲自参会，说明对这个案子足够重视。毕竟"父举儿遗体残臂喊冤"的网络标题太过夺人眼球，不仅给省院带来了一定压力，就连省委政法委领导也坐不住了，专门挂牌督办此案，要求务必查明事实，还公正于民，如有冤情一追到底，绝不姑息。

五部主任卢声是从原处长位置上转任的，身为中层正职的他主持今天的业务会理所当然。

卢声见参会人员到齐了，侧身问了一下柳长鸣是否可以开始。柳检点头后，卢主任指示承办检察官何晓鸥汇报案情。

"……接到樊凡致死案家属申诉材料后，我们从公安机关调取了本案卷宗，经过审查调查，现将有关情况报告如下：" 女检察官何晓鸥有条不紊地说，“樊凡，男，时年二十一岁，初中文化，是一名从老家襄阳来我省星州鹏华建材市场的打工人员。二零一五年六月十八日晚十一时许，樊凡与另两名工友一起到星州市永兴区一个叫花花的饭馆吃饭，三人喝了一瓶白酒十瓶啤酒，都有些喝多了。紧挨着他们邻桌的两男一女也在这儿吃饭喝酒，这三人是附近一家网络游戏厅的员工。其中一个叫张超的男子，二十三岁，他把喝过的空啤酒瓶放在了旁边的樊凡桌上，引起樊凡等人不满。樊凡一开始让张超把他们的酒瓶拿走。张超同桌的女子荀娜娜起身把空啤酒瓶拿走了，可没过多会儿张超又把一个空酒瓶放到了樊凡他们桌上，樊凡非常生气地把他们的空瓶放到了对方桌上，冲着张超说‘你是不是诚心找茬儿呀？’张超也不甘示弱地说‘你想怎么着！’两人站起来要动手，被双方的人员给劝开了。过了大约十分钟，樊凡说去趟卫生间就出去了。邻桌的张超不知道什么时间也跟着出去了。因为卫生间是距餐馆外大约三十米处的一个公共厕所，所以樊凡与张超在外面发生了什么谁都不知道。直到一名保安急匆匆地进来对这两桌人说‘快出去看看，你们的人打架了！’这时，两桌的人才都跑了出去，看到樊凡已经躺在饭馆门外的地上不动了。

“跟樊凡一起的孙大海见状抄起地上一根木棍要打张超，被张超的男同伴梁巍给抱住了，张超借机抄起一块红砖拍在了孙大海的肩膀上，孙大海疼得‘哎哟’一声跑开了。之后，张超和梁巍合起来追打樊凡的另一个同伴童建伟。童建伟身材矮小，看他们都打红了眼，只能不顾躺在地上的樊凡自己也跑了。脱离危险后，童建伟拨打了110报警电话。

“再说张超、梁巍打完架回到饭馆，看到荀娜娜结完了账，三人拿上各自的东西要走，被饭馆老板曾邦辉拦住说：‘你们不能让人躺在饭馆门口就走，我们没法做生意了！’张超说：‘这人喝多了，跟我们有什么关系，不管！’荀娜娜不想让他们再惹事，在旁边说：‘别让老板为难，你们把人抬一边去不就行了嘛。’梁巍也对饭馆老板说：‘您甭管了，我给他弄一边去。’说完，梁巍就把樊凡拖到了饭馆对面二十多米处的马路中间才回来，还说：‘这回没事了。’

“正当梁巍、张超和荀娜娜准备离开饭馆的时候，突然听到‘砰！’的一声闷响，只见一辆自西向东的面包车剧烈颠簸了一下，然后没停车开走了。因为这条路段恰好在两个路灯之间，光线比较昏暗，所以谁都没看清撞人的车辆牌号。梁巍见事情闹大了，对张超和荀娜娜说了声，‘快走’，三人迅速逃离了现场。

“当地公安刑警及‘120’救护车相继接到报警后，不到十分钟抵达了案发现场。‘120’医护人员对樊凡进行了现场检查救治，发现樊凡生命体征微弱，已陷入深度昏迷，当即用担架把他抬上救护车拉到五公里附近的明光医院进行抢救。后经明光医院诊断证明，樊凡全身多处粉碎性骨折，脾破裂，内脏大面积出血……经抢救无效，致失血性休克死亡。

“星州市公安局对樊凡致死案随即展开调查。找到了案发当晚两桌吃饭的其他五人，以及饭馆老板曾邦辉和保安员毛满仓，调取了各自的证人证言。由于事发地路段没有治安监控镜头，因此撞人车辆查无线索。结合法医尸检鉴定证明，樊凡的死系因为车辆撞击导致脾破裂，失血性休克死亡。故无法得出先前与樊凡发生肢体冲突的张超应负刑事责任的结论。仅对梁巍将樊凡拖至路中被撞致死的行为，以涉嫌过失致人死亡罪刑事拘留，并移送星州市检察院审查批捕。

“星州市检察院审查认为，犯罪嫌疑人梁巍应饭馆老板的要求，在双向路宽约四十米且夜深车少的情况下，将处于昏迷状态的樊凡拖至路中央隔离线内的行为，主观上不能预见樊凡被车辆撞到，不属于刑法疏忽大意的过失。客观上虽然造成了樊凡在公路中央被撞身亡的后果，但对拖拽人梁巍应属不可预料的意外事件。根据法律不能强人所难的原则，对梁巍不予批准逮捕。同时，星州市检察院给星州市公安局发出检察建议，对造成樊凡致死案的肇事车辆加大稽查力度，尽快将肇事逃逸人查获归案，依法追究其涉嫌交通肇事罪的刑事责任。

“二零一七年五月，星州市公安局在两年追查肇事车辆没有结果的情况下，对樊凡一案作出中止侦查决定。此后，死者樊凡之父樊大庄开始了到检察院‘为子讨说法’的上访之路……”

# 39

卢声见何晓鸥汇报完了，主持进入提问环节。

“这就是本案事实经过和公安机关的处理结果。看各位有什么不清楚的地方，可以向承办人提问？”卢声说。

柳长鸣副检察长提问道：“除了调阅公安机关的侦查卷宗以外，你们还进行了哪些其他工作？”

何晓鸥回答：“我和我的助理收案以后，在材料审查的基础上，对案发当晚与本案有关的双方当事人又都找了一遍，重新核对了证人证言，这五个人的说法和公安认定的情况基本一致。这个案子的核心问题是，樊凡和张超出了饭馆以后发生了什么，樊凡为什么会倒在饭馆门前？除了张超说是樊凡喝多了自己摔倒的以外，没有其他目击证人。饭馆老板说他始终没出去，没看见外面打架的事。保安毛满仓也证实没看到打架过程，只看到了一人倒在饭馆门口。这个毛满仓早就不在饭馆干了，他是邻省永宁县人，我曾打电话联系他，手机已经停机了。关于肇事车辆仍然没有任何线索。”

“那就是说你们审查的事实与公安机关一致喽？”柳检说。

“对。”何晓鸥道。

“其他人有什么问题？”卢声提示着大家。

现场一片寂静。显然，柳检在场，各位检察官都有些绷着，生怕提出的问题不准确，给领导留下负面印象。

“如果没问题就可以对这个案子发表处理意见了。”卢声催促道。

“不对吧，小何还没说意见呢？”柳长鸣对着卢声说。

“哦，对了，那就小何先说承办人意见吧。”

何晓鸥刚要接着说，被冀英打断了：“非常抱歉，我还有几个小问题问问承办人。”

“没问题，您问吧。”何晓鸥道。

“刚听你介绍案情的时候说到这样一个细节，保安员跑到餐厅里叫发生纠纷的两桌人，让他们赶紧出去看看，说‘你们的人在外边打架了’是这样吗？”

“最开始毛满仓的证言是这么说的。”何晓鸥回答。

“可张超说他没有与樊凡发生肢体冲突，是樊凡自己喝多了摔倒在饭馆门口的，这与保安的说法是不一致的。”

“这个问题确实存在，所以我说毛满仓在第一份笔录里是这么说的，可在后来的两份笔录中证言又发生些变化。”

“怎么变的？”

何晓鸥翻开卷宗中的毛满仓证言说：“他是这么证明的，‘我看到有两个人从厕所出来打架，高个追着矮个打，矮个往回跑的时候摔倒在饭馆门口了。因为饭馆就剩下两桌客人，我猜测这两个人肯定是他们的人，所以就跑进去叫他们出来劝架’。这是毛满仓的第一次询问笔录。第二次笔录他又改成这么说了：他说，‘因为天黑没看清那两个人是怎么打的，只看见一个跑一个追。不知道跑的那个人是被打倒的还是自己摔倒的。现场没见到有什么打人的东西，只有我们饭馆的一个灭火器掉地上了，我捡起来给挂墙上了’。第三次笔录毛满仓又说，‘那天晚上我只看到其中一个人倒地了，认为是喝多了，没看清两人打没打架。以这次说的为准’。这就是保安毛满仓向公安作证的全部情况。最后公安人员没有认定樊凡倒地是被张超殴打所致的事实。”

“如果按照张超的说法，他和樊凡没打架，那饭馆老板为什么要叫张超他们把倒在饭馆门口的樊凡给抬走呢？这似乎不太符合逻辑？”冀英继续追问。

“张超是说倒在饭馆门口的人跟他没关系，他不管。是梁巍想息事宁人才答应把樊凡抬离饭馆门口的。”

“樊凡是被几个人弄到马路中间去的？”

“梁巍供述只有他一个人，张超跟着他一起出去了，但没管。另外三个人荀娜娜、保安毛满仓和老板曾邦辉都没出去，没看见樊凡是怎么被抬走的。”

“梁巍是怎么把樊凡弄走的，樊凡是什么状态？”

“梁巍供述说当时樊凡只是不停地哼哼，吐了一地。他是拖住樊凡的两个腋下，樊凡面朝上，被他拖到了马路中央。这是一条大约四十米宽的新修道路，在中间双黄线的外面还画着两条白线，没有加装隔离护栏。梁巍供称他认为把樊凡放到双黄线处是安全的，同向的车有两条路可走，而且当时已经很晚了，路上的车非常少，所以他把人放那儿就走了。”

“樊凡被车撞以后，他的身体位置在哪里？”

“我看一下。”何晓鸥翻到了卷宗现场示意图，说，“从公安人员绘制的现场图看，樊凡被撞后的身体位置在路中隔离线以外，靠近饭馆一侧。”

“好吧，我没有其他问题了。”冀英从何晓鸥手里接过卷宗翻看起来。

“那我说一下我的意见吧。”何晓鸥开始阐述她的处理意见，“我的意见与星州市院对梁巍一案作出不予批准逮捕的决定是一致的。通过审查确定的事实、证据，我认为，本起交通肇事致樊凡死亡一案，与梁巍将樊凡拖拽到路中隔离带的行为没有因果关系。事发前，梁巍与樊凡之间没有个人冲突和肢体接触，他是应饭馆老板曾邦辉的要求被动地将昏睡在饭馆门前的樊凡拖到路中隔离带的，梁巍的行为既没有伤害樊凡的故意，也不符合刑法意义上的过失，应当属于难以预料的意外事件。因此，梁巍对樊凡的拖拽行为不构成公安机关认定的涉嫌过失致人死亡罪，不应当对此案启动侦查监督程序……”

“请其他人发表意见。”卢声说。

这是个必答环节。在座五部的五名员额检察官按要求事先都已审阅了承办人报告，有的准备了发言提纲，有的发言很简洁，就一句话“同意承办人意见”，还有的在承办人意见基础上强化论证了一番，以示支持承办人的观点。总之，没有其他不同意见。

冀英身为局外参会人员对五部检察官们的发言感到无奈与无趣。一个案件研讨会开得如此单调和乏味，或许其中原因很多，但有一点是肯定的，那就是体制内脆弱的人际关系因素。有时仅仅因为一个观点不同就有可能不经意间把人得罪了，结果自己还浑然不知。就拿今天讨论的这个案子来说，参会的都是专业检察官，怎么可能一点争议都没有呢？可争议归争议，下面讨论算人情，会上直说可就不够意思了。尤其当着院领导的面说反对意见，除了给领导扩充思路以外，只会得一个“就他水平高，别人都不行”的负评。

再说司法改革以后，自己办的案子都是自己做主，跟你有什么关系呀？所以多说无益，沉默为佳。

卢声主任见员额检察官都发言完了，根据检察官助理和书记员只列席会议的事先安排，他侧身看着柳长鸣副检察长说："柳检，我先说吧，把我们部的研讨程序先走完，再请老冀给讲讲，您最后拿处理意见，您看行吗？"

"行，听你安排。"柳长鸣的表情略微有些严肃。

"对于梁巍涉嫌过失致人死亡一案是否应当启动侦查监督程序，我的基本观点是尊重承办人何晓鸥的意见。具体理由刚才与会检察官们都论述得比较充分了，时间关系我不再过多重复，只说一点程序性考虑。"卢声想尽快结束五部人员的发言环节，最后听柳检定夺这个案子，他说，"梁巍案准确地说不是一起侦查监督案，而是省院对星州市院作出的不批捕决定是否适当的监督问题。通常说来因为公安侦查确有错误，该立的不立，该查的失察，我们依法履行监督职责，督促其积极作为，达到查获犯罪嫌疑人的目的。可本案的情形是公安对梁巍一案该立的立了，该查的也查了，止诉的原因是检察院而不是公安。即使我们认为本案应当批捕，恢复诉讼，那也是星州市院的批捕问题，而不是公安侦查问题，这让我们怎么监督呢？再者说，现在司法改革强调审级独立，虽然检察院实行的是检察一体化原则，上级院有权指令下级院对案件作出相关处理决定，但就本案而言，不予批捕决定毕竟是一级检察机关依照法定程序作出的，在没有新事实证据的情况下，仅仅因为认识不同说他们办错了，让他们重新作出批捕决定，难免人家会不服。而且理论上还存在公安机关移送不移送的问题，如果人家不送，星州市院也就无捕可批了。另外还有一点，既然这是一起有争议的案件，将来诉到法院万一发生法院不判的情形，错铺、错诉，以及经济赔偿等责任由谁负呢？所以，基于这些考虑，我认为省院的监督重点还应当是造成被害人死亡的交通肇事逃匿案，不管过多少年都不应当把这项监督事由给撤了，应当直到犯罪嫌疑人被查获归案时为止。至于被害人家属对梁巍的侦查监督诉求，我想还是通过释法说理工作解决，而不是启动对公安的侦查监督程序。这是我站在五部检察职能的角度对这个案子提出的几点认识，关键还是想听听老冀的意见。梁巍案能不能捕、能不能诉是公诉部门捕诉一体的职权范围，这也是我们按照柳检的指示请冀老师参会的原因，下面就有请冀老师发言吧。"

冀英一听自己的意见还没说就已经被抬上去了，有点非同小可的架势。可转念一想，甭管你们怎么看，既然让我来了，我就没什么藏着掖着的，让我说就照直说，如果连我都有顾虑，那这种会就真的形同虚设了。

“谢谢卢主任，也谢谢柳检！”冀英一开腔，现场的人都屏气凝神地等着听他的下文，“因为同是检察官，我知道自己几斤几两，所以在拿到材料以后不敢怠慢，除了仔细审阅以外，刚才还就有关问题当面向小何进行了咨询。站在公诉的立场和对案件的综合评判，我的意见是梁巍一案可捕、可诉。”

“哦，这可是一个不同声音呀！”柳长鸣似乎对冀英的点题很感兴趣。

“您这么说我倒有压力了。先申明一点，仅是个人建议而已，也许有点儿多余。”

“既然请你来就不多余，有什么观点就敞开说，都是自己人用不着客气。”





“好的，那我就说了。”冀英切入正题道，“关于梁巍涉嫌过失致人死亡案是否可以定罪入刑，我认为公、检之间和咱们检察内部之间意见不一致很正常，不存在谁对谁错问题，更多的可能是视角和立场不同导致结果迥异。我之所以得出此案可捕、可诉的结论，或许站在公诉的视角考虑更多一些。公诉嘛，只要有追诉必要就必须诉。道理很简单，诉是检察官的天职，检察制度的起源不就是代表国家对涉嫌犯罪的人提起公诉吗。至于到了法院怎么判，判得了判不了，那是法院的视角和立场，我们尽到诉的职责就对了。过分强调诉判一致的效果并不符合诉讼规律。”

冀英看了柳长鸣一眼，接着说：“这些年，柳检在全省公诉会上一直倡导按诉讼规律办案，坚持诉权归诉权，判权归判权的理念，把某些有争议的案件拿到法庭定真伪，论输赢，结果出现了一批比以往多的无罪判决，其中还包括一些有影响的命案。可那又怎样，不仅我们的抗诉指标上去了，还有些案件办成了经典……”

“我打断您一下，您过多强调检察诉权，是不是有重打击、轻保护之嫌？还有一点，一旦法院作出无罪判决，承办人可能面对错诉追究风险，所以不得不慎之又慎，如履薄冰……”卢声插话道。

“你提的这个问题就是我下面要说的‘诉准’问题。只要我们做到了

'诉准'，不枉不纵，就不存在重什么和轻什么，反而是对被侵害方最大的权益保护，不仅是对个人也包括社会。如果起诉不准，出了佘祥林、赵作海那样的冤案，当然要追究了，即使不追究，你还能在这儿干吗？可能有人又问了，你既强调诉，又强调准，检察官又不是神仙，怎么才能做到呢？我的回答就两个字'修为'，再添两个字'担当'。练就一双慧眼，迷雾识真，胸怀正义，一往无前，险峰之处，自有诗和远方……"冀英突然感到话扯远了，于是赶紧说回到梁巍案。

"由于梁巍一案不存在事实证据争议，主要是他把被害人拖到路中被车撞死的行为怎么看，不同视角认识不同，但永远不会出现硬伤性错误，既然如此我们还怕什么呢？关键看有没有诉的法律性和必要性。

"关于法律性问题，我认为适用方法很重要。按照最新的刑法'三段论'理论，本着先客观，后主观来判断梁巍的行为，成立犯罪的结论就是显见的。而根据原有的'四要件说'从主观到客观评价梁巍的行为性质，结果可能就恰恰相反。两种方法论哪个更科学、更符合办案实际呢？无疑是新学说否定旧学说。就拿我们经常举的那个案例说吧，甲深夜潜入乙的房间，误以为乙在床上睡觉，甲挥刀砍乙，结果发现床上无人。按照'四要件'说，因为甲有杀乙的犯罪故意，所以甲的行为构成'对象不能犯'的杀人未遂。而按照'三段论'评价，则认为甲的行为无侵害法益结果，没有犯罪事实发生，甲的行为不构成犯罪。我认可后一种方法得出的结论，更客观公正，如果一个人的行为连最基本的犯罪事实都没有，凭什么还要定罪处罚呢？不仅有失公允，也不符合刑法原则。

"反观梁巍案，先把他主观怎么想的放一边，单说客观，他把处于昏迷状态的樊凡拖到路中造成被车撞死的行为，是有侵害法益的犯罪事实发生的，这是不争的事实前提。在这个事实中，造成被害人樊凡之死是由两部分行为组成的，前一部分是梁巍把人拖到路中的行为，后一部分则是交通肇事撞人逃逸行为。由于梁巍的先前行为将樊凡置于可能被车撞伤致死的危险之中，他在法理上就具有了一种应当避免樊凡危险结果发生的作为义务，可事实上梁巍并没有履行这一义务，而是不管不顾地弃人而去，随即发生了樊凡被车撞死的悲惨结局。对此，我认为，梁巍的行为已经符合不作为犯罪的构成要件，依法应当受到刑法处罚。

“刚才听了各位同人的不同意见，主要集中在梁巍的行为与樊凡被车撞致死之间没有必然的因果关系。理由是樊凡被拖拽到的地方是公路中央画有双黄线的隔离地带，不是车辆正常行驶的区域，而且同向双车道很宽，夜晚行驶的车辆又少，路灯照明情况尚好等，一般认为把人放到这里是安全的，不会有人身危险性，所以出事的原因在于肇事车辆的违章行驶，放着那么宽的路不走，非走马路中间的隔离带，一切结果都应当由交通肇事人负责，对梁巍而言不过是一种不可预见的意外。对于这种观点，有没有道理且不说，首先不符合事实本身的客观性。你说把人放在路中间的双黄线内是安全的，可结果安全吗？甭管什么人是怎么认为的，出事的结果就在那里，任你怎么说都改变不了。再说了，双黄线不属于路内吗？别说没有隔离护栏，就是有，把一个失去自救能力的人放在那儿也是有生命危险的，出了事你不负责谁负责，都不负责对苦主公平吗？还有一点，本案证据并不支持‘双黄线以内’的说法，因为从现场照片看，被害人在被救护车拉走之前的身体位置是贴近双黄线而非在双黄线以内，这也是客观的。所以，我们没必要纠结什么‘双黄线不双黄线’‘顺位还是横位’等情节，把人拖入路中是铁定的事实。俗话说，车祸猛如虎，这种把人拖入路中的行为，无异于把人扔进了动物园的狮虎山，结果是可想而知的。其中的因果性是‘必然’还是‘偶然’，都不影响因果关系的成立，没什么可质疑的，因为事实与结果证明了一切。”

“您这是客观归罪呀……”卢声略显不悦地说。

“客观不假，但不归罪。归罪的问题还要结合主观方面。”冀英心想，既然说就说透，别顾忌得罪人的事了，他说，“只有把客观行为与结果说清楚了，主观上就好评价了。下面再分析梁巍为什么这么做，他当时的动机是什么？首先，从犯罪故意方面说，梁巍身为一名成年人，他应当明知把一个不省人事的人拖到路中可能存在被车撞到的危险，却仍然以放任的心态实施了这一行为，并实际造成了被害人的死亡后果，其主观上已经具备了间接故意伤害致死的特征。虽然现有证据不能证明梁巍对樊凡被撞身亡具有积极追求的故意，但是，由于梁巍在这起多人参与的互殴中并未置身其外，而是在樊凡倒在饭馆门前昏睡呕吐的时候，直接参与了与张超一起追打樊凡另外两个同伴孙大海和童建伟的行为，因此，不能排除梁巍的后加入行为具有共同伤害对方的主观故意，否则不能对他把樊凡拖拽到路中的行为作出合理解释。

其次，从过失犯罪的角度说，如前所述，梁巍应当认识到他的拖拽行为会给对方带来危险后果，因为轻信路中央双黄线位置和路宽车少等因素不可能出现危险，而实施了这一行为，据此，梁巍在主观上又符合轻信可以避免的犯罪过失。

“由于被害人樊凡晕倒在饭馆门前是本人喝多所致，还是被人殴打所致原因不明，以及梁巍确系没有参与对樊凡的殴打，且其拖拽行为具有一定的被动性，所以在认定梁巍构成不作为的间接故意伤害与过失致人死亡两罪之间，退而求其次，选择后罪为宜。这就是我对本案的分析意见，不妥之处仅供参考……”

# 40

柳长鸣与冀英的关系可以追溯到十多年以前，当时柳长鸣作为高学历人才被引进到省检察院，不到一年就被任命为公诉处处长了。而冀英虽然比柳长鸣年龄长、资历深，但苦于学历不高，所以只能屈就给新来的博士处长做副职。几年以后，柳长鸣荣升省院副检察长，冀英却走背字被撤了职，从此二人的职务级别越拉越大。

应当说柳长鸣对冀英的为人做事是了解的，包括冀英被调查，事后证明就是一个办案程序瑕疵问题，根本谈不上涉嫌徇私枉法，可事情已经出了谁也无法挽回。当时冀英有律师执业证，加上他的检察经历和办案经验，在律师界谋个一席之地是完全可期的，可冀英偏偏不听劝，硬是选择留下来，这非常难能可贵。另外，柳长鸣是冀英的老领导，且工作接触机会多，但冀英从来没有因为个人的事找过他，而是尽心做着自己的办案匠，这一点也让柳长鸣从心底里佩服。可佩服归佩服，在省级院没有行政职务熬到正处级退休是常态，他又能帮他什么呢？除了工作上的肯定和尊重以外，其他什么也做不了。

这次五部办理的梁巍案，外部指责公安不作为的呼声甚嚣尘上，只有司法机关内部的人才知道公安是冤枉的，实际上是检察院不批捕才导致本案被中止的。现在被害人的父亲举臂为子上访闹到了省检察院，经过一个多月的工作，省院承办人的意见没什么新意，这让柳长鸣看过审查报告后觉得不满意。为了慎重起见，他让五部主任召开一次检察官联席会把处理意见再论证论证。考虑到这个案子涉及捕、诉标准等问题，于是他想到了公诉口的办案权威冀英，意图通过他的参会为这个案子妥善处理提供一些建议，假如他也认为本案不具有可诉性，那就只好在息诉化解上下功夫了。

果不其然，冀英的发言环环相扣，思路清晰，非常具有启发性。这让柳长鸣不禁觉得眼前一亮，顿时在脑子里形成了一个基本意见。

卢声见柳长鸣还在记录着什么，迟疑了一会儿说:“老冀说完了，请您做指示吧。”

“哦，其他人还有什么补充吗，可以针对老冀的观点讨论讨论吗？”柳长鸣看着大家问。

“我向冀老师提个问题。”何晓鸥示意说，“刚才冀老师说梁巍的拖拽行为引起的偶然性后果也构成刑法因果关系，这在理论上有争议。即使成立因果关系，由于交通肇事行为的介入而使梁巍对樊凡的侵害行为被中断，按照刑法理论通说，行为人的因果关系被中断，不应当对危害结果负责。这一点不知道冀老师怎么看？”

“小何的问题很尖锐呀。”冀英微笑着说，“关于本案的因果性问题确实是一个绕不开的焦点。我是这么考虑的，所谓刑法上的因果关系，是指因为行为人实施了某种侵害行为，所以发生了危害结果，行为人应当对他的行为和造成的后果负责。因果关系中断是指，在行为与结果之间发生了其他外部介入因素，行为人不再对被介入因素中断的后果承担责任。就像我们常说的一个案例，张三把李四打伤送到医院治疗，恰好医院发生火灾，李四不幸被烧致死。这里，医院发生火灾就是介入因素，导致张三的侵害行为与李四死亡结果之间被介入因素中断，张三不对李四的死亡结果负责。我们注意到，适用因果关系中断说的前提是，行为人实施的侵害行为本身就具有发生危害结果的可能，由于有介入因素而使这一可能被中断，导致发生了另一个危害结果。通俗的说法是，有因果关系的可能才存在被中断，如果行为本身就不具有因果性，当然也就不存在中断不中断的问题了。再回到我们这个案子，仅从梁巍把樊凡拖拽到路中行为本身看，并不会直接造成樊凡受伤或者死亡的结果，只有在交通肇事行为的作用下才可能导致这一危害结果的发生，由此可见，梁巍行为的因，与交通肇事的果，是由两个行为组成的必要前提。如果单独评价梁巍的行为，有因无果，不存在因果关系被中断。对于后面发生的交通肇事，不仅不是梁巍行为的中断因素，反而是造成结果的促发因素，二者之间没有被中断的事实及性质。所以，梁巍理应对樊凡的死亡结果承担先前行为的法律责任。交通肇事人一经到案后，则应当承担造成后果的法律责任。这就是谁的行为谁负责，罚当其罪。

“关于小何提到‘偶然性’能不能成为刑法因果关系问题，我的看法是这样，正因为理论上有争议才更需要实践去检验，拿到法庭上得出的结论才有说服力。如果裁判不成立，以后慎用就是了。如果成立不就成为判例了吗？还有一点我前面也说了，法官怎么看是一回事，我们站在公诉的视野应当更宽泛一些，只要有利于指控犯罪，对存有一定争议的认识问题就应当秉承诉的立场。当然，在个案中支持诉的前提应当是必要性。本案梁巍的行为引发了一起人命案，后果这么严重能说没有追诉必要吗？于情于理于法都说不通，难怪被害人家属要上访呢，法律上没有一个公正的交代，我看怎么做工作都难平民意。抱歉，我的观点只代表个人，可能有些偏激，或许和我本人的阅历有关，还是那句话，仅供参考吧……”冀英一口气又说了这么多。

卢声也有问题要问，转念一想毕竟冀英是他代表柳检请来的客人，对立问题提多了不太礼貌，于是把到了嘴边的问题又咽了回去，只是问其他人还有什么要说的没有。



参会的各位检察官对冀英的论证有赞同的，也有反对的，但碍于不是一个部门的人抹不开情面，不知道该怎么说好。这时柳长鸣发话了。



“时间差不多了，我说说我的意见吧。”柳副检察长先把何晓鸥的办案情况肯定了一番，然后转入实质内容，说，“这个案子的特殊性在于，梁巍把樊凡拖入路中的行为本身不会产生危害后果，造成对樊凡人身侵害的人是之后驾车路经此地的交通肇事者，而梁巍与交通肇事者之间不相识，没联系，既没有共同伤害的主观犯意，也没有共同伤害的客观行为，不属于共同犯罪的范畴。可以说，假如没有后面的交通肇事行为，梁巍的前期拖拽行为什么也不是，仅仅是应饭馆老板的要求把昏睡的樊凡挪个地方而已。如果要追究梁巍的责任，必须建立在交通肇事造成结果的基础上。但一般认为，谁的行为谁负责，他人驾车撞死了人，凭什么让梁巍负责？这就是本案罪与非罪的争议焦点。”

柳长鸣不愧是法学博士出身，几句话把问题总结得很透，他接着说：

“但是，不是有那么句话吗，世上的事什么都有，就是没有假如。偏偏梁巍把人拖到路中以后汽车撞人的事就发生了，而且出了命案，这是谁也改变不了的事实。这时，我们再评价梁巍行为性质，就不能不把两件事联系起来看了。事实上，没有梁巍的拖拽行为，就不可能有樊凡被车撞死的后果，二者之间存在不可分割的内在联系，无论是必然还是偶然，都是客观存在的，这一点不应当有疑问。即使有一天交通肇事人到案后，他也会这么辩解：好好一个大活人，怎么可能躺到马路中间去呢？按照一般逻辑，预料不到会有这样的事情出现，而且天黑躺着的人又不容易被发现，发现的时候已经为时过晚……对于这样的申辩，尽管我们有充分的法理依据去反驳，定他交通肇事逃逸罪是跑不掉的，可其中的合理性问题却是客观存在的，全盘否定不是实事求是的态度，更不能勉为其难，所以，在对交通肇事者量刑时必须考虑这一情节。

“刚才在老冀的发言中谈到了方法问题，我非常同意。不仅在法理层面要讲方法，比如‘三段论说’‘四要件说’等，在哲学层面也要讲意识和方法，比如哲学的物质性原理、万物之间的联系与发展原理、世界的规律性原理等。陈兴良教授写的《刑法哲学》一书我建议大家有时间读一读，其中用联系论的方法指导办案往往会收到意想不到的效果。唯物辩证法认为世界上的一切事物都存在着千丝万缕的联系，而且这种联系性具有普遍性、客观性、多样性和条件性，没有联系就没有事物的发展。本案中，看似梁巍与交通肇事是两个独立的个体行为，实际上在两者之间蕴藏着密不可分的互为条件、互为因果的关系。没有梁巍的行为，就没有交通肇事的后果，相反，没有后面的交通肇事行为，梁巍的行为也不具有可罚性。因此，从事物联系的多样性看，梁巍与交通肇事之间，不仅存在内在联系、非内在联系，还有必然联系和偶然联系，这些联系都会对事物的发展变化起到推动和影响作用，这就是用哲学方法得出的结论，是不是很有启发呢？

“另外，关于本案属于意外事件的说法，听上去有一定的道理，可要从规律性的角度分析就有些站不住脚了。因为意外事件的本质是不可预见性，完全是由行为人的非过错行为引发的概率极低的事件。这里面的不可预见性、非过错性和概率极低性就是构成意外事件的特征与规律。本案符合不符合这些规律呢？梁巍作为一个有完全行为责任能力的人，他应当预见到把一个昏睡没有行为能力的人拖到路中可能存在被车撞的危险，这一点恐怕连小孩都知道，公路是行车的地方而不是睡觉的地方，不管是路中还是路边，只要是路内这种危险就不可能被排除。除非他把人拖到路外，马路牙子上边，再发生交通事故那就纯属意外了。因此本案是具有可预见性的，梁巍没有预见并实施了这一行为，正是他的过错所在。再从概率方面判断，其他因素暂且不说，就从梁巍拖拽以后立刻发生了交通事故的极短时间看，已经足以表明出事是大概率的。

“说到这儿，我的意见已经出来了，我认为：梁巍的行为与交通肇事行为造成樊凡死亡之间，属于多因一果的关系，二人都应当对这一结果承担相应的法律责任。只有这么处理才能体现公正，体现我们办案的法律效果和社会效果。

“至于涉嫌构成的罪名和依据，老冀论述得很充分了，我建议小何慎重参考一下，再最终拿一个处理意见。如果承办人仍然觉得不能被说服，坚持原来的不定意见，也可以，这是本轮改革赋予检察官的权力，我们应当尊重。但是，按照检察长的权力清单规定，对案件处理也有一票决定权，前提是对案件处理结果负责。承办人与检察长的意见不一致时，记录在案，承办人不承担任何责任。我也担当一把，这个案子的批捕、起诉出了问题，我负全责。改革嘛，该体验的就得体验一下，也算是一种亲历吧……”



省检察院对梁巍一案启动侦查监督程序以后，双管齐下，在给星州市公安局下发《重新移送审查起诉意见函》的同时，也给星州市检察院下达了对此案应予批捕、起诉的指导意见。

市公安局动作很快，立即撤销了对梁巍一案中止侦查决定，在没走报捕程序的情况下，直接将犯罪嫌疑人梁巍以取保候审状态移送检察院审查起诉。

星州市检察院通过电脑分案，将梁巍一案交到了检察一部的员额检察官祝嘉手上。

祝嘉就是前面大费周折的王立弓杀妻焚尸案的一审公诉人。此次接手梁巍案也并非巧合，因为实行员额制以后，各部门入额的检察官就那么三五位，案多人少，分到同一人头上的概率非常高。

一提到星州市检察院，还有一个人也是绕不开的，他就是现任主管公诉的副检察长麻鹏举。那年，他与冀英同台竞争省院公诉处长一职，结果冀英先扬后抑败北，他却先抑后扬顺利转正。再后来，他又官升一级，从省院处长变成了市院副检察长，官阶副局。

有位哲人曾说，一个结果是由太多因素决定的，好些因素是你不知道的，更是你控制不了的。“花开满树红，花落万枝空。唯余一朵在，明日恐随风。”无常是常，世界不会永远不出你所料。

祝嘉速审梁巍一案。为了确保庭审顺利进行并结合刑期预判，她向麻鹏举提交了一份拟对梁巍实施逮捕的书面请示。

出乎意料的是，麻鹏举以没有逮捕必要为名，没批。这让祝嘉有些搞不懂，虽然此前这个案子也是麻检不批捕的，可这次不是有上级省院“应予批捕、起诉”的指导意见吗，难不成他真要“抗上”？

于是乎，祝嘉只好在不改变对梁巍取保候审措施的情况下，以其涉嫌犯过失致人死亡罪，向星州市中级法院提起公诉。

星州市中院对梁巍一案进行了公开开庭审理，并于当庭作出一审判决，判处被告人梁巍犯过失致人死亡罪，有期徒刑六年。宣判结束后，法警将梁巍押上警车送看守所关押执行。

梁巍不服一审判决，以事实不清，量刑过重为由，向省高级法院提出上诉，案件来到了二审。

# 41

省检察院收案后，避开电脑分案，按照柳长鸣副检察长的指示，毫无悬念地分给了冀英办案组。理由是他指导过这个案子，基本案情和争议点清楚，为了节省诉讼资源，特案特办，也好尽快给被害人家属一个交代。

冀英收案后，也没把梁巍案太当回事。基本案情就一句话，年轻人喝酒打架，把一个酒醉的人拖到了马路中央，结果被车撞死了。证据没的说，本人也认，罪与非罪都是论证的事，有一审判决垫底，二审维持原判是可期的。关键手里还有三件未结案压着，舒唯艺一辞职还真显得紧张，所以他打算捎带手把这件舆情案办了，力争速审速结，移送法院。



可能领导出于人才驱动和提升本省公诉水平的考虑，总想让冀英这个业务专家尽可能从个案办理中抽出身来，搞搞“传帮带”，写写材料，总结总结办案经验。尤其像王立弓和施勇信、秦飞这样的案子，最高检已经作为诉讼监督精品案例向全国公诉系统转发了，省院这边也应当有所动作，重点宣传宣传。为这，柳长鸣副检察长指示检察二部在省院电教室专门设立了一个公诉实务讲堂，为检察官讲述办案故事搭台授教，通过互动交流，达到共同借鉴、提高技能的目的。冀英被指定为首播开讲人，连准备材料带做PPT，足足花了十多天时间，虽说讲课效果非常不错，得到了业内同行的一致赞誉，可接下来自己的案子还得办，不但电脑自动分，外加指定派，忙得整天团团转，哪有时间琢磨别的，关于第二讲的事也就耽搁下来。

对于冀英的履职作为，在省院内部并不是异口同声地肯定评价，其中也掺杂着无利不起早的说法。说他都五十多岁的人了，还这么玩儿命干，无非是想在退休时往上混个级别。也有好听一点儿的，说他心态好……可不管别人怎么说，冀英的精气神儿一点儿都没减。修长的身材也没有发福的迹象，一头黑发仅隐藏着些许可见的白丝，走路轻快得不输年轻小伙儿，就连脸上的皱纹看上去都比同龄人少很多，因此“颜值担当”“不老男神”啥的，亦在坊间流传。实际上冀英最不爱听的就是“心态好”这句话，总觉得哪儿不对味儿，但又无法拒绝。只有在和朋友一起喝酒时，他才无奈地冒一句：“我的心态好不好能跟他说吗？！”

还真不错，组织及时给冀英配备了一名新助手，让他重拾一检一助一书的办案组编制。

新来的助理叫郑鸿朋，部队转业干部出身，复员分到了省检察院老干部处。俗话说三十不学艺，可他都四十五岁了却主动要求到业务部办案，究其原因还得拜司法改革所赐。根据规定，省院内设机构中的政治部、办公室，以及组宣处、老干部处等非业务部门被划归到了检察行政部，原有人员的检察官身份不认了，以行政人员身份继续任职。郑鸿朋在老干部处工作了十年，从未接触过检察业务。按照改革前的管理制度，不论你是干什么的，只要在体制内就一律走检察职务序列，提职晋升的通道整齐划一都是书记员、代理检察员和检察员。除副检察长、检察长以外，其他人对外统称都是检察官。几年前，郑鸿朋解决了副处级检察员职务，熬到快退休再进正处，这是所有人可以预见的职业未来。现在改革打破了大锅饭模式，行政、业务职称两条线发展，虽说工资级别没啥大影响，但同在检察院工作，行政人员可就丢掉了检察官称谓，这让很多老同志想不通。为这，郑鸿朋找过检察官管理处的领导，说他当初是服从组织分配到老干部处工作的，没进业务处不是他的自主选择。而且他在部队就通过了司法考试，具有司法任职资格，如果不能保留检察官身份，他愿意跳槽到业务处，大不了从头再来。检管处的领导说，没问题，只要有这个志向的人都可以重新选择。可事实上弃政从检的人并不多，但郑鸿朋算一个。

不管怎样，冀英的办案组人员算是补齐了，至于业务嘛，慢慢来呗。

郑鸿朋跟冀英学办的第一个案子就是梁巍二审上诉案。依他的年龄和部队素养，外加一米八二的大个子，绝不愿给人留下一个“不行”的印象，办起案来格外认真、主动。

冀英对自己的“菜鸟”徒弟毫无保留地进行着职业传承。不仅嘴上说，还把多年总结的办案六部曲写在纸上让他照着做。郑鸿朋也对这个名声在外的师傅非常尊重，除了把“材料审、当面问、找疑点、勤补侦、明判断、法庭论”18字要诀贴在工位上细心揣摩以外，还坚持每天上班早到一小时，把装有“冀英——检察官”标牌的办公室打扫得窗明几净，三个保温瓶里的开水也都打得满满的。这让比他小二十岁的书记员冬煜感到很不好意思。

梁巍一案审查了十多天，不知为什么，冀英放弃了最初的速结计划。

郑鸿朋通过“材料审和当面问”两个程序，自认为工作得挺顺利，只是“找疑点”环节没啥进展。他向冀英汇报说，没有发现“敌情”。冀英笑道，如果这么快就发现了，那你就该出师了。郑鸿朋听了一脸蒙圈，不知道下一步该怎么办。

冬煜在一旁说：“我认为冀老师可能发现‘敌情’了，要不然早该往下进行了？”

“你看完卷宗了吗？”冀英问冬煜。

“看完了。”冬煜答。

“既然大家都看了，就一起讨论讨论心得吧。”

郑鸿朋见师傅要讨论案情，赶紧拿出笔记本作记录。冀英示意他收起来，说：“用不着记，重要的是领悟和实践，以后多干几个案子就明白了。”

“噢。”郑鸿朋合上笔记本问，“您真发现这个案子有什么疑点吗？”

“是不是疑点不好说，不是最好，说明案件经得起检验，下一步‘明判断’的时候就心里有数了。什么叫审查起诉呀，严把案件质量关，不出错案，才是审查的价值和意义，到了起诉阶段就上法庭了。正因为如此，庭前审查环节非常重要，有疑点一定要把它找出来，该做工作的做工作，该排除的排除，不枉不纵……”冀英以聊天的口吻跟郑鸿朋和冬煜谈着自己的办案体会。

“您说得对。”郑鸿朋认真领会着冀英说的话。

“所谓‘找疑点’就是发现问题线索的证明过程。公安破案靠发现，检察诉案也要靠发现，没有发现就没有真相。”

“怎么才能做到有所发现呢？”郑鸿朋问。

“没别的，公安靠现场，我们靠材料，这是不同办案性质决定的。要不怎么他们叫侦查，我们叫核查或补查呢。但目的一致，同是追诉大控方，不同角度不同职责，查清案件事实，将被告人交付法庭审判。”

“我们靠材料？”

“有时候也靠现场，这要看案件的具体情况。现在就说梁巍一案，整个事实构架是由前期打架、中期拖拽和后期车撞三部分组成，现在只追究了中期行为责任，而前、后两部分事实却没有查清。后期行为因为嫌疑人没到案，我们只能监督公安侦查进行，但前期打架伤害的事实我们是有责任补充查清的。因为这部分事实涉及被害人樊凡是酒后晕倒还是被殴打晕倒的案件起因问题，是全案事实的一部分，不彻查清楚很难做到对部分事实处理的公正性。就像我们在提讯梁巍时他辩称的那样‘事实不清’，可当我们追问他怎么个不清时，他却说‘那是你们的事’。我感觉他是在暗示我们什么，这就是疑点。找疑点，发现问题线索这不就有了吗？还有就是本案的关键证人毛满仓，他在饭馆外面执勤应当目击到了樊凡与张超的冲突过程，所以他才在樊凡倒地后跑进饭馆去叫人，而且多人作证证明，毛满仓在叫人的时候说的是‘你们的人在外边打架了’。而且，公安人员在第一次询问他的时候，他也说的是又高又胖的人把那个矮瘦的人给打了。结果到了第二次再问他，他又说天黑没看清，后来干脆找不到人了。这不是疑点吗？另外，饭馆老板曾邦辉为什么要求张超和梁巍他们必须把樊凡弄走，如果樊凡倒地的事跟他们没关系，他有什么理由让他们做这事呢？所以我认为这里面肯定有问题……”

“没想到您审得这么细，找到这么多疑点。”郑鸿朋都快听晕了。

“讯问时的倾听也很重要，俗话说‘听话听声，锣鼓听音’。如果我们能从被告人的辩解中听出什么来，再查出什么来，那他才从心里服你呢，到时候什么都跟你说。相反，你对他说的话没反应，听不明白其中的弦外之音，那他一定认为你不值得信任，跟你说什么也是白说，还不如不说。”

“那他为什么不直说呢？”

“这还用问吗，肯定是有难言之隐呗……”

冀英与郑鸿朋和冬煜经过一番交流后，立即转入“勤补侦”阶段。

郑鸿朋问冀英从哪儿‘补’？冀英说先易后难，把周边能做的未尽小事“扫一扫”看能不能进一步发现疑点，然后再集中力量找关键证人毛满仓。

“先查未尽小事？”郑鸿朋有点儿不明白。

冀英翻开侦查卷宗的前几页，指着一页110报警记录说：“你看，这个报警电话有名有姓有电话，反映的内容也是樊凡被车撞的事，可是公安人员并没有找报警人核实情况。估计认为与另两个报警电话一致就不找了。”

“另两个报警人一个是樊凡的同伴童建伟，另一个是饭馆老板曾邦辉，在案都有他们的证人笔录，再找这个叫窦雪娇的人还有意义吗？”

“不知道，只有找过以后才能知道。”

冀英的工作原则是不遗漏，但话不说满。

“那我现在就打电话联系她？”

“打吧，电话里不多说，见面谈。时间、地点由她定。”

郑鸿朋领命执行，几分钟后报告，已经定好了，下午三点去她家谈。

从省院到窦雪娇家大约半小时车程。窦家住十六楼，坐北朝南。南向的落地飘窗正对着一条双向约四十米宽的大马路，紧邻路南几米处就是梁巍案祸起萧墙的那家小饭馆。

冀英带着郑鸿朋和冬煜坐电梯上楼，来到了窦家。窦雪娇老太太年近七十岁，非常精神，一看就是个知识分子。老伴儿姓普，一头银发，满面红光。老两口热情接待了来访的三位检察官。



经过一番寒暄问候，冀英聊到了主题，说要了解三年前他们看到的汽车撞人事件……

窦雪娇老人很健谈，说以为这事早就完了，没想到撞人的司机还没被抓着。她还关心被撞的人怎么样了？

冀英为了不让老人感到压力，只说这人被撞得挺严重，现在还在医院治疗。以前发生过这样的事，有些胆儿小的证人一听说出了命案，就不敢说实情了。所以瞒着点儿后果有利于证人轻松作证。

“那天晚上的事我记得很清楚。”窦雪娇说，“当时我们已经睡下了，大约夜里十一点前后，被楼下对面一阵打架骂人的声音给吵醒了。我睡觉特别轻有点动静就醒。后来我就下床往窗外看，看见有两个人打来打去，一个跑，一个追打，结果跑的人摔倒了，追的人踢了几脚就进饭馆了。过了一会儿，又从饭馆出来几个人，他们之间也打起来了。打了几下，有两个人跑了，另两个人没追就回去了。又过了几分钟，饭馆里出来两个人，把倒在地上的那个人拖到了马路中间。这时还有一个人从饭馆出来准备离开。突然，一辆汽车从西向东开了过来，一下子就把马路中间躺着的那人给撞了，那辆车晃了晃没停，一溜烟开跑了。饭馆门口的三个人也不见了。我赶紧让老伴儿给 110 打电话报警救人……”

"后来呢？" 冀英问。

"我看饭馆里也出来人了，因为撞人的声音挺大的。再过一会儿警车和救护车都来了。救护车把人抬上拉走了，警察留下来在那儿工作。再后来，我们就睡觉了。"

"还有什么补充吗？"

"没了，整个过程也就十多分钟，弄得我们两人谁都没睡好觉，担心那个被车撞的人，不知道情况怎么样。"

冀英等冬煜记完这段笔录，又对重点情节补充问道："您确定在汽车撞人之前饭馆外面是两个人打架吗？"

"能确定呀，要不是他们打架的声音我怎么会被吵醒的呢？" 窦雪娇说。

"您认为倒地上的那个人是因为什么倒地的？"

"肯定是被另一个人打的呗，但是怎么打的我没看清楚，因为距离远，而且光线不太好。"

"这两个人打架的时候，还有其他人在场吗？"

"没太注意，就看见那两个人打架了，你打我，我打你的，也没见他们手里拿什么东西。"

"还有一个问题，您刚才说是几个人把躺地上那人拖到马路中间的？"

"两个人，一边一个架着那个人的两只胳膊拖的？"

"能看清他们的穿衣特征吗？"

"看不清，一是远，二是光线暗。但能看清楚是两个人。"

"被拖的人有什么动静吗？"

"没有，直到被他们扔到地上也没动，结果就被车撞了。"

"夜间马路上车多吗？"

"三年前这条路刚修好，白天车都不多，夜里车更少了。"

"您看清楚他们把人拖到马路什么位置了吗？"

"看清楚了，开始我以为他们要把人拖过马路呢，没想到放到路中间就走了。"

"这么宽的双向马路，人躺在中间怎么会被车撞到呢？" 冀英自言自语道。

窦雪娇的老伴儿发话了："这种情况准是开车的司机喝酒了，要不就是睡着了，等发现有人的时候已经晚了。谁能想到马路中间会躺个人呢？"

“您说得对。看看您二老还有什么要补充的吗？”

“没有了……”

询问证人结束。冀英带着郑鸿朋和冬煜谢过窦雪娇老人，出门向马路对过的饭馆走去。郑鸿朋仿佛才明白了什么，对冀英说：“来之前还对补充外调 110 报警电话的意义表示质疑，敢情师傅已经悟出了其中的玄机，学问在乎于微妙之间！”

“也没那么邪乎。”冀英顺便对郑鸿朋和冬煜谈了一下自己的想法，他说，“来之前我只是想，报警人一般都是目击证人，公安既然没找，我们二审就应当补上。尽管在案有三个内容一样的报警记录，可是三个相互没有联系的人分别报案，说明他们可能看到的现场情况不同，如果能通过我们的工作，把三个人描述的过程综合评判，得出的结论岂不更说明问题吗？所以，从这点看，补充证据肯定是有意义的，没有干活儿的不是嘛！不过今天这活儿干得确实漂亮，有些超预期。原本以为她说的无外乎还是汽车撞人的事，没想到老两口从自家窗前把撞人前后的事都看到了，这对我们还原案件事实太重要了。难怪梁巍说‘事实不清’呢？这下就对上了，应当是谁把人打晕的、是几个人把人拖到马路中间的？这两件事没查清，就认定他一个人犯罪，判刑六年，他能服吗？虽然另一个人是他的同伴，他不愿意说或者不能说，那是他的隐情，但咱们没查明白就失职了，这是涉及真相的问题！”

说着话三人已经到了花花饭馆门前。

冬煜低声问是不是要找老板曾邦辉取证？冀英说还不到时候，今天来就是专门吃饭，算是给鸿朋大徒弟接接风。郑鸿朋说搞反了，应当我请您喝拜师酒。

这家饭馆是个小二层楼，一层建筑面积一百多平方米，都是散座，楼上有几个包间。因为事发在一楼，冀英就选了个挨窗的位置坐下了，说大厅空气好。冬煜悄悄地跟郑鸿朋说，这是师傅“考察敌情”来了，请徒弟、拜师啥的都算了。冀英说不能算，两个意思都有了。郑鸿朋当过侦察兵，一听就明白，纠正师傅道，应当是三个意思……

曾邦辉还是饭馆的老板，说明这几年经营得还不错。此人三十多岁，身高不足一米六，短粗胖的身材，一双闪烁的小眼睛透着精明。也许干这行也费脑子的缘故，年纪轻轻的曾老板已经开始“谢顶”了。

冀英三人都是便衣，边吃边喝边聊，也没忘了观察。因为今晚客人较多，老板偶尔也帮着送送菜，透过服务员和他的对话，冀英对上了曾邦辉的号。他对郑鸿朋说，这就叫知己知彼。郑鸿朋对冀英做了一个 OK 的手势，回了一句还“百战不殆”呢。

第二天，冀英办案组要开个小会，主要是对昨天工作的总结和布置下一步实施计划。

三人关上办公室门正要说事，突然门被从外面推开，杨红君主任带着星州市院的祝嘉进来了。

冀英赶紧起身相迎，一脸诧异地说“欢迎欢迎”。杨主任笑道，应当欢迎的是祝检察官，我只是带她来接洽接洽。接着她把事情的缘由说了一下。

因为冀英在检察实务讲堂的首讲大获成功，省内各市区检察院反响强烈，尤其一些年轻人纷纷致电省院，希望冀老师开讲第二季，把办案六部曲等内容结合具体案例再细谈谈。他们说听这样的讲授不枯燥，有实践针对性，受启发，可以在办案中直接兑现……杨红君在柳长鸣召开的每周例会上汇报了这一情况，提出可否安排时间再让冀英讲一课，以满足大家的需求，借机促进公诉系统研学业务的积极性。柳长鸣非常同意，但又嘱咐说尽可能让冀英超脱一些，别太累了。杨主任反映道，现在老冀手里有四五件积案，件件都是难缠的大案，确实很难让他抽出身来研究传承问题。而且刚配的郑鸿朋助理又暂时帮不上什么大忙，能不能考虑从下级院借调一名有办案权的检察官先补充到他们组，这样就能让老冀办案授课两不误了。柳长鸣听了当即让杨主任在省内挑人选，说把优秀的检察官选调省院也是一种人才战略，省院不能老做只放血不输血的事。这之后，省院看中的几个“目标”，经过综合考评祝嘉脱颖而出，她不仅是首批员额检察官，而且又有在省院实习的经历，能力水平都比较了解，本人来的意愿也比较强烈，所以一拍即合。尽管在办手续时受到了主管副检察长麻鹏举不放的阻力，但架不住柳长鸣给他一通电话，立马就变绿灯了。

冀英得知自己多了一个左膀右臂，非常高兴，说祝嘉的加盟太好、太及时了！热情地张罗让她从办公室剩余的两个工位里挑一个。杨红君知道他们之间都很熟，用不着多作介绍，说了几句大家多关照的话，随后就转身出去了。

祝嘉大学毕业入检察行十多年，一直在一审公诉摸爬滚打，案子办了几百件，也称得上科班出身中的老手了。近年来，随着社会的发展和刑事案件愈趋复杂化，她越来越觉得仅凭法庭上的口舌激辩，已经不能充分有效地完成指控犯罪任务，尤其在辨识真伪、补查真相方面，自己还存在执行能力不足的短板。这点在办理王立弓案上最有体会，要不是二审做了那么多工作，自己的错诉罪名就背上了。所以在得到省院向上选人的消息时，她的第一反应就是争取过来，一是省级院登高望远各项业务视野宽阔；二是向有经验有能力的前辈学习机会多。如果再把二审程序办通了，整个刑诉技能就会更加全面，从中的获得感是可以预期的。没想到，这事还真成了。

冬煜在帮祝嘉往工位上摆放东西的时候，把大师兄郑鸿朋向祝嘉做了介绍。

郑鸿朋谦虚地说："早就听说过祝检察官的大名，这回得以近距离共事，请多指教。"

祝嘉连忙说："不敢当，都是冀老师的徒弟，哪有师妹教师哥的道理呀。"

冀英插话道："一个好汉三个帮，大家在一起工作是缘分，别把辈分分得那么清楚，像相声行似的。俗话说人贵有自知之明，因为没有行政职务，大家尊称你一句'老师'，你就别太认真了，名不副实，你教人家什么了？"

祝嘉表情严肃地说："您太谦虚了，这么多年，无论是从口碑还是切身感受，全省公诉系统能让我打心眼儿里佩服的人，您是第一位，没有第二位。我这次到省院可是冲您这个师傅来的呀！"

郑鸿朋也道："祝嘉说得没错，我之所以人到中年还转行学艺，不也是受您影响吗？别说您讲的大课够教授水平，昨天跟您办的梁巍案，仅从一个漏查的报警电话就能发现重大案情线索，这不就是一堂实践课吗？所以，您这个'老师'叫得不白给，这才叫言传身教，为人师表呢……"

"诶，梁巍案还没结吗？"祝嘉是梁案的公诉人，关切地问。

"不但没结，看这意思还要拓展呢。"冬煜道。

"你来得正好，我们正要研究这个案子，一起吧。"冀英示意大家坐下说。

# 十

# 因诉而战

# 42

冀英把昨天向窦雪娇老人的调查情况简单回顾了一下，问大家对证人说的事有什么想法？

祝嘉的面部表情闪过一丝惊诧，她说如果查证属实的话，证明一审可能存在漏犯的情形，自己这个公诉人又将责任难逃了。

冬煜说："不至于吧，公安移送一个你总不能诉俩吧，没有事实啊？"

郑鸿朋也说："一审是一审，二审是二审，一审重在诉与不诉，二审重在诉得对不对，判得准不准？"

冀英则表示："监督的事一审二审都重要，但是随着诉讼进程的发展，真相逐步被发现也在规律之中，没什么好自责的，更何况事实还没查清呢。"

在说到下一步怎么办时，郑鸿朋说应当尽快突审梁巍，他是直接当事人，最清楚张超的行为，在人证面前不怕他不撂实情，否则就让他一个人背到底。冀英征询祝嘉的意见。祝嘉还没缓过神儿来，刚到省院就发现自己办的案子有问题，感觉多少有些被动。

冀英看出来了，笑着说："你现在是省院的人，屁股决定脑袋，有错必纠是咱们的共同职责，一旦二审纠得对不也有你一份功劳吗？就像办王立弓案一样，咱们共同抗诉成功了，一审二审都有份，关键是为了正义……"

经过一番讨论，祝嘉也轻松多了。最后经过综合考虑，冀英决定暂时不提梁巍，也不动张超，而是把重点放到找另一关键证人毛满仓上。冀英说这叫"农村包围城市"，一旦毛满仓作证看到张超打人，就能与窦雪娇形成互证，即便张超零口供也无所谓，直接建议法院退回一审，补充追诉。

祝嘉也同意冀英的计划，说现在传讯张超有点儿早，如果张超扛着不认打人抬人的事，梁巍又不指认，就会在证据上形成一对一，到时候批捕起诉都是问题。还有一个细节，窦雪娇家离打架现场比较远，不能看清打人者的脸，因而她的证言还不能达到直接证据标准，必须像冀老师说的，拿下毛满仓的证言才能形成体系，否则冒进会使工作陷于被动。

冬煜提出别让嫌疑人听到风声跑了，冀英却说，取证是我们的事，抓人是公安的事，没什么可担心的。再说张超没有前科，不是恶性惯犯，就是一个仗着他爹是派出所所长的嚣张小青年，应当不至于跑路。不过保密工作要注意，尽量别惊动他。如果有领导过问必须记录留痕，不能小看了张超他爹的社会活动能量……

郑鸿朋翻出案卷中的毛满仓笔录，上面记载着他的自然情况和家庭住址，当时留下的手机号停机了。这么看来，要想找到毛满仓非得去一趟他的老家了。

为了防止跑空，冀英让郑鸿朋与邻省检察院联系一下，通过省院与毛满仓家所在地检察院沟通，让他们派人打探出毛满仓的下落。

几天后，邻省检察院返回消息称毛满仓在家，并说什么时候去人，他们可以让当地县检察院全力配合。郑鸿朋第一次办这样的事，感觉有点儿像部队协同作战似的，在电话里跟对方说了好几次谢谢！

冀英见出差的各项准备停当，按照预定日期带上三名组员驾车出发了。经过总共八个多小时的车程，一路疾驰，终于在午夜前赶到了毛满仓家当地政府所在地永宁县，随后在县城找了一家宾馆入住休息。

第二天四个人吃过早饭，冀英让郑鸿朋驾车先在永宁县城里转一圈，一方面想等等县检察院的上班点儿；另一方面顺便考察一下这座有名的古城。县城中心地带有一条繁华的大街，据说曾经是清代南北通商的必经之路，几年前县政府投资搞旅游，有关部门根据史料修建了这条商业街。整条街长大约五百米，最南端是一座仿古城楼，街两边是清一色灰墙绿瓦尖屋顶的小商铺，来来往往的人进出购物或者品尝当地美食，好一派祥和古朴的乡镇景象。

冀英心里有事无暇细品眼前的市井，只在车里走马观花地看了看，然后就指挥去了检察院。

县检察院几天前就接到了省检要求他们协办的通知，今天和冀英等人一见面非常热情。检察长介绍说他们院总共才四十人，不能用严格的正规化要求，但各项检察职能一点儿都不少。得知冀英他们的来意，检察长指派一名公诉口的张姓科长全程配合，让冀英有什么事儿尽管提别客气。大家寒暄了几句，张科长就上了冀英他们的车，直奔毛满仓家住的熊耳寨村驶去。

从县城到熊耳寨有八十多公里，路程虽然不算远，但路况非常不好，在弯弯曲曲的柏油山路上，隔不远就是一处被大货车轧出的坑，使得过往车辆必须绕坑慢行，实在躲不过去就只好硬冲，把车里的人全都颠得够呛，两个多小时才赶到毛满仓家。

毛满仓家的房子依土山而建，属于陕北窑洞的改良版。据说这种房子冬暖夏凉，人住着很舒服，就是面积有点儿小，两间房总共不到三十平方米，每间屋还都是土炕，基本看不到啥像样的家具，可见这家的生活水平应在帮扶之列。

张科长引着冀英一行陆续进屋与毛满仓的父母打了招呼。大家找地方坐下，张科长用当地方言和毛满仓母亲说明了冀英他们的身份，以及要找毛满仓了解在省城做保安时的一些情况。还说没有毛满仓什么事，让他们放心。

毛满仓父母都是老实巴交的庄户人，听张科长这么一说也就没多想，毛满仓母亲就让老伴儿去邻居家把毛满仓叫回来。

毛满仓现年二十岁，身材不高长得很敦实，一张憨厚倔强的脸上满是青春痘。三年前他从省城回来就再没离开过这片山沟沟，靠开一辆电动三轮车拉货赚些辛苦钱维持生计。这次听说省城来人找他了解当年花花饭馆打架出人命的事，他从心里一百个抵触，不管冀英他们怎么问，始终就一句话“记不清了”。

张科长见冀英他们问得太“温柔”有些起急，直接插话说，如果知情不举构成伪证罪，让毛满仓想明白了再说！毛满仓也犯上了倔脾气，顶牛称，不懂什么叫伪证罪，犯法可以拉他去坐牢，但是不知道就是不知道，不能瞎编。

张科长年轻气盛，噌地从椅子上站起来，道：“就凭你这态度得跟我们走一趟！”

“走就走，上哪儿我也不怕，你得拿出手续来！”毛满仓寸步不让。

“你不是要法律手续吗，我早就给你准备好了！”张科长说着从皮夹子里拿出一张盖着县检察院章的空白传唤通知书，也没跟冀英商量直接在上面写上了毛满仓的名字。

冀英很不喜欢这种办案方式，因为现在的工作对象毕竟是证人而不是犯罪嫌疑人。可事情到了这种地步不配合张科长也没别的退路，只好让毛满仓出去和家里人打个招呼，同时借这个小举动缓和一下紧张气氛。毛满仓起身往外走，郑鸿朋紧随其后跟了出去。

毛满仓说："你还怕我跑了呀，我又不是犯人。"

郑鸿朋说："不是犯人也要守法，这是规矩！"

还别说，郑鸿朋的军人气质还真把毛满仓给镇住了，没敢再争辩。当毛满仓跟他的父母打完招呼要上警车的一瞬间，毛满仓母亲揪住冀英的胳膊央求，能不能别把她儿子带走，让他跟你们好好说不就行了吗？冀英心里一动，认为这倒是个机会，于是把毛满仓带到了一个僻静的墙角处，低声对毛满仓说："你妈的话你已经听到了，难道你真想和法律作对吗？别人犯法，你却陪着他们坐牢，连自己的老爸老妈都不顾了，是不是有点儿傻呀？！"

"我没这意思。"

"你不是这意思就好办，我让他们先走，咱俩单独谈谈。如果你还是坚持什么都没看见的说法，那就没必要了。你看怎么样？"

"我以前在公安局调查的时候说的是什么都没看见，现在要改了会不会说我是伪证罪呀？"

"说过谎话不一定就构成伪证罪或者包庇罪，关键看你最后的证言是不是影响到司法办案。现在这个案子不是还在办理中吗，而且你的证言只是我们证据中的一部分。我作为这个案子的负责人，可以明确地告诉你，除了你的证言以外，我们已经找到了现场其他目击人，对当时饭馆外面发生的事说得一清二楚，如果没有这个前提我们也不会这么大老远地来找你。还有，那个被车撞死的人才二十一岁，和你一样也是个农民的儿子，为了生活到省城打工却遭到了不幸，我们司法机关为他做主，可是看到现场的人却不愿意出来作证，如果让凶手逍遥法外，那他的良心何在、正义何在呢？你好好想想……"

"我一开始也说过，后来有难处……"

"这样吧，我让他们先找地儿吃饭去，咱们到你家慢慢聊。"

"行。"

冀英一看毛满仓有松动，赶紧过去对张科长使眼色，让他和郑鸿朋先找地方吃饭去，不用着急回来。然后叫着祝嘉和冬煜又回到了毛满仓家。

毛满仓母亲见儿子没被带走非常感谢冀英，进屋又是沏茶又是倒水。毛满仓这时也不像一开始那么抵触了，坐在炕沿上拿出一支烟让冀英抽，被冀英谢绝后他自己吸了起来。冀英让毛满仓母亲暂时回避一下，这才与毛满仓开聊。对待证人，冀英始终认为不能因为他们看到了现场就应当承担相应的责任，至于说到法律规定证人有如实作证的义务不假，但是如果他们从心底里不愿意配合，那他们的证言是不是"如实"往往还需要其他证人证明，如此循环谁又能证明谁是"如实"呢？关键是某些目击者通常只有一个人，那他的证言是不是"如实"就只有天知道了。所以，要想做到让证人"如实"作证，简单强制是行不通的，除了经验技巧之外还得靠交心与信任。即便这样，拿到的证言是否经得起检验，也难说，因为实践证明，最不可靠的证据就是人证。当他不受任何外界干扰时，真实可信的证言一个就能证明全部案件事实，可一旦这个证言被环境左右，又可能说变就变，使定案证据瞬间成为一地鸡毛。毛满仓在梁巍一案的真相中似乎就扮演着这样的角色，对此，不仅司法机关知道，他本人或许也知道。



俗话说，人心都是肉长的。经过一番耐心的思想工作，加之冀英本人的人格魅力，毛满仓被服服帖帖地拿下了。

随后，毛满仓把那天晚上如何看到一个胖子追打瘦子，瘦子昏倒在饭馆门前的经过讲述了一遍，他说："我知道这两个打架的人都是在饭馆吃饭的，我跑进去叫他们的朋友出来劝架，没想到他们出来以后也打了起来，没人管那个被打倒在地的人。后来胖子和他的同伙回到饭馆准备走，老板让他们必须把那个被打昏的人弄走，要不就报案。开始胖子不愿意，是他的同伴答应出去弄人，胖子才跟着一起出去的。是胖子和他的同伴一边一个拽着那个倒地人的胳膊，一块儿把他拖到马路中间的，结果没过一会儿，那人就被一辆面包车撞了……"

"你是怎么看到胖子也参加拖人了？"

"他俩出去我也跟着出去了，看着他们把人弄走我才跟老板说了。"

冀英见冬煜记完了毛满仓陈述的主要过程，又具体问了几个问题：

"饭馆外面打架是怎么引起的？"

"他们都从厕所里出来，里面发生了什么不清楚，我只看到了他们打架。”

“你所说的胖子追打瘦子，胖子有多胖，身高大约是多少？”

“这两个打架的人都很年轻，看着跟我差不多。胖子相对高一些，身高至少在一米八以上。”

“看照片能辨认出来吗？”

“估计能。”

冀英从包里拿出三个年轻男子的照片让毛满仓辨认。毛满仓看了一会儿从中拿出一张，说：“就是他。”

照片上的人正是张超。冀英接着问：

“你说胖子追打瘦子，怎么打的，用什么东西了吗？”

“开始两个人用拳头互打，后来胖子抄起一个我们饭馆墙上的灭火器砸了瘦子的头部一下，瘦子向前踉跄了几步就摔倒了。”

“那个灭火器后来怎么处理的？”

“我给捡起来又挂到墙上了。”

“胖子用灭火器打瘦子的事你和谁说过？”

“我就跟饭馆老板说过两个人打架的事，没说用什么打的。”

“对公安人员说过吗？”

“对公安也没提用灭火器砸的事，当时主要问的是谁把那个昏迷的人弄到马路中间的，因为人是被车撞死的，所以想的都是与撞人有关的事，打架的事没说那么细。”

“公安人员问你是谁把那个昏倒的人弄到马路中间的，你是怎么说的？”

“我说是一个人，没提胖子，实际上是胖子和他的同伴一边一个把那个人拽到马路中间的。”

“为什么没说实话？”

“主要是老板跟我说，那个胖子他爸是当地派出所所长，人家公安有人，让我能别说就别说。如果胖子的哥们儿说了跟咱们没关系，多一事不如少一事。所以我就没全说。”

“你今天说的都是事实吗，有意做伪证是要负法律责任的。听明白了吗？”

“听明白了，我说的都是实话。”

“签字吧。”

“行。”

毛满仓经历过这种场面，对签字画押的程序挺熟。

询问结束后，毛满仓心有余悸地问冀英能不能别把他带走。冀英说只要你说的是实话，就不会触犯法律，有些反复和顾虑也可以理解。如果司法机关因为证人作伪证把案子办错了，那就要追究证人的法律责任了。还说，现在说了实情也不晚，让他放心，检察官说话算话……

有了目击证人毛满仓的指认，再加上窦雪娇老人的证言，足以证明嫌疑人张超不仅参与了与梁巍一起把被害人樊凡拖到路中的行为，还单独实施了用灭火器把樊凡砸晕的伤害行为。两行合一，他的性质已经超出了梁巍过失致人死亡罪的范畴。

为了织密证据法网，冀英回到省城后委托汪鑫泉法医对公安的尸检鉴定进行了一次文证审查。结果发现原鉴定中就有“死者头部左侧皮下出血”的解剖描述。虽然这一伤情不能确定是钝器打击还是车辆撞击形成，但是钝器打击可以形成却是不争的事实。由此，文证审查使新调取的两份言词证据在客观性上又多了一项物证支持。

郑鸿朋还是坚持趁热打铁，说拿下最后一个同案人梁巍的口供整个证据链就吻合了。冀英的回答很淡然，说：“凡事切忌满，特别是口供这东西，不到不得已就不拿。还是那句话‘让证据说话’，嫌疑人服你不逼他，照样把案子办下来，那叫真本事，他会用沉默的方式支持你。如果你让他被动，即使一时把口供拿下来了，当受到某种外部压力或诱惑的时候，翻供是分分钟的事。真要出现了那种局面，反而形成了证据上的对冲，再赶上机械一点儿的法官，能不能认定检方的证据就难说了……”

一席话，让郑鸿朋悟了很久。

# 43

二审案件办长了，案与案之间时常会出现程序上雷同的情形。梁巍案就与前不久的秦飞、施勇信案相类似，都有从一案发展到另一案的特征，并且“演绎”的结果也是省检察院移送新证据，省高法依此将梁巍案发回重审；然后就是一审追捕、追诉、追判，将张超以犯故意伤害（致人死亡）罪，处刑十二年；梁巍仍维持原罪名，判刑六年；再往后就是梁、张二被告人提出上诉，案件重回二审。如果没有新的事实证据，维持原判是本案可预见的最终结局。然而，出乎意料的是，剧情到这里并没有结束，而是出现了新情况。

正当冀英办案组二审梁巍、张超上诉案时，突然发生了两件事：一件是关键证人毛满仓翻证了。在律师提交给省高法的一份证明材料里，毛满仓推翻了对检察官作的所有陈述，说他看到张超“打人、抬人”的事都是自己瞎编的，是因为害怕县检察院的人把他带走拘留才那么说的……还有一件事是星州市副检察长麻鹏举被纪委带走调查了。据说是因为涉嫌收受张超亲属给予的巨额钱款东窗事发……

经过仔细分析，结合坊间传闻张超之父豪掷二百万元为张超聘请二审律师的消息，冀英认为眼前这两件事，摆明了是张超他爹不惜为张超脱罪放手一搏，各种手段也是应使尽使，甚至在一审期间就已经行贿到检察院领导了，形势之严峻可见一斑。

在省检察院收到省高法移送的辩方证据之前，主审法官强思明专门给冀英打了一个电话，称毛满仓在材料里说愿意为张超出庭作证，让检方为此做好有效应对。还说根据目前的证据变化，由于窦雪娇的指证事实距离太远，不能辨认出谁是犯罪嫌疑人，仅此一证难以达到确实、充分的标准。根据证据裁判原则，一旦毛满仓的证言被排除，很可能导致二审改判张超故意伤害致死案证据不足，无罪。

对于这样的“预警”，冀英思前想后，觉得正义不正义的先放一边，仅就毛满仓证言的可采性而言，如果明知他的翻证理由在说谎却无力改变，那将有辱检察官的名声。因为冀英心里最清楚毛满仓的作证过程，虽然有一定的曲折，但合法性是毋庸置疑的。尤其是他指证张超伙同梁巍一起“抬人”这件事，当时还都不知道他是这个情节的目击者，怎么可能强迫、引诱呢？如非他亲眼所见，恐怕靠“编”是编不出来的，所以此说不合逻辑。究其缘由，只有一个解释，那就是毛满仓推翻原证是受到了人为干扰。

“那怎么办？”郑鸿朋是个急性子，“咱们不能坐以待毙呀！”

祝嘉倒是见过大风大浪的，冷冷地说：

“那有什么呀，‘兵来将挡，水来土掩’。律师能把检方的证人搞翻了，我们照样可以把他掰回来，谁怕谁呀！”

这句话很对冀英的心思，他一拍桌子坚定地说道：

“祝嘉说得极是，现在有人已经把我们逼到墙角了，这是一场正与邪的较量，我们要做的就是‘除了胜利，别无选择’！”

别看冬煜年轻，遇事却总能说到点子上。她说目前要紧的是得找到毛满仓，否则法院一通知开庭就没机会了。大家一致同意这个说法。郑鸿朋提议先给毛满仓留的手机号打打电话，‘扫扫雷’看看他在哪儿？冀英判断这个时候毛满仓的手机一定关机了，可嘴里没说，让郑鸿朋打电话试试。果不其然，郑鸿朋连拨了两次电话，对方手机传来的都是一句“您拨打的电话已关机，请稍后再拨”。

“看来这小子是躲咱们呢！”郑鸿朋道。

“躲？挖地三尺也要把他挖出来！”冀英说。

“挖地？”祝嘉打趣道，“您当是挖沟找凶器呢，这可是活人呀？哈哈……”

要不说男女搭配干活不累呢，尤其与靓女搭配干活就更不累了。大家都被祝嘉的话逗乐了。冀英也笑着对郑鸿朋说：

“你不是当过侦察兵吗，你说怎么才能找到毛满仓？”

郑鸿朋一听更乐了，说他当侦察兵是驴年马月的事了，而且找证人的事和部队搞敌情侦察根本不搭界，还是听师傅说怎么办吧？

冀英见大家都没啥好主意，就把自己的想法说了说。主要思路就是通过毛满仓的父母把他“诱”出来。他观察毛满仓是个孝子，年纪轻轻知道挣钱养家，有这样的基础就好办，只要做通他父母的工作，就不怕毛满仓不露面。而且这种方式从根儿说是为毛满仓好，是往正道上引他，不能帮着坏人干缺德违法的事，所以估计二老的工作有得做。

祝嘉举双手赞同，认为这件事冀老师一出马就有八成把握了。因为上次去毛满仓家取证，是冀老师拦着才没让张科长把毛满仓带走的，这是一个与毛满仓父母沟通的感情基础，再加上确实为这孩子好，道理在咱们这边，不是工作有的做，而是一定能做好！

“既然大家都同意，咱们就再去毛满仓的老家走一趟，上演一出‘深山问苦’的好戏……”冀英当即敲定了。



本来冀英打算人员从简，就他和郑鸿朋去就行了。怎奈祝嘉和冬煜都要求共同前往，还说到证人家做工作有女同志方便，效果也许更好。冀英被说服了，决定办案组全体一起上。



一般人都有这样的感觉，同样的路程再次走会觉得过得快。

郑鸿朋驾车载着冀英、祝嘉和冬煜，一路在高速公路上飞驰，只有当驶入二十公里崎岖山道时，警车才开始出现了颠簸模式，轮胎带起的灰烟远远地像一团迷雾，前面不停地升腾，后面慢慢地飘散，或隐或现在山坳之间。

永宁县城到了。冀英看手表刚刚下午四点，确实比第一次来的时候提前了不少。由于距县检察院下班还有一段时间，冀英让把车直接开过去，先把工作接洽上，然后再找宾馆。祝嘉问要不要绕过县检明天直奔毛满仓家，冀英考虑了一下，觉得从稳妥的角度，还是走走县检的程序好，万一有点儿啥事也好有个同行接应。郑鸿朋说那就跟他们打个招呼，明天咱们自己去，省得毛满仓家人对县检人员有抵触，影响做工作。冀英属于性情随和的人，自认为又不是啥领导，遇事喜欢商量着办，不愿意搞简单生硬那一套。他听郑鸿朋说得在理，就点头同意了。

县检察院接待他们的仍是上次合作过的张科长。冀英把二次造访的目的说了一下。张科长听后直呼简直不敢相信，律师竟然敢把检方的证人弄成辩方的证人了，而且还要为被告人出庭作证，这种事在他们这儿是不可想象的。因为律师没这么大胆儿，除非他不想在这一亩三分地混了。还有那个证人毛满仓，依他的意思上次就应当先把他拘了，什么时候案子判了再让他出去，保证服服帖帖地作证，也没现在的麻烦事了。冀英听了与祝嘉对视一笑，心想各地有各地的情况，无可厚非。张科长似乎知道冀英是怎么想的，跟着解释道：

“我们这儿地方小，执法环境就这样，跟村民讲民主法治什么的，他们听不懂，咱们的案子也没法儿办，不像你们大城市办案讲程序……”

话是这么说，可张科长配合工作没得挑。当他听说还要到村里找毛满仓时，主动提出他们科有一名干警的亲戚就住熊耳寨，可以通过这个亲戚帮忙打探一下毛满仓在不在村里？冀英觉得这样最好，但要注意别打草惊蛇。张科长说了一声“明白”，转身出去了。

祝嘉感慨这里的民风好淳朴。冀英也有同感，说正因为这样才有信心让毛满仓重回检方呢。郑鸿朋觉得不乐观，凭毛满仓出尔反尔就是个刁民表现。冬煜则认为这孩子充其量是个毛头小子，架不住外面的压力和诱惑，情有可原，工作肯定很难做，但是没有过不去的“火焰山”……

不一会儿，张科长回来了，把联系熊耳寨亲戚的事讲了一遍，让晚上听他回信儿。冀英为表示感谢，提出请张科长一起吃顿晚饭。张科长以晚上有约会为由婉拒了。

既然这样，冀英也不好再说什么，带人离开了县检，在附近一家宾馆办了两间入住手续。

晚上张科长打来了电话，说熊耳寨传来的消息是毛满仓有可能在村里，因为前两天有人见过他。并说明天他要参加检委会，就不陪着一块儿去了，有什么事随时联系。这下倒好，还没等冀英开口，人家先提出“不陪太子读书”了。

次日，冀英办案组一行直奔熊耳寨。一路上黑黝黝的柏油路替代了过去的坑洼土路，将美丽乡村建设成果展现得异常吸睛。路好车快，一个多小时以后警车开到了村边。冀英让把车停靠在一个不起眼的地方，四人下车徒步向毛家走去。

毛满仓的父母一年前曾在家里见过冀英他们，尽管老百姓打心里不愿意“官衣”来访，可人都进来了又不能给撵出去。再说还有当初冀英拦着没把毛满仓带走这一层，所以老两口至少在表面上非常热情，直劲儿地把大家往炕上让。郑鸿朋说他到外面抽烟去，实际上也有观察警戒的意思。

冀英也不客气带头上了炕，就像传说中的农村土改队似的，准备在老乡家的炕头上做思想工作。三个人围着一张小炕桌坐下，一边喝水一边和二位老人聊家常，聊着聊着话题就落到了毛满仓身上。毛满仓母亲说他去省城办事了，可能过几天才能回来。祝嘉问是不是有人到村里找过他。毛爸说来了一男一女，还在村里开的民宿住了几天才等到毛满仓，但不知道他们说些什么，毛满仓不让问，说人家是律师，没什么大事。

祝嘉利用女人温和的优势把这次前来的目的向二老讲述了一遍。冀英见话已挑明，补充道，如果毛满仓不把他看到的实情说出来，那个被打伤后来被车撞死的人就白死了，犯了法的人就没事了，那这个社会还有天理吗？祝嘉接着打出了同情牌，说，那个死了的小伙子和毛满仓一般大，在家里也是个独生子，到城里打工还不到半年就被人给害死了，他们的父母得多伤心呀？冬煜也见缝插针道，现在打人的凶手被抓住了，可有人为了钱还要救凶手，这不是昧良心吗？冀英见二位老人听进去了，又最后说了一句：



“毛满仓糊里糊涂地上了他们的当，是要坐牢的，那可太傻了，到时候后悔就来不及了……”

一席话听得毛满仓母亲眼泪都快出来了，脸上的皱纹涨得通红。毛满仓父亲说他们是老来得子，在毛满仓前面有三个姐姐，尽管一家人的生活不太富裕，可对毛满仓像宝贝疙瘩似的疼，现在听说儿子要招上麻烦怎么能不跟着着急上火呢。

毛满仓母亲问冀英：“你们上次来的时候毛满仓不是都说了吗，怎么还说他没说实话呀？”

“他上次说的是实话，可是自从律师找过他以后又变了，说和我们说的都是他自己瞎编的，您说让我们怎么相信他？”冀英回答。

“可他现在不在家让我们怎么办？”

“他一定和你们说的那两个律师在一起，因为律师向法院说毛满仓正等着为那个被判刑的人出庭作证呢，要真是那样就晚了。”

“那我们把他叫回来，你们再跟他说说，让他说实话不就完了吗？”

“行，我们到您这来就是这个意思，咱们得一块儿把毛满仓拉回来，别让他走了歪道。”

“我现在就给他打电话。”

“您别说我们在这儿，律师知道了该不让他回来了。”

“我就说我病了，让他赶紧回来……”

# 44

毛满仓母亲当下给儿子打了电话，说这几天有些不舒服，让他回来一趟带她去县里看看。毛满仓二话没说答应第二天赶回来。

冀英见找人的事有了眉目，赶紧谢过毛满仓母亲，决定也像之前来的律师一样住到村里的民宿不走了，明天一早再过来。





要说张超家重金聘请的两位律师的确够敬业。男的叫殷黎明，曾经是检察院辞职出来的刑辩高手。女的叫沈媛媛，政法大学老师做校外兼职。二人都正值年富力强，不知是聘费丰厚的利益驱动，还是看到本案有可辩之机，摆出一副定要二审改判张超无罪的架势，在关键证人毛满仓身上做足了功课，居然达到了证人“翻烙饼”并同意出庭作证的目的。

就在一切安排妥当，只等上演法庭反转大戏之时，毛满仓提出要回家陪母看病。殷律师问了一下主审法官的开庭时间，法官回复预计一周以后，具体时间另行通知。这样看来没有理由不放毛满仓，而且强留也不利于出庭效果，于是同意毛满仓快去快回。

沈律师心细，得知这一消息问殷黎明会不会情况有变？殷律师自认为一切尽在掌握之中，他说：

“检察官的特质是擅长法庭强势指控，习惯运用已经取得或者一审确认的证据，理所当然地否定变化后的证据效力，这种事儿在新刑诉法颁布之前屡见不鲜。但现在不行了，在证据裁判原则的强力推进中，疑罪从无理念已被逐步接受，在这样的背景下，如果检察官罔顾证据变化，依然在法庭上各说各话，并得到法官的支持，作出维持原判的裁定，那咱们就打申诉，打到最高检、最高法我也打，而且免费代理！”

沈律师似乎受到了“正义”感染，承诺，法院真敢这么判，她也跟着打到底！

两人达成了一致意见，殷黎明亲自驾车送毛满仓到火车站，不仅为毛满仓买了到家的火车票，还给毛满仓父母选购一些省城有特色的糕点食品，弄得毛满仓不知道怎么感谢才好。

临上车，殷律师再次嘱咐毛满仓，让他在这段时间只用给他买的新手机，原来的旧手机办停机算了，千万不要让检察院的人找到他。带老妈看病的事办完了就马上联系，开庭之前他开车去家里接他……毛满仓一一点头答应。

第二天上午，冀英独自溜达到毛家打探消息。毛满仓母亲说儿子已在返程路上，下火车再转乘汽车大约得晚上八点多到家。冀英提出想晚点儿过来见见毛满仓，免得他有其他想法。毛满仓母亲说最好让他一个人来，人多怕毛满仓抹不开面儿不好谈。冀英说没问题，等都谈通了再做笔录和录像也就顺畅了。

毛满仓归心似箭。虽然老妈在电话里说没什么大事，可他心里不踏实。经过十多小时的车程辗转，终于在天黑之前赶回了自己家。

两位老人见儿子回来了并没显得多高兴，反倒不知道怎么跟他解释叫他回来的真正原因。毛满仓母亲则一个劲地忙活着给儿子热晚饭。

毛满仓一开始也没多想，看到老妈身体没什么大碍挺高兴，一边吃着饭一边说他早就想回来了，因为那边没完事就多待了几天，过几天还要再去一趟。当毛满仓母亲问他是不是在给那两个律师办事才引起了他的怀疑，问："妈是怎么知道的？"

"这么说你真给他们办事去啦？我可听说他们是收了那个杀人犯家的大价钱才办这事的，你怎么能跟他们搅在一起？"毛满仓母亲问。

"我的事您甭管！"毛满仓气哼哼地说。

"我是不想管，到时候让你去坐大牢，看有人管没人管你！"

"您这是听谁说的？！"

"甭管我听谁说的，我和你爸就知道让你说瞎话的人不是好人！咱们都是正经人家，昧良心的事咱们不能干……"

毛满仓母亲把从冀英那儿听到的道理对毛满仓唠唠叨叨地说了好多遍。

毛满仓还真是个孝子，虽然听着烦，仍然硬着头皮听，也没说啥反驳的话。可听着听着觉着有些话不像他妈说的，忽然明白了什么，问："是不是检察官到咱家来过？"

"不是来过，是根本就没走！"

"啊？"毛满仓撂下饭碗下意识地看了看家里，有点儿发蒙。

"你就踏实吃饭吧，人家冀检察官可是好人，不会拿你怎么样的。"毛满仓母亲又给毛满仓盛了一碗饭。

"他们也住村里了？"

"对。人家住村里可是先到家里见你不在才住下来的。不像那两个律师，都没敢到咱家来。"

"人家跟我谈事是我不让他们到家里来的。"

"不是说见不得人的事吧？"

"妈您说什么呢！"

"我告诉你，我这次打电话叫你回来根本不是我生病了，就是为了让你跟冀检察官见面好好谈谈，千万别上了坏人的当，到时候把你卖了还帮人数钱呢！"

"妈您可真行！"

"行不行就这么着了。你妈我也是个老党员了，这件事谁是谁非我还分得清，你听我的没错。"

这时"吱扭"一声门开了。冀英手里提着一兜水果进来，笑道："对呀，我们都应当听大妈的，一准没错！"毛满仓妈见冀英来了赶紧把炕桌上的碗筷收了，让冀英上炕。冀英脱鞋坐在了毛满仓对面，毛满仓想避也避不开了。

冀英见毛满仓一脸窘迫的样子，调侃道："这是到了你家，我都不紧张，你紧张什么呀？早就听说你是个大孝子，果然见识了，一听说老妈有病就往回赶，就冲这我也没白等你！"

"可是你们不能拿这样的理由骗我回来呀！"

"抱歉，抱歉！"

"这是我说的，跟冀检察官可没关系。"毛满仓母亲替冀英解围道。

"虽然不是我让大妈这么说的，可大妈这么说了我也没反对，我也有责任，应该向你道歉。"

“这事算了，这么晚找我有什么事？要是还让我作证的事我可没什么说的，就是拘留我也这么说，我什么都没看见！”

“你这孩子能不能好好说话，冀检察官是咱们家的客人！”毛满仓父亲说毛满仓。

“没关系，今天晚上既然见了面就敞开聊聊，有什么心里话都可以说，不算正式问话，一不做笔录，二不做录音，你看怎么样？”

“做不做笔录我也是这话，什么都没看见。”

“那我可得当着大叔大妈的面说一句，这话在这儿说行，要真到法庭上说那等着你的就是手铐，这可不是吓唬你！”

“手铐就手铐，坐牢我认了！”

“你认可以，可二位老人怎么办，你想过吗？！再者说，你为了凶手坐牢，是哥们儿义气还是英雄呀，传出去也不怕人笑话？！”

“哥们儿义气不存在，我和他又不认识。”

“这就对了嘛，你和他不认识却甘愿为他出庭作假证明，让他逃避法律的制裁，你图什么呢？只有一种解释，就是你收了他们的好处？！”

“好处我没收，就给我买了一个手机，还是为了不让你们找到我才换的号……”毛满仓一着急把实话说出来了。

冀英一看毛满仓的态度有缓，连忙一语双关地对毛满仓父母说：“你们可别跟着着急，有我呢，绝不能让毛满仓上他们的当。”

“是呀，我们就相信你。”毛满仓母亲说。

“光信我不行，咱们都得相信事实。如果事儿是假的，我们做检察官的绝不能让毛满仓往真了说。相反，如果事儿是真的，甭管是什么人都不能往假了说。先把法律放一边，就说做人吧，诚实守信是做人的基本道理，从小父母不都是这么教我们的吗？”

毛满仓低头不语。

冀英抓紧展开攻势，说：“人到什么时候都不能说假话，尤其在事关司法这件事上，说了假话可能就要承担后果。而且作为一个正直的人，光不说假话还不行，还要敢于说真话，敢于为了正义而出头，特别是身为男人，得有点儿豁得出去的劲头，不能一遇到压力或者诱惑就改主意，把自己的良心给卖了，那样的话不仅对不起自己，也对不起父母，更对不起这个社会！”

“哎，你们让我这么说，他们让我那么说，我该怎么办呢？”

“很简单，谁让你说真话，谁就是对的，这难吗？！”

“有时候说真话比说假话还难呢。我说了真话就会有人坐牢，不说人家就没事了，咱一个小老百姓惹得起谁呀？”

“该坐牢的人是因为他犯了法，而不是因为你说了实话。你不说实话，那你也犯了法，把你也搭进去了。最关键的是，你说假话包庇犯了法的人，那死者的冤屈谁来伸张？如果都这样，事不关己就躲一边，将来有一天你也遇上了被恶人伤害的事，别人也都视而不见，我们检察官也没法儿给你主持公道，你又会怎么想！那不就乱了吗？”

“我知道您说的这些都在理，我也明白，可我的确有难处。殷律师拿着张超的判决书让我看，上面写着我对你们说的话‘我看见胖子（张超）把人打倒了，和另一个人把他弄到马路中间了’。律师说因为我这么作证，所以张超才被法院判了十二年。人家梁巍跟张超在一起都没指认，怎么证明我说的就是真的，如果张超被冤枉了，将来服刑出来找我怎么办？我当时特别害怕……”

“这是典型的威胁呀！使证人感受到压力而不如实作证，这种行为已经涉嫌妨害证人作证罪了。”

“有一点我不明白，那个梁巍和张超是一伙的，他最清楚张超参与没参与打人和抬人的事，可他没说就没事，我不说怎么就构成伪证罪，就得坐牢呢，我招谁惹谁了？”

“这个问题我一说你就明白了。”冀英喝了一口水，道，“你和梁巍在这起案件中的身份不一样，梁巍和张超是共同犯罪的当事人，而你是证人。梁巍指认张超参与犯罪是供述他本人事实的一部分，他如果指认了说明他态度好，量刑时可以考虑从轻。他不指认，仍然可以按照证据定罪，只不过没有从轻条件了。再说张超吧，他自始至终也没供认过自己打人、抬人的行为，可结果怎么样，还不是照样判他的刑吗？这都是按照法律规定办的。对于证人而言，法律也规定每个公民都有如实作证的义务，不如实作证就触犯了这条法律。”

“我说没看见张超干什么就是不如实作证啦？”

“第一，你说没看见，是不是如实作证你心里最清楚；第二，事实证明你在说谎。有现场邻居证明当时是一个打，一个跑，之后是两个人把被打倒地的人拖到马路中间的。这在判决书上也写着，律师怎么没让你看呢？你当时在现场，可你却说什么都没看见，法院信你还是信邻居的呢？还有一点，你从最开始就说过你看到了什么，中间有反复，显然是受到了外部因素影响。而且你还说了我们之前不掌握的张超用灭火器砸死者的情节，这个事实也得到了死者伤情鉴定的印证。你说哪个真哪个假，我们还分不清吗？所以，既然你已经说过实情了，即使再推翻也得有说得过去的理由，你一句‘都是瞎编的’没道理呀，为什么要瞎编呢？经不起任何推敲，最后只能证明你有意干扰法律，公然为犯罪分子作假证明，不追究你追究谁呀……”冀英耐心细致地做着劝导工作，一点儿也不着急。

“你说你这孩子傻不傻，你包庇那个凶手干什么，他和你是什么关系呀？！”毛满仓母亲在一旁倒沉不住气了。

“您说我该怎么办，我都给人家出证明了？”

“那没事儿，你不是要出庭作证吗，只要你在法庭上不说假话，把你看到的真实情况说出来就行了。”

“让我当面说看到张超打架和拖人的事，我可不敢。我听我们饭馆老板说张超他们家很有背景，他爸是当地派出所所长，有很多大老板朋友，据说有的和黑社会有关系。我要是在法庭上直说了，还能回得了家吗。我可不愿意出庭作证。”

冀英一想毛满仓说的也可以理解。我们现在的证人保护制度确实很薄弱，加之人情社会现象由来已久，强制证人出庭效果不好，不如先采取一种退而求其次的方法，于是就说：

“你不出庭可以，我们尊重你的意愿，但是你的证词明天我们还要重新再录一遍，你看怎么样？”

“没问题，我明天上午在家等你们。这回打死我哪儿都不去了。”

“好，咱们一言为定，明天见！”

冀英告别了毛满仓一家人往回走，没多远看见有三个人影朝自己这边走过来，根据个头高矮和走路姿势判断，应当是祝嘉、郑鸿朋和冬煜。走近了一看，果然不出所料。

郑鸿朋第一个过来说：“您可真行，去了三个多小时了，祝嘉和冬煜都有点儿不放心了，叫我出来一块儿迎迎。”“就是呀，这都晚上10点多了，到底谈得怎么样啊？”祝嘉着急地问。

冀英回答：“还能怎么样，肯定是拿下呗。明天去他们家录口供……”

“太好了！我就说嘛，那么多难啃的骨头冀老师都啃下来了，何况一个乳臭未干的毛满仓乎？”冬煜由衷地赞叹道。

“看来冀老师‘零口供专家’的称号不是浪得虚名的，一人炕头上单挑翻转证人，漂亮！往后您可得多教教我。”郑鸿朋凑到冀英身边说。

“我觉得不光是教的事，关键是悟……”祝嘉挨着冀英的另一边，像是对郑鸿朋说，也像对自己说。

“今天先不谈工作了。”

冀英仰着头若有所思，道：“你们发现没有，这儿的夜色很美。一弯明月，宁静幽蓝，白树成林，真有种‘皎皎白林秋，微微翠山静’的感觉！”

祝嘉曾是本省的文科高考状元，对冀英的诗意抒发不禁为之一动，立刻跟了一句：“远山流水，万虫鼓噪，阵阵秋凉，恰一番‘风泉夜声杂，月露宵光冷’的意境……”

说到这儿，不得不提及一段祝嘉与冀英之间的私密“佳话”。那是十七八年前的事了，当时她二十多岁，他三十多岁，两人正值青春年华，又都是单身。

二人的交集是祝嘉来省院实习，跟的师傅就是冀英。由于生活阅历不同及其性格上的互补，使他俩之间在各方面都很聊得来，工作之余私人关系走得也比较近。冀英倾心祝嘉年轻漂亮和直白豪爽的性格，时间长了难免滋生出“在一起”的非分之想。都说女人的感觉像雷达，对冀英的“企图”，祝嘉是有察觉的，可令她举棋不定的是并不清楚自己是不是爱他。她喜欢他的成熟帅气和才华，但能否成为恋人，内心一直没有明确答案。有一天，她把自己的烦恼跟她当中学老师的母亲说了，顿时引起了一场轩然大波。她母亲明确表态不支持，自己的女儿这么优秀怎么可能嫁给一个年龄又大，又离过婚，还带着个孩子的人呢？而且无职无权的，要是个省院的副检察长还差不多……至此将这件事打住，好在谁也没捅破这层窗户纸。此后不久，祝嘉实习期满返回了市院，没过一年，就嫁给了一个在大学期间追过她的学长，据说是个官二代。她们的婚礼冀英应邀参加了，那天他饱尝了一次“你的美丽我的平凡，只能默默走开”的神伤……一晃眼多年过去了，随后发生了冀英被调查事件。祝嘉在星州市院听说后，不顾被粘包的风险，在一般人避之不及的情况下，经常下班独自开车去见冀英，陪他一起吃饭、聊天、倾诉。有一次冀英喝多了，是她把冀英送回家的……

其实，彼时的祝嘉已经离婚了，而且也决意嫁给冀英，可她想绷绷再说，反正这么多年都过去了，也不在这一时半会儿。结果这一等就等出了岔子，远纺毫无征兆地“杀了过来”，在好友舒唯艺的助推下，义无反顾地与冀英走到了一起，从此断了她和冀英之间的牵绊。

落叶知秋，情谊如酒，弹指间时光再飞度。没想到祝嘉这次又选调回了省院。

对于她的工作变动，对外周知的是人往高处走的常情规律，对内只有她本人知道还有段莫名的情缘未了。冀英对祝嘉的婚变信息至今一无所知，自认为双方都有了稳定的家庭，其他也就往事随风了。但是，人非草木，每当二人近距离接触时，深藏心底的那份温柔就会时不时地隐现，很难做到彻底的尘封遗忘……

冬煜羡慕二人的文采和诗性，凑趣地说：“你俩可以回去写一篇抒情散文了！”

“那就再加上一点儿遐想。”冀英道，“在茫茫人海中，此时此刻，是什么力量让我们四人聚集在这浅山月色之中，一起漫步、畅谈，分享这份宁静与美好。多年以后，当我们回忆起今天的情景，能给我们留下什么样的记忆和感受呢？”

“先说你的感受是什么？”祝嘉问。

“我嘛，应当是感动！”

“就两个字呀？”冬煜道。

“再加两个字‘惆怅’，若隐若无的惆怅。”

“为什么是惆怅呢？不像您这个年龄段的人该有的情绪呀？”郑鸿朋不解道。

“这你就不懂了，像我这个年龄段的人才更容易多愁善感呢。”

“我理解，大叔的感情是最具杀伤力的。冀老师您可别介意，我的小伙伴里有好几个是您的迷妹呢，哈哈哈……”冬煜大笑着说。

“我不介意，我女儿也老这么‘夸’我，说明我还没那么老。可是既然是‘叔’，就不应当是‘妹’呀，辈分不对吗？”

“现如今，她们这代人是没有明确的年龄、辈分之分的，只管‘迷’就行！”祝嘉也跟着起哄。

“那‘迷’和‘爱’是一回事吗？”郑鸿朋问得很认真。

“你这个大老土，‘迷’更多的是崇拜，带有单一、盲目和狂热性，与‘爱’没有直接关系。但它却是‘爱’的前奏，能不能过渡或转换，那就要看缘分和发展了。”冬煜像个网语扫盲员。

“哈哈哈！有道理，有道理！迷‘妹’挺好！”祝嘉似有感触地说。

冀英话锋一转：“一想到明天就要返程，这个地方、这样的情景，何时才能再来？恐怕将来旅游也没有这样的机会了。就像人生旅途，永远是那么行色匆匆，一去不复返。尤其美好的时光，更显得格外短暂，让人不忍离去……”

“说得好！”祝嘉总结似地抒发道：“美好和短暂，消逝与眷恋，诗意中带着惆怅，确实很感动！”

“你俩可真够浪漫的！”郑鸿朋妒忌道，“祝嘉才来几天呀，不仅工作配合得默契，就连人生感悟都相辅相成！”

“你才知道呀，我都‘羡慕嫉妒恨’啦！”冬煜说。

“你这丫头，我还羡慕你呢，年轻、直率、真诚……”

祝嘉见前面的路变窄了，一边说着，一边用右手挽住了冀英的左臂。

他们两人在前，两人在后，夜幕下，深一脚浅一脚地向租住的民宿走去。

# 45

第二天，冀英带办案组人员在毛满仓家忙乎了一上午。询问做笔录、架机器同步录音录像，整个过程进行得相当顺利。

毛满仓的态度很稳定，作证的内容不仅又回到了指认张超“打人、拖人”的事实上来，还把这次翻证的原因说得很清楚，主要是律师送手机给好处和拿判决书向他施压两个因素。最后，毛满仓把律师送他的那部苹果手机交到冀英手上，说：“这是他们给我买的，花了七千多块，太贵重了，我上交。如果他们打这个手机联系我，你们接听到就说给没收了，这样我也有理由不见他们了。”

冀英拿过手机让冬煜给毛满仓开了扣押物品清单，道：“也好，等案子结束以后，这部手机怎么处理由法院定。现在你还用原来的手机号，开庭之前有什么事我们随时联系你。”

毛满仓问：“他们再到村里找我怎么办？”

冀英说：“我回去会让法院通知他们不要再干扰控方证人，否则将以妨害作证罪追究他们。你这儿能不见就不见，实在躲不过去就往我们身上推，说检察官不让你见他们。”

毛满仓说：“行。”

从毛满仓家出来以后，冀英又单独嘱咐毛满仓，说咱不怕不等于不防。尤其在开庭前这些天，弄不好还会有人找他，让他最好到亲戚家避一避，免得节外生枝。毛满仓点头答应，说他先住朋友家。

省高法收到省检察院移送的毛满仓最新证言和录像光盘后，三名合议庭成员讨论认为，检、辩双方各拿一份同一证人内容截然相反的材料，属于关键证据上的一对一。尤其在同案犯梁巍对张超是否参与犯罪保持沉默的情况下，更加凸显毛满仓证言效力的不可或缺性。欲辨真伪，唯一的办法就是让证人出庭作证，通过庭审达到“审在法庭，定在法庭”的改革要求，以示司法公正。

得到法官的通知冀英却犯了难。已经答应毛满仓不出庭，现在要出尔反尔，这工作怎么做呀？他想不明白，过去那么多年，证人不出庭，案子不是照样判了吗。现在虽然是改革要求，但也得分情况落实证人出庭的问题。如果“一刀切”，在违背证人意愿的前提下，一味追求形式正义，就是把证人拘来了，他在法庭上什么都不说，还不是不能达到指证犯罪的目的，结果放纵了被告人，这样的判决能说客观公正吗？

可是说归说，理归理，既然法官提出来了，检察官又不能不支持，啥叫以审判为中心呀。再说了，一旦你提出办不了，律师就有说辞了，证据采信的天平可能就会倒向辩方。所以再难咬牙也得办，而且还必须得办成，目的就一个，绝不能让犯罪的人得逞，否则就是失职！想到这儿，冀英对祝嘉和郑鸿朋说：“不就是让证人出庭作证吗，这事我应了！”




“可是您想过吗，律师让毛满仓出庭是不得罪人的，而我们让他出庭必然得罪被告人和他的家属，一个没压力，一个有压力，不一样啊？再说了，如果毛满仓真出点儿意外，咱们保护得了他吗？”祝嘉心有余悸地说。

“没事，我保护他，不就开庭这几天吗？”郑鸿朋道。

“没那么严重吧？我倒有个主意你们看行不行？”冀英突发奇想，“法院不是要求证人出庭吗，考虑到毛满仓家到省高法路途遥远和安全问题，我们建议省高法到毛满仓所在地的县法院去开庭，这样问题就都解决了。”

“您这个主意好是好，就怕法官不同意。”郑鸿朋说。

“这事由我和他们沟通。那个地方咱们和律师都去过，而且不止一次，法官为什么就不能去一次呢？他们不是主张程序正义吗，这就是最好的实践。”

祝嘉欢呼这是个好主意，既解决了证人出庭问题，也排除了各种后顾之忧，还有利于做通毛满仓的工作，三全其美。

由于开庭时间紧迫，冀英与主审法官强思明一沟通，他当即表示同意，说只要毛满仓愿意出庭作证，就可以随时通知辩护人，三方一起出差永宁县法院，专审证人毛满仓，辨证言真伪定案。真，则张超原审罪名成立；反之，证据不足无罪。

冀英拍胸脯道，没问题，让法院等他消息。

关于再赴熊耳寨说服毛满仓出庭一事，祝嘉请缨愿意带着冬煜走一趟。她说这次前去不涉及证言内容问题，只是程序性工作，完全有信心完成任务，一旦做通毛满仓工作，马上向冀英汇报。

冀英想了想，觉得祝嘉是有办案权的员额检察官，业务能力没问题，只是让两个女同志深入偏远山区到证人家做工作可能存在一定安全隐患，于是指派郑鸿朋同去保驾护航。临行前，冀英叮嘱大家，路上注意安全，工作随机应变，千万不要与毛满仓闹僵，如遇什么麻烦随时电话联系……

祝嘉开始并没把这趟差太当回事，毕竟自己也办了十多年案件，什么样的人没见过，不就是一个毛满仓出庭的事吗，应当在拿捏之中。可是偏偏一上阵就掉链子，毛满仓拒不配合。无论她和郑鸿朋怎样晓之以理、动之以情，毛满仓的回复就一个字“不”，不仅省城不来，永宁也不去，除非用警车把他押去！还说检察官不讲信誉，之前答应他可以不出庭，现在又反悔了，拿他当猴耍，他要见冀英……

实在没辙了，祝嘉只好给冀英打电话说明情况。冀英听了以后让祝嘉把手机交给毛满仓，他要直接和毛满仓通话。毛满仓接过手机又要起了那股浑劲儿，说让他出庭也可以，他就说什么也没看见，让冀英看着办……

冀英经过几次接触毛满仓，认为他就是个孩子脾气，情绪说变就变，特别容易感情冲动，正因为这样，他对这个毛头小子的话并不往心里去。说到底证人是无辜的，他们因司法而付出，虽然是义务，但将心比心，这个义务给他们带来的麻烦和影响很多时候是一般人难以承受的。前不久《法制日报》刊登了一篇《一个流浪证人的真实故事》的文章，讲述的就是一个证人因为作证而遭到罪犯家属的不理解和报复，致使这名证人在向司法机关求救无效的情况下，关闭了自己经营多年的店铺，深夜带着妻儿老小远逃他乡的真实案例。这里面涉及的各类问题很多，如法治环境现状、社会风尚国情、证人保护制度等，在诸多理念滞后、措施缺位的前提下，证人如实作证已属不易，如果不顾及具体情况，强推证人出庭制度，看似是一场畅快淋漓的司法进步，实则可能犯了不实事求是的冒进错误，付出的不仅是证人背离，还有公信力缺失的代价。这并非危言耸听，只不过因司法站位不同使得从中获利方乐得“一叶障目”罢了。

冀英听着手机脑子想着其他事，直到毛满仓发泄完了，他才开始说话。说什么呢？冀英琢磨了一下，还是得先打感情牌，否则再明白的道理他也听不进去。

“兄弟说完了吗？说完了现在听老哥跟你说，如果我说的你还不能接受，那我向法院推了，咱就不出庭了，案子他们爱怎么判怎么判，不管了，反正我尽到职责，你也尽到义务了，你看行不行？”

“你说吧，我听着呢。”

冀英心想，只要你肯听就行，不信说不服你。“在说之前我得先向你道歉，是我答应你不出庭的，现在又反悔了，弄得我都不好意思见你，才让他们去跟你谈的，抱歉抱歉呀！”

“这不是法院定的吗，跟你没关系。”

“是法院定的，可我也没顶住呀。我是担心让你到省城来开庭可能有些人对你不利，才出了这么一个到你老家县法院开庭的主意，没想到在这边你还这么有顾虑，害怕他们报复……”冀英含蓄地用了一点儿激将法。

“怕倒没什么可怕的，关键是我不愿意当着张超的面说他的事。背后你们非得让我说，那我是没办法，别人也好理解。如果在法庭上让我直接说，我确实有压力，因为这牵扯到人家坐牢呀。再说了梁巍和他一块干的都不说，凭什么非让我说呢？”

“我明白了，你看这样好不好？我建议法院不带张超过来开庭，而且他们家人也不让来，就我们和律师来，这样应当就没问题了。”

“这样还差不多。不过我们这儿有一个风俗，去法院打官司就没好事。既然其他人都不过来，能不能不去法院，你们到我家来行不行啊？”

“我看可以。一会儿我就给法院打电话，如果他们不同意，这个庭我替你做主，不出了。做不到这点，我就不配让你们全家人说对我信任，你听我回话吧！”

冀英干净利索地答应毛满仓的要求，原因有二：一是不带被告人来永宁县法院本身就是与法院定好的，剩下的到哪儿开庭还不都一样，只要能达到法官当面询问毛满仓的目的就行呗；二是根据刑诉法规定，询问证人地点应当尊重证人意愿原则，既然毛满仓提出到他家方便，法院应当没有不同意的道理。

省高法接到冀英变换开庭地址的电话，经过合议庭三人商议认为于法有据，在表示同意的同时，决定次日成行。

冀英赶紧把信息反馈给毛满仓，并告知祝嘉做好相应的准备，就在原地等他和法院人员一起过来。

司改以后，单位的公车基本上都分到了各部门自行管理。冀英所在的第二检察部共分配了三部警车，其中一辆已被祝嘉和郑鸿朋开走，另外两辆也因有其他人预定而无车可用，冀英只好打报告向院里申请派车求援。由于涉及外埠出差，须经副检察长一级领导审批。柳长鸣副检察长与主管服务中心的副检察长分别在用车单上签了字，再由杨红君主任与法警队具体协调，指派一名经验丰富的法警司机驾车与冀英同往。

下午，杨红君带着冀英到柳长鸣办公室详细汇报了一下梁巍、张超一案的二审办理情况和本次出差目的。柳检听后指示道，鉴于这起案件拔出萝卜带出泥，不仅追加了一名遗漏的同案犯，还把市检的麻鹏举副检察长也牵进去了，因而各方面的关注度是可想而知的。他要求一定要实事求是，把证据办扎实，不枉不纵，客观公正，尊重并配合省高法的开庭方案，力争圆满完成这次关键的出差任务。杨红君说，她在省高法刑庭工作了二十多年，还从未听说过法检辩三方一起到证人家开庭的事，足见改革使然。她提出要见证一下这样的历史性时刻，明天陪冀英一起过去，不为别的，只为亲历……

第二天早八点，按照与法院约好的汇合地，三方分别出发，计划下午五点前赶到熊耳寨村毛满仓家。对于这趟远赴省外的证人争夺战，彭森审判长与主审法官强思明的心态都是比较轻松的，他们只要秉持居中原则，控制好检辩双方“华山论剑”的节奏就好。相比之下，冀英和殷黎明就不同了，因为此一战后必定分出一个输家，且难以把控的又都是第三人，所以各自的压力是显而易见的。

省检这边，冀英和杨红君乘坐法警孝岩驾驶的警车从单位出发，一路警灯闪烁，见车超车，不到中午十二点就赶了三百多公里车程，在出高速的最后一个服务区吃完午饭往外走，恰巧遇到省高法和律师的车先后开了进来。

出于避嫌，彭森等人下车分别与杨主任和冀英打了招呼，就带人先去吃饭了。殷黎明和冀英也是业内的老熟人，在这种场合只是礼貌性地握了握手。冀英说他们已经吃过饭了，接下来还有两个多小时的山路要走，下午在熊耳寨见。殷律师让冀英注意安全别急着赶路，争取今天把庭开了就行。随后冀英和杨主任坐车离开服务区。

俗话说山里的天，小孩的脸，说变就变。检察院的警车驶出高速进山不到半小时，刚刚还是天高云淡、万里无云，转眼间淅沥沥地下起了小雨，之后又变成了雨夹雪。雪花夹杂着雨滴打在汽车前风挡上，迅速被雨刷器刮落到两边，紧接着又被重新覆盖了一遍，雨刷器的节奏仿佛赶不上雨雪倾下的速度，使得驾车人的视线总有那么一刻是被蒙雾遮挡的感觉，然后才又清晰起来。

法警孝岩在部队就是汽车兵，各种险情遇到过不少，对眼前这点儿雨雪湿滑的山路并没在意，但车速却不得不降到了每小时六十公里以下。

冀英嘱咐他安全第一，咱们到不了，他们也到不了，不行还有明天呢。孝岩点头答应，车速放得更慢了些。

正当警车开到山上几处急弯路段时，一辆大卡车从某岔道上疾驰过来，紧跟在警车后面试图超车。孝岩从后视镜看到这种情况不具备让车条件，因而继续正常行驶。谁料大卡车突然加速强行内线超车，孝岩急忙点刹车尽最大限度地靠右躲闪，哪知大卡车在擦着警车左侧冲过的一瞬间，猛地向右打轮把警车别到了路边悬崖，眼见有翻落山下的危险。在此千钧一发之际，孝岩本能地拼命左打方向盘，即使撞山也不能掉崖的闪念动作，霎时造成警车失控，一头撞到了山脚下方的岩石上，巨大的惯性冲击与离心力把警车掀了个底朝天，孝岩和车上的人顷刻间失去了知觉……

十多分钟以后，省高法的警车路经事发地见有受阻车辆和围观人员，经司机下车查看是检察院的车出事了。几位法官被惊得目瞪口呆，在得知有人已经打了120和110报警电话后，立即对现场进行了相关拍照、录像和必要检查，随即展开对三名伤者的救援。彭森见副驾驶位置的冀英头部仍在滴血，但眼睛已经睁开了。后排座的杨主任向车外伸出一只手，表示她还活着。只有法警没有任何反应，处于昏迷状态。彭森问冀英，感觉怎么样，能说话吗？冀英示意还能忍受。经过综合伤情分析，彭森提出先想办法把身体能动的杨主任解救出去。这时司机小黄从自己车里拿过一把水果刀来，说得先把杨主任身上的安全带割开，再看情况往外弄。彭森同意，接过水果刀对准安全带，铆足劲儿，三下五除二便割断了安全带，然后让杨红君慢慢双手扒着车里的东西试着往外爬，在感觉不特别疼的情况下，车外的人再帮助往外拽，目的是不能造成二次伤害。看来彭森的判断没错，由于杨红君坐在后排副驾驶后面又系着安全带，所以她是三人中受伤最轻的。经过几分钟的奋力挪移，杨红君终于爬出了半个身子，但是腿部仿佛不敢吃力。这时彭森和强思明一边一个将杨红君上半身抬离地面，终于将整个人救了出来。女书记员赶紧从车里拿出一件大衣给杨主任盖在身上。

在法官救援杨红君的时候，冀英在车里喊醒了孝岩，让他一定要坚持到救护车的到来。孝岩仅微微睁了一下眼睛，就又闭上了。因为车头左侧剧烈撞山导致发动机后移，将孝岩的上身挤在了驾驶座与方向盘之间，造成严重的胸部内伤而暂时处于休克状态。冀英的副驾驶位置受力稍轻且没有方向盘挤压，因而除了左肋和小腿部分伤痛以外，其他都是皮外伤，于是也在彭森等人的全力帮助下从车里爬了出来。对于孝岩的救助，考虑到他的伤情和被卡状况，彭森建议大家暂时先别动手，最好等医护人员来了以后进行专业施救。

幸好这条乡村联建的公路过往车辆不多，前后只堵了四五辆车，有些小车在现场人的指挥下，擦着路外端的小树缓慢蹭过去了，其他路段仍然保持着畅通。

终于，由远到近，大家听到了一阵紧似一阵的救护车鸣笛声。人类的情感反应往往具有相对性，对于同样一种声音，当与己无关时听了不会太在意，而此时此刻，这声音却成了现场人员的生命祈盼，仿佛连刺耳的旋律都变得美妙了。因为，它让人们看到了希望！

在永宁县医院的急诊室里，各科医生对孝岩、冀英和杨红君的伤情分别进行了会诊，经过各项针对性检查作出的初步诊断：杨红君左臂骨折，全身皮肤性挫伤；冀英右小腿粉碎性骨折，左肋三根骨折，未伤及内脏，全身多处软组织及头皮挫裂伤，轻度脑震荡；孝岩双肋肋骨骨折，致脾破裂，颅内大面积出血，视网膜损伤……根据三人的病情，县医院决定杨红君、冀英本院留观治疗；孝岩立即转送省医院抢救。

冀英得知孝岩要送省医院，请求护士把他推到孝岩的抢救室。二人躺在病床上见面恍如隔世，冀英对孝岩说：“可能是我害了你……”孝岩张嘴想说什么却说不出来，只轻轻地摇了摇头。

这时两个医护人员把孝岩从病床换到担架上，推进救护车风驰电掣般地开走了……

# 十一

# 烛光之下

# 46

检察院警车在出差途中遭遇重大车祸的消息迅速被汇报至检、法领导及辩方委托人。

柳长鸣接到杨红君打来的电话，第一时间向一把手进行了汇报。经过紧急磋商，省检组建了一个由柳长鸣牵头的事故调查组，定于次日出发赶往永宁县医院及邻省人民医院分别对伤者杨红君、冀英及孝岩进行探视，并就有关事项协助公安调查。

经过一天的检查治疗和医学观察，杨红君和冀英两人的伤情已经趋于稳定。尤其杨红君主要伤在左臂，各项活动基本不受影响。柳长鸣专案组来了以后，主要由杨红君介绍情况，说公安人员在昨晚已就事故经过做了笔录，其他调查还在进行中。冀英的情况看上去比较吓人，头上几乎缠满了绷带，腰部、腿部都打上了固定夹具，躺在床上动弹不得，唯有思路表达仍很清晰。柳长鸣坐在冀英病床边上，眼圈湿润地说："现在什么都别想了，一定要把自己的身体照顾好……"随后带人赶往省医院看望伤情更重的孝岩去了。

祝嘉和郑鸿朋在昨天晚上就接到了冀英来电，当获知他们发生车祸以后要求马上开车过来，被冀英拦下了，嘱咐他们要做的就一件事，在村里盯好毛满仓，一切等他的消息再说。

紧接着冀英也给毛满仓打了电话，说车在路上出了点儿事故，受了些外伤正在县医院治疗。法院人员和律师也都住在了县城酒店，估计得耽误两三天才能一起去熊耳寨找他，让他暂时待在村里先别外出。不知为什么，毛满仓这次啥话也没说，还回了一句挺暖心的话，让冀英安心养伤。

省高法的领导在车祸现场时就得到了彭森法官的汇报，倍感震惊之余，指示几名法官暂时不要着急回来，尽可能为受伤的检察官提供帮助，过两天视情况再决定下一步工作。

殷黎明和沈媛媛两位律师同样路经了车祸现场，对于两位检察官在县医院接受救治，以及一名法警生命垂危转院的情况都看在眼里，因此也非常配合法官的工作安排，同意再在永宁县多住两天，毕竟发生了这样的事谁也不愿意看到。同时他们把这边发生的事通报给了委托人张超的父亲张炳坤。因为他也在等待着质询证人的消息。

如此这般，三天时间过去了。杨红君和冀英的伤情基本得到了控制，但康复还需要一段相当长的时间。冀英深知大家都聚在永宁是在等他，否则早就打道回府了。就他本人而言，他是绝对不想就这么半途而废的，那样有些人的阴谋或阳谋就都得逞了。于是他咬牙试着动了动，然后双手扶着病床下了地，在一条伤腿不吃力的情况下，慢慢地绕着床边走动了几步，虽然一阵肋部剧痛使他险些跌倒，但当站稳以后，觉得还能坚持。第四天一早，冀英向护士借了一双拐杖，先自己下地站稳，两臂拄拐走了走，就让护士带他去了医生办公室。



郝医生是县医院的一把刀，外科主任。他见冀英不请自来有些不高兴，批评冀英："谁让你下床的，不知道伤筋动骨一百天吗？"

冀英笑着辩解道："您不还说能动也得动动嘛，不然不利于恢复，老躺着肠子都该粘连了。"

"那也没有三天就下地的，赶紧回去！"郝医生严厉地说。

"我有要事跟您商量，说完马上回去……"

不等郝医生让，冀英找了把椅子坐下了，一边用手擦着额头疼出的汗，一边把这次法官、检察官和律师一起来本地的任务和必要性说了一遍。郝医生听了表示可以理解，建议让受伤较轻的女检察官和他们一起去，没必要冀英带重伤工作，得不偿失，身体是自己的，地球离了谁都转。冀英道，凡事都有相对和绝对，比如针对外科创伤的重病号，在县医院郝医生主刀才最合适。司法办案也是一个道理，有的当事人就认一个人，换了其他人他就不配合，案子办不下去影响的是司法公正。再说了，这个时候不露面，可能会引起证人很多猜测，甚至认为他死了都有可能，谁也不知道现在外面是怎么传的。因为这起车祸本身就很值得怀疑，是不是有人刻意阻止也不好说，所以只要他能动就一定得去，否则对方的意图就得逞了。绝不能让一个犯罪的人逃避法律的制裁，这是他的职责。如果连检察官都退却了，还能指望证人站出来指证犯罪吗……

还甭说，冀英的一番话还真把郝医生说动了，问冀英打算什么时候去熊耳寨？冀英说最好就今天，这么多人在这儿不能再等了。郝医生说他上午还有个手术，只能下午，下午由医院派救护车，他跟着一块儿去，千万不能让伤口开裂。冀英说这样是不是动静太大了，再把人吓着？郝医生说只能按他说的办，要不一切后果自负……

冀英回到病房及时把下午的计划跟杨主任说了。杨红君担心冀英的身体吃不消，冀英说郝医生都开临时出院单了，没啥大问题。既然这样，杨红君也不好再说什么，马上给彭森打电话说明具体情况。

郝医生因为手术过程不太顺利，下手术台就已经下午四点多了。他本想提出行动改在明天，可一见检、法、辩的人全都齐刷刷地在楼下等他，冀英也被抬到了救护车里，索性就今天了。于是他水都没顾上喝一口就上了救护车，随后车队启动向熊耳寨村驶去。

在救护车里，冀英对郝医生说，可不可以让护士把他头上的绷带简化一下，别把证人吓着。再就是下车以后，让他拄着拐自己走进去，尽可能形象好一些，因为一会儿还要和证人质证跟律师辩论呢。郝医生答应没问题，转头对车上的杨红君说："你们这位检察官真是太拼了，要不是被他感动，我才不会站了六七个小时的手术台还陪他到证人家里开庭呢？只可惜这样人在各行各业都是屈指可数……"

几十公里的车程，车队到达熊耳寨已是天色将晚，日落夕阳。

祝嘉在毛满仓家的门口赶紧把大家迎了进去。由于屋小人多，毛满仓母亲把人都让上了炕。彭森、强思明和另一名法官在一张小炕桌的支撑下，组成了最为简便的审判席。法、检两名书记员各坐炕桌两头准备记录，其他检、辩人员分坐在法官的左右手，只有冀英因腿伤一人拄双拐站在检方这边。毛满仓则被安排在炕桌对面地上的一把椅子上。

彭森见所有参审人员均已到齐，轻轻拍了一下炕桌说道："鉴于时间、地点及参与人的特殊性，本审判长决定对证人毛满仓的证言核实、质证，仅限合议庭组成人员单独询问，检察官、辩护人可将异议庭后呈送，都听明白了吗？"冀英先是一愣，随后说了声同意。紧接着殷黎明和毛满仓也都分别表示听明白了。

“现在开庭！”彭森话音未落，突然灯灭了，屋里顿时黑了下来。

毛满仓见状说，最近这片山区经常停电，他到外面那间屋找支蜡烛去，彭森想都没想就让他去了。可是没承想，这小子一出屋就没回来，打他手机也不接，生生把一屋子人给晾这儿了。

这种情况最着急的人肯定是冀英了，因为毛满仓是检方的证人，现在临阵跑了，不知道出了什么状况？情急之中他的腿伤又剧烈疼痛起来，眼见额头冒出了虚汗，浑身一个劲儿地发抖。郑鸿朋赶紧把救护车里的医生叫了进来，经过一阵检查，郝医生给冀英打了一针，让他坐在轮椅上休息一下，出去透透气。

彭森让大家坐着都别动，他自己出去找冀英商量怎么办。冀英示意彭森推着他走开点儿，低低说了一下自己的想法。他认为毛满仓这会儿玩消失很可能与来时的车祸有关。因为有人既不想让他出现，也不想让毛满仓出现，目的都是使张超脱罪，看来这帮人的胆子是够大的，没有涉黑背景不可能干出这事来。所以这也是他必须参加今天活动的原因，一是给毛满仓站台打气，让他有勇气当着法官的面把事实说出来；二是他本人也要让那些背后捣鬼的人看看，他是不会被吓倒的。现在他要做的是找毛满仓的父母想办法，一定把毛满仓叫回来，否则就前功尽弃了。

彭森听罢沉思了良久。一方面他被冀英的执着精神所感动；另一方面也加深了对这起案件的内心判断。他甚至后悔为什么不能像冀英一样拿出点儿担当精神，直接按照毛满仓的最后一次证言结合全案事实开庭审判，而非要追求所谓证据形式上的完美，结果险些出了人命，还使眼下的工作陷入了僵局。他环顾一下四周，悄悄对冀英耳语道，既然已经到这个地步，再难也要试一把，力争一个预想的结果。但也不必太过强求，没那么悲观，证人出不了庭又不是咱们的原因，回去以后，庭照样开，案子依法判……

冀英让彭森什么都别说了，原地等他消息。之后，一人拄拐去了毛满仓父母的北房。

毛满仓的父母见冀英这模样进屋赶紧站起来，借着蜡光关心地问有什么事，怎么一个人过来了，身体要紧不要紧？冀英笑着说，来的道上出了起小车祸，没啥大碍，让二老放心。紧接着，冀英问他们，毛满仓是否到这屋来过？二老回答说不是一直在他屋里和大家谈事吗？冀英听后觉得这小子可能没走远，要是离开村按他的秉性应当会和父母打招呼的。想到这，冀英把毛满仓借蜡烛到现在没回来的事说了，恳请二老帮忙找找。

要说毛满仓的父母对冀英真够意思，一是信任，认为儿子听冀英的话才能走正道；二是心疼，见冀英带这么重的伤还黑灯瞎火地往村里跑，人家是为谁呀，还不是为了给死者讨回公道吗？他们甚至认为，只有像冀英这样的人多了，好人才不会被坏人欺负，这个社会才会更公平。可一想到自己儿子办的这事就来气，不有什么说什么，把一屋子人撂那儿自己走了算怎么回事？为这，他们答应一定把毛满仓找回来，让冀英回屋里等着别走。

眼见已经晚上八点多了，大家在屋里等得烦闷，都出来站到了院子里。虽然深秋的山区夜晚天气很凉，但这些久居“水泥林”的人却难得享受眼前一轮明月的陪伴，竟然没有一个喊冷的，反倒都有些小兴奋。彭森是这些人里年龄最大的，为了稳定大家情绪，他半开玩笑地说，如果不是为了工作，他真想在这个地方小住些日子，呼一呼这里的新鲜空气，避一避城市中的喧嚣。冀英比彭森小两岁，他明白老哥的意思，便附和道，这儿原本是一个岁月静好之处，却因为咱们带来了纷争和逃离……

杨红君是检、法这些人里唯一有现职的，而且两边的人她基本都熟，可从出发到村里的一切事项，似乎并没有人顾得上她的存在，这多少让她有些远离官场的失落。但她同时也认为，眼下的活动的确都是业务范畴，员额法官、检察官们各司其职，正是应有的职业氛围和生态，没必要过于敏感。想到这，她站在冀英身后搭腔道：“纷争也不都是坏事，或许能让这个世界变得更清澈、更和谐……”

就在所有人对毛满仓回来不抱希望的时候，院外由远到近传来了一阵脚步声，毛满仓母亲带着毛满仓回家了。

冀英拄着拐第一个迎上去拉着毛满仓的手说：“谢天谢地，你小子总算对得起我，要不我这一世英名就毁你手里了！”

毛满仓赶紧解释道：“抱歉，抱歉！被一个急事给绊住了，要不是我妈去找我，他们还不放我走呢。”

彭森对着毛满仓母亲说：“谢谢您啦！多亏您把毛满仓找回来，要不我们这些人就快被冻回去了。”

老人家对着大伙儿说：“这孩子就这么没大没小的，你们就多担待点！”

“没事，没事！回来就好。您老也回屋吧。”冀英目送毛满仓母亲回北屋后才进到毛满仓的房间。

毛满仓进门点亮了三根大蜡烛，顿时屋里烛光闪烁，暖意融融。大家又分别上炕回到自己的原位。祝嘉把冀英也让到了炕沿儿坐下，给他倒了一杯热水问用不用吃止痛药，冀英摇头说待会儿再说。

彭森看着眼前这一幕，心想这哪是开庭呀，整个一个生产队炕头会，连郝医生都挤进来了。他顾不得再说那套程式化的开场白，直截了当地说了声开庭，然后就开问了：

“证人毛满仓，你在对检察官和辩护人作证时，分别作了截然相反的内容陈述，现在你当着本审判长的面说，你的哪一次证言是真实的？”

“我对检察官说的大部分是真的。”毛满仓答。

冀英听了这句话犹如一块石头落地，借着烛光与祝嘉、郑鸿朋用肯定的眼神交流了一下。两个律师却在那儿坐不住了，仿佛耳语什么。

“你把看到的主要事实简要重复一遍。”

“那天晚上，我在饭馆外面做保安值班，看到一个高个胖子和一个矮瘦的小伙子在厕所门口打架，个矮的人倒地了。后来胖子和他的同伴又把那个倒地的人弄到了马路中间，结果被路过的一辆面包车给撞了。听说撞死了。”

“你说的高个胖子叫什么？”

“我不认识，后来知道叫张超。”

“你说的这些是你亲眼看到的吗？”

“是。”

“你刚才说对检察官说的大部分是真的，有哪些不是真的？”

“我说是胖子把那个人打倒的，还有用灭火器砸头的事不是真的，当时天黑没看特别清楚，只看到灭火器掉在地上，我拿起来挂墙上了。”

显然这是毛满仓今晚失踪带来的微妙变化。

“两个人打架的事有吗？”彭森接着问。

“有。”

“两个人把死者拖到马路中间的事看清楚了吗？”

“看清楚了。”

“为什么对辩护人说什么都没看见呢？”

"他们问我的时候脑子特别乱，挺害怕的……"

"还有什么补充或者更正的吗？"

"没有。"

彭森随即宣布，对证人毛满仓的证言核实程序结束，退庭。

这倒好，等了将近三个小时，询问不到二十分钟结束了。

法、检、辩一众人员从毛满仓家出来，沈媛媛律师对殷黎明说，这次的证言内容和前几次都不一样，应当属于无效证据。她的声音不大但在场人都能听见。祝嘉反应很快，跟了一句，证据有效无效得法官说了算，其他人说什么也没用。这意思很明显，谁也别想用自己的观点影响法官。彭森扶着冀英说：

"大家都累一天了，终于可以睡个好觉了……"

# 47

一周后，省高法对张超、梁巍一案进行了二审公开宣判，依法裁定：驳回原审被告人张超、梁巍的上诉，维持张超犯故意伤害（致死）罪，判处有期徒刑十二年；梁巍犯过失致人死亡罪，判处有期徒刑六年的一审判决。本裁定为终审裁定，自宣布之日起，立即生效。

看来，合议庭对毛满仓那天晚上演的部分情节不证的小伎俩并没采纳，权当笑耳了。

通过一起交通肇事案，检察官查微析疑，追踪证人，历经艰险，终于使两名最初逃过法律追究的犯罪嫌疑人得到了应有的惩处，不仅伸张了社会正义，还平息了一起举臂为子鸣冤的舆情事件。对于这样的法律监督成果本应小庆一下，可冀英却怎么也笑不起来，因为就在两天前，一个令人悲痛的消息传来，年轻的法警孝岩，因“车祸”伤势过重，经抢救无效死亡。

对于孝岩的死，冀英莫名地背上了一种自责的精神包袱，再加上那天晚上跟毛满仓着急引起肋伤复发，导致其一直高烧不退。不得已，经郝医生与留下来的郑鸿朋商量，准备给冀英转到医疗条件更好的省级医院救治。在这种情况下，冀英见瞒不住了，这才给爱人远纺打电话说了实情。

远纺闻讯，当天便向公司经理请了假，坐第二天的头班飞机后换乘汽车赶了过来。在永宁医院，她见冀英伤得这么重，身边只留了一个单位陪护的郑鸿朋，不由得眼泪掉了下来。冀英拉着她的手说：“我这不是还活着嘛，没什么要命的事，别着急了……”

远纺平静了一会儿道：“你要是真有个好歹，叫我和孩子怎么过呀？！”

“不会的，我命硬。可是孝岩死得冤呀！”一提这个，冀英的眼圈也红了。虽然他认为车祸事件与张超案有关，但苦于没有证据，这个想法只私下对公安调查人员和杨主任详细说过。今天见到远纺一激动，差点说漏了，于是又圆了一句，“都是因为跟我出差才出的事，他那么年轻太可惜了！”说完被嘴里的唾液呛了一口，剧烈地咳了起来。

郑鸿朋跟远纺在省检院的时候就认识，那时远纺还没辞职呢。一晃多年过去了，突然在这个场合见面，二人也顾不上说什么。远纺忙着给冀英倒水，郑鸿朋转身出去叫医生了。

过了一会儿，郝医生来了。郑鸿朋把远纺和郝医生相互作了介绍。郝大夫如实向远纺介绍了冀英的病情，说转到省级大医院有利于患者的全面检查和治疗。远纺二话没说，跟着郝大夫到办公室开了回本省医院的转院单。郑鸿朋向杨主任汇报了冀英转本省治疗的情况。杨红君随即报告给柳长鸣副检察长，并在柳检的授权下与省医院联系对接，一旦飞机落地救护车就开进停机坪接人送省医院救治。

次日，在远纺和郑鸿朋的陪护下，冀英顺利返省，直接进了医院的特护病房。

经专家会诊，冀英系左肋三根骨折及小腿粉碎性骨折失固造成内部组织粘连，引发炎症及肺部感染，必须进行手术治疗，否则可能引起其他病变及严重后果。目前首要的是采取积极措施把持续多天的炎症消下来，直到体温正常方可安排手术。

远纺考虑冀英即将手术的事得和远在英国读书的女儿说一下，孩子能不能回来由孩子自己决定。

冀英的女儿菲菲是三年前大学毕业以后，由她亲妈安排到英国剑桥大学读研的。这期间菲菲每年都利用假期回国一趟，看望老爸、奶奶，还有同父异母的弟弟，她与远纺的关系处得也相当不错。这次一听说老爸出差遇车祸的事，立马赶在手术前飞了回来。冀英看到亭亭玉立的女儿如此乖巧懂事，心情慢慢舒解了许多，各项炎症指标也开始降了下来。之后，他在全麻的状态下进行了手术，一切都很顺利，接下来就是一段时间的静养和康复了。

这段时间，杨红君陪着柳长鸣来医院看望过冀英两次，每次除了慰问以外，总离不开车祸案的话题。柳长鸣告诉冀英，自从孝岩去世以后，考虑到这个案子的侦查对象可能涉及本省以及侦查的便利性，经过与原侦查机关协调，现在案件管辖已由省厅接过来了。还说负责此案侦查的是刑侦队长葛海洋，只要是案子就一定会查得水落石出的，让冀英安心养伤就是。冀英听了觉得很欣慰，说他的感觉不会有错，只要抓到那个大卡车司机一切都会真相大白。杨红君说她在案情分析会上已经把冀英的意见充分表达了。冀英说，这次多亏杨主任只受了轻伤，要不然他的愧疚更大了。柳长鸣劝冀英不要这样想，出了事谁都不愿意看到，孝岩失去了生命，大家都非常悲痛，但是为了工作没办法，不存在个人自责问题。最后，柳长鸣让杨红君抓紧安排人把当时她和冀英带伤参加“烛光庭审”的材料梳理出来，等冀英康复以后再到检察实务讲堂授一课，太有故事情节了。

正当两位领导起身要走的时候，远纺带着儿子冀亮推门进来了。柳长鸣看着远纺母子俩和冀英，感慨时光荏苒，一晃孩子都这么大了。冀英明白柳长鸣的意思，毫无避讳地说，掐指算来都十来年了，要不是自己遭调查那件事，也许还没有娶到远纺和中年得子的福气呢！杨红君前次已经见过远纺，她笑着插话道，这才叫“祸兮福所倚”呀！值得一生珍惜……远纺请柳检和杨主任多坐会儿，但二人说还有事要办，随后离开了医院。




一个月以后，冀英的病情逐步好转，女儿回国，远纺上班，生活又回到了原有状态。而他却闲不住，每天的康复锻炼逐渐加码，一心想着早点儿上班工作，把未尽的事着手接上。至于啥事，也许只有他最清楚，那就是查出“车祸”阴谋的凶手，绝不能让自己同事的血白流。

这天，祝嘉提着一兜水果来了，看到冀英能丢掉双拐用手扶着墙走了，非常高兴。一边削着苹果，一边嘱咐冀英慢慢来，别再像熊耳寨那次似的弄成反复，结果欲速则不达。

冀英接过祝嘉给他削好的苹果吃了一口，意味深长地说：

“只要活着，生活就将继续，梦醒了照样是初升的太阳。”

祝嘉爽朗地笑道：“关键是活着，要好好地活着。”

“没错，除了活着本身之外，我们还有责任，各方面的责任！”

“我知道在你的责任里一定包含‘追查’二字。放心吧，省厅负责调查车祸案的是刑侦队长葛海洋，咱们不是合作办过王立弓案吗，不妨方便的时候跟他联系联系，谈谈你对这个案子的想法。”

“噢，太好了，我有他电话，抽空跟他交流交流。”

“对了，最近有几则新闻你知道吗，麻鹏举被查先供出了行贿方张超他爸，就是传说中的派出所所长。后来又供了一个人，竟然是张超案的二审代理律师沈媛媛。”

“是她，那应当不是受贿问题吧？”

“具体什么事不清楚。还有一个事，咱们检察部的副主任费通炫被停职了，据说与你当年被调查的那件事有点关系，也是麻鹏举揭发的，详情还没正式披露。”

“看来麻鹏举是不管陈芝麻烂谷子，只要能立功一概往外抖落呀。”

“可不是嘛，这种人根本没什么信仰，只要官位没了就什么都不要了，啥亲情友情的，在他们眼里只有利益，到了这个时候还顾得上谁呢？”

“唉，麻鹏举和费通炫是老乡我知道。当时就觉得费通炫和我同一天提讯的事有些蹊跷，明明前一天他还说没事，第二天要出发去看守所了，他却突然提出也要用书记员，可我又和配合查账的单位人员联系好了，只好一个人去，结果就形成了一人提讯的局面。”

“你当时是副处长，为什么费通炫敢跟你争用一个书记员呢？”

“中层领导没有配备书记员，如果我不办案也就没这事了，谁让我老想着不脱离一线业务呢，所以每当提讯或者开庭的时候，就得借用其他检察员的书记员。蓝翔是费通炫的书记员，他用他也是正差。后来出了事主要还是我的程序意识不够，谁也怪不了。”

“可要是有人故意算计你，达到不可告人的目的，那就是另一回事了，最起码是人品问题，不停他，停谁？活该！”

“算了，不提费通炫了。趁着有空说说麻鹏举的事吧，他是怎么被查出来的？”

“这个呀，说来挺有戏剧性……”

# 48

据爆料，出事那天，麻鹏举带着一个叫梁倩的神秘女子赴朋友聚会，结束以后，因为麻鹏举喝了不少酒，有人给他请了代驾。可没承想等人都散了他把代驾给辞了，非要自己开车，原因是有代驾不方便。结果路遇交警夜查被拦了下来，一吹气酒精浓度超过了 90mg/100ml，属于醉酒驾驶，依法应当追究刑事责任。这下把麻鹏举吓醒了，意识到了问题的严重性，赶忙向交警求情并亮明了自己的身份。可不管他说出大天儿来小交警就是不买账，执意要连人带车一起扣押。这时梁倩一甩车门从车里下来，对着不开面儿的警察一通狂吼，指着对方鼻子说："如果不放行明天就让你脱衣服下岗！"无奈之下，麻鹏举只得拿出手机给交管局长打电话，但不知因酒劲儿没看清号码还是鬼使神差，电话竟然打到了柳长鸣副检察长那儿。

然而，世上的事往往是锦上添花易，雪中送炭难，更何况这是涉嫌违法的"雪"，别说帮不了，就是能帮也不敢帮。于是柳长鸣劝麻鹏举先跟人家回去，深刻认识自己的错误，争取一个从轻处理结果。麻鹏举这个气，心想怎么把电话打他那儿去了，跟没说一样。接着还得给市交管局长打电话。局长平常和他推杯换盏的时候哥们儿长，哥们儿短，现在到了裉节儿上也往后缩，只是多了一道与现场交警通话的程序。然后的说法就跟柳长鸣差不多了，无非是不能"授人以柄"，让他先服从现场处理，有什么事回局里再说。麻鹏举心想完了，一切都完了……

第二天，星州市检察院副检察长麻鹏举带情人酒驾被拘的新闻迅速蹿红网络，尤其是"麻检野蛮女友现场耍横让交警脱衣服"的桥段更被传得沸沸扬扬。星州市委政法委及省检察院领导当即作出指示，责成有关方面彻查，绝不姑息。

这么一来，有些想捞麻鹏举的人也只好望而却步。不仅如此，省检纪检处的人员随后跟进，最初的调查事项是回应舆情关切，查清麻鹏举的婚外情传说是否确有其事，是否存在领导干部生活作风问题，还有就是麻鹏举当天赴的谁的宴，是否涉及违反中央“八项规定”精神。可是不查不知道，一查吓一跳。不仅前面两个问题都有，还爆出了其他涉嫌犯罪的猛料。

据内部通报证实，酒驾案当天，宴请麻鹏举的人正是时为被告人的张超的爸爸张炳坤。

别看张炳坤身为派出所所长，只有正科级职务，但“萝卜不济，长在了背上”，方圆数千人口的地面，吃喝拉撒，甚至生杀予夺的大事小情什么都管，正可谓“上管天，下管地，中间管空气”。另外，他还有一个玩矿产的拜把兄弟老板的财力支持，江湖传说没他办不了的事。这不，当他得知儿子跟人打架出了人命官司，赶快启动了有用的人脉关系，左托右绕与麻鹏举副检察长搭上了关系。

说来凑巧，这回张炳坤找麻鹏举为儿子“铲事儿”算是找对了人。因为张炳坤的办事原则是金钱开路，用他的话说“只要用钱能摆平的事就不是大事”。而恰恰麻鹏举在几年前交了个年轻漂亮的“小三儿”，急需用钱保持住这层关系，所以两人初次见面一拍即合，谈得很投机，以后陆续接触成了“朋友”。

关于麻鹏举，很多业内人士都知道。在相当长一段时间里，麻鹏举凭借其深厚的法学功底及司法实践，指导督办过多起省内大要案，培养了一拨又一拨年轻的优秀公诉人辩手，取得了不俗的工作业绩。正因为如此，他在与冀英竞争省院公诉处长职务时，冀英败北，他顺理成章地被扶正了。几年以后，他从省院处长任上晋升为市院副检察长，级别副局，仕途又迈上了一个新台阶。也许就是从这儿以后，权力的风光让他开始有些飘然了，对某些过去不敢想不敢做的事，只要机会合适，他都想尝试，不然觉得亏得慌，白在世上走一回。而后就有了与梁倩的关系，并且这种关系的维系大多与金钱有关，说感情，恐怕是一种亵渎。

麻鹏举与张炳坤的相识，是通过省院政治部副主任那联全搭的线。那主任原是省院纪检处处长，也是当年调查冀英的主办负责人。至于他和张炳坤是什么关系，据说中间还隔了几个人，详细情况不得而知。

张炳坤第一次找麻鹏举单独谈正事是因为梁巍案。麻鹏举听了听，涉及对公安移送的梁巍涉嫌过失致人死亡案批不批捕的问题。当时的批捕决定权还在主管检察长手上，承办人只拿初审意见。这么看，张炳坤找麻鹏举是事先做了功课的，而且以后案件到了检察院阶段，诉与不诉也是他说了算，所以他在他身上下了真功夫，话语里带出不会让“朋友”白帮忙……

麻鹏举也不傻，一是看那主任的关系，为他的朋友办事，对自己将来重返省院再升一级只有好处没坏处；二是对张炳坤的为人也有所耳闻，传说此人办事“不差钱”。因此，麻鹏举在权衡梁巍一案的利弊后，以他的理论功底，稍微拿捏一下，就往不捕的方向发展了。还有一点也是他决定要办的理由，张炳坤是公安系统的人，不可能不在他那条线上找人，如此说来，检察院对梁巍案不批捕不会有啥后果，估计公安不会复议复核追个没完，所以顺水人情的事应当顺水推舟。想到这，麻鹏举把祝嘉检察官的批捕报告放到一边，打电话让她到办公室来一趟，然后就梁巍案的定性争议和羁押必要性方面，当面给祝嘉上了一课，结果案件被改成了不予批捕。

公安方面见检察院对梁巍案不予批捕，干脆顺坡下驴作了中止侦查，也不移送起诉了。虽然对外给出的理由是待交通肇事者归案后一并追责，可明眼人一看就能感觉到背后少不了张炳坤运作的影子。

为了感谢麻鹏举“不批”之情，张炳坤请他喝了顿大酒。席间，麻鹏举大谈不批捕梁巍的重要性，说只有大事化小小事化了，才都对谁都有好处。张炳坤深解其意，嘴上说着多亏麻检的帮忙，手里将一张五十万元的银行卡递了过去。麻鹏举也不推辞，见卡后面写着六个六的密码，借着酒劲儿把卡装进了西服内兜，一扬脖儿又干了一个满杯，道：“你这朋友我交定了……”

那位说，张炳坤为什么要如此卖力地帮梁巍呢？虽然他的公开说辞是梁巍与他儿子张超是同学好友，对方家长托过来了不得不管。其实从后来张超被追诉的犯罪事实看，张炳坤此举显然“醉翁之意不在酒”，目的是让梁巍一人顶罪，不供出张超来。如果梁巍能被从轻发落，或者无罪释放，大家都会相安无事，一了百了。可一旦梁巍被单独追责判刑，在心理不平衡的情况下把张超撂了的可能性极大，因此，张炳坤要把事情做在前面，不能让梁巍感到张超的家人不管他，即使是破费也要管，本质上说，保梁巍就是保儿子张超。

通过张炳坤一系列运作，由于被请托人麻鹏举利用职权的干预，基本达到了预期效果，使得梁巍一案被公安中止侦查了。按照一般情况，只要时间一长公安就会销案，一切万事皆休。可是万万没想到，事情已经过去了两年多，不知从哪儿冒出一个死者的爹来，硬是举着一只残臂到省检告状，还真告成了梁巍被公安移送、检察院起诉以及法院判刑的结果。更糟糕的是，事情到这儿还没完，在梁巍上诉期间，省检察院又发现了新线索，最后把张超也给追诉判刑了。没办法，张炳坤为了儿子也是拼了，他要孤注一掷打二审，找的人首选还是麻鹏举。

麻鹏举对眼前这个局面也很纠结，一方面不愿意看到梁巍、张超被追刑，使他对之前拿到的钱不踏实；另一方面又暗暗窃喜，因为张炳坤还要加大力度找他，借机再收一笔也不是没可能的。

果然，张炳坤一个又一个电话求他，直到二人见面。这次麻鹏举给张炳坤划的道是找两个有能力的律师冲在前面，合理合法地搞，利用梁巍至今没有指证张超和张超零口供的契机，打证据不足牌。只要能做通关键证人毛满仓的工作，二审改判张超无罪仍然可期。此后，大律师殷黎明和沈媛媛粉墨登场了。

沈媛媛是麻鹏举的老乡兼校友，又是同一个博士生导师，尽管一人留校任教做兼职律师，一人在体制内任职，但两人的业务交集较多，人熟也信任，所以麻鹏举将她推荐给张炳坤，为张超案主打法理。而殷黎明的特长是打关系，善手段，是张炳坤自己找的。关于二人的代理费，张炳坤一张口就是每人一百万元，达到诉讼目的后，再每人追加一百万元。与此同时，张炳坤又给麻鹏举拿了一张五十万元的银行卡。足见张炳坤是舍得花钱的人，至于他哪来这么多钱没人知道，但有一点是肯定的，这些钱绝不是工资所得。

按照行业潜规则，沈媛媛介入案情后，不等结案就将第一笔代理费的一半五十万元打到了麻鹏举的银行账号，形式上默许为介绍费，实则也有麻鹏举幕后参与的“辛苦费”。然后，殷律师与沈律师双剑合璧，在围绕毛满仓证人争夺战中取得了骄人战果，不仅把证言翻了个底朝天，居然还使毛满仓同意为张超出庭作证。

眼见二审开庭在即，一切向着有利于张超改判的方向发展，张炳坤有点儿小兴奋，非要拉着麻鹏举和他的两个哥们儿一块儿喝酒。麻鹏举也为案件能进展到这一步与友同喜，破天荒地把情人梁倩带去赴宴。结果是乐往哀来，当晚即发生了麻鹏举酒驾被拘的事。

张炳坤懊恼不已，仿佛嗅到了一种不祥的预感。他倒不是担心麻鹏举的政治前途因此受到影响，而是“小三儿骂警察”的舆情一经发酵，很可能引起有关方面的注意并介入调查，那样的话酒驾事件就会变得不那么简单了。尤其像麻鹏举这种书生官儿进去以后能经得起专业人员三问两问吗？他和他之间“过钱”的事一旦被查出，事情就麻烦了，自己受牵连事小，捞儿子落空事大……想到这儿，他不禁打了个寒战。

按照最坏的打算，张炳坤寻思把捞儿子的事托付给一个可靠的人，代替他督促律师做下去，一定不能前功尽弃。思前想后，他想到了过命的拜把兄弟叶嵩林。

“对，找他去，现在自己遇到坎儿了，除了他还能找谁呢？”张炳坤这样说着，刻不容缓地驾车去了叶老板的公司。

## 49

为什么说张炳坤与叶嵩林有过命之交，还得从二十年前的一段往事说起。那时的张炳坤是一个刚入行不久的小民警，而叶嵩林也只是个外来务工人员。有一天派出所接警，有两伙流氓街头持械互殴，张炳坤随队执行抓捕任务。当警察赶到事发现场时，已有三人受伤倒地，其他人一哄而散。张炳坤孤身向一条街巷深处追击，恰遇有两人扭打在一起，其中一人被刀刺中。正当行凶者举刀再欲砍杀之际，张炳坤的枪声响了——行凶者手中的利刃应声落地，随后带伤逃窜。倒地的伤者手捂腹部，鲜血从他的手指缝中向外喷涌，情况万分危急。见此情景，张炳坤顾不上再去追凶，一边用对讲机呼来警车救人，一边把一颗随身携带的云南白药止血丸塞到了伤者嘴里

后来此人得救了，他就是叶嵩林。当得知救他一命的警察叫张炳坤时，他发誓知恩不报枉为人。多年以后，谁也没想到，当年打架后销声匿迹的小混混还真发了。至于怎么发的，他从哪里来？一概不得而知，只有少数人知道他做能源矿产生意，表面看至少得身家过亿，走到哪都是前呼后拥的，光随身保镖就三四个，大有“炸平庐山之势”。尽管这样，叶嵩林并未忘记以前的承诺，每次拜见张炳坤都是毕恭毕敬，不仅一出手就是六位数以上，而且两人还结拜成了异姓兄弟。

张炳坤也是个俗人，随着任职时间的增长，他想“进步”既需要钱也需要关系，而叶嵩林这两样儿都有，因此他们之间的交往就显得顺理成章了。在他俩结拜时，按照出生年月日，张炳坤为兄，叶嵩林为弟。之后，张炳坤问及叶嵩林的祖籍府上，叶嵩林哈哈一笑道，英雄不问出处，我现在是欧迪龙公司的董事长，家住省城瀛台宾馆。再往后，在叶嵩林的帮助下，张炳坤顺利从副所长位置转成了所长。

叶嵩林口中的瀛台宾馆是一座有着悠久历史的豪华园林建筑，也是省领

导接待外宾的下榻会晤之所，不是一般有钱人就能入住的。可叶嵩林不但把公司开在了这儿，还包了一栋年租金不菲的小楼，让凡是到这里办事的人都无形中平添了一种对实力加权力的崇拜。

张炳坤的车被赢台宾馆的警卫人员拦下了，待问明身份、事由并与叶嵩林的秘书通话后方才放行。

这家宾馆的占地面积太大了，到处是参天古木，与奇花异草相映，开阔的湖面加上小桥流水，宛如一个大花园。张炳坤驾车神游般地左绕右绕，终于在一个曲径通幽的小路尽头停了下来，旁边就是叶嵩林的公司住所地八号楼。

女秘书把张炳坤接上了公司三楼，推开董事长办公室做了个“请”的手势。张炳坤迈步进来见叶嵩林正在打电话，也不客气地找了个沙发坐下。女秘书把一杯泡好的绿茶恭敬地端给张炳坤，然后退了出去。

张炳坤把茶杯放在茶几上，环视了一下这间足有二百平方米的办公室，特大号的老板班台后面是一面墙的书架，上面摆满了古今中外各种名著的精装本书籍和为数不多的几件古玩饰品及照片。

叶嵩林还在打电话。此人四十多岁，站直了身高在一米八五以上，浓眉大眼，鼻梁上架着一副金丝眼镜，谈话间透着一股咄咄逼人的气势。当他看见张炳坤来了，赶忙挂断电话从班台后面走了出来，说：

“大哥，你怎么来了，怎么也不给我打个电话呀？”

“我是向你交代‘后事’来了，怕电话里说不清楚！”张炳坤沮丧道。

“啊，什么事呀？慢慢说，有我呢！”叶嵩林似乎从张炳坤的话里感到了问题的严重性。

“嗐，别提了！你哥我可能得‘进去’。我这个岁数倒无所谓，可你侄子的事你得管啊！”

“小超的事不是你一直不让我插手吗，现在你又怎么了？”

“我可能也遇上麻烦了……”

张炳坤喝了一口水，把一审张超怎么被判刑，二审他怎么托的麻鹏举，一共给过两次银行卡，以及现在麻鹏举因酒驾被拘和他自己担心的处境等，一五一十地向叶嵩林讲述了一遍。

叶嵩林听罢直戳张炳坤的要害：“你也干了一辈子公安了，怎么能犯这么低级的错误，不现金交易呢？！”

“现在说什么也晚了，我的事只能听天由命吧。最重要的是一旦我进去，小超的事已经办到这份上必须得有人盯着。”

“小超的事就交给我吧。现在看，问题的关键不在那个证人，而是那个姓冀的检察官，要不是他追着不放，小超早就没事了，二审开庭最好别让他出现了。”

“你可别胡来呀，咱俩要都出了事，老爸老妈那儿可就没人管了。”

“放心吧，我绝不会像你似的，还没怎么着先给人留下一堆把柄。再有你顶多是个行贿的事，为了儿子说出去谁都能理解。我建议你这个所长也别干了，赶紧找个理由请假出去避一避。他们找不着人，风头一过再说，大不了回去自首，算个屁呀，别太往心里去。”

“嗯，我的事我心里有数，小超的事跟你交代清楚了我就没负担了。”

“他们什么时候开庭？你把两个律师的电话给我就甭管了，我会安排好的……”

此后不久便发生了检察院警车在去往证人家的路上遭遇车祸事件，还有证人毛满仓在质证前的诡异失踪和证言变化。但是不管怎样，案子终究还是朝着应有的诉讼轨迹发展，张超和梁巍都得到了二审有罪裁决。

张炳坤万念俱灰，思前想后，决定自首进去陪儿子。

对于本省发生的疑似袭检杀人事件，省委政法委领导高度重视，曾在多个场合说，绝不允许任何带有黑社会性质的犯罪活动存在，露头就打，以实际行动贯彻落实中央扫黑除恶专项斗争精神。同时责成省公安厅组成专班因事立案，查清事实，给当事人和社会一个满意的答复。

身为专案组负责人的葛海洋，带领弟兄们从找寻肇事大货车的线索入手查办此案，但由于事发路段在山区，地形复杂岔口又多，且没有一处监控镜头，因而忙乎了一个多月也没个眉目，案情一时陷入了僵局。这时，葛海洋想到了既是老熟人又是当事人的冀英，他琢磨从他那儿找找思路。于是给冀英拨通了探视电话，下楼买了一个果篮带上，驾车去了省城中心医院。

冀英现在已经可以弃拐走路了，得知葛海洋要来非常高兴，自己把单间病房收拾了一下，准备迎接客人。

不一会儿，葛海洋到了，还是那么风尘仆仆、雷厉风行的样子。冀英掐指算来在医院治疗也快两个月了，人比之前稍微有些发福，但一双眼睛依旧炯炯有神。两人见面先是相互问候了一番，随后聊到了案情。葛海洋把目前的情况说了说，想听听冀英有什么建议。冀英笑道："侦查是你们的强项，我只能谈一点个人感受，可别把你们带沟里去。"葛海洋说聊聊呗，兼听则明没坏处。

"我坚持认为这是一起有预谋的恶性案件，车祸只是一种掩人耳目的假象。"冀英思考了一下，说，"事发时，肇事的大卡车突然在弯道断崖处超车完全不符合规律，而且他在内侧超越的一瞬间，有一个向外打轮的动作，明显是要把我们的警车别出路外，跌落悬崖。要不是孝岩拼死左打方向，我们车里的三人可能就都不在了。当时我的下意识感觉就是大卡车奔着要命来的，绝不是斗气。另外，我们这次法、检、辩三方去证人家质证，的确对张超案二审非常关键，如果我不出现，证人之前已经被整翻证了，他还能信谁、靠谁呢？压力之下，恐怕还得回到有利于辩方的角度说假话，最终使张超脱罪。所以阻止我到场，应当是他们铤而走险的原因和目的。而有动机这样做的人只有张超的父亲张炳坤。他为捞儿子行贿市检的副检察长，以及指使他人威胁妨害证人作证等行为也能说明这一点。这两天，我听说张炳坤在张超案二审下判以后自动投案了，你看可不可以到监委会会他，兴许有所突破……"

"这倒是个思路，但目前在没有证据的情况下，可能收效甚微，别忘了张炳坤是干什么的。对于重罪，他是不会轻易就范的。"葛海洋若有所思地说。

"我还有一个感觉，有胆量、有能力这么做的人，可能涉黑。在与张炳坤联系密切的人中有没有值得怀疑的人？"

"这个之前我们也在外围调查，现在他一进去，估计这方面的工作会有所进展。"

"另外，证人毛满仓那天晚上的失踪情况是不是也可以调查一下，是谁在幕后干扰，这个人兴许也与张炳坤有关？"

"怎么都想一块儿去了，毛满仓我们已经找过了。"

"找了，他怎么说？"

“他说在出去找蜡烛的时候接到了一个神秘电话，对方没说姓名，只是威胁他张超的事不要跟法官瞎说，否则知道他家在哪儿会找他算账。他当时非常害怕，又看到你伤成那样索性不敢出来了。后来要不是他妈做工作，他说绝对不会再作证的。最后还说，冲你他才回来的，有些话没敢全说……”

“这么说，还真让我猜着了，就觉得这小子那天晚上的行为很蹊跷，人回来了也不对劲儿。”

“行，时间不早了，我得赶紧回去。跟你聊聊很有收获，有些情节的判断咱们都一致，这样就不会走弯路了。看来，破案点还在那辆消失的大货车上，我就不信找不到他！其他侦查手段我们也在跟进，你就放心养病吧，有什么情况我会随时通知你……”

“辛苦，辛苦！”

葛海洋一溜烟似的走了。

# 十二

# 连环追踪

# 50

葛海洋专案组调整办案思路，一路继续对肇事大货车进行异地追查，另一路则围绕张炳坤的社会关系层层剥茧。

张炳坤所长一进去，派出所很多人无不长出了一口气，可见他的霸道作风让不少人吃过苦头。葛海洋带人专找平日对他不满且又比较接近的人下功夫，谈来谈去，一个号称是张炳坤铁杆儿把兄弟的人逐渐浮出了水面，他就是本省知名民营企业家叶嵩林。

“要调查叶嵩林涉黑？”省公安厅刘副厅长听完葛海洋的汇报说，“最近经济侦查队接到一封实名举报信，被举报人好像就是这个搞能源矿产的大老板叶嵩林。你们不妨先对接一下情况，等我同厅长汇报完以后，下一步怎么办咱们再商定。”

有了领导指示，葛海洋马上找到经侦队长段小青，要看叶嵩林的举报材料。段小青说：“你来得正好，一会儿举报人过来，咱们一块儿听听不就都清楚了吗？”葛海洋同意，要了一杯水跟着一起进了小会议室。

来的举报人叫田效模，中年男性，留着过肩长发，大肚子溜圆，一身中式便装，脚穿一双千层底布鞋，看气势是个不缺钱的主儿。在他旁边站着的叫牛康山，也是当事人之一，略微比田效模年长几岁，瘦高个，戴着一副眼镜，像个军师角色。跟在他俩身后的是一位职业女性，年轻干练，递上的名片显示是某知名律所的律师。

双方坐定后，段小青向对面几位作了自我介绍，同时也告知了葛海洋的身份，随后请田效模具体谈谈举报事项。

田效模的第一句话就是，“我被骗了五千五百万元……”接着，详细讲述了事件经过。

一年前，田效模通过牛康山与欧迪龙能源开发有限公司董事长叶嵩林相识。双方交往的背景是田效模所在的福林博瑞公司计划拿到一块位于甘西省西部的石油地块开采权，由于该地块项目属于国有管理，田效模与地方主管部门运作了几年都没办下来，无奈之下他找到了中间商牛康山帮忙运作。别看牛康山没有实体企业，但他的特长是有关系，而且对国家石油开采政策门儿清。他对田效模说，把油田的边角部分交给地方政府开采是国家的一项经济扶贫政策，合作对象显然是有明确规定的，像田效模这种公司肯定不在扶贫之列，因此仅靠地方关系根本办不成，必须依靠上面的领导特殊批办。经过一番商量，牛康山提到了一个在圈内颇具影响力的人物——叶嵩林。对于这个人，牛康山说：

“我在多年前曾与此人打过几次交道，当时看中的是甘西省环县一块五十平方公里的石油区块，眼见就剩最后一道签批手续时项目黄了。叶嵩林给我们的解释是上面开会没通过。这件事虽然没办成，但我们对他的能力有目共睹，绝对太牛了。”



“我也听说过这个人，但从没接触过。他到底牛在哪儿呢？”田效模问。

“这么说吧，如果连他都搞不定的事，其他人就一概没戏了。据说港台某些道上的大老板到内地办事，也得先拜拜叶老板这个码头。”

“这么牛，是何许人也？”

“他吗？”牛康山低低地对着田效模的耳朵说，“人家可是副国级领导钱书记的亲表弟。”

“既然他这么牛怎么你们那个项目还没办成呀？”

“当年不是还没有能源开发扶贫政策吗，现在不同了，有国家政策保驾护航，咱们打打擦边球，拿下一部分石油区块应当没问题。谁投资开发不都对国家、百姓和投资人有利吗，所以应当是好事。”

“当时你们那个项目没办成，前期投入损失大吗？”

“总共一两百万元吧，钱是赔了点儿，但也得到了一些人脉资源。后来还有些其他方面的合作，又都挣回来了。”

“照你这么说，我得会会这位大仙啦？”

“必须的，看不准咱不投钱不就得了吗？”

“没问题，你约吧，在他公司见。”

“行。”

田效模和牛康山决定要见叶嵩林。这一天，二人乘坐一辆奔驰600如约在嬴台宾馆与叶嵩林见面了。三人分宾主落座，牛康山郑重地向田效模介绍道:“这位就是钱书记的亲表弟叶嵩林先生，能源矿产界赫赫有名的叶老板。”叶嵩林对田效模欠了欠身，点头示意。牛康山又把福林博瑞公司老板田效模向叶嵩林作了介绍。随后，田效模向叶嵩林谈了拜访来意。叶嵩林问他们是否有看好的石油区块？田效模说看中了一块大约二百平方公里的甘西省镇远石油区块，这块地的开发管理权是天坛石化总公司。叶嵩林听了微微一笑，说他和天坛石化的粟老总很熟，这件事应当没问题，等问清楚了以后再给回话。再往下双方谈的就是与业务无关的话题了。这期间不停有女秘书过来与叶嵩林耳语什么，田效模见状与牛康山起身告辞，静听叶老板的回音。

这么大一个能源合作只用短短几分钟就谈完了，仿佛这个项目在叶老板眼里可有可无似的，根本不屑于谈判磋商制定预案什么的，说说就这么定了。还有他举手投足的气场，奢华的办公楼宇以及那辆价值数千万元的总统级迈巴赫座驾，都不由得让田效模对叶嵩林的身份和实力肃然起敬。坐到车里，田效模对牛康山说:“人家这才叫大老板呢，不服不行！”

“你没觉得和这种人合作不舒服吧，不行咱们另找别人？”牛康山说。

“咱们是在和钱合作，只要他能办，舒服不舒服算个屁！不过今天这个叶老板倒是让我开眼了，在人家面前，咱们就是个马仔……哈哈哈！”田效模自嘲道。

几周以后，叶嵩林的女副总吴丽给牛康山打了一个电话，说项目的事已基本“落听”，可到公司详谈。

牛康山立即通知田效模二次前往嬴台宾馆。叶嵩林见到他们，从班台的抽屉里拿出一份写有天坛石化总经理粟俊涛批示的文件递给了田效模，说:“看看吧，你们要的二百平方公里的石油区块项目粟总签批了。”

田效模接过批文仔细看了看，上面的主要内容是，叶嵩林以他的欧迪龙公司名义写给天坛石化公司合作开发镇远石油区块的申请函，天坛石化粟总批示:“此项合作有利于能源扶贫，请隋征副总经理酌办。”

叶嵩林解释说:“第一步只能先以欧迪龙公司名义与天坛石化签合作开

发协议，因为福林博瑞公司规模太小不可能直接对接天坛石化公司，等我把合同签下来，再与你们签转让或者合作开发合同，那是第二步。”

田效模反复看了几遍粟总批示的公函，说：“没问题，就按叶总的计划办。前期一切费用由我公司承担。”

“那好，下一步具体运作我让吴丽副总与你们联系。”

“这份批文是不是可以给我们一份？”

“可以给你们一份复印件，原件我与天坛石化公司签合同的时候还要用。”

“行，复印件也可以。”

随后，叶嵩林让吴丽把批文拿到打印室复印了一份交给田效模。分手时，叶嵩林对田效模说，前期费用这块因为要通过领导秘书办，所以最好准备些现金。田效模说没问题，具体数额让吴总通知牛康山就行。

出了欧迪龙公司，田效模对牛康山说：“真没想到叶总的办事效率这么高，已经拿到批文了。”牛康山说：“我们那次合同都签了也没办成，咱们拿钱的时候还得慎重。”田效模说：“应该不会有问题吧，他那么大公司在那儿摆着呢，还怕他跑了不成。退一万步说，如果他收钱不办事，咱们还可以到法院跟他打官司，现在是法治社会，无论是谁都得按规则办事……”

第二天，吴丽给牛康山打电话转达叶嵩林的指示，说让他们送五百万元公关费过去，理由是要签的这块石油区块项目已探明产量高，面积大，尽管有领导批文，但签下来的难度很大，必须用钱打通关系。牛康山赶紧找田效模商量怎么办？田效模说这叫花大钱办大事，让会计提现金给他送过去，但必须要收据。牛康山说：“既然田总这么有信心，我也不能光站在岸上说话，要死一块儿死，我出二百万元。”

五百万元现金筹齐后，牛康山带着福林博瑞公司的会计小刘一起去了欧迪龙公司。对方出纳员收款开收据，一切按正规手续办妥。

过了一个月，吴丽发给牛康山一份欧迪龙公司与天坛石化公司联合开发镇远石油区块项目的合同传真件。合同规定，乙方欧迪龙公司需支付甲方天坛石化公司五千万元保证金，作为共同开发二百平方公里镇远石油区块项目的前期费用。合同乙方加盖了欧迪龙公司印章和叶嵩林的个人签名，而甲方处则为空白。

牛康山把合同传真件交给田效模说：“这是在向我们要钱了，五千万元合同保证金，用不用再考查考查？”

田效模道：“你以为这一个月以来我闲着了吗？天坛石化公司那边的朋友反馈消息说，确有欧迪龙公司发过去的公函，但具体内容不详。还是那句话，只有高风险才能有高回报。再说是咱们主动找的人家，如果当初不信他就别办，现在事情办到这份上，咱们再怀疑就显得小家子气了。我决定该付款付款，不就五千万元吗，我账上有钱，你带着我的会计去交支票。这回可不能开收据了，必须要欧迪龙公司开的正式收款发票。同时，代表我与欧迪龙公司签订联合开发合同。”

“行，我一定办好。”牛康山应允。

这是田效模和牛康山为了镇远石油项目付给叶嵩林公司的第二笔钱，前后两项共计五千五百万元。之后，两人就开始了漫长的等待。

一个月、两个月，直到半年过去了，叶嵩林仍然没能与天坛石化公司把镇远石油区块项目签下来。

不知道是巧合还是必然，这期间，发生了一件让田效模和牛康山不得不认可的理由——天坛石化老总粟俊涛被双规了。叶嵩林说，这样一来，凡是粟总签批过的项目都得暂停接受审查，镇远石油项目只能搁置了。

田效模毕竟是见过世面的，他对牛康山说：“买卖不成仁义在，那五百万元公关费就算打水漂了，我也不打算要了，谁让咱命苦呢？但是五千万元的合同保证金不是已经付给天坛石化了吗，他们是国企不会不认账的，我必须把这笔钱要回来！”

牛康山说：“你放心，追款的事包在我身上。”

从这以后，牛康山像常驻赢台宾馆似的，天天堵着叶嵩林要退款，说如果再不退回五千万元他们就进京到天坛石化闹访。逼得叶嵩林实在没招了才对牛康山说了实话，他说：“这笔钱还没来得及付给天坛石化，粟总就出事了。本想尽快把钱退给你们正赶上公司一笔欠款到期，那家公司又催得急，没办法才用这笔五千万元顶一下账，等我把资金周转过来一定先还给你们。”

牛康山一听这话顿时心凉了半截，最担心的事还是发生了，回去怎么跟田总交代呀。他冲着叶嵩林吼道：“你怎么能这么办事，还有诚信吗？！”

“你先别着急，咱们毕竟是多年的朋友了，而且我的公司还在又跑不了。”叶嵩林一边安慰牛康山，一边又说，“你还记得几年前找我要过的环县石油区块吧，前些日子在给你们忙镇远区块时，正好路过那儿看了一下，现在可开发的面积比当初大多了。关键这块地是省管油田，现在又有政策支持，那还不是咱们说了算。后来我通过关系花了三千万元签下来一块三百二十平方公里的石油开采权。我想用这块地的百分之三十股权顶给你们，到时候咱们一块儿进行后期运作，你看咋样？”

“用我们投资镇远的钱改投环县？据我所知田效模在环县已经有一块地了，他肯定不会同意的。”

“有一块地怎么了？挣钱的事多多益善嘛。你先跟他商量一下，我听你们回话。”

牛康山回去把叶嵩林还不了钱，想用环县区块顶替镇远区块的事向田效模说了一遍。田效模当场大怒道：“环县区块的情况我在几年前就了解过，属于贫油地区根本不具有开采价值，所以顶替的事甭想，我只要退款！”

叶嵩林听牛康山说田效模不同意置换的事，马上露出了流氓本色。他对牛康山说：“现在你们有两条道可走：第一条道是改合同，用坏县项目的百分之三十股权顶替镇远项目的五千万元投资款，大家还是朋友，共同发财；第二条道是打官司，赢台宾馆的大门永远敞开着，既然撕破了脸，损失多少就不负责了，最后听法院的。”牛康山知道凭叶嵩林的背景和身份，打官司肯定打不赢，就是打赢了也拿不到钱，所以一时也没了主意。

这时叶嵩林指着一拨离开公司的客人又说：“如果你不马上签合同，恐怕连环县区块也没了，到时候后悔可就来不及了……”

牛康山觉得叶嵩林的话也不是完全没有道理，不管怎么样，先把百分之三十环县区块的合同签了总比什么都没有强，这样损失可能还小点儿。于是他先斩后奏，在没征得田效模同意的情况下，与叶嵩林改签了一份新合同，核心内容是将投资镇远区块的五千五百万元，作为改投环县项目的前期费用。时间按照叶嵩林的要求向前提了六个多月，写在签订镇远项目合同的次日。

这样一来，叶嵩林不还田效模钱的事就变成合理合法了。

牛康山拿着与叶嵩林新签订的合同给田效模看并说出了自己的想法。

田效模直呼：“你上当了。你知道他花多少钱买的环县区块吗？”

“他跟我说是三千万元呀？”牛康山说。

“屁！他只用了二百七十万元。而且我朋友告诉我，甲方给叶嵩林看了专家的勘探报告，明确告诉他要的这块地没有开采价值。可他执意要买还不让人家对外说，这不明摆着拿这块地钓鱼吗？不仅我们的钱要不回来，其他人也得跟着上当！我算是看透了，他那个领导人的亲属身份还不知道真假呢？简直就是一个大骗子！咱们不能让他的阴谋得逞，即使豁出去这笔钱不要了，也要和他打官司！”

几天后，田效模请律师为他写好了诉状，然后突发奇想，没去法院，而是把材料直接寄给了省公安厅。

# 51

段小青是省内经侦专家，听完田效模的叙述不住地摇头感叹，这个叶嵩林不是骗子，就是超级大骗子，每一步都环环相扣，手段堪称完美！

“您对这个案子的性质怎么看？”女律师问。

“就目前材料还不好妄下结论。”段小青说，“从民事方面，因为牛康山代表田效模改签了合同，是谁违约也说不准。从刑事方面，叶嵩林有环县区块在手，虽然是二百多万元买的，可一旦开发出油来那就是财富，你们的损失还存在吗？没有危害后果，这个案子入刑就不可能了。但这只是初步分析，并不影响我们依法展开调查。”

“能不能开发出油来那是未来的事，也是叶嵩林的事，跟我们无关，我的当事人现在的损失是真金白银，能说没有后果吗？再说调查的事，我不关心你们查什么，关键是你们能不能查得动？”女律师口无遮拦，夹枪带棒地说，“如果咱们省内不能解决，我们保留向中纪委、公安部举报的权利！”

葛海洋一看举报方是带着火气来的，立即向段小青使了个眼色，意思是先不要搭理她。随后话锋一转问牛康山：“叶嵩林这个人是你介绍给田效模的，你对他的身份知道多少？”

“我也是几年前和他打交道的时候，听周围的人说他是某位副国级领导的亲属。”

“有什么具体根据吗？”

“初次见面别人都是这么介绍他的，他也从来没否认过，这还不能说明是真的吗？所以我给田总也是这么介绍的。”

“他自己说过吗？”

“这倒没有。不过他曾经带着国资委退休主任等一些老领导考察过我们待开发的油田地块，如果不是凭他的身份，这些部级领导怎么会听他安排呢？还有一件事，他曾经当着我的面给天坛石化粟总的秘书打过电话……”

“这样吧，你们举报的内容我们都清楚了，只要叶嵩林的行为涉及违法犯罪，不管他是什么身份，法律面前人人平等，我们一定会查得水落石出。即使你们把举报材料撤回去，也不影响我们调查，这是刑事管辖权决定的。与民事受理不一样，原告一撤诉案子就销了。所以请你们回去等消息，我们随时保持联系。”段小青这是下了逐客令，葛海洋还想多问什么也没机会了。

送走了田效模等人，段小青和葛海洋来到刘副厅长办公室，将举报人陈述的情况进行了简要汇报并请示下一步行动安排。刘副厅长说，他也刚从厅长那儿回来，经过研究，鉴于叶嵩林案的特殊性，省厅决定从两条线展开秘密调查。第一条线查明叶嵩林的身份，由葛海洋负责，带省厅介绍信与公安部接洽配合调查。第二条线由段小青负责，与国家纪委监委对接提讯粟俊涛，辨认“批文”真伪，同时到天坛石化公司，了解与欧迪龙公司的关系，查明前期运作镇远区块的情况，以及是否存在代收五千万元合同保证金的事实……两路人马各自只带一人，必须做到严格保密，即刻起身进京。

没几天，葛海洋传回来的消息令省厅领导大为吃惊，原来最为头疼和忌惮的叶嵩林身份问题不过是个传说而已。根据公安部和有关方面的调查，所谓叶嵩林是某副国级领导人亲表弟的说法纯属子虚乌有，这就使此案的侦查变得纯粹多了。段小青这边稍显不顺，纪委人员以粟俊涛案涉密暂不能与外人接触为由，拒绝了他们的讯问申请，辨认批文一事只能由监察员代办。经过辨认，粟俊涛证明批文上的笔迹不是他本人所写。另据天坛石化公司出具材料证实，他们从未与欧迪龙公司有过共同开发油田的项目合作，更没有委托任何公司和任何人代收过五千万元保证金……

世上的事有时就是这样，越是大多数人认为不可能的事，反而越有可能，就像最危险的地方最安全一样。一个超级骗子，把谎言说到了极致似乎就没有人不信了，他所利用的正是“怎么可能呢”这一悬疑禁区，活生生地把它变成了现实。只有当真相被揭穿的刹那间，再回头审视那个信以为真的过往时，才觉得是那么的可笑和滑稽，诘问自己为什么就不多想一想，哪怕是一点点，也许就不会上当……然而，这几乎是不可能的，一个被突破了认知的逻辑，再重来，深陷迷局的人也好不到哪儿去，非得教训足够惨痛方能幡然醒悟。

刘副厅长听了两方面的汇报后，直呼：“敌情是三假呀！假身份、假批文和假代收合同，这是足以让被害人信以为真，自愿交付款项的诈骗手段和基本事实。再加上五千五百万元无法归还的后果，我看可以抓人了，其他的以后再研究！”

经侦队根据领导指示果断出击，在尽可能不影响宾馆其他人的情况下，于当晚，驾普通车辆，派警员二十余人，从叶嵩林的公司楼下将其抓获。整个过程曾遭保安队长等人的阻拦，直到段小青亮明身份出示拘捕令，警员持枪威慑方带人离开。

第二天，一条不大不小的新闻迅速在省城传开，欧迪龙公司老板叶嵩林被抓了。有人说，“公安还真敢在‘老虎嘴上拔毛’，叶老板是谁呀，敢动他事小不了”；也有的说，“听说此人的后台很硬，估计过不了几天就得出来”“得了吧，现在中央高压反腐，甭管是谁，都得依法办”……总之说什么的都有。



段小青这一仗打得挺漂亮，再往后就是补证论证扩大战果的节奏了。

相比之下，葛海洋显得有些郁闷。“车祸谋杀案”仍然停留在疑似阶段原地踏步，肇事卡车和雇凶对象两方面都没啥进展。讯问了张炳坤两次，此人除了承认行贿麻鹏举之外，否认还有其他涉嫌违法事实。当问到是否认识叶嵩林的时候，他说那是他的把兄弟，两人没有任何合谋犯罪的事，如果叶嵩林有什么问题与他无关。针对这种情况，葛海洋考虑讯问叶嵩林也没啥意义。专案组其他人甚至质疑本案的性质判断，认为就是一起普通的交通肇事逃逸案，应当按照案件管辖移交给当地基层公安处理。无奈之下，葛海洋经请示领导，将此案暂时挂了起来。

冀英伤愈归队有一阵子了。重返工作岗位，又回到了收案、审查、外调、出庭等一系列重复而繁重的模式中，成堆的积案压得办案组每个人都喘不过气来，这也让冀英无暇再顾及“车祸谋杀案”的事了。尽管他对葛海洋把人撤回来有意见，可那又有什么办法呢？一来没有任何线索；二来究竟是不是他想的那样，现在看来得不到证明。就连另一个当事人杨红君主任也开始动摇当初的说法了，她说，如果这个案子本就是一起交通肇事案，检方总揪着“谋杀说”不放，势必给公安侦查工作带来一些消极影响，所以放一放也许对谁都好。不是说时间是真相的最好归宿吗？那就让时间来检验一切吧。冀英听了无话可说，只能强迫自己把注意力转到其他案子上去。

就这样，时间不知不觉地来到了二零一九年初春，这时已经距离“那件事”过去一年多了。

在这段时间里，与张超、梁巍案有关的其他三人经过一审开庭审理，被分别定罪并处以刑罚：

被告人麻鹏举犯受贿罪，判处有期徒八年，剥夺政治权利十年，没收违法所得。犯徇私枉法罪，判处有期徒刑三年，合并执行有期徒刑十年。

被告人沈媛媛犯受贿罪，判处有期徒刑四年。

被告人张炳坤犯行贿罪，有自首情节，从轻判处有期徒刑三年，缓刑五年。当庭释放。

判决宣判那天，麻鹏举和张炳坤当庭表示认罪悔罪，不上诉，一审判决立即生效。只有沈媛媛不服判决，提出上诉，案件被移交到中级法院继续审理。

正当“本案及衍生品”都已成为过去，冀英的“那个心结”也被逐渐尘封的时候，新收一起无罪抗诉案似又搅动出一股涌动的波澜。因为案中的原审被告人竟然是他——叶嵩林。

关于此人曾被公安列为“车祸谋杀案”怀疑对象一事，由于葛海洋的调查属于秘密行动，之后又不了了之了，所以有关材料一律没有入卷。这样一来，冀英办案组初期看到的叶嵩林案情，就是一起因民刑交织引发的罪与非罪之争。卷宗中，除了能引起他们注意的冒充国家领导人亲属这个看点以外，其他也没啥新奇的，都是一些老套路，到头来钱还不了了，爱咋的咋的，如此而已。

冀英与经侦队长段小青不是很熟，为了全面了解一些叶嵩林案的其他情况，有利于客观定案，他还是拨通了段小青的电话。

段队长获悉此案二审在冀英手里，觉得可能还有一线追诉希望。他说：“这样一起顶天大案竟被一审判了无罪，感觉太无奈。从证据上说‘三假加不还’已经构成了诈骗罪既遂，后面的改签行为不过是一种掩盖手段，如果看不清这一点，司法也就被骗于其中了。”他还调侃：“透过本案判无罪可以折射出检、法的改革力度够硬核，以审判为中心、证据裁判原则和司法官负责制，全都是法官说了算，侦查越来越不好干了……”

祝嘉也给一审公诉人打了电话，问他们有没有需要到省院来当面阐述的事项，以支持抗诉成功率。公诉人话说得很干脆，这个案子的争议核心是被告人与被害人之间后续改签合同行为能否成为阻却前期诈骗的理由。分段论存在骗取后果，前后延续论属于经济纠纷，法院采信了后者应当是认识问题。没啥说的，就一句话，抗到底！

郑鸿朋对经济类犯罪分析没把握，只管听两位师傅安排下一步怎么审。冀英说，怎么审要因案而定，因靶向而定。什么是“靶向”呢？具体到本案就是辩方在一审法庭上发表的足以影响法官裁判的辩护意见。只有找对了检法、检辩之间的争议点位，才能做到二审抗诉知己知彼，有的放矢……

## 52

冀英把办公室房门关上，他和祝嘉、郑鸿朋各手持一份律师辩护词复印件，让冬煜按照原件读一遍。一是向对手学习，借鉴辩方的长处；二是寻找抗点，筛出辩护错误所在，为二审出庭准备有针对性的“弹药”。

冬煜是业余朗诵爱好者，她用类似播音员的特效语音有重点地读道：

“第一，在现有公安机关收集的证据中，从没有人证明叶嵩林自己对外宣称过他是某某国家领导人的亲属，这一点提醒法庭特别注意。因为他人介绍往往带有以讹传讹的性质，不能简单粗暴地归咎于被介绍人头上。个人诈骗罪的客观要件是本人行为，既然没有证据证明叶嵩林本人亲自实施了冒充行为，那么，起诉书的这一指控理应被依法排除。第二，除了控方指证我的当事人利用假身份诈骗以外，另一项成立诈骗罪的主要证据是伪造“假批文”，也就是案卷中附载的一份写有天坛石化总经理粟俊涛签名的批办函复印件。公诉人之所以说这份批文为假，依据的是粟俊涛否认签批过这份文件的辨认证明。辩护人认为这样的证据过于草率，不仅证明力不足而且可能失真。先不说粟俊涛在被审查中，身陷囹圄，为撇清责任，他的话还有多少可信度？就说这份批文的复印件，根本不具备笔迹鉴定条件，在原件未到案的情况下，仅凭涉嫌签批者本人肉眼辨认便得出这是一份假批文的结论，程序不对，实体也不充分。除非控方拿出硬邦邦的笔迹鉴定，否则这份证言性质的辨认证明应属无效。第三，关于起诉书指控叶嵩林虚构‘假合同’的事实。叶嵩林的当庭辩解是，他所在的欧迪龙公司确实草拟过一份与天坛石化公司合作开发镇远石油区块的合同文本，以备双方进一步洽谈修改。但是，世事难料，就在批文下发以后，粟俊涛在这个时候出事了。因总经理被查而影响到具体部门的合同洽谈和签订是个意外，天坛石化公司没有这份未签订的合同资料并不代表对方没有合同意向及操作，批文就是一项很好的说明。控方以天坛石化公司出具证明材料不认可有过这项备签合同，就说这是一份子虚乌有的钓鱼合同，既不合乎逻辑，也不符合事实，请求法庭明察。第四，关于起诉书指控叶嵩林利用‘假代收协议’骗取田效模公司五千万元的事实，控方列举了前后两项主要证据。前一项是‘镇远项目代收保证金协议’，由叶嵩林的欧迪龙公司与田效模的福林博瑞公司签订，核心内容是叶嵩林公司代天坛石化公司收取田效模公司开发镇远项目保证金五千万元。为此，叶嵩林公司收到了这笔资金。后一项证据是，“改投环县项目的补充协议”，也是由叶嵩林公司与田效模公司签署的。主要内容是，前一份镇远项目协议作废，所收五千万元作为转投环县项目的前期费用，田效模公司占有新项目百分之三十的股权。辩护人认为这是一起“废前改后”或称“废镇改环”的经济行为，却被公诉人强加上了后签协议无效的认定。他们的理由是协议签订人牛康山受到了叶嵩林的威胁和利诱，是单独、私下签订的，违背了实际投资人田效模的真实意愿，因而属于前后一致的诈骗性质。对此，辩护人认为没有事实及法律依据。




“根据我国民法表见代理的相关规定，牛康山受田效模委托与叶嵩林签订前一个协议之后，再与叶嵩林复签第二个协议的时候，他的行为就已经构成了民事上的表见代理性质，因为后次签约行为足以使相对人叶嵩林相信牛康山仍然可以代表田效模。至于牛康山是否实际违背了田效模的意愿，那是他应负的责任，与叶嵩林无关，且不影响新协议的效力，这就是表见代理保护相对人利益的法律意义。

“当然，如果有证据证明叶嵩林在二次签约过程中行为失当，或者缺乏主观善意，比如明知牛康山违背田效模的真实意愿仍与其签约，则改签协议无效，不成立表见代理。这就说到了下一个问题，控方是否有这样的证据？

“虽然，在案可以看到牛康山的一份陈述，他说是在受到叶嵩林威胁利诱的情况下，背着田效模与叶嵩林续签的环县协议。但是这一说法遭到了叶嵩林的否认，证据上各执一词。另外，从事实逻辑的角度分析，牛康山这一说法也不近合理性，其所谓受到威胁利诱的情形显然不是人身强制，那他就有充裕的时间与田效模商量改签的事，甚至打个电话就可以沟通解决。可是他没这么做，或者已经做了谎称没做，说到底还是利益考量的结果。所以，单凭牛康山的陈述不能证明叶嵩林无善意导致表见代理无效。

“另外，就叶嵩林明知环县石油区块不具备开采价值的指控，辩护人更是认为值得商榷。公诉人确认这一事实的依据是两位石油勘探专家出具的一份勘探报告，证明这块地贫油。针对这份专业性较强的证据，辩护人并没有盲从，而是实地考察了环县区块并对主管部门勘探所人员进行了咨询走访，相关材料在开庭前已经提交法庭。辩护人的调查结果是，在案勘探报告是在三百二十平方公里区块上进行的两孔钻井取样得出的结论，难免有失全面和充分。勘探所高级工程师蒋毅曾对辩护人说，这么大面积的石油储量勘探至少要打三十眼孔位才能得出比较真实的产能结论，但仍然不能取代实际开采情况。就如同中华人民共和国成立初期被扣以贫油国的帽子，也是所谓中外专家的局部勘探结论。实践中大庆、克拉玛依等油田至今还在高产中，不仅实现了我国石油自给，而且还能出口。这就说明，仅凭个别专家的意见是靠不住的，而且也不科学。

“还有刚才公诉人指出，叶嵩林用骗取的五千五百万元中的二百七十万元购买环县石油区块，是‘以小取大’的诈骗延伸。辩护人认为这种观点失之偏颇，同样缺少科学性。在我们提交法庭的走访材料中，有关石油科研人员介绍说，对三百二十平方公里的石油区块进行钻井勘探的前期投入就可能超亿元，再到实质性开发阶段投资会更大。这就是搞能源开发的特点，投入大，风险大，利润也大。所以二百七十万元只是拿到了这块地的开采权，一旦开发，巨额投资都在后面。我们不能仅从签约投资来评判这块地的开采价值，否则就犯了主观臆断错误。

“综上所述，本案是一起典型的民刑交叉案，对于叶嵩林不构成犯罪的法律性，辩护人进行了以上论证和辩护。此外从社会效果层面看，辩护人认为，如果对叶嵩林不作犯罪处理，他所经手的环县石油项目尚可继续开发，对田效模公司的五千五百万元欠款不仅有归还的可能，甚至还可能盈利。相反，一旦作出有罪判决，后面的可能就会变成不可能。这也是动用刑罚带来的双刃剑效果。因为在惩罚的同时也会带来伤害。有鉴于此，辩护人恳请法庭综合考虑，对本案作出客观公正的判决……”

也许因为冬煜的朗读太过感染力，抑或这篇辩护词的内容太过精彩，针对检方控点毫无遗漏地“小刀割肉”般的辩驳达到了令人信服的程度，以至于让三位听者竟然错换了角色，站在辩方的视角大加赞赏起来，溢美之词不绝于耳。

祝嘉是多年在一审摸爬滚打的优秀公诉人，她甚至说，根据现有材料换作是她遇到这样的强力辩护也逃不脱被当庭“吊打”的份儿。郑鸿朋从未出过庭，结合之前审查的案卷情况，也附和道，难怪一审法官都被说服了，辩护人的辩护理由堪称密不透风，检方无以应对呀……

还是冀英把二位的情绪拽了回来，说律师的辩护之所以成功，除了书面文章做得好以外，还与人家的背后功课到位有关。比如辩护词说到，他们并没有止步于现有两孔打眼得出的勘探报告，而是下到石油勘探研究所一线，通过深入了解发现在三百多平方公里面积上仅凭两孔钻井作出的贫油结论不充分、不真实。还有关于牛康山说，因为受到威胁利诱而单独与叶嵩林签订环县协议的问题，律师用一个电话就能与另一个投资人联系，哪来的“违背意愿，改签无效”呢？这些辩点都是建立在经验判断的基础上，因而比较贴近实际。但是，辩护词的漏洞也是明显的，有些关键点位的阐述甚至是苍白无力和牵强附会的。比如他说，叶嵩林本人没有介绍自己是某某领导人的亲属，别人介绍的不算数，不能认定为假冒身份。这个说法就有悖常情、常理了。在日常生活中，如果一个人遭他人背后传言那是嚼舌头，当然是不作数的。可本案的场景是在做生意谈合同的庄重场合，叶嵩林被当面介绍是某某领导人的亲戚时，其本人明知是假却装聋作哑不作声就是一种默许了，而这种默许与其本人自我介绍无异，理应被认定为冒充假身份。对于这种有违逻辑和一般常识的辩护观点，我们二审必须抓住不放，把其虚伪性与欺诈性论证清楚，揭示出叶嵩林凭借假身份诈骗的敲门砖意图和伎俩，只有把这个问题先证充分了，其他问题的本质也就逐步浮出水面了。

几个人经过一番讨论，辩护词中的主要辩点就被罗列了出来，有针对性的工作方案随即出炉。冀英部署道，由祝嘉发挥法理论证强项，从现在起着手起草检察官二审支持抗诉意见书。在立论上，紧紧围绕原有指控“假冒身份、伪造批文、虚构项目合同和签订虚假代收款协议”四种诈骗手段进行丰富补强，并依二审工作随时增减。对有争议的改签协议性质和对前期犯罪的影响问题，进一步深入研究，包括所提“表见代理”是否成立等。在驳论上，以辩方“本人没说不构成假冒身份”的辩点为突破口，找出其他各说存在的疑问或错误，最后归到非法侵财五千五百万元不能返还的事实上，将法律后果作为入罪可罚性的终局结点，力争作出一份不输给辩护词的经典法律文书来。在外围补侦方面，冀英说：

“你们发现没有，辩护人之所以敢说‘假批文可能不假’，钻的就是公安人员使用复印件间接让签批人辨认的程序漏洞，这一课我们必须补上。”

“可是粟俊涛是部级大老虎，不让咱们见呀？”祝嘉也注意到了这一点。

“那是监察调查阶段，现在不是粟俊涛已经被判刑了吗，到服刑地见他，应当没有问题。”冀英说。

“在案没有批文原件怎么办？”郑鸿朋问。

“找粟俊涛以调查笔录的方式进行，批文内容的真假由他自己说，不仅知其然还能知其所以然。在证据种类上这叫人证，而不是单纯的笔迹辨认，从而规避了复印件不具备鉴定条件问题，啥叫‘道高一尺，魔高一丈’呀！”

冀英把目前的工作计划跟大家说完。祝嘉提出，书面材料她可以完成，但面见粟俊涛她得参加，她要亲历一下审问大老虎的感觉。冀英说：“那得带上，要不‘大老虎’不服审怎么办？”祝嘉反应机敏，道：“好你个老冀，把我当‘母老虎’了是吧？”乐得冬煜“咯咯咯”地直喊就是太年轻了！

冀英常说，检察官办案，不怕做不到，就怕想不到。只有想到了才有可能做到，没想到就一定做不到了。他还说，自己并不比其他检察官高明多少，就是做事多留心一些罢了，无他。关于异地面审粟俊涛的事，看似比较艰难，毕竟当初连省厅的段小青他们都没见到，如今二审期间检察官还要再提他，有关部门能同意吗？但不管怎样，想到了就得办，事不就是一步一步办的吗。此时，冀英的想法是必须先过主管领导柳长鸣这关，这种事没他的支持，一切等于零。

柳长鸣对本省这起冒充国家领导人亲属诈骗的大案非常关注，没想到一审居然判了无罪。要在过去，法院下判前怎么也得跟他这个上级主管检察长打个招呼，省委政法委领导也得主持协调协调，现在倒好，改革强调的是去行政化，按司法规律办案，各司其职，各负其责，甭管多大案子法官自己说了算，该怎么判就怎么判，无形之中给检察官履职带来了新挑战。动辄无罪，表现出来的是检察官指控质量不高，这样的数据多了，检察长在年终向

“两会”作报告的时候压力是显而易见的。所以案子到了二审他要尽可能做到心中有数，帮着把把关，不能完全撒手不管，实在不具备支抗条件就要建议撤回抗诉，不能再把省院搭进去，那时就更被动了。

就在柳长鸣寻思案子的当口，杨红君主任打来了电话，说冀英就叶嵩林诈骗案有事项要请示。柳检说正想听听他们的审查情况呢，来吧。

# 53

杨红君带着冀英办案组成员来到了柳长鸣副检察长办公室。有工作人员进来在他们每人坐的沙发茶几上放了一杯热茶，退了出去。柳检拿着自己的大号保温杯喝了一口，对着冀英他们说:“这个案子的一审判决书我看了，刑事民事搅在一起还真挺难缠的。不知道这段时间你们审查得怎么样，有没有形成初步判断意见？”

冀英心里说这是要听案件汇报呀，得，就先按领导的意图来呗。

“初步判断有，但距离全面系统还需一定时日。”冀英顺着柳长鸣的问话说，“通过前一阶段的卷宗材料审查，我们认为虽然叶嵩林案一审辩护比较犀利，法院也判定证据不足无罪，但是改变不了叶嵩林冒充国家领导人亲属实施诈骗的本质。前期有事实，有手段，有具体损失结果；后期的改签协议行为，形式上是被害方认可了被骗钱款的转投资属性，实际上仍然是叶嵩林的连环骗承继。因为没有后边的行为，前边骗到手的钱款也会受到法律追索，不能达到彻底的既遂，所以前边是骗后边也是骗，这才是问题的实质。看不清这一点，就会被江洋大骗的超级骗术所蒙蔽，从而得出民事纠纷阻却刑事诈骗的结论。”

“你说前边是骗还有一定根据，可后边也是骗的证据在哪儿？”柳长鸣问。

“主要有三点：第一，改签环县协议的时间被倒签到镇远协议的次日，目的就是造成五千五百万元的钱款是因环县项目而收，这就规避了前期利用镇远项目诈骗的手段和事实。而实际上叶嵩林购买环县地块的时间是在收取五千五百万元半年以后才有的，因此这是改签协议形式造假隐含内容造假的硬事实。即使被害方的牛康山签字了，那是他“当事者迷”的问题，改变不了骗的事实存在。第二，叶嵩林对签字人牛康山谎称用三千万元购得环县地块，后经查证他只花了二百七十万元。虚构改签地块的价值，使对方相信前后两个项目价值差距不大，在前项目无望的情况下，退而求其次认可改签后项目，这不是骗是什么？第三，叶嵩林明知道投资人田效模不同意把钱改投在环县项目，因为牛康山对他说了田在那里已经有自己的项目，可叶嵩林却以不同意将血本无归相要挟，致使牛慑于叶的权势背景和打官司必输不如把损失降到最低的考虑，而擅自决定与叶签约。这一事实对于协议相对人叶嵩林而言，属于典型的主观非善意，且具有威胁利诱代理签约人的行为，因而所签环县协议无效，与民法上的'表见代理'制度不可相提并论。最后还有一点，经查账证明，叶嵩林将所骗钱款中的二百七十万元用于购买环县项目外，其他五千二百余万元全部用于提现和个人支出了，已无任何还款能力，符合非法占有性质……"




柳长鸣对冀英的上述论点暗挑大拇指，继续问道："依你的说法本案不存在民事代替刑事问题，那一审指控失利的原因是什么？"

"我个人分析认为，他们主要受公安'冒充骗款既遂说'影响，把骗钱到手挥霍殆尽的行为作为诈骗既遂的标准，忽视了后续改签协议行为对整体性质的阻却作用，这方面的准备研究不深不透，法庭应对不充分等。"

"可是判决书为什么说指控被告人冒充……证据不足呢？"

"这点是欠专业的表现。本案已有六名证人证明在不同场合听到过别人当面介绍叶嵩林是现今国家领导人亲属这件事，具体翔实，证据不可谓不充分。关键是怎么理解他人介绍，本人不否认，是否属于默许冒充性质？我们的意见是肯定的。在通常情况下，有这样背景的人是不会当众自我介绍的，这是规律也是现实。动不动炫耀自己的家庭权贵是无能的表现，且无必要也不符合常理。而且默许他人介绍犹如共同故意中的暗示，应当属于意图联系的认同。另外一点，语言表达也不是冒充假身份的唯一证据，例如穿警服抢劫，不说话仍可认定冒充军警抢劫。所以，叶嵩林的假身份性质无须补查，只需论证和说服就行了。相信讲清楚了，二审法官没那么机械，连这个事实都不敢认定。"

"哈哈哈！老冀这个说法我同意，自信应当是公诉检察官必备的素质，当然啦，一定是建立在事实和证据的基础上。"柳长鸣道。

冀英顺势把"假批文、假合同"需要外调补查的事说了一遍。

柳长鸣说没问题，鉴于粟俊清是原省部级领导，要想找他调查手续上可能会复杂一些。随后柳检让冀英他们拟写一份正式请示报告，由他转交最高检领导并电话请示一下。

最后，柳长鸣说："我完全赞同你们的审查计划，如果让我再补充一点的话，就是在接触天坛石化人员的过程中，有意识地了解一下叶嵩林钱款的去向。据我了解，公安只查到了他用一千多万元买了一套别墅，还用几百万元买下了环县石油区块，除此之外，大部分提现款项去向不明。我怀疑天坛石化那边可能有他的内应，不然不会玩石油能源这么得心应手，像牛康山、田效模这样的行家都被他骗喽。还有就是叶嵩林这个人的社会背景确实比较复杂，虽然可以证明他与冒充的领导本人没关系，但不能保证他与领导身边的人没关系，我甚至听说他到某省办事竟然是省一级领导到机场去接……"

"您怎么比我们了解的情况还多呀？"祝嘉在一旁说。

"这些都是案外信息，没证据，也不好查，总之多掌握一些没坏处。你们外出办案一定要注意安全！"柳长鸣说到这儿脸上闪过了一丝凝重。

冀英明白这句话的含义，说："您放心，邪不压正！"

"好，那就这样。还是那句话，结果不问，但一定要全力以赴，绝不能让一个大骗子就这么逍遥法外了。实在不行，我们还有审监抗这一手，把案子打到'两高'去……"

几天以后，冀英办案组成员带齐了外调粟俊涛的各种手续，进京赶赴秦城监狱，面见这位正在服刑的石油界"大老虎"。

材料显示，粟俊涛自大学毕业分配到石油系统后，经过三十多年的深耕细作，在没有任何社会背景的情况下，从一名地方石管局的科员干到了天坛石化公司总经理职位，官阶正部，可谓人生得意，要风得风，要雨得雨。然而，就在他即将退休平安着陆的当口，晚节不保，任上被查，让所有认识他的人都大跌眼镜，惊呼"怎么竟然是他"！而且，他的贪腐之路时间跨度之长也是特例，属于名副其实的一路升迁一路贪，直到落马方知晚的类型。二十年受贿款物累计四千多万元并伴有国有企业人员滥用职权罪一并受审，最终两项罪名成立，数罪并罚，合并判处有期徒刑十六年。

送监以后，粟俊涛除家人以外其他访客一律不见，一门心思忏悔思过。可当听说有外省检察院的人找他了解情况时，顿又心生波澜，一个劲儿地从兜里找药。管教看他情绪有些波动，赶紧解释道：

“别紧张，我问了和你的案子没关系……”

冀英在来之前网查了一下粟俊涛案的判决书，对于主文认定“粟俊涛到案后能够主动坦白司法机关不掌握的大部分受贿事实，且积极退缴全部赃款，认罪悔罪，具有法定及酌定从轻处罚情节”，这让他对此次秦城之行增加了些许期待。

双方在会见室坐定后，冀英让冬煜给粟俊涛倒了一杯白水，并询问了一下他的身体情况，拉了拉题外话。别看这些貌似多余的前缀，可在对方身处的环境中却能起到潜移默化的贴近效果。因为人非草木，只要你给了对方足够的尊重，回馈一般也在情理之中。

“你们找我什么事，只要是我知道的，我一定积极配合。”粟俊涛的表情中透着诚恳。

冀英拿出“假批文”复印件交到粟俊涛手上，说：“这上面有一段你的批示，时间、内容都有，请你帮助回忆一下当时的签批过程。”

粟俊涛从兜里拿出一副花镜戴上，把一页纸的文件反复看了几遍道：“这份文件之前监察人员让我辨认过，我当时就说这上面的批文不是我写的，你们可以做笔迹鉴定。”

“鉴定是一方面，我们这次来主要想当面听听你的理由？”

“有两点，第一，虽然字体有点像我的手写习惯，但细看很多特点都不一样，尤其是我的签名，一看就是假的。第二，从内容上看，能源扶贫政策我们掌握的标准是仅限于在省管石油区块上试行，对于国管这块还是国家专属。而文件上的申请项目镇远石油区块是国管项目，我不可能同意合作勘探开发。从这点就能证明不是我签批同意的，一定是有人冒名顶替。”

“照你这么说是有人故意伪造了这份假批文，他们的目的是什么？”

“这还用说吗，肯定是蒙人骗钱呗！”

“你认为最有可能假冒你的名义签批这份文件的人是谁呢？”

“我刚才一直在想这个问题，如果让我分析的话，我的秘书商智奇最有可能。一是他最了解我的批文习惯和笔迹；二是关于欧迪龙公司申请与我们合作开发镇远石油区块的事他曾经和我提过，我当时明确答复他国管石油开发不可能与私企公司合作，让他们找省管油田试试。”

“除了欧迪龙公司你有印象以外，商智奇是否向你提起过这家公司的老板是谁，有什么特殊身份？”

“没有。我只记得这家公司的名字和这件事。”

“这家欧迪龙公司是否与天坛石化公司签订过合作开发镇远石油区块合同？”

“没有。因为我当时就回绝商智奇了。既然不可能有这方面的合作意向，也就不可能涉及签合同的事。”

“请你看看这份合同。”祝嘉把欧迪龙公司与天坛石化公司签订的合作开发镇远石油区块项目合同原件递给了粟俊涛。

“我没有见过这份合同。”粟俊涛说，“而且也没有加盖我们公司的印章和我本人的签名，这肯定是一份假合同。尤其是欧迪龙公司向天坛石化公司缴纳五千万元项目开发保证金的内容，应当是对方拟定的，我们国企不可能定这样的条款。”

“那你们公司收到过这笔五千万元的保证金吗？”

“没有。连合同都没签，怎么可能收钱呢，到财务一查就全清楚了！”

“关于你的秘书商智奇，他现在什么单位工作，这个人怎么样？”

“他嘛，现年应当三十九岁，研究生毕业后分配到天坛石化公司，一直从事文秘工作，跟了我八年，算是比较了解。小伙子人很聪明，本职工作也很称职。在我快退休的时候，他向我提出想到地方工作的请求，我就让人事部门协调，给他安排到了一个郊区县当了一名县长。这些情况，公司人事科都有档案记载。人品方面，怎么说呢，我感觉他最近几年的社会关系也变得复杂了，可能是近墨者黑吧。比如，我被查以后坦白的一起受贿事实，给钱一方的人就是他介绍给我的，尽管他没有从中收钱……”

冀英看时间差不多了，问祝嘉和郑鸿朋还有没有补充的，两人都说没有。于是冀英宣布调查结束。

走出会见室，祝嘉对冀英说：“你是不是又有下一步工作计划了？”

“知我者祝嘉也。”冀英说完这句话觉得有些不妥，赶紧往回找补，说，“还是大徒弟了解我。”

郑鸿朋笑道：“比我后来的都成大徒弟了，师傅是不是有点重什么轻什么之嫌呀？不过小祝是员额检察官也是我老师，这么称呼也没啥，只想知道两位老师的下一步工作意图，说出来分享一下呗？”

冬煜也插一杠子说：“甭管谁来了也轮不上我这个小徒弟，我现在可是过了司法考试的人了，下一步得请三位老师帮我运作转正的事呢！”

“没问题，不是申请已经报政治部了吗，回去我请咱们杨主任帮助催一下，放心吧。还真是的，要从时间上论，冬煜跟我的时间最长，她应当才是我的大徒弟呢！哈哈哈……”

“对对对，这个我不跟小冬争，咱们还是说一下后面的工作吧？”

“这样吧，通过刚才的调查，下一步该怎么做已经很明显了，咱们每人在手上写一个字，看看是不是想到一块儿了？”

“好好好，我先写，最后大家一起亮出来。”

祝嘉拿出一支签字笔在自己的手掌心上写了一个字，随手把笔交给了冬煜。冀英和郑鸿朋也都在手上写了字，最后大家一起打开手，结果竟然都是一个“商”字。冀英大笑道，都出徒了！

冬煜自告奋勇地解释了一下，她认为，假批文是叶嵩林诈骗钱款的实质性手段，光凭粟俊涛自我辨认复印件显然不充分，如果再有商智奇这个亲笔造假者的证言，这件事就无可争议了。而且他为什么这么做，给谁做，有没有权钱交易？这些深层次的事实也会随之浮出水面，到时候看他叶嵩林还怎么辩！

“行呀！”冀英、祝嘉和郑鸿朋一致对冬煜的分析赞不绝口。

在具体安排上，冀英考虑一旦接触商智奇可能涉及伪造公文和合伙诈骗问题，根据案件管辖和侦查需要把这条线索交给省厅经侦队段小青他们更合适，检方采取“引导”形式适当介入，也更符合检、警合作的新模式。他把自己的想法说了，大家都同意。于是，案情就是命令，四人无暇顾及在京逗留，马不停蹄地返回了省院。

# 十三

# 病房『潜伏』

# 54

经侦队长段小青听说检察院冀英来访，连忙派人到办公楼下迎接。此时的他心情颇为复杂，一想到通天大骗一审判了无罪自觉脸上无光，还要指望二审力挽狂澜，因此冀检察官的账得买。可是自己也是圈内响当当的人物，听凭一个无行政职务的检察官前来“点拨”，完全自觉自愿也是假的，所以他选择了不卑不亢，在经侦楼小会议室坐等。

冀英与段小青没有跟葛海洋那么熟，只在某些开会的场合见过，要不是因为手里这个线索着急办，他也不愿意与他跨行交往，自知职务不对等，说话不硬气。再说所谓检察引导侦查的提法，冀英并不以为然，各有各的业务和专长，谁引导谁呀？他正琢磨着，郑鸿朋驾驶着检察警车已经开到了经侦楼下。车门一打开，一个警员热情地过来打招呼，说受段队长之托来接他们上楼。

到了三楼小会议室，段小青出门相迎，与冀英和郑鸿朋分别握手后将二人让到了会议桌的一侧就座，他带两名警员坐在了对面。双方说了些见面的客套话，冀英就把来意切到了案子上，并让郑鸿朋把询问粟俊涛的调查笔录交给了段小青。段队长看了一遍两页纸的笔录，抬头问冀英具体怎么看？

冀英介绍说：“根据粟俊涛的推测，模仿他笔迹签批文件的人有可能是当时的秘书商智奇，理由他在笔录里都说了。我们认为可信性很大，如果能确认此事成立，不仅商智奇涉嫌构成伪造公文和诈骗共犯，重要的是对叶嵩林案的二审认定非常有利，所以这个线索很重要……”

段小青道：“早就听葛队长说过检察院的老冀办案了得，今天算是见识了。没问题，这条线上的事我们接了，一定尽快查出个结果来。”

“段队长客气了，我们办案就是补个漏，真正的系统侦查那是你们的长项。这个案子要不是当初不让你们见粟俊涛，这个线索可能早就顺藤摸瓜查清楚了。不过现在也不晚，案子还在诉讼中只要是真相就会纸包不住火的。”

冀英说完起身要走。

段小青暗中敬佩冀英的睿智谦和风范，一直把他送到了楼下。在临分手的时候，他对冀英说，把商智奇传来那天请他抽空儿过来旁听一下预审，可以第一时间了解案情进展，也方便随时沟通……这个姿态，堂堂的段大队长不是什么时候都有的。

“行，如果段队长不嫌烦，我随叫随到。”冀英也给足了段小青面子，钻进汽车走了。

几天过后，段小青电话通知冀英对商智奇的外围调查取得了一些进展，请冀英来队里面议。冀英说正好他也有情况要提供，见面时一并交换。

冀英带着郑鸿朋二次来到段小青的办公室，把一份传真件交到段队长手上，说有了这个抓商智奇心里就更有底儿了。段队一看是一份笔迹鉴定说明，证明送检批文上的粟俊涛字迹是商智奇所写，连说太好了！接着段队指着桌上一沓存取款凭单复印件说，商智奇曾经以他女儿商玲的名义在这家非银行金融机构存过一笔三百万元，时间恰在假批文之前。叶嵩林被抓后，这笔存款又被一次性提现了。另外，商智奇还有一个患自闭症的小儿子，几年前被他送到美国一家康复中心治疗，资金投入不菲。值得注意的是，商智奇调任县长以后，延礼县给他分了一套两居室，他就把天坛石化宿舍的一居室给卖了，售价也在三百万元左右。不过卖房的三百万元与他女儿名下的三百万元前后相差一年多，存款在前，卖房在后。商智奇没有炒股记录，他的父母都是外省农民，经济情况一般，住的老屋都没翻建过……

冀英由衷地佩服警方侦查的专业性，先外围排查再缩小“包围圈”，以点带面，从涉嫌帮助犯到权钱交易落地，一揽子计划缜密有序，太值得借鉴了。他赞叹道，有了这些疑点材料，再拿他仿造笔迹的事应当就顺手拈来了吧？段小青说是不是这样，人已经到了，一会儿到监控室看结果吧……

商智奇在县长任上被公安人员带走调查得到了县委书记的支持与配合。实际上，省厅通过当地政法委已经与县委书记打过招呼，之后由书记把县长请到办公室说明原委以后，省经侦队员才把他秘密带离了县委大院。

省厅经侦楼预审室的电器化设备相当先进，各种录音录像和监听监审设施一应俱全。预审员把商智奇让到了一把不带固定装置的椅子上，同时给他递上了一瓶矿泉水。

商智奇外表显得很平静，人到中年又有过高官身边工作经历，一副处变不惊的神情。他一边打开矿泉水瓶喝着，一边看了看对面坐着的段小青和预审员，一条左腿不自觉地上下颠动起来。

冀英和郑鸿朋在监控室隔着特殊玻璃观察着里面的情况，仿佛置身一场战役的“前指”，密切关注着战事发展。

段队长刚要说什么，突然一阵“铃铃铃！”手机响了，他按通电话“嗯”了一声。对方来电告知“商的爱人不知道女儿名下存款三百万元的事”，随后挂断了手机。

“先自我介绍一下，我叫段小青，省经侦队队长。说说你吧？”

“我叫商智奇，现任远郊区延礼县县长。”

“如此看来，我是在县太爷头上动土了。”

“哪儿的话呢，一个处级干部一抓一大把。”

“之前你还有一个重要职务没介绍，天坛石化粟总的秘书。”

“那不是过去时了嘛。”

“职务是，但事没过去。”

“啊？”

商智奇惊了一下。说实话，他真不知道经侦为什么事找他，因为像他这一级的乡镇干部涉及腐败的事几乎天天都有，只是大小问题。现在他明白了，应当与帮叶嵩林伪造粟俊涛假批文的事有关，那件事以后……商智奇的脑袋“嗡”的一声不敢再往下想了。他下意识地感到自己这次可能是凶多吉少。

段小青看出来了，在给商智奇“点题”的同时，不忘交代一下刑事政策，他说：“按照惯例得先对你说明白，你的问题已经涉嫌犯罪了。如果你主动交代或者检举他人，属于坦白或立功，在法律层面可以得到从轻、减轻处罚，甚至缓刑。在酌情层面，我可以保障你与美国的儿子每天仍然视频通话。否则，我们用证据说话的时候，法定和酌定情节就都不存在了。”

“你们连我儿子的情况都查了？”

“不掌握一定的事实证据，我们是不会拘传你的，希望你不要抱任何侥幸心理。”

“既然这样，你们可按照事实和证据依法认定，还有必要问我吗？”

“古今中外，任何案件的审查调查都离不开讯问嫌疑人，你可以选择不说，但我们不能不问！”

“知道的我说，不知道的我不会编造。”

“不会编造？那仿造领导笔迹签批文件的事算不算编造呢？看来你是不想给自己机会了，而是让我来简单直接的，是吗？！”

段小青明显加大了讯问力度，一双明亮的眼睛直勾勾地盯着对方，手里拿着那张冀英早上送来《笔迹鉴定说明》晃了晃又放在了桌上。商智奇显然感到了这张纸的分量，他明白像他这种屁股不干净的人，不管什么时候都没有跟眼前这个极度精明的经侦队长叫板的份儿。更何况直接硬刚对自己不利事小，不能与儿子视频影响到对他自闭症治疗事大，想到这儿，商智奇的态度软了下来，说：“我不是不想给自己机会，只是有些事时间过去太长想不起来了。”



“想不起来了，可以慢慢想，如果不想想那我们就往下走了！”段小青的压力不减。

“容我再想想。”

“没问题。我再提示你想想每年给国外汇款的来源。”

“那是我卖房的钱。”

“卖房的事有，但往国外汇钱是卖房以前的事。如果连这点关联都没搞清楚，我这个经侦队长就别干了！”

沉默，沉默……商智奇以这种方式作着最后的思想挣扎。

段小青有点儿沉不住气了，他不想当着冀英的面打一场持久战，他说：“你这个当县长的肯定知道大数据吧，非银行金融机构也在它的统计范围之内，只要有痕迹就绝对抹不掉。我只能点你到这儿了，你现在说还算主动坦白。”

沉默，还是沉默……

“别看有些人被判了无罪，那是一审，二审不才刚刚开始吗？什么叫法网恢恢疏而不漏，只要干了违法犯罪的事，即便躲得了初一也躲不过十五，受到法律制裁那是早晚的事，我看他是‘秋后的蚂蚱蹦跶不了多久’！但愿你别跟这种人学……”

“我，我还能给孩子视频吗，他现在才稳定了一些？”

“当然可以，在侦查阶段我能保证，关键看你的表现，所谓将心比心嘛。”段小青为能找准商智奇这个软肋暗自得意。

“我……”商智奇欲言又止。

“我什么我，再不说可就变成我问你回答了！”段小青再力推他一把。

“我，我倒无所谓，大不了坐几年牢，只怕牵扯到别人遭报复……”商智奇喃喃道。

“你不信法治？亏你还是政府官员！犯了罪不可怕，怕的是连做人的基本气节都没了。要是那样的话，不要说你当官不配，就是为人夫，为人父也不配，就是一个让人瞧不起的懦夫！”段小青真动气了，心想怎么能让这样的人为官一方呢，除了精致的利己以外，什么都没有！他平静一会儿，接着说，“我可以告诉你，就在我问你的时候，有一位资深检察官正在旁边的监控室里听着呢。你不是害怕报复吗，你看看他是怎么面对报复的？就在他去年出差办案的时候，犯罪分子为了阻止他到场，派人在高山悬崖制造了一起车祸，当场造成一人死亡两人重伤。他侥幸活了下来，却带着重伤参加了晚上的质证工作……一个连死都不怕的人，还怕什么威胁和报复，这是我们司法的骄傲，也是社会的骄傲！你看看你，要是一名普通百姓我都不跟你说这些……”段小青这些话是从厅长嘴里听说的，这个场合因为想到了旁边看着的冀英就这么溜出来了。

“段队长，其实我也不是像您想的那样，可是谁没有妻儿老小呢？他们那些人又对我的情况比较熟悉，您让我怎么办，他们可是敢杀人的啊？”商智奇的眼泪在眼眶里直打转，他说，“我在说之前有一个小小的请求，您能不能暂时封锁我进来的消息，这样在这些人被绳之以法之前我的家人就是安全的，尤其我的女儿，她正在上初中……”

“放心吧，这些防范措施我们早有安排。目前为止，外边知道你进来的人只有两个，一个是县委书记本人，另一个就是你的妻子。我们已经把保密事项告诉他们了，绝对没问题。你刚才说的‘他们敢杀人’指的是什么？”

“指的就是检察官遭车祸的事，当时我能感觉到是谁干的。”

“谁？！”

“是叶嵩林指使刘浩干的，当然，这只是推测，没证据。”

“说吧，证据我们找。”

“有一天，叶嵩林请我吃饭谈从天坛石化弄石油区块的事。”商智奇终于谈到案情了，他说，“那天在场的人还有省委秘书处的雷强处长。我们三人在叶嵩林公司楼下的餐厅吃饭喝酒。因为当时国家出台了能源扶贫政策，我答应向粟总问问合作开发镇远石油区块有什么要求。叶嵩林听了觉得有希望，一高兴喝了一瓶高度茅台，我和雷强每人喝了小半瓶。在快结束的时候，叶嵩林公司的保安部长刘浩敲门进来了。他趴在叶嵩林耳朵边上说了两个字‘办了！’然后就出去了。叶总把酒杯往桌上一顿说了句，‘谁敢跟我和我的朋友作对，我让他死无葬身之地！’一扬脖儿把酒干了。后来公司副总吴倩把他搀走了。”



“你怎么知道刘浩说的‘办了’与检察官车祸有关？”

“因为没过几天，我就听说省检的检察官出差遭遇了车祸，一死两伤。所以我猜测应当跟他们有关，别人没这么大能量。”



“雷强怎么跟叶嵩林这么熟呀？”

“具体不清楚，只知道他常去叶总的公司，有时候有应酬的事他就找叶总，那儿很有排场。”

“接着说。”

“叶嵩林让我办的事，我找粟俊涛总裁问了，被粟总一口回绝了。他说镇远石油区块属于国管，不可能与私企合作开发。可是叶嵩林对我说前期费用已经收了不能退，让我想办法在他们公司的申请合作函上弄一个假冒的粟总批件，用这个办法先稳住对方，以后再找省管石油区块给顶上。我开始推托办不了，可叶嵩林说这单生意肯定能办成，到时候他负责出钱送我儿子去美国治病。我实在没办法，就伪造了粟俊涛的批文和签名。后来，叶嵩林给了我三百万元现金。过了大半年，叶嵩林又让我帮他联系长甘石油管理局的环县石油区块。长甘石管局是我们天坛石化公司的下属单位，他们老总蒋传新跟我很熟，我就把叶嵩林引荐给了蒋总。他们具体谈的购买环县石油区块的事，最后谈成了，叶嵩林拿到了三百多平方公里的环县地块，付款二百七十万元。有一次蒋传新来我们公司开会，私下跟我说，叶嵩林这人做生意挺难捉摸的，已经跟他说了环县贫油，可他说那不是他考虑的事，直接把合同签了……”

段小青见商智奇撂得差不多了，追问道："你是怎么认识的叶嵩林？"

"是雷强介绍的，当时就是为了石油区块的事找的我。"商智奇说。

"据你所知，叶嵩林有什么特殊身份背景吗？"

"我听雷强单独跟我说过他是国家领导人的亲表弟，但叶嵩林本人没说过。开始我信，后来又不信了。我觉得真有这样背景的人说话办事不应当带出黑老大的做派，动不动就说办了谁？"

"那你为什么还敢给他办事？"

"我是被迫上了贼船裹进去了。"

"雷强知道你做的事吗？"

"不知道，我没跟他说过。"

段小青把假批文复印件和笔迹鉴定说明拿给商智奇看了，问道：

"上边的笔迹是你写的吗？"

"是。"

"这只是一份鉴定说明而不是正式鉴定，你看清楚了。你有意见吗？"

"没有。"

"你收叶嵩林的三百万元的去向呢？"

"开始以我女儿商玲的名义存在一家金融公司了，后来取出来换了一些外汇，为我儿子治病花了一多半，还有一部分。我愿意用我卖房的钱全部退还。"

"这个态度好。"

"我想请教一下我的行为构成什么罪？"

"这个嘛，一是涉嫌受贿罪。你的身份属于国家工作人员，利用担任领导秘书的职务之便，非法收受请托人给予的钱款，为请托人谋取伪造批文和购买环县石油区块的利益。二是可能涉嫌共同诈骗罪。这项罪名还要看有没有与叶嵩林共同诈骗的故意和行为，综合认定。三是关于你伪造公文的行为，因为天坛石化不属于国家机关，所以不构成伪造国家机关公文罪。"

"谢谢您！"

"看笔录签字吧。"

讯问结束以后，商智奇提出能不能见一下车祸案受伤的检察官？段小青说可以问问。

这时，预审室的门开了，冀英从外面走了进来："不用问了，我这不是来了吗？"

商智奇从座椅上站了起来，说："我见您没别的意思，您的事刚才段队长跟我说了，我很想从您身上汲取点儿力量，以后就没什么可怕的了！"

"这就对了，还是那句话，邪不压正！对待恶人，不是不报时候未到，现在时候就差不多了，因此没什么可怕的！"

"我能问您一个私人问题吗？"商智奇问。

"说吧，'县长'的问题我有问必答。"冀英说。

"为了公事，您真的连死都不怕吗？"

"趋利避害是人的本性，我作为一个人不怕是假的，但是，我的职业又让我不能退缩，就像战士上了战场，面对敌人你别无选择，只有义无反顾地冲上去，才能换来生的机会，换来社会的安宁与正义。"

"可我认识的一个律师说，您这是为个人而战？"

"别人怎么说我不管，你要问我，我会直接告诉你，我的使命就是追诉犯罪，所以，我是因诉而战……"

# 55

段小青讯问商智奇涉嫌伪造公文和受贿的事意外带出了“车祸谋杀案”的线索。冀英握着段队的手说，专家就是专家，一出手就是“一带二”，不仅拿到了本案嫌疑人口供，还把沉寂一年多的另案线索挖了出来，太漂亮了！段小青知道这条线索很重要，赶忙派人把讯问商智奇的笔录复印件给刑警队长葛海洋送去。随后对冀英说，为防止叶嵩林逃跑和有利于调查“车祸案”，准备先以行贿罪刑拘叶嵩林。冀英表示同意，认为这样也有利于诈骗案的二审。

没几天，叶嵩林二次被公安机关逮捕了。省高法及时中止了在审的诈骗案，待叶嵩林遗漏的罪行侦查终结以后再并案恢复审理。

俗话说无巧不成书。正当葛海洋拿到车祸案线索准备制定下一步侦查方案时，永宁县公安局传来了一个令人振奋的消息：当地村民在远郊山区对一堰塞湖进行泄洪时，意外发现了一辆疑似被弃于湖底的大卡车。此车是否与之前发生的检察官车祸案有关，请速派技术人员前来检查勘验。葛海洋告知永宁县警方保护好现场，他立即带人过去。

经过一天长途跋涉，葛海洋一行数人终于在傍晚前赶到了发现卡车的堰塞湖。痕检专家先指挥吊车司机把侧翻湖底的卡车从水中缓缓吊出，然后置放在旁边的一个山包上，待水渍被逐渐风干露出锈迹斑斑的车身后，几位专家随即对卡车进行了全方位的痕迹检查和信息提取。葛海洋则在当地警方的配合下，对堰塞湖周边进行了实地勘验，直到太阳完全落山双方才收工。

晚饭后，葛海洋与几位技术人员在招待所会议室开了个碰头会，汇总了一下白天收集的证据线索：一是拓下了卡车的发动机号和车架号，以此作为核查车主信息的依据。二是在卡车右前轮挡板和副驾驶门下的剐蹭处分别提取到了两块1—2毫米不等的黏贴物，疑似与接触车辆有关，有待与检方出事警车车漆进行对比核验。三是车内驾驶室后排发现防雨胶鞋一双。如果在鞋主不穿袜子的情况下，理论上可以提取到穿鞋人的脱落细胞。最后，葛海洋说他也找到了卡车的下落地，绘制了成片被刮倒的树木和卡车遗留碎片现场图……

现场勘验的第三天，省刑事技术科学鉴定中心出具了一份检验报告，证实送检卡车上的黏贴物小碎漆片与检察警车上的蓝色漆皮成分一致。据此，省公安厅确认，从永宁县山区堰塞湖底打捞出的铃木牌大型卡车正是致省检察院干警一死两伤的“交通肇事”车辆。另查明，这辆铃木卡车车主叫耿二龙，男，现年四十一岁，十多年前曾因聚众斗殴有过五年牢狱史，刑满释放后以个体运输为生。两年前被查出肾癌晚期，之后以外出治病为由长期未归，留下家中八旬老爹和妻儿四人。据邻居反映，他家以前生活非常困难，全靠耿二龙一人跑运输挣钱养家，可自从他不回来以后，去年耿妻不仅找人翻建了老屋，还买了一辆农用车跑短途客运。他的大儿子更是骑上了新摩托车到城里上下学，一家人的小日子反倒还过得去。




葛海洋派人到当地派出所查了一下，没有耿二龙家人报人口失踪的信息，更没有耿二龙死亡的销户记录，说明此人还活着。而且种种迹象表明这个耿二龙很可能私下与家人保持着一定联系，不然的话，这家人的生活怎么能这么平静如常呢?

为了密查耿二龙的行踪和防止抓捕消息泄露被人灭口，葛海洋派了四路信得过的人马全方位展开工作。一是对耿二龙家进行不间断的暗访蹲守；二是对耿二龙的两个儿子贴靠跟踪；三是对耿二龙本人及其亲属名下的银行大额存、取款进行异动摸排；四是对耿二龙妻子的手机二十四小时监听布控。可以说撒下了天罗地网，一旦耿二龙出现即刻实施抓捕。然而，十多天过去了还没收到任何效果，这让以侦查专家著称的葛海洋很是不爽。恰在这时，冀英打来了电话。葛海洋拿起电话“喂”了一声。

“是我，”冀英说，“我这儿有点儿新发现，电话说不方便，一会儿到你那儿面谈。”

“来吧，我等你。”葛海洋撂下手机，心说，“我这儿忙活半天没着落，他那儿倒有新发现，到底谁是干侦查的呀？”

不大会儿，冀英到了刑侦大队。

葛海洋照例到楼下把冀英接上去，说，“老兄怎么成独行侠了，一个助手都没带？”

“她们都忙着呢，我这是不务正业，哈哈哈！”

“不是抢我饭碗来了吧？”

“哪能呢？只能说帮老弟镀金边饭碗儿来了，纯属友情赞助，一对一提供情报而已。”

“那敢情好，您说吧。”

“是这样……”

这之前，冀英从葛海洋处得知正在全力抓捕“交通肇事”嫌疑人的信息就坐不住了。一方面是案情需要，按照嫌疑人被他人买凶的套路分析，只有抓到这个耿二龙，真相才能水落石出。在此之前绝不能让幕后指使者得到消息，一个连检察官都敢杀的人，灭口被雇的凶手应当是分分钟的事。所以冀英决定暗中帮葛海洋一把，在不影响公安侦查计划和打草惊蛇的前提下，顺着耿二龙患肾癌这条思路从医院方面调查他的行踪。另一方面，冀英忘不了他对牺牲法警孝岩的承诺，一定要竭尽全力将涉嫌犯罪的凶手绳之以法，用正义告慰战友的在天之灵！于是，冀英放下了手头其他案子，将叶嵩林案的所有工作交给了祝嘉，自己带上郑鸿朋秘密开始了跨界行动。他计划到访的第一个目标是县医院。永宁县地区不大，本县农民看病一般首选这家医院，尤其对某些重症患者，只有在县医院没有治疗条件的情况下，才会选择转到省里的大医院就医。去其他医院路途遥远不说，关键是钱老百姓花不起。

冀英对县医院太熟了。客观地说，是县医院的郝医生和各科室人员的及时救治，才使他逃过“车祸”一劫的，所以他和郑鸿朋在办公事之前，先带着一大束鲜花去外科拜见了郝医生，在一番答谢之后才上楼去了院办。院长得知检察官的来意，马上打电话叫来了病案室的负责人。该负责人根据郑鸿朋出示的耿二龙户籍卡复印件用院长桌上的电脑查了一下，说有这个病人，全部病历都可以看到。院长指示全部打印一份，然后嘱咐了一下保密要求就让该负责人回去了。

冀英查阅耿二龙病历材料显示，此人患癌晚期已经两年多了，药物治疗一段时间以后，去年一月，也就是“车祸谋杀案”以后突然再无治疗记录，而且家也不回了，这是为什么？如果不继续治疗，他的后果会怎样？冀英带着这些问题想见一下耿二龙的主治医生。院长说这好办，叫通了白医生的电话，让她看完手上的患者到院长办公室来一下。

几分钟后，白医生匆匆来到了院长办公室，院长把两位检察官的来意向她作了介绍。白医生听完恍然大悟道，现在明白了耿二龙为什么突然中断治疗的原因，没钱是一回事，‘有事’是另一回事，不然怎么连招呼都不打一声就走了。不过根据耿的病情，白医生推测如果不及时手术很可能撑不过一年，这点他自己也应当清楚。

“耿二龙需要做什么手术，费用很贵吗？”冀英问。

“他得的是肾癌晚期，治疗方案我跟他谈过，一是左肾摘除，二是右肾换肾。摘除术省医院就能做，存活概率很长。换肾省医院就没经验了，关键是肾源缺乏，他必须到北京或上海这些知名的专科医院去做。肾摘除的费用不多，一般家庭都能承担，换肾的费用就比较大了，得几十万元。按照耿二龙家的经济状况，这笔钱他肯定出不起。”白医生介绍道。

“耿二龙的求生欲望怎么样？”

“每个患者对生的渴望都是溢于言表的，可面对这么大一笔费用和病情的不确定性，他们除了沮丧和无助以外，真没别的办法。耿二龙说他不想死，他的两个孩子还小，老爹年迈，自己要是死了，这家就塌了……”

冀英和郑鸿朋离开县医院，顺着耿二龙求医保命这条思路，决定到全国有名的丰京肿瘤医院走一遭。

郑鸿朋不明白，像耿二龙这种重病在身的伏案在逃犯，还有可能到省外花那么多钱治病吗？冀英却说，过去也许不可能，可人一旦有了钱想法就变了。就像白医生说的，任何人在死亡面前都是渺小的，更何况耿二龙还有那么多家事牵挂呢。所以，不想死，有可能促使他外走寻医并不被任何人发现，甚至包括雇他杀人的人。根据目前情况分析，雇凶者或许正是利用他可能活不长这一点而选他出手的。这招儿够狠，一来可以让耿二龙有动力在死前为家里挣一笔“遗产”；二来指使一个快死的人去杀人，完事后自然灭口对他们最安全。因此，必须在耿二龙死前找到他，否则这起车祸谋杀案真就胎死腹中了……郑鸿朋觉得冀英说得有道理，便说，去就去呗，反正公安这事没做，咱们只能去摸摸，撞撞大运。

"这不就结了。"冀英笑着对郑鸿朋说，"这事先不告诉领导，只让祝嘉一人知道就行了。咱们的宗旨是事办不成不要紧，绝对不能给公安添乱，因为一旦走漏风声，这个耿二龙就危险了。不如先干着，有成效再向组织报销差旅。如果啥收获也没有，就只当师傅带徒弟出去旅游了，所有费用我出。"郑鸿朋道："一切听师傅安排，徒弟我别的不行，保驾护航没问题……"

这事就这么敲定了，祝嘉悄悄为冀英和郑鸿朋准备了出差所需的证明文件和外调公函，并自揽了本组在办的其他工作，让他们尽管放心，外调期间随时手机联系。就这样，冀英带着郑鸿朋"因私"出差了。

一个多小时的飞机到达了目的地，二人打车去了丰京肿瘤医院。

到大医院办事的程序其实与在县医院没啥大区别，只不过这里挤满了全国各地的就医患者，偌大的医院整个像个火车站似的找哪儿都找不着，问谁谁都不爱搭理，以为又是托人走后门送礼的呢。直到一位热心的保洁员引领，才让冀英他们敲对了医院行政处的门，出来接待的是这个处的高明处长。

冀英和郑鸿朋向高处长亮明了身份。高处长非常专业，一听说是协助找人的事，立马动手打开办公桌上的计算机，上局域网输进耿二龙的名字，结果在院和待入院患者中均无此人。这让二人大失所望，一个劲地问高处长还有什么其他办法？高处说以前也出现过患者用假身份证就医的情况，只能再输一下他的出生年月日试试，不行就只能上另一家肿瘤医院再查了。冀英见还有一线希望，让郑鸿朋把耿二龙的身份信息拿给高处。高处再次敲击计算机查询，随后一个叫耿秋的患者资料弹了出来。"有了，有了！"高处让冀英看显示屏，出生年月日和主要病情描述都与耿二龙的完全一样。"太好了，就是他！没想到他做贼心虚换名了。"冀英兴奋地说。高处长从计算机上把耿秋的资料打印出来，显示他目前的状态是：左肾摘除术后，等待另一侧肾源通知……

# 56

冀英把从丰京肿瘤医院带回来的耿秋资料交给了葛海洋，说：“下一步就是你的事了，我再插手就真成越权办案了。”

葛海洋接过材料欣喜之余，略带愧疚地说：“当着真人不说假话，以前我对‘公诉引导侦查’制度向来嗤之以鼻，唯独到你这儿是个例外，你‘引导’我心服口服，不服不行呀！你看又把这么重要的线索搞到了，我还能说什么呢，要是再抓不到他，我就辞职不干了，哈哈哈！”

“没那么严重，需要我们做的事还多着呢！耿二龙不过是一个被人利用的卒子而已。”冀英说。

“说到耿二龙被利用的事，我这儿倒有一点新发现。”葛海洋说，“在商智奇口供里提到‘办了’的细节与叶嵩林的保安队长扯上了关系。我一直在琢磨，如果像商智奇所说的刘浩是雇凶人，那他与被雇的凶手耿二龙又是什么关系呢？派出所资料显示这两人都有过前科，后来我就托省监管局的熟人在他们内网查了一下，结果还真有所发现，你猜怎么着，这两人曾在同一所监狱里服过刑，时间上有交集……”

“这么看，这个案子的雇凶脉络越来越清晰了，只等耿二龙到案就会真相大白的！”

“没错。根据你今天提供的情况，我分析这个耿二龙很有可能用耿秋的名字入住宾馆饭店等肾源呢。他持假身份证就医的目的无非是躲避公安和不想让雇凶人知道，现在咱们有了他的假身份信息，只要他一入住登记我们就能从公安网上查到他。”

“那还等什么，马上办吧。”

“你还‘引导’我呀？”

“不是引导，是督导！”

“得，我马上派人去办。”

葛海洋转身拿着材料出去了。也就十分钟，他把一张名为耿秋的网查信息单交给了冀英，说此人现住在一家不起眼的丰京郊区民宿。随后，葛队抓起电话通知几个蹲守点的人员撤离，改为对刘浩进行二十四小时监控。他自己准备带人对耿二龙实施异地抓捕。冀英说，如果不嫌累赘他愿意陪葛队长走一趟。葛海洋心想带着检察官一起执行抓捕任务以前没有过，别再出什么问题。就在他犹豫的时候，冀英的手机响了，来电竟然是丰京肿瘤医院的高明处长。冀英连忙点击接听：

"喂，高处长，您好！"

"您好，您好！"高处长在电话里说，"我刚接到肾病科通知，耿秋的肾源已经匹配上了，医院通知他三天以后做换肾手术，让他明天来医院……"

"好的，手术正常进行。千万注意保密啊，别影响对他的治疗，拜托啦！"

"放心吧，我也是部队转业干部出身，这点纪律性我懂！"

葛海洋听到了冀英与对方的通话内容，说："照你这意思还要等耿二龙做完手术再抓他，我看没这个必要吧。他有一条人命案在身，一审判决前保他不死就行了，何必再浪费有限的医疗资源呢？更何况他做手术期间我们得派警力看着，万一出点偏差谁也负不了这个责。"

冀英笑道："葛队长别着急呀，我是这么想的，这第一呢，耿二龙现在还不是罪犯，即使将来判他有罪，在没有执行死刑前我们也有义务保障他的健康、生命权，这就是所说'尊重和保障人权'吧！第二嘛，从教育感化获取嫌疑人口供的角度说，我们保障他的手术进行也不失为一种侦查手段，给双方都留有余地。否则的话，我们现在抓捕，一旦让他感到手术无法顺利进行，失去存活的机会，很可能会破罐子破摔，什么都不说了。那样的话，且不说定他的证据是否够充分，更重要的是我们通过他查明幕后主凶的目的就落空了。"

葛海洋觉得冀英的话有道理，虽然与刑警办案风格不同，但似乎考虑得更全面。于是决定按冀英的建议先派警力在医院秘密布控，在确保耿二龙手术完毕之后再择机实施抓捕。他当即把工作计划上报给了厅领导，领导同意他的方案，指示他专注做好抓捕工作，待嫌疑人到案后先尽可能羁押到地方公安医院，一方面有利于嫌疑人的后续治疗，另一方面也便于封锁消息和讯问口供。

“妥了。”葛海洋对冀英说，“你刚才不是说要和我一起去丰京吗，这回不去也得去了，便于跟医院协调呀。”

“这么说你同意了，一切服从葛队长安排！”

“安排不敢当，你就给我当个高参吧。但愿咱们这趟差别出差错就行。”

“好，我给你当参谋，那你得给我们单位出个公函……”

冀英回到省院把省厅的协办公函交给了杨红君主任，并说明了具体协办对象和线索来源。杨红君得知一年多以前的“车祸案”有了新进展，感到很惊讶，立即带着公函向柳长鸣副检察长汇报。柳检了解到这个情况表示，既然线索是咱们提供的，那引导侦查是应该的，但必须转告老冀一定注意安全。杨红君说，老冀去只是提供智力支持，在嫌疑人到案后协助讯问挖出幕后主犯，以便及时掌握与叶嵩林诈骗案的二审衔接并案问题，安全方面我会让他特别注意。



得到单位领导的同意，冀英与公安刑警协同出差办案就名正言顺了。

科技的发展不仅改变了人们生活，更极大缩短了城市间的距离。从省城到丰京三四百多公里的路程，葛海洋和冀英一行乘坐高铁不到两小时就到了。

丰京警方已事先接到了配合命令，两辆警车开进站台内，下来的警员待列车停稳用手机联系上葛海洋，直接把他们接到了分局刑警队。

在分局会议室，两地刑警队长详细交流了此次行动计划。二人一致认为，绝对不能让耿二龙发现病房周围有任何异常情况，争取在他术后三天内实施抓捕并押往当地公安医院……

冀英作为“编外”人员向两个刑警队长建议，为确保耿二龙不离开被监控视线，他愿以一名患者的身份在院方的安排下住进耿的病房，以便随时掌握第一手信息向外通报。葛海洋认为这个任务应当由他带的警员完成，如果有情况发生可以就地执法。冀英却说考虑到耿二龙现在的病情情况，“病床卧底”的任务主要不是为了抓捕，而是便于贴靠和日后获取口供，以他的年龄及经验最适合做这件事。丰京刑警訾队长考虑了一下说，冀检察官化装进入病房，以静默了解情况为主，葛队长带人埋伏室外，以确保安全抓捕为主。两相配合的关键是不能让耿二龙看出破绽，各自都应当做好具体预案。葛海洋一听也就没再争辩，当下决定由冀英进病房，事先做好与院方高处长的沟通，准备好相关病情资料，等等。他自己则开始布置与其他干警的轮换蹲守细节。

第二天早八时，冀英被葛海洋和訾队长带到了丰京医院行政处。高处长按照事先与冀英的协商，把一份等待肾源的患者资料交给了他，让他尽快熟悉一下。高处长说已经通知了一名主治医生与他单线联系，不容许其他人过问病情。同时，为了不引起注意，他还让科室把耿秋安排进了一个六人的大病房，便于冀英隐于其中。病房外面的事两位刑警队长把布置情况也向高处长作了简要告知，原则上二十四小时有人值守，但不暴露身份，不惊动任何人，医院秩序照旧。

一切安排妥当，高处长把冀英的主治医生韩美芬请了上来，将二人作了相互介绍并嘱咐韩医生："冀检察官在咱们科有个特殊任务，需要以患者的身份作掩护，你一定配合好，别让其他人问病情。"同时，对冀英一行说："我建议趁他住院这段时间给他作个一般体检，一来给外人看，二来也有必要，费用由院里报销，你们看怎么样？"

"那就太感谢了，费用问题可以先欠着，该多少我个人付，不然该违反纪律了。"冀英说。

"行，那就这样安排吧，大家都加点小心就是了。"訾队长说完，让冀英跟着韩医生下楼了。

年轻的女主治医生显然对今天这项非业务性任务颇感茫然，金丝眼镜后面一双大眼睛使劲儿看着冀英，仿佛地下党接头似的低声道："先换上病号服吧。"

"噢，没问题，上哪儿去领？"冀英心里有些好笑，但没敢带出来。

"一会儿我让护士给你送去，现在就去病房吗？"

"听你的。"

"要不先到我办公室坐一下，谈谈？"

"主治医生找患者谈病情当然可以了！"

电梯门开了，冀英跟在韩医生的后面进了她们的医生办公室。这是一间十人左右的开放式办公区，每人一个工位，有点儿像检察院的办公室，只是人比较多。韩医生走到自己的工位拉了把椅子让冀英坐下，说现在正是查房时间所以办公室没人。她问冀英病历看了没有。冀英说简单看了看，结论是肾衰竭等肾源做手术。

“很好，记住这句话就行了，其他别多说。”

“明白。”

“这不是拍电影吧？”

“就当是吧，你到我病床那儿进入角色就行了。”

“那就开始吧？”

“没问题。”

冀英见韩医生平静了许多，心里就踏实了。因为医生办公室毕竟不是谈话之所，所以他们的对话只能点到为止，心领就行了。

到了病房，韩医生把一张写有季军的患者卡片插在了一张空床头上，然后把浅蓝色的隔床布帘沿着上方的椭圆形轨道拉上，只留一个上下床的缝隙，让冀英上床休息。随后转身出去了。

“行了，这回真把我当病人了。”冀英心里说眼睛却没闲着，隔着布帘缝儿观察起“敌情”来。

这间病房共有六张床位，算上他已经满员了。原本有限的空间再加上几个护工来回穿梭忙碌，更显得室内狭小、拥挤。

冀英迅速浏览了一遍各张病床上的病人情况，发现除了他和对面的病人，其余四个病人都有医院的护工陪护。据说许多大医院都有不允许病人家属陪床的规定，而病人术后不能自理又离不开人，这时就只能雇医院指定的护工了。名义上这些护工受过一定的专业培训，而且出了问题由医院负责，实际上这些人就是一些类似家政性质的保姆，根本没什么技术含量，不过是变相多收费的一种手段罢了，只是话不能挑明了，大家心知肚明而已。

“六床季军吗？”一个女护士拿着一身病号服来到冀英床前。

“是。”冀英反应还挺快，连忙答应一声坐了起来。

“换病号服，量体温。”女护士拉开冀英的床帘道。

“好。”冀英接过病号服和体温计。

“有什么不舒服按铃叫我，待会儿我过来拿体温计。”

“谢谢！”

冀英按照护士的要求换上病号服，把体温计夹在了腋下，然后若无其事地看了一眼对面的病床。只见床上的病人正平躺着睡觉，虽然看不清全脸长什么样，但床头卡上写着的耿秋二字，顿时让他心里一阵发紧。也难说，毕竟“打入敌人身边”的事，长这么大还是第一次。

太近了，一个近在咫尺的重大犯罪嫌疑人……一想到那次噩梦般的悬崖车祸和法警孝岩的死，冀英恨不得立刻扑上去给他戴上手铐。可理智提醒他，这次卧底任务并不是直接抓他，而是在确保抓他的前提下，通过贴靠为后期揪出幕后主凶做铺垫，否则就等于演砸了，没达到目的。想到这儿，冀英按捺了一下自己的情绪，下床穿上鞋去了趟卫生间，他要趁耿秋熟睡之机再仔细查看一下对方的面部。

只见此人面色黢黑，眼窝深陷，宽额头秃顶，在床上躺着基本看不到头发。两只露在外面的手背布满了青筋，指甲很长，应当有一段时间没剪了，从这儿也能看出他是新入院的，要不然护士在术前早就给他提要求了。

冀英不好多在耿秋的床前浏览，生怕引起别人的注意。赶紧回到自己床上拿出手机把这里的情况发给了外面的葛海洋。

这天，冀英在病榻上度过了煎熬的一夜。

# 57

又是一天清晨，明媚的阳光伴随着鸟儿的鸣叫声，唤醒了病房里的每一个人。大家不约而同地打开了各自的围床帘，有的洗漱完毕在吃早餐，有的坐在床上玩手机，也有的仍躺在床上睡回笼觉……但不管怎样，大家都醒了，能醒，就是属于自己的清晨。

查房了。肾脏科主任、副主任、主治医师、护士长等一众人从第一床开始巡视，针对每位患者的不同情况，由主任主问，其他人补充，患者回答，内容无非是感觉怎么样，术后有什么反应，疼痛好些了没有云云……

查到三床耿秋的时候，冀英坐在对面床上直了直腰，仔细听着医生与他的对话。

“耿秋是吗？”刘主任手里拿着一个病历夹子看着床上的病人问。

“是我。”

“半年前，你的左肾摘除术就是我做的，现在怎么样，有什么不舒服的地方吗？”

“没有，谢谢！”

“这次的手术要比上次复杂一些，时间也会更长，你要有个心理准备啊！”

“没事，您尽管放心做吧，出了任何问题都由我自己负责。其实我换肾都是多余，要不是因为上有老下有小，我才不这么麻烦呢！”

“你好像并不敬畏你的生命呀？”

“敬畏，是害怕的意思吗？以前我也怕死，后来就不怕了，得认命。人是有因果报应的，我信，爱咋地咋地吧。”

“哈哈，宿命论，扯得有点远了。就说明天吧，肾源一到就手术，我会全力以赴的。上次我记得是你自己签的字，这次有家属来吗？”

“我媳妇应当今天晚上到，如果赶不上我还自己签。”

“好吧。预祝咱们的手术成功！”

刘主任刻意用了“咱们”这个词，一下拉近了她与患者之间的关系，这让耿秋的心里热乎乎的，连面部表情都舒缓了许多。

冀英是第六床，待查房人员转过来的时候，韩医生把一个打开的病历夹子递给了刘主任，说，“这是我的病人季军……”

“等肾源怎么这么早就住进来了？”刘主任问。

“主要是身体不适，先住进来做个全面检查和辅助治疗。还有……”韩医生用手指了一下副院长的签名，欲言又止。

刘主任“啪”的一声把病历夹合上还给了韩医生，面无表情地说了句“查下一个病房”。转身带人走了出去。

冀英从刘主任的问话中感觉到了她对自己这种“特需入院”的安排不满，可是没办法解释呀，好在有韩医生能理解，要不然只能被冤枉了。

这一天的病房蹲守过得还算顺利。除了上厕所以外，对面床上的耿秋一举一动从没离开过冀英的视线。并且，冀英把耿妻今天来院和明天手术的消息发给了门外的葛海洋。

下午，护士给耿秋插上了尿管儿，小便躺在床上就解决了，可大便就得有人接了。而耿秋的妻子还迟迟没来，又没有护工照应，偏巧这时他来了便意，急得他不得不按铃叫护士。护士闻听耿秋要解大手，让他先等一等说有个抢救的病人正忙，过会再来。

眼见耿秋抓耳挠腮，脸涨得通红，连着按几次铃都没人接。冀英不得已从床上下来，走到对床伸手拿出便盆帮他放到了屁股下面，说：“护士这会儿可能忙不过来，我帮你弄一下。”

“这，这太不好意思了。”耿秋话没说完下面“哗啦”一声已经泄出来了。

“都是病友没什么不好意思的，出门在外谁没有求人的时候呀，甭客气！”冀英嘴上这么说心里总觉得别扭，不仅因为活儿埋汰，关键是分对谁。可转念又一想，虽然他现在推定是犯罪嫌疑人，但在没经过审判之前他还是无罪之身，所以眼下全当他是病友吧。

“我解完了。”耿秋低低地说。

“好，我给你倒去。”

冀英揭开耿秋的被子，一股刺鼻的臭味扑面而来。他下意识地憋住一口气，左手撑被，右手把便盆抽出来，快步走到卫生间倒掉冲洗干净。等他回来刚把便盆放到耿秋的床下时，耿秋示意还想拉，说是吃了泻药的结果。冀英赶紧又把便盆给他杵了进去，心想这回算是赶上了……一连七八次，断断续续一个多小时的拉、倒过程，直到耿秋便出清水来才算结束。

“怎么样？还有感觉吗？”冀英问。

“没有了，再有就拉虚脱了。”耿秋说，“多亏有您照顾我，要不然我都出不去这屋了……”

通过这件事，耿秋被冀英的举动感动得五体投地。本来嘛，一个素不相识的人，在特殊情况下能为自己端屎倒尿，这得是多大的恩惠呀！他在脑子里闪过日后要报恩的想法，但前提是自己必须活着。而且即使活着还得看有没有机会？因为他意识到自己的身份并不单纯。两年前那起人为的车祸已经使他变的人不人鬼不鬼了，就连这次到医院看病都不敢用真名。他知道警方总有一天会找到他，他还清楚杀人偿命的天理。一想到这儿他的脑袋就像炸了似的，自己刚过四十岁怎么就走上这一步了呢？一切都是从这场病开始的……

二零一七年的春夏之交，耿二龙从一次偶然的体检中查出肾癌晚期。当时县医院给他的忠告是，如果不及时手术和进一步有效治疗，他的存活期超不过一年。

“医疗死刑”对年富力强的耿二龙来说简直就是个晴天霹雳。那段时间，他从一个一百八十斤的壮汉，一下暴瘦了五十斤，整个人都脱相了，走起路来晃晃悠悠的，恨不得一阵风都能把他吹倒。他的家境也即将遭遇一场“血雨腥风”。八十多岁的老爹听说儿子得的这病当时就昏了过去，整天一口东西也不吃；他老婆，一个只会操持家务带孩子的农村妇女，除了以泪洗面以外半句整话也说不出来；两个儿子，一个在县城上初一，一个在家读小学，将会面临生活无着……

他记得医生对他说“救自己就是救家人”的话，眼下他还不能死，他要想办法活。怎么活？无非一个“钱”字，找钱治病，借钱养家。可他那些跑车的穷哥们儿怎么凑也是杯水车薪，万八千块钱根本解决不了问题。在所有办法都试过以后，耿二龙突然想起了一个人——曾经的狱友刘浩。

别看刘浩比耿二龙小几岁，人长得白白净净，瘦高挑的身材，可动手打起架来心黑手狠，一般人不是他的对手。那年他因犯故意伤害罪被判了三年刑，恰好被分到与耿二龙同一个监室。下号的当天，牢头狱霸蒋六欺负他是新来的，让他把刚领的窝头放到他碗里。刘浩表面上顺从，走过去恭恭敬敬地把窝头放到了蒋六碗里，眼睛看着蒋六说，“这是孝敬您的”！就在蒋六伸手要拿窝头时，谁也没想到，刘浩飞起一脚踢在了蒋六的裆部，疼得蒋六“哇呀”一声惨叫，手捂下身满地打滚。蒋六的几个手下顿时一起扑向刘浩，只见他出手极快，瞬间打倒了两个，其余几个吓得不敢再打。只有一个蒋六的铁哥们手持一把密藏的利器绕到刘浩身后要下死手，不想被横冲过来的耿二龙给扑倒了，致使刘浩躲过了可能被害的生死一劫。事后二人成了患难朋友。刘浩曾经问耿二龙当时为什么帮他？耿二龙也不藏着掖着，只说是为报刚进来时被打的一“见”之仇。

一晃三年过去了，刘浩比耿二龙先服刑期满。临出狱时他对耿二龙说，出去一定联系他。

后来，耿二龙出来找过刘浩，发现他和他走的不是一个路数。刘浩虽说是给一个大老板打工，但隐约能感觉到他有点儿黑社会背景，与自己长途货运的身份极不搭界，后来就不怎么联系了。

可是，此一时彼一时，现在的耿二龙已是穷途末路，谁有希望救他他就找谁，哪儿还管什么黑白曲直呢，就是火坑他也要往里跳，反正人生对他就是那么回事了。于是他给刘浩打通了电话。

刘浩听明白了耿二龙的意思，回答得倒也直白干脆，他说：“你现在这种情况借钱，少了不管用，多了又还不起，可天下没有免费的午餐，不如把‘借’字去掉，改成‘挣’，兴许还有一线希望。”

“我还剩半条命了，拿什么挣呀？”

“就用你这半条命去挣，挣下了，活命养家。没挣下，死了光光亮，你也不亏，再过四十年又是一条好汉！”

“这话说得好！我想清楚了，只要你信得过我这半条命，有什么活儿你就吩咐……”

几天以后，刘浩约耿二龙面谈了一次。核心意思是让他开着自己那辆大货车针对一辆小轿车制造一起假车祸，至于对方车上的人员死活无所谓，事成之后给他一百万元作为回报。

尽管耿二龙事先有些思想准备，但在听说要对一辆检察院的警车下手时，还是被吓出了一身冷汗。

“怎么样，不敢干了吗？”刘浩冷冷地问。

“那可是警车呀？”耿二龙面露难色道。

“不是警车能值这么多钱吗！”

“这可是杀人呀？”

“不是，只是一场交通事故而已，或者顶多构成一个交通肇事罪。你跑车这么多年应该懂吧，开车不小心或者酒后撞车，即使死了人，最多才判七年。不信你回去看看刑法法条。”

“可是我这病，判两年不也得死里面吗？”

“这个，不是已经说了嘛，就是没这事你也是个死，这么死还能给家里留下一笔钱，供两个儿子上大学和一家人吃喝足够了。另外，如果你处理得干净不让警察抓到的话，不是一年也判不了吗，想想是不是这个理儿。”

“行，反正人总有一死，不如轰轰烈烈地拼一把，这活儿我接了！”

“接是接，但有一个条件你必须做到，否则不仅你活不了，你的两个儿子也活不了！”

“啊，什么条件？”

“一人做事一人当，拿人钱财替人消灾。到任何时候都不能把实情供出去，如果供出去，后果你应当清楚！到时候可别怪我心狠手辣，因为我也是替老板做事的。”

“这个我明白，咱们都是从号里出来的，你尽管放心，就是死我也不会吐半个字。”

“那就这么定了，具体怎么做，下次见面我再跟你细说……”

就在刘浩与耿二龙达成交易后的第三天，永宁县山区就发生了那起悬崖交通肇事案，造成省检察院干警一死两伤……

耿二龙事后把他那辆大货车坠进了一个几十公里外的堰塞湖，然后对他老婆姜翠花谎称把车卖了，拿钱到大城市治病去。姜翠花问他走了以后这个家怎么办？他说以前的一个朋友欠他一笔钱，现在这个朋友炒股发了，加倍还给了他七十万元。他把这笔现金全部交给了姜翠花，千叮咛万嘱咐地说，这是孩子上学，父亲养老的救命钱，要她一定把钱藏好管好，不管将来出了什么事，对任何人都不能漏出去，就是警察问也不能说……然后，他自己揣着剩下的三十万元离家出走了。

一开始，耿二龙料理完了“后事”挺潇洒，一身轻地周游了一下天南地北，可过了不到半年，几万元钱花完了不说，双肾的剧痛也让他玩不下去了。是坐地等死还是搏一把，经过一番考虑他最终选择了生。在没有被公安抓到之前，他不准备就这么结束自己，这不是口袋里还有钱吗，先治好病再说，万一将来没判死刑，还能在狱里活着，只要活着就行，总比年轻轻的死了强。于是，他辗转来到了几百公里之外的丰京医院。接下来就是半年前的摘肾，现在又躺到了病床上，等待明天的换肾。此时的他，想的很多很多……

夜幕降临了，窗外已是繁星点点。一个女护士进到病房巡视了一下，见没什么事就催促患者和陪护闭掉床灯休息。

冀英“忙活”了一天觉得有点累，随手发出几条信息就早早进入了梦乡。因为睡得实，前半宿连昨天吵得他睡不着觉的呼噜声都没听到，可到了凌晨三点前后却怎么也睡不着了，躺在床上直“翻烙饼”。他想到了另外几张床上的患者，仿佛自己进了一家汽修厂，看到的全都是满目疮痍，不禁唏嘘人生是否真是一场磨难，哪怕磨砺也好啊。

就在他胡思乱想的时候，房门漏开了一条缝儿，从楼道闪进来一束光亮随着关门瞬间又变成了黑暗。一个人影蹑手蹑脚地走到耿秋床边，可能因为听到病床上的人鼾声正浓，于是用手机电筒放心地对着病人的脸照了一下，仿佛在确认有没有搞错，然后迅速从兜里拿出一只针管对准输液瓶的底部扎了进去，看动作像是在往里面加药。冀英突然意识到这个医生的举动反常，下意识地喊了一声“谁！”随即翻身下床从后面揪住了此人的衣领。只见这人并不答话，猛地回手向冀英的脖子刺了一针，疼得冀英“哎哟！”一声松了手，对方趁机一转身打开窗户跳了出去。冀英大喊“抓住他，抓住他”！紧接着从外面冲进来几个人。冀英听声音是葛海洋，一手捂着脖子一手指着窗外说，有人从这跑了。葛海洋赶紧打开手机电筒向外查看，只见三层楼下有一件白衣扔在地下，人已经不见了踪迹。他问冀英什么情况，冀英说可能是“刺客”，必须马上抢救病人。这时，楼道里的应急灯亮了，值班医生、护士跑了进来。冀英手里拿着刚从耿秋手背上拔下来的输液针说，得赶快给他作个检查，可能输液瓶里被人注东西了！医生质疑为什么听他的？葛海洋对医生说，我是警察，马上照他说的做！随后自己带人向外边楼下跑去。

耿秋因为睡前吃了两片安眠药还处于非清醒状态，见护士推他出病房揉着眼睛问是不是要手术了？医生随口说是，再作一个术前检查。接着在两名便衣警察的帮助下，把他推进了抢救室。

葛海洋带人在楼下前后左右地搜寻了一遍，没有任何发现。他让几名警员留下来扩大范围再继续找，自己不放心楼里的情况又折返回来。冀英告诉他耿秋刚被推进去做检查，门口有警察看守让他放心。然后指着耿秋输剩下的半瓶液体说这可能是有人要灭口的证据。葛海洋抬手把输液瓶摘下来交给旁边的一个警察，嘱咐他保管好准备送检。正当葛海洋打算问问冀英刚才事件的详细经过时，一转头发现冀英左侧脖颈处有一条流出的血迹，连忙问他是不是受伤了？冀英回答说，被那人扎了一针，估计没来得及打药就跑了，应当没大事。

“啊？你也被扎了，那还不赶快化验去，这儿的事你就别管了！”葛海洋不由分说地把他拉出病房交到医护人员手上去做抽血检验。

一切都安排妥当了，葛海洋猛然想到了一件事，连忙拿出手机给省城蹲守刘浩的警员打通了电话，询问刘浩的情况。

“一切正常，没发现任何异动呀。”

“马上进去看看，结果速报！”

没几分钟，那边回话了，刘浩已经不在公司……

# 十四

# 执着的正义

# 58

天大亮了。丰京肿瘤医院保卫处聚集了本省内外的警察。经过进一步现场勘查和监控录像分析，结合耿二龙的实名毒物检验报告可以初步证实，在昨晚后半夜肾科病房内发生了一起针对耿二龙的，以向输液瓶内注射氰化钠毒物的方式实施的预谋杀人案。所幸这一行为被事先潜入病房里的检察官及时发现，并在有毒液体未实质性输入耿秋体内时被拔下了针头，有效阻止了这起旨在灭口的恶性案件。在此过程中，检察官为保护耿秋在与凶手搏斗时脖颈处被毒针刺中，经检验毒量轻微，对身体健康不构成影响。后经医院生化实验室证实，在送检的耿秋输液瓶以及针头、针管中均检出了高浓度氰化钠成分。病理专家说，这种剧毒一旦进入人体几分钟就可致人死亡……

对于在逃凶手的身份调查等问题，警方并未在此场合作出说明，而是重点加强了对耿秋换肾手术的安保措施及监控，绝不能再出现任何意外，一旦手术结束立即把病人转往丰京市公安医院。

冀英从葛海洋处得知毒杀耿二龙未遂并扎伤自己的人大概率是雇凶嫌犯刘浩时，并没有觉得太过意外，他说：

“叶嵩林在里面，外边只有他了，可以预料。”

葛海洋道：“这个刘浩还着实有两下子，骗过了省城蹲守的人不说，还奔袭到咱们这儿来行刺，三层高的楼房来去无踪，竟然没有留下任何痕迹，就这么跑了。”

“用不着沮丧，他跑得了一时还能跑一世吗？在你葛大侦探面前他就是个蟊贼，只要耿二龙的口供一指认他，拿他还不是早晚的事？”

“就是心里搓火。”

“甭往心里去。不过有件事咱们得琢磨琢磨，耿二龙化名耿秋住在丰京医院这么保密的事刘浩是怎么知道的，而且连病房床号都一清二楚，没有内奸他能做到吗？”

“这点我也在怀疑，可是这次抓耿二龙的任务已经扩大到了当地警方，这就使甄别变得更难了。不过我现在心里有数了，下面的活儿一定会考虑得再周密一些。昨天晚上的事真得好好谢谢你，要不是你及时出手后果不堪设想！还有你老冀如果出了什么意外，我向谁都没法交代。”

“这不没事嘛，有你保驾护航，我怕什么！”

“可我怕呀，我是真后怕！你知道隔行如隔山的道理吧，干我们侦查这行有它的规律性，经常是早了不行，晚了也不行，远了不行，太近了也不行，必须恰到好处的时候才能出击。可就这个时间差最容易出事，不是夹生了就是可能造成后果，要不就是人跑了，不好干呀！”

“我昨晚正巧后半夜睡不着觉，凶手一进门就被我发现了，可是咱这身手不行呀，要是换了你他就跑不了了。”

“这就不错了，当时就把针头拔了，还得说有意识，侦查意识！”

“不懂，真不懂！哈哈哈……”

“得嘞，看你没啥事真高兴！今天你的任务就是回病房休息。我现在得去盯着耿秋的手术去，什么时候把他送到公安医院我就踏实了。你这里我也得加强安保。”

说完，冀英回病房睡觉。葛海洋转身往手术室去了。

耿二龙的换肾手术很成功。为了以防万一，医院应警方的要求，派医护人员在他全麻清醒以后，立即用救护车送到了丰京市公安医院。

几天过后，耿二龙出了ICU监护室，各项身体指征一切正常。葛海洋从医生那儿得知他可以接受讯问的消息立即赶了过来，带着一名助手对耿二龙宣布了依法刑事拘留决定，同时进入讯问调查程序。

耿二龙自从进到公安医院就明白了自己的处境，他知道这一天迟早会来，可没想到来得这么快，快得让他没有一点喘息。他甚至还了解到在丰京医院的时候公安就已经布控了，只是在等手术完成以后才采取的强制措施。单为这一点，他心里多少有感于公安的人性化举动，因而未对葛海洋他们的到来持过激反应，签字的时候也比较配合。葛海洋见状打算顺势展开攻势，没做过多铺垫就进入车祸事件主题，有关受谁指使，如何交易，行动过程和要达目的等一系列问题相继抛出，交叉讯问，可结果却收效甚微。耿二龙抱着生死看淡的态度，任凭怎么问始终就那么几句话：“怎么定你们看着办，别再问我了。如果非要问，我只能说那是一场交通事故，是我喝酒引起的，事后我把卡车开到堰塞湖里淹了……”

久攻不下，葛海洋带人打算从耿二龙妻子姜翠花那儿找破绽，可问了半天，姜翠花一样什么也没说，搜查更是一无所获，弄得办案组人员一时没咒儿念。但问题是耿二龙零口供的话，这个案子的谋杀性质就废了，成了一起单纯的交通肇事逃逸案，耿一人负责且属轻罪，其他嫌疑人皆可高枕无忧了。显然这不是事实，更不是预判结果，也与有人冒险灭口行为不符，所以葛大神探笃定不能接受，如若不能拿下口供，他誓言不能再在圈里混了。

经过周密考虑，葛海洋准备打出最后一张牌。

这天，耿二龙接民警通知公安讯问，他头也不抬地跟着去了审讯室。老对手坐定，新一轮较量又将开始。葛海洋免去了所有前缀，直接问道：

“你的问题想得怎么样了？”

“该说的都说了。”耿二龙答。

“那好，今天我就不问案了，也不作记录只是聊聊，你看怎么样？”

“既然您都来了，聊就聊呗，闲着也是闲着。”

“一个人把生死置之度外的话，说话都透着处变不惊、风轻云淡的状态，佩服、佩服呀。”

“您是在和刚捡了一条命的人开玩笑吗？好像没多大意思。”

“那我就说点有意思的。你知道这次在丰京医院半夜发现凶手，及时拔掉针头救你不死的人是谁吗？”

“事后听大夫说了，是我对床的病友季军。老季还帮我端过屎尿呢，这些大恩大德只能等来世再报了……”

“等来世？你推得倒挺干净！”

“不推咋办呢，今生今世是没机会了，你们不是要判我故意杀人吗，杀人偿命天经地义。”

“当今社会法治发展，杀人者死已经不是必然，主要看犯罪情节、手段、后果以及案后是否悔罪等因素，这些上次都跟你讲了。咱们还回到前面的话题，在医院救你命的老季本名叫冀英，他是咱们省检察院的一名资深检察官，也是你制造那场车祸的幸存者，死的是送他工作的法警司机……”

“什么？”

“你是不是感到很惊讶，甚至质疑冀英为什么会对仇人出手相救，这不是以德报怨吗？这其实就是做人的格局，或者说是一名优秀检察官的职业胸怀！”

“您说具体点儿？”

“这还不明白吗，抓你，让你死很容易，只要阻止你的手术正常进行或者对杀你灭口的人视而不见，都能达到目的。但这并不是我们要的结果，也不是司法公正的结果！因为你死了，真正的幕后操纵者就会死无对证，从而逃避法律对他们应有的制裁，所以我们有义务、有职责确保你的安全。”

“您说的‘我们’是指公安还是检察官？”

“准确地说是老冀说服了我，成了我们共同的责任。”

“有一点我不明白，现在我这案子是公安办的，怎么检察官会掺进来呢？”

“你问的还挺专业，我可以告诉你，一是我们有警检联合办案机制；二是与你有牵连的幕后大老板的案子在冀检察官手里。为了查出假车祸案的幕后真凶，检察官提前介入引导侦查是有制度规定的，合规合法，符合办案需要。”

“噢，那您说这话是啥意思？”

“我认为，你可以不考虑我们，冀检察官为你做的这些，你应当考虑，到该说实话的时候了！”

“您也够直白的，既然话说到这份上，我可以考虑，但前提是冀检察官得来……”

耿二龙一句话把葛海洋怼到了墙角上，心里说，既然你拿检察官说事，那我就没必要跟你说了。

葛海洋自知再谈下去也不会有什么结果，只能宣布“聊天”结束。

从公安医院出来，葛队的助手不知深浅地说，今天对耿二龙的攻心术有效果，至少不对抗了，有缝隙可谈。可葛海洋并不感觉开心，他认为自己打的这张牌实属无奈。好在寄希望于老冀，没什么抹不开面儿的，能把案子办下来是关键，其他都是方法问题。

冀英在耿二龙被抓转至公安医院的第二天就返回省检察院上班了。他急着回来一是前期协助抓捕任务已经完成，二是手头那么多案子都推给祝嘉办不合适，还是早点回归正业为好。尤其下一步公安进入对耿二龙的审讯阶段，他再在现场待下去有职责越位之嫌。

祝嘉把这些天对叶嵩林诈骗案的补证论证情况向冀英作了汇报，总而言之，各项工作计划基本落实到位，新老证据组合足以证明叶嵩林前期“四假”诈骗手段充分，后期“改协议”是非法占有的一部分，客观上骗取款项不能归还，主观上虚构事实不想归还，已经达到了构成诈骗罪的证据及法律标准，只等其他罪名侦查完毕一并合案开庭审判。冀英非常满意，说叶嵩林现因行贿罪被收押，涉黑买凶的事实正在查办，一旦侦查结案还得经过市级一审，再次上到省院二审尚需时日，这样就不着急了，可以全力转到其他案件的办理上。

郑鸿朋扒着冀英的脖子查看，道：“听说您这次又遇到险情了？”冀英说：“正义保佑我再一次有惊无险，如果那个针头有剧毒就见不到你们了。”随后他把在丰京医院的“卧底遇刺”故事讲了一遍。听得三个人目瞪口呆，连称太惊险、太危险了！怎么什么事都让您赶上了，跟拍电影似的……

祝嘉拉着冀英的衣袖说：“你以后再碰到这样的事多想想远纺姐和你的家人，还有我们这些惦记你的人。”

冬煜也说：“冀老师您可是我的择偶标准呢，如果您要是出了事，我的人生大事就失去标杆儿了，所以一定要保护好自己。”

郑鸿朋开玩笑，道：“关键没带我去，我要是去了冀老师的安全就有保障了。”

冀英知道大家的心意，表态今后一定得多注意，说自己不服老不行，要倒退十年早就把刺客拿下了，哪能被刺了一针还让他跑了呢。

正当办案组四人聊性正欢时，杨红君主任来了，说柳检有事找冀英上去一下。冀英对祝嘉说，估计到那儿也得挨批评……

杨主任和冀英一起来到了柳长鸣办公室。柳检把桌上一张盖着省公安厅大印的公函推给杨红君，说：“你们看看，在我印象里省厅连续邀请咱们提前介入一起案件侦查可是够少见的。”

杨红君迅速浏览了一页纸五行字的公文内容，然后转交给冀英，道：“这才刚回来怎么又让咱们派人去呀？我猜是拿口供遇到问题了，而不是公函上写的为检察院起诉做准备。”

“你说的没错，要不怎么他们非让老冀去呢，肯定是有针对性的。”柳检说。

“让我去，函上没写呀？”冀英一副不知情的样子。其实葛海洋早给他打过电话，是他提出必须走组织程序，不然真出点啥事儿说不清楚。

柳长鸣说：“是他们高厅长单独打的电话，我琢磨只有你老冀能给咱们检察院挣这么大面子，要知道公安预审可是人才济济，这个案子却偏偏点名让你介入，背后的故事我都听说了。”

“有故事？”杨红君一脸蒙圈。

“不知道吧，我也是才知道，案情需要可以理解。不过听了老冀的事迹以后，又敬佩，又担心！”

“嗐，我当时也没考虑那么多，回来才有点儿后怕，而且可能给咱们检察院带来影响。”冀英淡淡地说。

“影响倒没啥，关键后果太严重！”柳长鸣接着说，“检察人员因公办案遭他杀的事件本就全国罕见，如果这次再出事咱们省检可就两起了。两年前是法警遇假车祸身亡，你负重伤，再加这回被毒针所害，因为同一起案件，被同一伙犯罪人前后两次得手，你想想，这社会舆情能小的了吗？先不说公检的压力有多大，个人家庭也承受不了啊！所以越想越觉得万幸，多亏嫌疑人没来得及打药，否则……不敢想了。没出事最好，但经验教训一定要吸取，不能光顾了办案放松了安全意识。有些不是我们的活儿不能越界，公安有公安的专业，检察有检察的特长，介入引导侦查行，但介入实际办案就不可取了。”

冀英听柳检话说得很实在，一边承认自己的行动有误，一边感谢领导的关爱和肯定。杨红君不知详情，追问到底是怎么回事被柳长鸣打住了，说回去让冀英写一份详细报告就清楚了，不为别的，就是为了宣传检察官难能可贵的担当精神和积极能动的职业品质。当然，这个工作不是现在，眼下需要老冀做的是，带上一个助手再次向丰京出发，那儿有一项特殊任务在等他……

# 59

这是冀英第三次北上丰京市了，办案对象始终没离开一个人——耿二龙。无论是前期查出他的化名就医线索，还是后期配合警方对其实施抓捕，冀英都是主动而为的，可这次却应邀前往，似觉缺少了些挑战性。

对于如何面对耿二龙这个人，冀英的内心是充满矛盾的。一来他是涉嫌车祸谋杀案的凶手，检察干警孝岩就死在他手上，自己和杨主任也都因他而受到不同程度的身体伤害，从这点上看，这个人是地地道道的“仇家”，理应追诉法办没商量。可是，二来这人只是个被人买凶的“枪手”，而且仅剩下半条命，一旦对他简单“从事”，这半条命会随时被阎王爷收走，其结果只能落到一起假交通肇事案上，而买凶杀人者从此逍遥法外。为了避免这种结果的发生，冀英现在能做的就是先把个人愤怒收起来，全力配合警方从耿二龙嘴里挖出真相，形成证据，才能达到将全部罪犯绳之以法的目的。这既是全局意识也是法律意识，想到这儿，冀英的情绪似乎自我调整了一些。

葛海洋在高铁站第一时间接到了冀英和与他同来的郑鸿朋。上了车，葛海洋对冀英调侃:“这次怎么带保镖来了？”冀英回称“‘一朝被蛇咬，十年怕井绳’，防着点儿呗！”郑鸿朋插话，道:“有神探在，我这个保镖就是个摆设。”三人聊了几句闲篇，冀英迫不及待地问起耿二龙的情况。葛海洋就把讯问受阻和耿二龙提出要面见检察官的前因后果介绍了一遍，他说：

“我现在真拿这个半条命的人没办法了，说深了不是，说浅了也不是，又是在异地医院，不能上任何手段，还得‘供’着他，到点就得吃饭喝水吃药，医生随时出来进去，这样的环境条件你想拿口供，他给你死鱼不张口，神仙来了也没用。可是我急呀，老在这儿耗着又耗不起，对刘浩也没法下通缉令，工作都被滞住了。实在没办法，我才出此下策，打你这张牌……”

“照你这么说神仙来了都没用，我又不是神仙就更没用了？”

“老哥你就别挑我字眼了，反正是够难‘伺候’的，耿二龙现在不说实话对他对谁都有利，这点他心里门儿清。”

“想过没有做做他老婆的工作？”

“也搜也问了，这个女人不简单，啥也没问出来，基本上不配合。”

“那就只能直对耿二龙了，反正按现有证据定他交通肇事致人死亡没问题，大不了把他押回省城看守所再说，着什么急呀！只要是犯罪就一个都跑不掉，早晚的事儿。”

“唉，我算是被陷这儿了，就这么回去不好交代，你来了我就有救了！”

冀英听葛海洋的意思是干着急，没办法，于是也没再多说什么，是想让他抱点儿希望。

转天一早，冀英和郑鸿朋被葛海洋从驻地宾馆接到了公安医院。马上面临与嫌疑人短兵相接了，冀英把自己想了一宿的计划跟葛海洋做了一个沟通，他主张要想拿下耿二龙的真实口供，指证幕后指使者，除了打“救命报恩”牌以外，还要打一张法律上的保命牌。说白了就是利益交换，类似国外的“辩诉交易”和“污点证人”，必须让他觉得有利可图，才能以活命换口供。葛海洋长期搞侦查破案，对这些技术性手段的法理依据并不很熟，他问怎么个交换法？冀英说：

“目前认罪认罚从宽制度全面落实，根据这项制度的内在机理，理论上所有刑事案件都在适用范围之内，而且贯穿于刑事诉讼的全过程，鼓励越早适用对案件处理越有价值，从宽的幅度也就越大。”

“可是耿二龙是涉嫌谋杀检察官的直接主犯，属于罪行、后果极其严重的案件，法律上能对他从轻吗？”

“来之前我分析过，有这么几点可适用的理由：第一，耿二龙不具有报复杀害检察官的现实动机，存在为了保命养家被人利用的不得已因素，主观恶性相对较小。第二，本案后果虽然特别严重，但从法律责任轻重方面，幕后操纵指挥的首犯应当排第一位，后面才是被雇凶和再雇凶的主犯，如果适用死刑的话，按照惯例只能三选一判处首犯，而不是其他。既然耿二龙不属于当杀情形，那么适用认罪认罚从宽制度就极具可行性。尤其在获取指认口供的价值上，对于认定本起共同犯罪形成有效充分的证据体系，具有不可或缺的作用。另外，选择命案试行这一改革举措，判例的借鉴意义更大，更能达到化解社会矛盾、准确惩罚犯罪，以及节约司法资源的目的……”

“这么说你都想好了，那从宽到什么程度合适？”

“通过我的观察，耿二龙能在肾癌晚期经济无着的情况下，又是割肾又是换肾，足见他的怕死意识，我们就利用这一点，承诺对他不判死刑甚至无期，换取他的认罪认罚。”

“我看这样，你先按照这个模式跟他谈，听听他的意思，必要的时候让他委托一个律师，参与形成一个意向，等我向领导汇报后再签具结书。”

“没问题，如果你们领导不同意，案子到了检察阶段我们再作也可以。我先跟他谈‘空头支票’，争取把口供拿下来。”

“行，你去吧，有我同意也不算纯粹‘空头支票’，这个主我作了……”

郑鸿朋要跟着一块儿进去被冀英拦住了。冀英说他一个人跟耿二龙谈方便，容易谈进去，旁边有人怕他说话有顾虑，一旦做通工作再让公安人员去作笔录和录音录像。如果不成功就当没这段儿，也不作笔录了，打道回府，从长计议。

冀英进到审讯室看见耿二龙已经被安排在了专椅上，就是腿、手被相对固定的那种。民警见讯问人员来了便起身告退离开。耿二龙看到“老季”欲站不能只好点头示意，嘴里说着几句听不太清楚的话，看样子是有点儿小激动。冀英走过去拍了拍他的肩膀，把一瓶农夫山泉水递给了他，然后问起了手术恢复情况。耿二龙回答说：“还好。”随后蹦出一句：“你是警察说的那个身份吗？”冀英听罢把自己的检察官证拿给耿二龙看，说：“我是省检察院的，干了快一辈子了，是不是不像啊？”

耿二龙接过工作证仔细看了看，道：“住院那会儿没发现，刚才从你一进来我就觉得公安没骗我。”

“这就算对上号了，如假包换。”

“我想问一句，为什么有人要杀你？”

“这还用问吗，我是个检察官，追诉了他们的亲友犯罪，报复呗。”

“你早就知道是我干的？”

“知道。”

“那为什么不抓我，还要等我做完换肾手术，还在病房为我……”耿二龙红着眼睛说不下去了。

“理由就一个，在你没被审判之前，你的一切权利都应当受到法律保护，也包括你的生命健康权。”

“你不应当救我，我死了一了百了，心里也就没有亏欠了。”

“人活着是有亏欠，但还有机会还。如果你死了，你是了了，可真正的幕后指使人却因为证据灭失而逍遥法外了。这样的现实不仅社会正义不能了，就是你家人背负的疑问也不能辩解了。”

“可是你现在救了我，法院不照样还得判我死吗？我知道我的罪过，杀人偿命天经地义。”

“法院怎么判那是法律的事，能和你被人灭口是一回事吗？再说了，现在有一项新制度叫认罪认罚从宽制度，如果你愿意配合的话，按照这项制度法律可以判你不死。”

“判我不死，您不是宽慰我吧？其实我从进来那天就已经做好死的准备了，更何况已经死过一回更没什么可怕的了，谁让我罪有应得呢。”

“你不怕死，那为什么还冒着被发现的危险作换肾手术呢？‘蝼蚁尚且偷生，为人何不惜命’，怕死是人性本能，没什么不好意思说的。”

“可是我现在说怕与不怕，还有什么意义？”

“当然有意义！刚才我不是跟你说了吗，只要你相信我，走认罪认罚从宽的道，我可以保证你不死。”

“你，我相信，可你能代替法官吗？”

“你听我说，这项制度是这样的……”

冀英把认罪认罚从宽制度的试行办法详细向耿二龙进行了讲解，说明了一旦签署相关文书即具有法律保障效力。因为涉及量刑生死问题，所以耿二龙听得特别认真。最后冀英又从另一个侧面推了他一把，说：“其实你应当能感觉到在医院往你输液瓶里注毒的人是谁，警方已经在输液瓶和现场留下的针管上提取到了他的指纹，对于这种灭口要你命的人，你对他还有什么义气可讲吗？！既然他已经背弃你在先，你指证他说出‘车祸’真相也在情理之中，没什么可纠结的，如果再想不开，那就太愚了……”

耿二龙听了这番话恍然大悟，道：“也是，我冒死为他们干事，到头来还要干掉我，太他妈不地道了！是他们先对不起我的，我也没必要再给他们扛着了，就是法院判我死刑，我也得把事说清楚，要不然都以为是我杀的检察官，其实我是被他们利用的……”

冀英见耿二龙彻底醒悟了，赶紧站起来把门外的葛海洋他们叫进来，让他们架上录像机开始走讯问记录程序。

整整一个小时，耿二龙详细交代了他因病穷困潦倒而找到狱友刘浩，以及刘浩受老板之托开出一百万元的条件，让他制造一起与检察院警车发生假车祸事件的全部经过。他说，是刘浩给他提供的检察院警车牌号和出现在山区事发地的具体时间。这个细节引起了讯问人的特别注意……

走出审讯室，葛海洋不由自主地握住冀英的手，敬佩之情溢于言表。随后他拿出手机给省厅打电话：“对雇凶杀人嫌犯刘浩，马上实施网上通缉！”

# 60

刘浩毒杀耿二龙没得手还差点被埋伏在医院的警察给抓住，着实把他惊得够呛，连夜坐高铁返回省城以后，猫在一处只有他和叶嵩林才知道的郊区别墅里不敢出来了。那么，这个刘浩是怎么知道耿二龙在医院的消息，又是谁指使他去杀人灭口的？欲解其谜，首先离不开他与叶嵩林的关系，其次才是为了自保所需。

其实刘浩的本名叫刘赫，现名是叶嵩林帮他起的，并利用派出所所长张炳坤的关系修改了户口底档，重新办理了一个虚假的二代身份证，从此与真名刘赫彻底断绝了关系。刘赫之所以隐姓埋名与他的一段个人经历有关。大约二十年前，十八岁的刘赫犯下一起人命案，死在他手里的人非是旁人，竟是辛辛苦苦把他带大的姥姥。怎么回事呢？刘赫小的时候爸妈就下海出国打工去了，一走数年也没啥起色却始终没有回国，小刘赫就被寄养到了姥姥家。或许由于缺少父母关爱和管教的原因，刘赫童年形成了放荡不羁、桀骜不驯的性格。随着年龄的增长，他初中没毕业就辍学了，整天混迹于无业游民中，长期有家不回，靠争强斗狠劫财偷摸过日子，进出派出所就成了家常便饭。有一天，刘赫手头又没钱了，饥肠辘辘，不得已回到姥姥家。可当他看到姥姥家的院门换了把新锁，自己手里的钥匙怎么也打不开时，立刻臭脾气上来了，心想这是不让他回来呀？于是找了一把螺丝刀先撬院门再撬房门，随后进屋就翻，把老人仅存的几百块钱全部洗劫一空，转身往外就走，不想被得信儿回家的姥姥撞个正着。刘赫姥姥一看屋里的现状马上明白了一切，拼命抱着他的一条大腿，大喊“抓贼、抓贼呀”！

刘赫当时正因为几件事躲着公安，生怕再被抓进去，见姥姥这样喊一着急把坐在地下的老人拖到了屋门口，嘴里叫着“松开，松开”！可是姥姥死活就是不撒手。僵持之中还招来了不少看热闹的人。刘赫恼羞成怒，随手从窗台上拿起一块半头砖对着姥姥的头部拍了一下，姥姥顿时栽倒在地，鲜血顺着脖子直流。刘赫被吓傻了，弯腰扶着姥姥的头连喊了几声“姥姥、姥姥”！可是老人已经没了反应。这时人越聚越多，刘赫一咬牙，起身对着进院儿的几个邻居大妈鞠了一躬，求她们帮忙叫个救护车，然后头也不回地跑了……

出事以后，刘赫的两个舅舅和一个姨妈赶到了医院。他们的老娘经过几个小时的抢救，终因伤势过重引起心脏病复发不治身亡。停尸期间，刘赫的父母也从国外回来奔丧。经过家庭会议，家人一致要求警方缉拿凶手，以命抵命。尽管刘赫的母亲心有苦衷，但在“弑母之仇”的气氛中也不敢有半点儿流露。

警方得到现报，立即对涉嫌杀害外祖母的刘赫进行通缉，然而刘赫就像人间蒸发了似的，消失得无影无踪。

许多年以后，有人从改名刘浩的嘴里得知，犯案那天他跑到了比他大十来岁的叶嵩林家。

说来凑巧，叶嵩林当时也是个倒霉蛋，在一场打群架中险些丢了小命，多亏被及时赶到的民警张炳坤给救了。伤愈后他曾经到派出所面谢张炳坤，张炳坤只说了一句:“只要你别再犯事就是对我最大的感谢了。”没想到叶嵩林还真听进去了，决意离开此地浪迹天涯，不混出点儿人样来不回来。恰在这时，之前认识的刘赫跑来说了他的情况。叶嵩林念刘赫小兄弟挺讲义气，还曾经帮自己办过事，现在有了难处不能见死不救，便对刘赫说了自己的打算，并称只要有一口饭吃绝不让兄弟饿着。刘赫听了感动得不行，表示宁愿饿死也要跟他一块儿走，否则不是进公安局就是被舅舅抓住打死。那天以后，叶嵩林变卖了家里所有能卖的东西，凑了几千块钱带着刘赫远走高飞了……

至于他们都去了哪儿没人说得清楚，传说到过太平洋岛国塞班双双改了身份。不管怎么说，十多年来这两人基本没分开过，关系可见一斑。

后来叶嵩林真混起来了。有人说当今是个拼爹时代，可叶嵩林不信邪，拼的却是颜值和口才。尤其三十岁出头的他，可以说是美风姿，少倜傥，一米八五的身材，浓眉大眼，鼻直口阔，后背一头乌发，大有小周润发的气概。有一次，叶嵩林带着改名后的刘浩一起乘飞机，无意中赢得了一个美丽婀娜的空姐的好感。叶嵩林欲擒故纵，搭讪而不失优雅，整得这个空姐对他回头张望时险些摔倒，被眼疾手快的叶嵩林一把搀住了。空姐转身相谢，他却微微点了一下头，若无其事地看起了手机。此后，叶嵩林有事没事地就乘这趟航班，一来二去与这位朱姓空姐搭上了关系。起初他只想玩玩，自认为一个穷小子根本娶不起人家，可当他听说此女的老爸是某公司老板时顿时动了真性情，以其独具魅力的方式猎得了对方的芳心，使得朱小姐不顾家人的反对非要与叶嵩林裸婚。小朱的爸爸老朱就这么一个宝贝女儿，眼见此事不宜硬扛，便派人调查了一下叶嵩林的背景，反馈回来的消息倒也简单，此人就是一个打工仔。没办法，朱老板勉强同意见一下女儿的男朋友。哪曾想，一见面就被叶嵩林帅气的外表折服了，而且感觉这小伙子学历不高，但谈吐不俗很有一番志向。从此朱老板改变观念，以“英雄不问出处”自我安慰，认下了这个准女婿。紧接着，叶嵩林和朱小姐结婚了。朱老板给他们办了一场宏大奢华的婚礼，席间还把自己的商界朋友引荐给叶嵩林，有意让这个乘龙快婿接手公司生意。再后来，叶嵩林和朱小姐有了一个儿子。老岳父一高兴把公司业务全都交给了叶嵩林，自己“退居二线”在家享受带外孙的天伦之乐。又过了几年，叶嵩林开始头脑膨胀，用金钱铺路结交了不少政界朋友，开始介入石油能源项目，把公司注册到了原籍的瀛台宾馆，以高大上的气势圆了他的衣锦还乡梦。在此期间，叶大老板声名在外，一是公司排场使然。二是不知何时有人传他长得像某部委领导人的公子，之后以讹传讹，在正式场合又被介绍成了亲表弟。他听了这些不置可否，美其名曰便于公司发展。只有私下跟刘浩在一起的时候才大笑道，有钱就会被人捧上天，说你是谁就是谁，绝不会有人怀疑，哈哈……

牛康山就是这个时候认识的叶嵩林，以后又把田效模介绍给他，洽谈开发镇远石油区块的事。

叶嵩林的确通过省委秘书处的雷强处长与天坛石化老总粟俊涛的秘书商智奇联系运作过此事，可惜因为种种原因没办成。但是五百万元的前期费用叶嵩林已经收了，他不愿意后续五千万元的项目就这么黄了，最后想了一招瞒天过海的把戏，以三百万元的代价买下了商智奇模仿粟俊涛签字的假批文，套得田效模的信任，又用假代收保证金合同骗到了全款。此后，叶嵩林为了拿稳这笔五千五百万元而不受法律追究，又通过商智奇以二百七十万元的价格买了一块省管环县石油地块，采取偷梁换柱的方式胁迫牛康山改签了

"以环顶镇"的协议。虽说对方拿到的不是最初想要的项目，但毕竟没有空手而归，如果不同意那就是经济纠纷了。如此一来，叶嵩林辗转腾挪妥妥地赚了一把。

按说事情到这儿就结束了。可出乎意料的是，对方的田效模也不是省油的灯，宁愿血本无归也要和叶嵩林打官司，竟然以诈骗把他告了。从此叶嵩林摊上了官司，所幸几百万元的律师费没白花，经过开庭，他被一审判了无罪。至于二审抗诉，他认为不过是走走过场，万万没想到商智奇那儿又出事了，真是一波未平一波又起，结果他因行贿二次被抓……

在这之前，叶嵩林还做了一件帮张炳坤捞儿子的事。前面已经说过，身为派出所所长的张炳坤在岌岌可危之时找过叶嵩林，将儿子张超打架出人命的案子托付给了他。当时叶嵩林想都没想就答应了，尽管他知道帮这件事的后果，但他必须义无反顾。因为在他看来，自己的命都是张炳坤救的，如果这个时候耷拉肩膀那叫枉为男人。至于怎么帮？叶嵩林私底下问过一个法律界的朋友，那人了解过案情说，外围能做的只有想办法阻止检察官参加这次到证人家的三方质证，如果没有检察官到场，证人就会顾忌辩方的压力而不敢如实作证。法官因得不到明确的指证答案，一审有罪判决就会被推翻，二审无罪可期。但是这样做的法律风险极大。

阻却检察官办案违法，叶嵩林何尝不知呢，但是为了帮过命朋友的忙，兑现当初的承诺，他只能选择铤而走险。于是他找来保安部长刘浩和盘托出了自己的计划。刘浩说："您大哥就是我大哥，您报他的恩也是我报您的恩，这件事就交给我吧。"经过二人密谋，一项"交通肇事"方案出炉了。叶嵩林吩咐道，时间地点车牌号由他提供，人员由刘浩找，前提是必须可靠，用钱随时到财务取现，底线是尽量不出人命。

刘浩领命后不久即发生了检察院警车深山遭遇车祸事件。令叶嵩林不满的是，事做了，但没有达到目的。而且造成一人死亡的后果是他最不想看到的，一旦"肇事者"被抓，受到牵连可是掉脑袋的事，为此叶嵩林指示刘浩盯死"那个人"，不能有任何闪失，必要时采取果断措施……刘浩因为没把事情办好自觉愧对大哥，所以在亡羊补牢上格外下功夫，派了两个保安部信得过的兄弟隔三差五地到耿二龙家蹲守，但很长时间都没得到他的任何信息。

直到一年多以后叶嵩林再次进去，刘浩发现自己也被人监视了，这才恍悟可能警方掌握了耿二龙的线索，否则老板生意上的事不会牵扯到他。故而他让派出去的兄弟盯住耿二龙的老婆。果不其然，耿二龙老婆姜翠花那天的行动反常，穿着干干净净拉着一只行李箱出了家门。刘浩听到来信儿马上命跟踪的兄弟对姜翠花进行劫持，让把人控制到安全地点他随后就到。布置完毕，刘浩从事先探好的下水道钻出了公司围墙，避开警方视线，打车直奔姜翠花的扣押地。

这是一处村民搬迁遗留下来的废村落。刘浩赶到后接手了人质姜翠花，对两个小弟耳语一番让他们走了。刚开始姜翠花对刘浩的问题极不配合，矢口否认知道耿二龙的下落。只有当刘浩把手机中姜翠花小儿子被绑的视频给她看了，姜翠花才不得不说出了耿二龙在丰京肿瘤医院治疗的情况。随后刘浩立即飞往丰京市。经过对肿瘤医院肾科病房的踩点，在摸清化名耿秋的床号位置时，刘浩迫不及待地选择后半夜下手了……结果事与愿违，毒杀灭口未遂。没过几天，他就被公安机关通缉了，显然耿二龙已向警方交代了一切。




刘浩的藏匿地是叶嵩林几年前用假身份证购买的一栋郊区小二楼，这个地址除了他俩以外没有第三个人知道，也包括他俩的家人。当时刘浩不明白叶嵩林为什么不用真名买房，直到今天他才领悟到大哥的意图，在遇到事儿的时候能有一个相对安全之所。就在他胡思乱想的工夫，隐约听到一阵低低的敲门声。“咚咚，咚咚咚……”刘浩顺手抄起一把菜刀，蹑手蹑脚地透过门镜向外查看，结果看到来人竟是叶嵩林的夫人朱女士。“嫂子怎么来了？”刘浩赶忙打开房门把朱女士让进来。朱女士一身运动服肩上背着一个双肩包，放下时显得很重。她说：“是你大哥通过律师传话儿让我给你带来一封信。”刘浩接过一张白纸，上面画着一只飞翔的鸽子其他什么都没有。

“这是啥意思呀？”刘浩问。

“这还不明白吗，飞呗，飞得越远越好！”朱女士说。

“噢……”刘浩若有所思了一会儿，问道，“大哥现在里面怎么样？”

“律师说，因为检方在二审期间发现了粟总秘书受你大哥指使签假批文，还有收钱的事，这回定你大哥诈骗罪和行贿罪恐怕是板上钉钉了。不过这两个罪名都没有死刑，顶多判个无期，过个十几年就出来了。现在你大哥最担心的是你身上这件事，一旦你被警方抓着，你们两人都得死。所以他让我给你拿来两百万元现金，带着钱赶紧跑，最好一辈子都别回来！只有这样对你们俩才安全。”

“嫂子我明白了，是我没给大哥的事办好才招来杀身之祸的，当初要是不找外人我亲自去办，也许就没这事了，现在说什么都晚了。不过您转告我大哥，这件事到我这就结了，永远不会让大哥受牵连。”

“这点我相信，但你也别自责了，你办这事又是为谁呢？我就不明白了，咱家又不缺钱，可是你大哥却总想当世界首富，结果办不到就往违法的道上走，甚至为了朋友连杀检察官的事都敢干，你说这图什么呀，好端端一个家就这么给毁了……”朱女士说到这，眼泪像断了线的珠子似的一个劲儿地往下掉，最后竟号啕大哭起来。

过了好一会儿，刘浩给朱女士递上一包纸巾说，他已经想好不跑了，把事情就截止到他这儿。朱女士一愣，不明白这话的意思。刘浩平静地解释道，自己十八岁时不学好，因为偷拿自家的东西误杀了亲姥姥，是叶大哥救他于危难之中，否则十多年前他这个人就不存在了。从那儿以后，叶大哥一路带着他像亲弟弟似的不离不弃，最后过上了人模狗样的日子，结了婚还有了孩子。如果没有叶大哥就没有他后来的一切，现在是到该报恩的时候了。另外，对姥姥家人的仇怨，也应当有个交代，生为男人总不能这么一辈子躲着，该面对面对，该了结了结……

“啊？你这是要……”

“没错，现在不比从前了，跑是跑不掉的，即使跑到国外也得被抓回来，与其被抓回来判死刑，还不如自己了断，让事情就到这里。”

“你这么做，想过没有你大哥的感受？”

“天下没有不散的筵席，叶大哥在里面肯定能理解。再说我选择这么做也不全是为了大哥，也是为了我自己得到解脱，这么多年姥姥的事都快把我逼疯了。我只求嫂子帮我照顾好我儿子，别受人欺负。您拿来的这笔钱替我交给她们娘俩吧，我现在这情况是不敢回家的。”

“放心吧，弟妹和孩子的事就交给我，我一定待她们像一家人一样。只是你们男人的事嫂子没法管，也管不了，自己想清楚了再决定，千万别后悔……”

说完，朱女士背上双肩包走了。

## 61

刘浩在叶嵩林的老婆离开后，自己独自喝了半斤白酒。看看到了下午快要放学的时间，他叫了一辆网约车去了儿子就学的小学附近。大约五点半，学生们一拉溜儿地从学校里出来。刘浩从车里看到自己的儿子在校门口张望，此时他真想跑过去抱抱他，哪怕什么都不说也行呀！可是理智告诉他，只要他一露面，可能对准他脑袋的就是警方的枪口，所以他只能待在车里。不一会儿一辆奥迪轿车停了下来，刘浩看见老婆接上儿子驾车缓缓地离开后，忍不住心里一阵发酸，眼泪围着眼圈直打转，费好大劲儿才憋住没掉下来。司机看到这一幕也没敢多问。刘浩倒是感叹了一句："人这一辈子别欠大债，否则到死都还不起！"然后他让司机把车开到下一站，结完车费放车走了。




这是一栋二十八层的住宅楼。一年前刘浩曾派手下兄弟打听清楚了姨妈家的门牌号，但一直没敢贸然过来。今天他要来了结往事，也就没了任何顾虑。他姨妈家住在十三层二号，刘浩敲开了房门，眼前站着一位头发花白的老太太。

"你找谁呀？"老太太问。

"您是不是叫任雅静呀？我是来找我姨妈的。"刘浩说。

"我是叫任雅静，你是哪位？"

"我叫刘赫，您的外甥。"刘赫不适应地说出自己的本名。

"啊，是你？"任老太太似乎认出了刘赫，下意识地向后退了一步。

"您别怕，我上您这来是还当年我失手打死姥姥的孽债来了，绝不会伤害您。"

"那你进来坐下说吧。"

刘赫坐在沙发上，接着说："刚才您听清了吧，我是来还债的。"

"怎么个还法儿？"

"老话说得好，杀人偿命，天经地义。那年我十八岁，被公安抓住也得判死刑。现在这么多年过去了，我成家有了孩子，算是赚了。"

"既然这么多年了，还提那件伤心事干吗？"

"是债就得还，过多少年也赖不掉。"刘赫从兜里拿出一张照片，接着说，"虽然我爸妈这么些年没管过我，可是我是他们的儿子变不了。如果将来他们回国，我请您帮我把这张照片转给他们，他们有孙子了……"

就在刘赫把照片交到姨妈手里的时候，里间卧室的房门动了一下。刘赫问谁在屋里？一个老头神色慌张地推门出来，手里还拿着一部手机。刘赫仿佛明白了什么，平静地说："是姨父吧，打电话报警了？没关系，我既然说是还债的就不怕警察来，可是他们来了我就出不去了，只能在您家这儿还了。"说完推开阳台门，站到了栏杆外面。

这时几个警察推门闯了进来，举枪冲到阳台大声喊道："刘赫，别干傻事，下来兴许还有活命！"只见刘赫并不答话，纵身一跃从十三楼跳了下去……

化名刘浩的刘赫一死致使叶嵩林涉嫌买凶杀人案的证据链中断，不得已省厅将此案下移市级公安侦查终结，葛海洋专案组解散，立即投入另一起新发命案的侦办中。

市局接案后，以关键直接证据灭失，现有证据不能认定叶嵩林构成故意杀人罪为由，仅以其犯诈骗罪和行贿罪重新移送同级检察院审查起诉。另外，刘赫的自我了断还影响到对耿二龙的犯罪性质认定，此前涉嫌被雇杀人的事实，仅有口供没证据，无奈之下，只能退而求其次，以交通肇事致人死亡（逃逸）罪，分案移送起诉。

针对这种情况，冀英与葛海洋通了个电话。葛海洋说案子办成这样真窝囊，明明已经快要接近真凶主犯了，唯一的直接证据却这么突然灭失了，仅凭一个耿二龙指认刘赫买凶杀人，事实出现了断裂，根本定不了叶嵩林的幕后指使行为。现在厅里又来了新案子，领导让撤也没办法，只好交下去了……冀英在表示理解的同时也说，的确依据推断解决不了问题，定案靠证据，但真相靠良知，他不会就这么认了……

祝嘉、郑鸿朋和冬煜见冀英这几天神色有些凝重，三人商量一起跟他聊聊。

“说说吧，到底怎么回事啊？”祝嘉对冀英说。

“我猜肯定是叶嵩林案子的事。”冬煜道。

“如果是为这事，我看也没啥好纠结的，刘赫以死相搏，让叶嵩林逃脱了，现在死无对证，公安也只好这么结案了。这就像港台电视剧中的‘抽死签’差不多，出了命案，一人抵罪，其他人就没有追究的必要了……”郑鸿朋不知哪来那么多话。

“关键这么结案不是事实，更不是正义！如果算上刘赫，叶嵩林已经背上两条人命了，对这种罪大恶极的人，咱们干法律监督的怎么能眼睁睁地看他‘过’了呢？！”冀英愤愤地说。

“可不‘过’又能怎样，您总不能当地下判官吧，现在是证据裁判？”冬煜的话带有调侃味道。

“证据裁判不是不作为的理由，而应当是力求达标的动力！没了直接证据，不是还有间接证据吗？我看现在对这个原则的理解有些跑偏了，忘记了司法的判断属性……”

冬煜见冀英话说得很严厉，吓得也不敢再多说什么。

祝嘉接着道：“那您现在有什么具体打算吗，不妨说出来听听，大家一起研究研究？”

“我想先问大家一个问题，按照现有的证据，我们能不能得出叶嵩林是这起假车祸案幕后主凶的内心确信？”

“能！”冬煜通过司法考试以后，对案件研究水平明显上升了一大截，她说，“我看过耿二龙的认罪口供，其中有这么一句，‘刘浩对我说他也是为老板办事的’。这里的‘老板’显然就是叶嵩林。第一，根据调查，刘浩，也就是刘赫，这么多年跟的老板只有叶嵩林。第二，车祸谋杀案的目的是阻止检察官到证人质证现场履行职务，为的是捞张超无罪。而张超的爸爸张炳坤又与叶嵩林是把兄弟关系。在张炳坤行贿麻鹏举案中，张炳坤说在准备坐牢前曾经找过叶嵩林，把儿子张超二审的事托付给了他。结合张炳坤救过叶嵩林命的前因，可以推断叶嵩林有为了报恩张炳坤而对检察官下手的动机和条件。所以通过耿二龙和张炳坤的互供证据，可以间接得出叶嵩林就是车祸谋杀案主谋的结论。”

“另外我再补充一点，在传来证据中，还有一个人的证言也指向叶嵩林，这个人就是原天坛石化总裁粟俊涛的秘书商智奇。公安的调查材料证实，商智奇在与叶嵩林吃饭喝酒的过程中，刘浩进来对叶嵩林耳语过一句话‘办了’。后来叶嵩林喝多了，酒后说过‘谁和他作对就要谁的命’这样的话……”郑鸿朋说。

“就是嘛，现在已经有三个证人可以间接证明叶嵩林涉案了，这就是我们确信是他的依据！当然喽，根据证据确实、充分的标准，仅凭这些肯定是定不了案的，但是，这就需要我们继续为证明真相去努力，力争把心证转化为实证，当间接证据累积到一定程度的时候，照样可以起到直接证据的效力。”冀英的态度缓和了许多。

“您说靠间接证据定案？”祝嘉质疑道，“别忘了咱们办的王立弓案，在没有挖出物证之前，那么多间接证据，其中不乏客观性证据佐证，可结果呢，一审法院两次都判了王立弓证据不足无罪。就连咱们检委会也有将近一半人认为命案必须依靠直接证据，有被告人供述都不行……”

“这些既有理念问题也有担当问题，算了以前的案子不说了，再说目前的叶嵩林案吧，”冀英说到这儿，起身把办公室的房门关上，然后把大家聚拢过来，低低地说，“我又发现了一条疑似线索……”



昨天是法警孝岩牺牲两周年的祭日。冀英约法警兼车队队长老程一起吃了顿饭，主题是追思和祭奠一下这个好兄弟。两个大老爷们儿边喝边聊，一提到孝岩的死，他俩都红了眼圈儿。直到饭馆快打烊时，冀英突然想起了一件事，他问老程，在他和孝岩出差的前一天，记得孝岩对他说领导派的是尾号 007 的大切诺基车，可为什么第二天却换成了尾号 630 的现代警车呢？老程想了想，说：“原本考虑三个人出远途开 SUV 大切空间大舒服点儿，可那天晚上检察长的秘书孙响打来电话说，他第二天到省里办事也要一台车。我说仅剩的一辆大切明天派给老冀他们出差用了，还有一辆尾号 630 现代警车。小孙说他开警车不方便，不如与老冀他们的大切换换，出远门办案开警车又快又安全。我听他说的有道理，第二天一上班就把现代警车的钥匙交给孝岩了……”

祝嘉、郑鸿朋和冬煜听了半天没觉得这件事有什么线索，三人一头雾水。冀英解释道：“你们注意没有通过耿二龙的口供可以证明，检察官的驾车路线、时间、地点及车牌号都是刘赫告诉他的？那么刘赫又是怎么得到这些信息的呢，尤其能具体到车牌号？我认为没有内鬼是办不成的，而且信息来源应当是透给叶嵩林的，刘赫找下家还行，对上家搞‘情报’他没这能力。”

“可是知道你当天改乘警车信息的可以有多人多途径呀，包括途中律师等？”郑鸿朋问。

“这些我都想过，虽然知道的人多，但有动机提供给叶嵩林或者刘赫的人并不多，包括律师。因为那样的话会使犯罪知情人扩大化，风险极高，毕竟这是有可能掉脑袋的事。再有，省检察院的公车几十辆，除了现代警车就是大切诺基，又都贴了深色车膜，上班时间进进出出的，即使刘赫亲自来蹲点，也不能准确搞清当天我坐的是哪辆车。还有一点，警车出行虽然具有一定的公务便利和对外威慑力，但是凡事都有两面性，如果有人想针对车上的人，警车在野外山区行驶的目标也就更扎眼，更容易辨识。所以，我分析调换警车提供车牌号应当是他们计划的一部分，负责传递信息的人可能是他们的同伙，也是掌握我乘车情况的知情人。”

“照你这么说，知道你乘车信息的还有老程呢，你为什么不怀疑他却怀疑秘书？”郑鸿朋的侦察兵意识来了，还在刨根问底。

“这就是直觉了。比如叶嵩林通过省委秘书处的雷强处长请托天坛石化老总秘书商智奇伪造假批文的事，只要钱到位了，这些人能量大得很，什么都敢干，什么都能干，大有‘一人之下’的意思。如果叶嵩林涉黑的话，他的幕后保护伞不见得是什么大人物，这些秘书就不得了，足以胜任……”冀英联想到以前办过的案子，很有感触地说。

“既然你已经想好了，下一步怎么查呢，这可是检察长的秘书呀？”祝嘉不无担心地问。

“这件事这么办……”冀英对他们三人进一步强调了保密以后，一个人出去了。

葛海洋在他的办公室单独接待了冀英。待冀英说完来意后，葛海洋沉思了片刻，道：“这就是细节！真相不仅隐藏在时间背后，也可能隐藏在细节之中。鉴于这只是一条分析的线索，我觉得可以先利用我的职权范围密查，对象不仅是孙响，还包括那个雷强。一旦有了初步结果，我再向领导打报告……”

冀英佩服得不行，说：“啥叫担当呀，只有实打实地干才是，其他全是瞎扯！”

“你还别这么说，有时候多干不见得落好。就说这条线索吧，不是我们之前没想到从这个方向查，而是现在的证据标准弄得我们刑警都不知道怎么办案了。动不动就疑罪从无，间接证据不能定案，可是这符合办案规律吗？多数命案都具有单独性和隐蔽性的特征，哪来那么多直接证据呀？这个案子的凶手是耿二龙，指使他作案的刘赫一死，背后的主谋就没直接证据了，即使我们查出有人给叶嵩林提供过车牌号这件事，那也是间接证据，不能直接证明他指使杀人，到头来检察院能不能诉、法院能不能判还都是未知。如果判了无罪，白干了不说，可能还背上一个办错案的名声，谁受得了呀？别说普通刑警，就连我都想不通，领导也想不通，客观上放纵了犯罪，哪儿还有什么正义……”

“你说的这些我完全理解，但是，职责又让我们停不下来，否则良知不忍，对不起咱们这身衣服！”

“好了，不扯那么远了，我这边先查着，一旦有结果你们再接手，以后怎么处理再说呗。”

“能打探一下，老弟打算怎么查吗？”

“还是老套路，从嫌疑人与叶的通信联系、经济联系、人际关系，事实因果……嗨，我怎么把侦查秘密都泄露了，也就你老冀……”

三个月后，一条公开信息引爆省城：两个省级领导的秘书同时被查。据相关报道，省委秘书处长雷强和省检察长秘书孙响长期利用职务之便，为叶嵩林黑社会性质组织充当保护伞，收受巨额贿赂，参与假车祸案预谋杀人……所涉犯罪移交检察机关审查起诉。

六个月后，检察院根据公安机关提交的新证据，经全案审查，依法对被告人叶嵩林以涉嫌犯组织、领导黑社会性质组织罪、故意杀人罪、诈骗罪、行贿罪，向同级人民法院提起公诉。在量刑建议中述明：鉴于叶嵩林的犯罪性质极其严重，犯罪手段特别恶劣，社会危害性极大，依法应予严惩，建议判处死刑，剥夺政治权利终身。

对被告人耿二龙以涉嫌犯故意杀人罪，适用认罪认罚程序，建议判处死刑，缓期二年执行。

对被告人雷强以涉嫌犯包庇、纵容黑社会性质组织罪、故意杀人罪（从犯）、受贿罪、巨额财产来源不明罪，建议判处无期徒刑。

对被告人孙响以涉嫌犯故意杀人罪（从犯）、受贿罪、建议判处有期徒刑十二年。

对被告人商智奇以涉嫌犯受贿罪，建议判处有期徒刑十年。

市中级法院收案后，依法组成合议庭，即将择日开庭审判。

诉讼还在进行之中，一审、二审……

人们有理由相信，法治中国的朗朗乾坤，一定不会容许犯罪恣意，等待罪犯的必将是法律的严惩！对于肩负使命的检察官而言，冀英和他的同伴们亦深知，未来仍或充满曲折，但是，以公诉的名义，除了让人民群众感受到公平正义，别无选择！

# 尾声

二零一九年十月一日是个普天同庆的日子。新中国成立七十周年，祖国母亲从苦难与辉煌中一路走来，身为她的儿女，每个人的心情都是无以言表的，除了激动、自豪、感恩以外，剩下的就是欢乐了。白天首都北京进行了史无前例的大阅兵，夜晚天安门广场成了人们唱歌、跳舞的海洋……

为了沾沾喜气图个大吉大利，冀英的书记员冬煜几天前宣布，“十一”这天她要结婚了。

婚礼现场，作为女方娘家人的省检来宾阵容颇为强大。院领导柳长鸣副检察长、部门主管杨红君主任、冀英办案组成员祝嘉和郑鸿朋，以及特邀嘉宾冀英的爱人远纺和冬煜的前大师姐舒唯乙悉数出席，再加上其他部门冬煜的同事好友，光检察人员就坐了两大桌，众人说说笑笑好不热闹。据冬煜介绍，新郎是外埠人，他家那边只请了十几个人，剩下就都是女方的家人和亲友了。显然今天是新娘的主场，在座共有七八十人。

主持人宣布婚礼开始后程序简洁新颖，很快到了主婚环节。为了把即时性进行到底，冬煜并没把柳检主婚这事提前告知，而是视到场情况临时决定请上去的。柳长鸣是见过大场面的，干得就是讲话的活儿，所以站在台上也没啥犹豫，直接开了腔：

“干了快一辈子检察，主婚还是头一次，又没有事先准备，就按照我的理解主吧。首先，值此新郎、新娘喜结良缘的美好时刻，我谨代表个人和今天到场的同事及所有嘉宾，衷心祝福两位新人百年好合，永结同心，幸福美满，小日子越过越红火！其次，借此喜庆之机，再给大家报点儿喜事。咱们的新娘冬煜在通过全国最难的司法考试以后，经院党组研究决定已经批准她为省检察院的正式检察干警了，进入检察官序列以后，下一步就可以向员额检察官努力了，可喜可贺！”

此时全场响起了热烈的掌声。

柳检迅速找到了领导讲话的感觉，他接着说："冬煜的华丽转身不仅得益于她本人优秀，还得益于她有一个优秀的办案集体。今天这个集体中的成员都在这儿，我就再占用点儿时间报点喜料，反正喜事不怕多嘛：一是他们的组长老大哥冀英，因为检察业绩突出，最近被最高人民检察院授予了全国检察业务专家称号，同时被聘为全国检察机关教育培训讲师团成员，择期将奔赴西部援疆巡讲，此为二喜！三喜是冬煜的大师兄郑鸿朋，顺利晋升为员额检察官，拥有了独立办案权！四喜是他们办案组的业务能手祝嘉，经过竞争，已被任命为省院检察二部副主任，主持全面工作。主任杨红君另有重任，此为五喜……最后，我祝在座的每一个人都人逢喜事精神爽，好事连连！祝一对新人喜上加喜，相敬如宾，生活、事业再上一个新台阶！谢谢大家！"

现场顿时被柳长鸣的讲话带热了，又是掌声一片。

"下面有请证婚人冀英为新郎新娘证婚！"主持人的嗓音拔得很高。

冀英还算不错，在柳长鸣上台以后有人过来通知下一个证婚人就是他，请他做好准备。

冀英为了镇定一下情绪，走上婚礼台先分别跟新郎新娘握了握手，还小声对冬煜说了句："你这突然袭击搞得不错呀！"然后才从主持人手里接过话筒，对着来宾席深鞠一躬，道：

"非常高兴，也非常荣幸地受新娘冬煜的委托由我来为她们的婚礼证婚。刚才在上台的过程中，我想了想证婚的含义，身为法律人，我以为证婚的主旨应当在于证明和见证上，为此我向新娘的家人要了这本小红书，"冀英向台下来宾展示了一下小红书的封面，继续说，"没错，这就是新娘冬煜和新郎顾平的结婚登记证，经过查验，我以证婚人的名义郑重宣布，他俩的结合真实合法有效！让我们再次以热烈的掌声向他们表示衷心的祝福！"

"啪啪……"台下掌声如潮。

冀英又说："除了证明，我们还见证了新娘新郎在这个庄重而美好的时刻相互许下的爱情誓言，我祝愿他们信守承诺，无论是健康还是疾病，无论是贫穷还是富有，都要义无反顾地在一起，相依相守，永不分离！最后，受刚才主婚人报喜的启发，请允许我再向大家报出我个人的一喜：那就是在我五十二岁之际，爱人远纺意外有喜了！她说为了这个上帝赐予的新生命，宁愿辞掉高薪工作也要保住我们的二胎。借此温馨而浪漫的场合，我要对我的爱人远纺大声说一声：‘我爱你！’”

“太棒啦，祝福你们！”嘉宾中有人欢呼道。

“之所以爆出这个喜讯，还有一个目的就是言传身教，希望两位新人也要抓紧努力，尽快孕育出你们爱情的结晶。我相信这既是你俩的愿望，也是两家长辈人的共同期盼！再次祝福你们！”

冀英不愧是搞公诉的，口才和逻辑一下又把婚礼推向了一个高潮。

“谢谢证婚人！下面的仪式是大家吃好喝好……”主持人幽默地宣布婚礼结束了。随后，在欢快的音乐中开启了聚餐模式。

冀英回到嘉宾席看到远纺的脸颊泛着潮红、眼睛也是湿润润的，立刻明白了什么，一个劲地赔不是，说没来得及请示就把秘密公开了。舒唯艺插话道：“人家远纺这是被你感动的，以后多说点刚才的话就行了。”柳长鸣给自己倒上一杯酒说，没想到参加婚礼还有增进家庭和睦的功能，早知道这样我也带夫人来了。之后他提议，在新郎新娘没过来之前，这桌上的新老检察人难得共聚一堂，自己人先互敬一杯，为了祖国七十岁生日，为了冬煜一对新人的幸福，为了老冀他们两口二胎顺利，为了在座所有人的健康快乐，干杯！

“谢谢柳检！干杯！干杯……”桌上人都站了起来，互相举杯、碰杯，有酒有水的，一饮而尽。

接下来到了新娘新郎剥喜糖、酌喜酒环节。柳检说大家平常都很忙，今天可以破例能喝多少喝多少，以不喝高为准，尽情尽兴……

二零二零年元旦刚过，冀英接到了最高检的援疆巡讲通知。

送机的是郑鸿朋和冬煜。

“你俩都出来办公室又该唱空城计了？”冀英说。

郑鸿朋边驾车边调侃，道：“反正您这一走二十多天没人管我们了，每天都是空城计。要不您就别去了，我正愁新接的案子不知道怎么办呢？”

“什么案子呀？”冀英问。

“就是一个区政协主席指使司机杀情人的案子，无尸是最大的特点，两个被告人一个判死刑，另一个判死缓，都不认罪上诉了。嗨！这二审案子是越来越难办了……”

“我在家准备课件还真不知道有这么个案子。对了，你现在可是员额检察官了，冬煜是你的助理，案子怎么办你俩说了算呗！即使我回来还要被干训处借调些日子，看来一时半会儿是介入不了了。这就叫‘长江后浪推前浪，后浪把前浪拍在沙滩上’，哈哈……”

“冀老师，您别这么说呀！”冬煜忍不住道，“别说您现在还是咱们办案组的组长，您就是也高升了，不是还要‘扶上马送一程’吗，总不能看着您的大徒弟犯难吧。我倒无所谓，助理对案件不负责，一身轻。”

“高升？再过几年我就退休了，谁还提拔一个过气的老头呢？下辈子吧！”

“我就不明白了，”郑鸿朋不满地说，“您的业绩、能力和水平全省公诉系统有目共睹，凭什么祝嘉才来省院两年多就被提拔成副主任了，这叫什么事呀？年龄根本就是个借口！我这么说不是对祝嘉有意见，而是对事不对人！”

“这件事我也有同感！嘉姐提拔了，杨红君主任也高升了，据说柳检也要转成检察长了，就是豁出命干活的人得不到重用，确实不公平！”

“我今天送您来还有句心里话要说，”郑鸿朋认真道，“像您都是这样的结局，我一个半路出家的还能干到哪去？六十退休也就是个正处级，算了吧，趁自己还不到五十，我打算下半年走三十年工龄程序提前退休了。”

“那你还考员额检察官干吗？”冀英严肃地问。

“我也是部队、检察干了快一辈子了，不能连个员额都没混上就退休了，让人笑话。所以，这不是解决了吗，赶紧走，给新人腾地方。我咨询过政治部的人，他们说没问题。不过，手里的案子一天没办完，我就会尽职一天，终身负责这点请冀老师放心。”

冬煜感叹道：“郑老师一退休，那间大办公室又剩下冀老师和我了，几年前我来省院时什么样，现在还什么样。”

冀英说：“不一样呀，我们不都在进步嘛，各个方面的！伟人曾说‘风物长宜放眼量’，无论走也好，坚守也罢，事业总会有人一茬接一茬地做，生活也始终在继续。”说完，随手按下了车里的收音机开关，一首《明天会更好》的优美旋律顿时让三人的心情愉悦了起来……

“嗖！”郑鸿朋一脚油门，车向前方驶去。

2019 年初至 2021 年末第一稿

2022 年初至 2023 年九月第二稿